質性研究分析
系統取向

H. Russell Bernard

Gery W. Ryan 著

藍依勤、羅育齡、林聖曦　譯

Analyzing Qualitative Data

Systematic Approaches

H. Russell Bernard

Gery W. Ryan

目錄

作者簡介 iii

譯者簡介 iv

前言 v

Part 1　基礎概論　　　　　　　　　　　　　　1

1　文本簡介：質性資料分析 3

2　資料蒐集 21

3　發現主題 65

4　編碼簿與編碼 91

5　資料分析導論 127

6　概念模型 143

Part 2　深入探討　　　　　　　　　　　　　169

7　分析首部曲：比較變項的屬性 171

8　文化範疇分析：自由列舉、判斷相似處與類別
　　模型 193

9　KWIC 分析、字詞計算與語義網絡分析 225

10　言談分析：對話與表演 263

11　敘事分析 295

12 紮根理論 315

13 內容分析法 341

14 基模分析法 369

15 分析歸納法和質化比較分析法 385

16 民族誌決策模型 403

17 取樣 421

本書的參考文獻,請上心理出版社網站下載
http://www.psy.com.tw/psy_download.php
解壓縮密碼:9789861916590

作者簡介

H. Russell Bernard 是佛羅里達大學人類學系榮譽退休教授，他曾擔任《*American Anthropologist*》、《*Human Organization*》期刊的編輯，也是《*Field Methods*》的現任編輯。他的著作《*Research Methods in Anthropology*》第四版（AltaMira, 2006）和《*Social Research Methods*》（Sage, 2000）廣為許多學生使用。Bernard 和 Pertti Pelto 共同建立，及與 Stephen Borgatti 共同指導 National Science Foundation's Institute 在文化人類學研究的方法，並在希臘、墨西哥和美國完成田野調查研究。他的出版品（和 Jesús Salinas Pedraza 合著）包括《*Native Ethnography: An Otomí Indian Describes His Culture*》（Sage, 1989），此書榮獲芝加哥民俗學獎（Chicago Folklore Prize）。

Gery W. Ryan 是 RAND 資深行為科學家，並且在加州大學柏克萊分校（UCLA）精神病理學暨生物行為科學系擔任助理教授。他專精於應用系統性方法進行質性研究，並擅長設計關於健康與教育主題的評估態度和信念的研究工具。Ryan 從佛羅里達大學獲得文化人類博士學位。他任教的研究所課程包含進階的民族誌方法及文本分析，同時舉辦質性研究工作坊，獲得美國、歐洲、拉丁美洲、亞洲和非洲等國家的國家科學基金會、國家健康部門和疾病控制與預防中心的贊助，並擔任《*Field Methods*》和《*Journal of Public Policy & Marketing*》兩個期刊的編審委員。

譯者簡介 （依章節順序排列）

藍依勤 （負責第一至五章翻譯）

美國德州大學奧斯汀分校課程與教學博士，曾於台灣及美國擔任幼兒園教師，現於台北市立大學幼教系擔任兼任助理教授。

以幼兒科學教育、親職教育、幼兒文學、幼兒多元文化教育為主要研究領域。

羅育齡 （負責第六至十章翻譯）

美國德州大學奧斯汀分校特殊教育博士，主攻學習障礙與閱讀理解。

曾任台北市啟明學校英文老師、兒童英語教師、兼職翻譯，並在美國德州讀寫計畫（Texas Literacy Initiative, TLI）下擔任 District Literacy Liaison，輔助當地學校。

林聖曦 （負責第十一至十七章翻譯）

美國奧瑞岡大學課程與教學系（專攻幼教）碩士、德州大學奧斯汀分校課程與教學系（專攻幼教）博士。

曾任國立台東師院副教授，現任國立台南大學副教授。

前言

本書為一本介紹質性研究資料系統分析方法的入門書。大部分的質性資料都為文字，但越來越多的質性資料包含動態影像與錄製的對話或敘述。不久的將來，質性研究可能含括人與創作作品的全像攝影（holographic）或 3D 影像，不過這些要等到再版時再來討論。

我們期待這本書成為一本有用的書，將這些可用來分析質性資料的方式介紹給需要的學生或同僚。書中用了整章的篇幅介紹每種分析方法：言談分析（discourse analysis）、敘事分析（narrative analysis）、紮根理論（grounded theory）、內容分析（content analysis）、民族誌決策模型（ethnographic decision modeling）等等。短期看來，分析方法在不同的學術領域或其下的分支中發展建立起來，看起來只限於那個領域專用，但長遠來看，分析方法會漸漸滲透到其他領域。例如，取樣空間（space sampling）在社會科學中越來越常被使用，但是這個方法來自於動物行為學，一個生物科學的學門。多元尺度分析（multidimensional scaling, MDS）是在社會科學領域中發展出來的，但現在所有科學的領域都在使用。幾年前，化學家將 MDS 帶向另一個發展高峰，研發軟體建立蛋白質的 3D 立體影像。社會學的研究者馬上看見使用此法在視覺化社會網絡上的好處。所以長遠地看，研究分析的方式的確屬於大家的。

這整本書中所使用的範例，都是出自文獻。我們提供的範例橫跨整個社會科學範疇，包含教育、犯罪學、社會學、政治學等等，但你會發現很多範例出自於社會科學中對於健康的研究。使用這些文獻多少透露了我們的研究背景，也揭露了質性資料的分析多出於社會科學領域中對於健康的研究。

我們相當認同一位評論者的話，他說：「研究不是直線進行的過程。」我們設計研究時假設它是直線進行的──先進行研究設計，然後蒐集資料、分析，再來就是寫作──但是，做研究從來就不是如此乾淨俐落。在我們過往的研究案中，曾經發現原先的計畫原來相當不切實際，所以重新設計研究方法。我們也曾為了先做初步分析而停止蒐集資料；也曾為了蒐集更多資料填補資訊漏洞而停止分析；我們也曾在寫作過程中不斷地重新分析資料。當我們將研究論文投到期刊時，匿名的評論者常常會問一些我們從沒想過的分析方法。簡而言之，研究的過程是混亂無章的，但就因為如此，研究才更為有趣，至少我們是這麼想的。

本書談的是什麼？

我們將這本書分為兩部分，第一部分是基礎知識的概論。第一章談質性資料：什麼是質性資料，可以用哪些方式分析質性資料。第二章列出可用來蒐集文本的方式，本章中有些資料來自於 Bernard 之前出版關於社會科學方法的書：《*Social Research Methods: Qualitative and Quantitative Approaches*》（Sage, 2000）以及《*Research Methods in Anthropology: Qualitative and Quantitative Approaches*》（4th edition, AltaMira, 2006）。這些資料以及其他由 Bernard 先前出版的書所摘錄的部分，都經由出版社同意後使用。第三章談的是發現主題〔第三章根據的是我們在 2003 年刊登於《*Field Methods*》（volume 15, pp. 85-109）的一篇文章〕。而第四章則主要是談論編碼簿，第五章是資料分析的基礎知識，第六章則是概念模型的介紹。

第二部分總共有 11 章，每一章談論一種分析文本的方式。第七章介紹如何比較不同變項的屬性，這一章看起來與許多教人們使用 Excel 或是統計軟體（像是 SPSS、SAS、Systat、Stata 等）分析資料的文章很像，那是因為在矩陣中，無論是質性或是量化的

資料，比較變項屬性的過程是一樣的。第八章談到文化範疇分析（cultural domain analysis），介紹如何蒐集認知資料的方式——如自由列舉（free listing）與累積分類（pile sorting）；以及分析這些資料的方式——如 MDS 與叢集分析（cluster analysis）。

第九章與分析字詞相關，介紹了一些簡單的分析技巧——計算字詞與用字索引，也有複雜的分析方式——如語義網絡分析（semantic network analysis）。第十章討論偌大的言談分析領域之下的兩個部分——對話分析（conversation analysis）與表演分析（performance analysis）。第十一章繼續討論言談分析下的敘事分析，第十二章是紮根理論的簡介，這兩個同為社會科學中最常被使用的文本分析方式。第十三章的重點是內容分析。第十四章談的基模分析（schema analysis）與民間模式（folk model），是心理學與語言學而來的分析方法。

第十五章討論的是令人尊敬的分析歸納法（analytic induction）（根據邏輯辯證而來）與由此發展出的質化比較分析法（qualitative comparative analysis, QCA）（相對而言較新）。第十六章〔根據我們在《*Human Organization*》（volume 65, pp. 103-115）刊載的文章〕談到民族誌決策模型，則為人類學領域發展而來的分析方法。最後，第十七章處理的是蒐集與分析質性資料中可能遭遇到的取樣問題。將此議題放在最後一章談論並沒有要傳遞什麼訊息，不過有些人傾向在談論基本知識時就把這些議題提出來討論。無論討論的順序為何，取樣的重要性不言而喻。

延伸閱讀的建議清單列在每一章的最後，這些只是深入閱讀文獻的建議，不是每個主題的詳盡閱讀書單。建議使用 Social Science Citation Index 與其他文獻搜尋工具來尋找更多的文獻。

本書並沒有討論混合研究方法的章節，因為我們一開始的立基就是：混合研究方法原是科學的本質，一直以來都是如此。因此，選擇你想要的分析方式，隨意混合吧！

PART 1

基礎概論

Chapter 1　文本簡介：質性資料分析

Chapter 2　資料蒐集

Chapter 3　發現主題

Chapter 4　編碼簿與編碼

Chapter 5　資料分析導論

Chapter 6　概念模型

CHAPTER ❶

文本簡介：質性資料分析

序言　　　　　　　　　　　　五種質性資料
什麼是質性資料分析？　　　　　實體物件
什麼是資料？是什麼讓它們變得　靜態影像
　質性？　　　　　　　　　　聲音
關於數字以及文字　　　　　　動態影像：錄影
研究目標　　　　　　　　　　文本
　探究　　　　　　　　　　延伸閱讀
　描述
　比較
　測試模式

◆ 序言

　　這本書是關於生產以及分析行為科學與社會科學中質性資料的方法。

　　所有的科學都極度依賴質性資料，並且擁有質性資料分析的完善方法。當生態學者鑽研地球表面的衛星影像，當天文學家傾聽來自其他星系的聲音紀錄，以及當醫學研究者聆聽心跳聲時，他們都在尋找質性資料當中的規律性。「尋找規律性」即是分析，這是根本的質性行動，它對橫跨人文與科學的所有學術傳統來說都是很常見的。

◆ 什麼是質性資料分析？

由於英文中的雙關，「質性資料分析」（qualitative data analysis）這說法頗為曖昧模糊，它可以指「質性資料的分析」，或可以指「資料的質性分析」。這樣的混淆可以藉由清楚區辨資料與分析這兩者來排除，圖 1.1 展示了這些可能性。

左上角的格子 A 展示了質性資料的質性分析。文本的詮釋性研究，例如訪談的謄錄稿，就是屬於這一種。研究者聚焦於文本中的主題並為其命名，他們訴說主題之間如何彼此牽連相關，以及該說話者或該群說話者的特徵如何為特定主題的存在與其他主題的缺席負責任的故事，就如同他們親眼所見一般。研究者可能解構文本，尋找隱藏的次文本，以及利用良好修辭的力量試著讓他們的觀眾知道在其中的深層意義或多重意涵。

圖 1.1　質性與量化的主要區別

分析	資料	
	質性	量化
質性	A 詮釋性文本研究。 　詮釋學、紮根理論等等。	B 在量化資料的結果中尋找 　與展現意義。
量化	C 將文字轉成數字。 　經典內容分析、字詞計算、 　自由列舉、累積分類等等。	D 數字資料的統計與數學分 　析。

資料來源：Adapted from Bernard, H. R., & Ryan, G. W. (1996). Qualitative data, quantita-tive analysis. *Cultural Anthropology Methods Journal*, *8*(1), 9-11. Copyright ©1996 Sage Publications.

　　右下角的格子 D 指的是數字資料的數字或統計分析。許多有
關於人類行為的資料以數字的形式來到我們面前，調查報告中的封
閉式問題製造出數字資料（或數值數據），全國人口普查也是。從
商業到慈善機構到動物園等等組織也產出數字資料——關於使用它
們產品與服務的人們其社經特性資料、關於他們多久得更換經理的
資料、關於秘書花多少時間在電話跟電子郵件上的資料，諸如此類
等等。

　　右上角的格子 B 是量化資料的質性分析。它是量化分析者在
完成量化／量化格子 D 中的工作後所做的事情，包含了量化資料
處理結果中意義的尋找跟呈現。這個質性／量化格子 B 包含了從
散布圖中的規律性結果到統計考驗的意義詮釋跟實質顯著性的所有
東西。如果缺乏在質性／量化格子當中的工作，展示在量化／量化
格子的這類研究就顯得枯燥乏味且空虛。

　　剩下在左下角的格子 C 是質性資料的量化分析，這涉及將文
字、影像、聲音或實體物件轉化成數字。舉例來說，傳播領域的學
者標記一組來自墨西哥跟美國的電視廣告來檢驗這兩個國家描繪老
年人的差異；政治科學家編碼總統大選辯論的修辭來尋找政策的
預測物跟模式；考古學家編碼一套人造物來製造出新興的類型或種
類，或是以檢驗某些外來的人造物是否能追溯到某個源頭。

　　本書我們主要關注格子 A（質性／質性）、B（質性／量化）
與 C（量化／質性）。

◆ 什麼是資料？是什麼讓它們變得質性？

　　質性或量化資料皆然，都是我們經驗的縮減（Bernard, et al.,
1986）。電子跟 DNA 是東西（things），在某些儀器的少許幫助
下，我們可以觀看電子跟 DNA 並記錄我們所看見的。不論我們選
擇記錄哪些有關這類的東西，像是它們的形狀、大小、重量、速

度，都是資料。假使我們記錄數字，我們獲得的是量化資料；如果我們記錄聲音、字詞或圖片，我們得到的是質性資料。

在社會科學中，我們對人們的行為、思想、情緒以及人造物（人們思想、情緒以及行為的物質殘餘物），還有人們表現、思考、感覺以及製作東西時所處的環境條件有興趣。

當我們把這些事物的經驗化為數字時，其結果就是量化資料。當我們將人們的思想、行為、情緒、人造物跟環境轉為聲音、文字或圖片，則結果即為質性資料。

我們經由把經驗歸併成可記錄的單位來創造資料。試想三位研究者觀察在學校運動場或兒童遊戲場遊戲的孩子，其中一人留神觀看這些孩子並詳細描寫有關他所看見的場景的田野札記；另外一人使用檢核表來記錄特定行為的頻率；第三人則使用攝影機來記錄遊戲的孩子。這些令人感興趣的現象，例如遊戲場上的孩子的這些行為、話語、笑聲，以及哭聲，是轉瞬即逝的蜉蝣，在它們出現時便消失無蹤。這些現象的紀錄，如筆記、檢核表、影像紀錄，留存下來供我們分析以及理解熟諳。資料，是經驗的考古學紀錄。

有些質性資料是特地產出的，我們訪談人們然後謄錄他們的話語；我們把孩子集合在一間滿是玩具的房間，然後錄影或記下他們所做行為的筆記，但是大多數有關人類思想跟行為的紀錄是以自然發生的質性資料型式來到我們面前。義大利文藝復興前一百年所創作的畫作、上週在墨西哥所播放含有老年人圖像的電視廣告、《華爾街日報》在過去 20 年中含有「企業文化」這個語詞的文章、美國內戰士兵的日記，以及現今在伊拉克的軍人的部落格（blogs）——這些通通都是自然發生的質性資料。

在各科學之間，從人類學到動物學，從社會學到物理學，資料（所有資料，質性或量化）是可取得之物的篩選結果。衛星並不會記錄在它們之下所發生的所有事情，就跟人類觀察者一樣無法記下他們看見的所有事情。人們——真正的人類——決定測量某些事物

而非其他東西。這些決定並非隨機，它們有時基於純粹的科學好奇心，有時則基於可募取資金的事物。它們偶爾由人道主義的天性所激發，有時則被貪婪啟動。這並不會讓生產資料的努力變得無效，然而，它確實提醒我們在科學當中存在著人類的要素，就如同在藝術、政府或商業之中一般。

◆ 關於數字以及文字

本書的每位讀者都注意到在社會科學及行為科學中關於量化資料比起質性資料佔有相對優點這個長久爭論，這個爭論反映了認同實證主義研究傳統與認同人文主義研究傳統的同儕其原則立場。這些關於知識論的討論，我們究竟如何得知事情，具有可追溯回 Protagora 著名箴言「人為萬物的尺度」的高貴血統（西元前 485-410）。意指真理並非絕對，而是取決於個人的判斷，以及可回溯至 Lucretius（西元前 94-49）對包含心智在內的萬物其物質本質的竭力主張（延伸閱讀：質性—量化爭論）。

這個質—量衝突發生在社會與行為科學的所有領域。在心理學中，大多數的研究服膺實證主義的傳統，但是許多臨床工作則在人文主義的傳統中進行，如同它的實踐者明智地指明，它行得通。在文化人類學中，資料是由田野工作者所蒐集的，這讓文化人類學完全實證，但大部分資料分析是在人文主義或詮釋主義的傳統中進行。

現今大多數社會學的研究都是實證主義者，可追溯其關聯回到 August Comte、Adolphe Qu'etelet，以及 Emile Durkheim 等人身上。然而，今日越來越多將自己看作詮釋主義者的社會科學家則能追溯他們認識論的根源到 Immanuel Kant、Wilhelm Dilthey，以及其他在德國唯心論學派中其他人的偉大傳統（這裡的唯心論並非指追求崇高的目標，而是指理智或是思想優先於科學實踐中的經驗主

義）。同樣的想法也可以用來說明教育、護理，以及其他領域的研究：實證主義者與詮釋主義者同樣在他們的血統上擁有悠長的傳統。

注意，我們並沒有說任何像是「在 X 當中的研究大多是量化的」或是「在 Y 中的研究大多為質性」的陳述。事實上，我們永遠不會使用量化跟質性之間的差別做為談論科學與人文以及詮釋主義跟實證主義之間差異的藉口。許多科學家在沒有使用數字下進行研究，而許多做研究為高度量化研究的科學家也將他們自己視為人文學家。此外，數字並不會讓一個探究變得科學——在聖經中尋找支持婦女屈從的統計證據並不會讓這份企圖心變成科學——而質性資料的使用並不會減損任何一份研究的科學信實度（參見補充資料 1.1）。

補充資料 1.1

數字與科學：到底在爭論些什麼？

物理與生物科學的學者想知道所有的爭論到底有關什麼，他們已經知道質性資料多有影響力。衛星圖像報告了地質學、氣象學、天文學、生態學、考古學與海洋學；來自電子顯微鏡的圖像則報告了化學、微生物學與生理學。由觀察者口述錄音的長敘說讓學生瞭解了火山、颶風、大猩猩，以及犯罪現場。

身在通常被認為是高度量化科學中的研究者使用許多稱為「視覺化方法」的量化方法來理解數值化資料中的模式。舉例來說，多元尺度分析（MDS）是一種廣泛用在社會科學中的視覺化方法。事實上，它在社會科學中發展出來，但是，就像所有有用的方法一樣，現在使用於所有科學中。更多有關多元尺度請見第五章與第八章。

♦ 研究目標

　　不管是否基於質性或量化的資料，在質性研究中有四項主要目標與各個目標相連的問題呈現於表 1.1。

表 1.1　質性研究的目標

一般目標	類型	問題
1. 探究		呈現在這裡的是哪些事物（things）？ 這些事物彼此之間的關聯為何？ 這兒有事物的自然群組嗎？
2. 描述	個案	這個個案看起來如何？
	團體	這組個案看起來如何？ 有無呈現某種特定事物（A）？ 有多少這種特定事物（A）？
	文化的	這個文化看起來如何？
3. 比較	個案	個案 X 與個案 Y 有何不同？
	團體	X 團體跟 Y 團體有何不同？
4. 測試模式	個案	一個特定的個案與所提議的模式在多大程度上相符？
	團體	一組個案與所提議的模式在多大程度上相符？

探究

　　在此早期階段，發現主題與模式還有建立複雜系統如何運作的初步模型是主要目標。不管我們是談論天文學家用儀器掃描夜空以搜尋新的彗星跟小行星，還是紮根理論學者研究人們如何經歷

疾病，探究意味著跟隨線索與直覺向前踏出一步，接著再稍微退後回溯；發現那兒有些什麼。如果可能的話，經驗我們正在研究的現象，以及識別其獨特的特徵及它跟其他現象共享的特色。

描述

科學的每個領域都極其仰賴良好的描述。早在鳥類飛行的物理學制訂之前，人們只是觀看並盡可能地忠實記錄鳥類如何控制不從天上掉下來。每個被發現的新彗星還有小行星被描述於科學文獻中，每種新的蟲子、植物與疾病也是一樣處理。

描述可以是質性或是量化，或是兩者兼具，以及詳細的個案研究，以它們的典型特徵、習性以及異例的列表，被廣泛使用在法律、醫藥以及管理的教學上。民族誌的田野札記通常充滿個別的個案研究。

在一個好的描述中你該設定要達到多大精確度？在你蒐集資料時，你應該盡可能地蒐集。當你稍後在書寫你的發現時，你永遠可以回到有關精確度的標準上。在你的報告中陳述諸如「在這個鄰近地區中最大的族群為柬埔寨難民」可能就足夠了，但若你需要知道在這個鄰近地區中每個族群所占的百分比，那麼你最好從一開始就經由詢問每個難民他的種族為何（或是語言或出身的國家）來蒐集這項資料。你總是能從細節歸納推論，但是你永遠無法反其道而行。

在描述文化信念跟實踐時，我們將焦點放在人們分享什麼以及不分享什麼。這裡再次提醒，從一開始就盡可能地去獲取資訊，這出於相同的原因：你只能在擁有細節下進行歸納。

比較

　　質性的比較包含了辨識個體或團體共享或不共享的特色。在
1930 年代，心理學家 Wayne Dennis 在一個教養方式研究中蒐集了
關於 41 名納瓦霍族（Navajo）跟赫必族（Hopi）寶寶以及一個美
國白人寶寶相似群體的觀察資料。這裡是一段來自他研究中完全
質性、比較的陳述：「儘管某些美國嬰兒幾乎是從一開始就採瓶
餵方式，而許多嬰兒是短時間的親餵，所有的赫必族嬰兒都是親
餵，沒有寶寶在一歲前斷奶，而許多寶寶在兩歲以前不斷奶。」
（Dennis, 1940: 307）。

　　量化的比較包含測試是否（以及多少）數個變項的測量彼此
跟隨。介於 10 至 16 歲間的孩子其體重隨著身高變化嗎？如果是的
話，這兩個變項（身高跟體重）彼此追蹤得有多緊密？這個追蹤隨
種族變化嗎？隨著家庭收入變化嗎？

　　就像描述一樣，它進行的是蒐集特定的資料而不急於概括推
論。

測試模式

　　這是我們對照觀察來測試假設之處。我們可以單以質性資
料、量化資料，或同時兩者來進行這項工作，這裡再次是 Wayne
Dennis 的研究：

> 美國嬰兒通常處於餵奶之間需間隔數小時的餵奶精確時間
> 表〔並且是〕……通常被預期在餵奶前哭上一段時間。但
> 是，赫必族嬰兒在一哭泣時就會立刻被餵奶，所以很少哭
> 泣。（Dennis, 1940: 307）

　　Dennis 已經得出一個關於哭泣和餵奶之間關係的有力結論
——在一個數字都沒有提及下如此做。事實上，他在測試一個大規
模的嬰兒照護模式或是一組假設。在報導有關赫必族、納瓦霍族以
及美國白人揹負、哺育還有如廁訓練嬰兒的方式後，Dennis 推斷
出「大約在一歲左右開始，嬰兒的模式開始依據該團體的文化而變
化」，因為孩子開始學習語言並模仿他們父母的明顯文化行為。
Dennis 做了結論：「這確證了嬰兒期的特性是普世共通的，然後
文化覆蓋或修改較基本行為的基礎觀點。」（1940: 316）

　　許多計畫包括這四種活動——探究、描述、比較跟模式測試。
有些學者倚賴質性資料來探究跟發現，然後依靠量化資料來測試模
式。然而，整個社會科學中的研究逐漸仰賴這兩種資料均衡、符合
情理的結合。

◆ 五種質性資料

　　質性資料以實體物件、靜態影像、聲音、動態影像，以及
理所當然的書寫文字，這五種形式來到我們面前（參見補充資料
1.2）。

補充資料 1.2

測量氣味跟味道

　　很有趣地，關於氣味或是味道的資料很有限。我們知道對人們
來說這些現象有多重要——試著在沒有提及墨西哥捲餅、千層麵、
貝果、慕沙卡（moussaka）以及波蘭餃子之下想像美國的種族。心
理學家跟化學家正致力於測量氣味跟味道的方式，但是截至目前為
止，我們擁有關於這些事物的唯一易於取得的嗅覺跟味覺資料，是
來自我們的記憶或是自陳報告。酒類愛好者已經發展出關於味道跟
氣味的精細字彙——將記憶轉成可互換資訊的字彙。

　　表 1.2 依據大小跟可得性劃分呈現這五種質性資料，實體物件從個人的小飾品到大的古代城市遺跡不等。影像可以是 30 秒的商業廣告或是三小時的照片精選；圖片資料包括孩子畫的簡筆畫及 Diego Rivera 覆蓋博物館整個牆面的壁畫。文本可以是一個問題的單一個字的回答，或是莎士比亞全集，或是來自民族誌訪談的謄錄敘事稿。公共來源的資料比私人來源的資料要來得較容易取得。

實體物件

　　對研究文字出現前的社會的考古學家而言，在書寫溝通繁盛前的社會，實體遺跡可能是唯一可得的資料。然而，物質文化（material culture）的研究並不限於遙遠的昔日社會。從 15 世紀晚期開始，歐洲的大航海時代創建一個來自世界各地社會的物質物件的龐大市場，因此在 19 世紀晚期以前，德國、英國以及美國的人類學家皆是公立博物館的貪心文物蒐集者。

　　《人類學筆記與探詢》（*Notes and Queries on Anthropology*）是直到大約 50 年前的人類學家的方法學聖經，被大不列顛皇家人類學機構（Royal Anthropological Institute of Great Britain）所遵從。《人類學筆記與探詢》貢獻物質文化的研究超過百頁以上的篇幅，實例如下：

> 人類生活物質面之所有層面的研究是有趣且重要的，不只出於人造物本身的內在趣味性，也由於創造的來源，以及散佈的問題等等。更進一步的，人造物跟技術因為它們與整個社會組織以及宗教與其他儀式規制的關聯這樣的優點而有極大的重要性。（Royal Anthropological Institute, 1951: 221）

表 1.2　根據形式、大小與可得性的質性資料種類

形式	小		大	
	可得性			
	公開	私人	公開	私人
實體物件	公園雕像、街道標誌、陶器碎片、商店貨品	私人珠寶、小藥瓶、血液樣本	考古遺址、建築、房舍、大學、摩天樓	家用垃圾、衣物
靜態影像	雜誌廣告、洞穴藝術、告示牌、網頁、展示於博物館的畫作	塗鴉、線描速寫、家庭畫像、病患X光片	大且精緻的壁畫、藝術展示品	家庭相簿、美術檔案、電腦斷層掃描
聲音	鈴聲、電台廣告、對講機廣播、當等候接聽時你所聽到的訊息	口述備忘錄、答錄機訊息、電梯簡報	政治性演說、體育現場報導評論、音樂專輯、焦點團體錄音帶	口述歷史、樣本原聲帶、深度對話、臨床晤談
動態影像：錄影	電視廣告、新聞鏡頭、情景喜劇	家庭電影影像	不剪片的電影、紀錄片、電視節目	家庭團聚跟特殊事件的長時間錄影，例如婚禮
文本	墓誌銘、訃文、徵友啟事、競選徽章、停車券	致謝函、購物清單、訪談問題的簡短回應、電子郵件	書籍、手冊、宗教卷冊、法庭謄錄稿、國會紀錄、新聞報紙	日記、詳細通訊、私人聊天室討論

　　現今，世界各地的博物館提供給我們人類宗教、政治與經濟活動多樣性的生動紀錄，來自許多學科的社會科學家亦持續以實物來研究人類的互動。

　　行銷跟消費者行為領域的研究者對物質文化有高度興趣（D. Miller, 1987; Therkelson & Gram, 2008），世界宗教團體的學者蒐集並分析聖像與護身符（Handloff, 1982; McColl, 1982）。人類學家長久以來使用物質財產作為某個社群中地位、聲望與財富的指標（B. R. DeWalt, 1979）。舉例來說，Ryan（1995）發現在非洲鄉村居民家中存在或缺乏廁所、電視、車子、玉米研磨機、燈等等的實物——預測了這些人會尋求哪一種醫療（延伸閱讀：物質文化與博物館）。

靜態影像

　　對美術歷史學家、媒體跟傳播專家，還有那些研究流行文化的人來說，靜態與動態的影像是標準的資料類型。早在 1919 年 Alfred Kroeber 分析美國與法國時尚雜誌中的照片，然後發現「在文明女性裙子寬度中的潛藏悸動，它是對稱的且在一整個世紀擴展於它上下起伏的跳動中；還有在裙子長度中的相似節奏，但是是一段僅僅大約三分之一的時程」（Kroeber, 1919: 257）。

　　從那之後便有數以百計的社會科學研究使用包括賀卡（Bridges, 1993）、連環漫畫（LaRossa et al., 2000）、廣告中的圖片（Goffman, 1979）、照片（Drazin & Frolich, 2007）等靜態影像作為基本資料。Malkin 等人（1999）分析 12 本熱門女性雜誌封面（*Ladies Home Journal*、*Cosmopolitan* 等）以及 9 本受歡迎的男性雜誌封面（*Esquire*、*Sports Illustrated* 等），文化模式的訊息是明顯的：男性被囑咐要擴展他們的知識、嗜好與活動；女性則被囑咐藉由減肥以及進行其他行動來改變外貌以便改善生活。

聲音

音訊資料包含音樂、敘說、演說、廣播電台節目以及錄音訪談等等，民族音樂學家 Alan Lomax（1977）分析了來自世界各地114 個社會的演說樣本。他發現在複雜、中等程度以及單純經濟結構中的演說風格有著規律性。舉例來說，平均來看，在較為複雜社會的自發性表達長度會比不那麼複雜社會的自發性表達長度來得長。Barbara Ayres（1973）發現在以披巾跟揹巾背抱嬰兒的社會中強烈偏好有系統性、反覆的節奏；在以搖籃搖動嬰兒的社會中，則對不規則的節奏有偏愛。

社會語言學家和言談學者是音訊資料的專用者。舉例來說，Labov 與 Waletzky（1997）使用錄音的敘說來瞭解美國黑人跟白人的演說中在社會階級與族群標記上（ethnic markers）的差異。

言談分析在人類互動的研究中被廣泛使用——診療時的醫生與病患、教室中的學生與老師、諮商會談中的丈夫與太太等等。這些互動內容的一部分，很大一部分，出現在基本的音訊逐字稿中。但有一部分，跟聲音的語調、音高、抑揚頓挫、節奏有關的那部分則不，而那部分可能對瞭解發生了什麼事來說是關鍵的。

舉例來說，Joel Sherzer（1994）將在巴拿馬的 San Blas Kuna印第安人酋長 Olopinikwa 的兩小時傳統吟唱錄音檔與這個事件的語音學逐字稿相比，這份逐字稿省略了回應的酋長其吟唱的說話方式（通常是「因此它是」這樣的東西），那是瞭解該吟唱的詩節結構的關鍵。這可能看似一個外來的例子，但是並非如此，它只是一個來自一種外來語言的實例。事實上，韻律標籤（prosodic markers）（例如聲調之類等等）在我們想知道一種表達方式或是一份對話的完整意義時訴說許多故事（延伸閱讀：言談的語言學分析）。

動態影像：錄影

　　動態影像，或是我們在本書其他部分稱為錄影的東西，結合了影像與聲音的威力而超越了時間的限制。電影研究的學者、社會學家、政治科學家，以及性別跟媒體研究的研究者已成為分析電影、電視節目以及商業廣告、政治廣告，以及甚至是家庭自製電影等等動態影像文件的專家。

　　舉例來說，Cowan 與 O'Brien（1990）研究了 474 個在變態殺人狂電影中的受害者案例，這些電影中的大多數主角遭到殺害（這是這一派電影的主要要點），但是有少數人倖存。事實證明，倖存下來的女人比起受害的女人較沒有肉體上的吸引力，然後也與任何性行為無關。男性非倖存者則是憤世嫉俗、自負又自大的。Cowan 與 O'Brien 總結，在變態殺人狂電影中，性純潔的女人能倖存，而「十足男子氣概」則以死亡作終。（1990: 195）

　　國際數學與科學成就趨勢調查（The Third International Mathematics and Science Study, TIMSS）是一個關於 1990 年代在世界各地的 41 個國家如何教數學與科學的大規模研究。TIMSS 的一部分努力是針對在日本、德國跟美國這三個國家的教學實踐與課程內容的密集研究。研究者研究三個國家中的八年級教室錄影帶，發現了非常不同的教學風格。在美國跟德國，學生將幾乎所有的時間花在練習例行性步驟（routine procedures）上來學習數學；在日本，學生花費不到一半的時間在這種學習上，然後花費較多時間找出制式問題的新解法——一種刺激概念性而非死記硬背思考數學的嘗試（Jacobs et al., 2007; Stigler et al., 1999: vii）（延伸閱讀：影像作為質性資料）。

文本

迄今為止最大的質性資料寶庫是過去好幾世紀出版如山一般
的書面文本。來自人文主義和實證主義傳統的學者都一樣倚賴文
本作為他們的主要資料。民俗學者、社會學家、心理學家、人類學
家跟政治科學家已經分析了新聞文章、小說、國會報告、仇恨團
體（hate group）所出版的小冊子、個人的徵婚／友廣告、法庭紀
錄、日記，還有新近的電子郵件訊息跟網頁。

本書的大部分皆關乎分析這種質性資料，但是我們得說幾乎每
一項有關發現主題、主題編碼以及分析文本的技巧都可以輕易應用
到實體物件、影像以及聲音上，就如同它們在文字上的應用一般。

延伸閱讀

◆ 有關社會科學中質性—量化議題的回顧，請參閱 Guba 與 Lincoln
（1994）、Howe（1988）、Rossi（1994），以及 Tashakkori 與 Teddlie
（1998）。

◆ 有關更多關於現代物質文化的研究，請參閱 *Journal of Material
Culture*、*Journal of Social Archaeology* 以及 *Journal of Consumer Culture*。
請參閱 Dant（2005, 2006）的綜述。有關衣著跟時尚，請參閱
Crane 與 Bovone（2007）。請參閱 Haldrup 與 Larsen（2006）在旅
遊研究中有關物質物件的重要性。例如，Holly 與 Cordy（2007）
分析到墓地的遊客留下碎石作為一種記錄在沒有長時間參與觀察研
究下可能難以直接觀察的行為〔例如故意破壞公物的行為、魔法、
傳奇絆跌（legend tripping）以及開派對〕的方式。

◆ 有關物質文化作為性別角色的映射，請參閱 Chaterjee（2007）。請
參閱 Cavanaugh（2007）有關特定種類食物的生產如何成為一個義
大利城鎮的象徵。參閱 Öztürkmen（2003）關於物質人造物如何被
用在關於過去的懷舊敘說的創作上。

◆ 有關更多關於博物館的角色以及它們的人造物在歷史的形塑過程，
參閱 Coombes（1994）、Hilden 與 Huhndorf（1999），以及 P. M.
Taylor（1995）。

◆ 有關更多關於言談的語言學分析，參閱 Drew 與 Heritage（2006）、
Schegloff（2007）、Wennerstrom（2001），以及參閱第十章的對
話分析。以此為焦點的學術期刊包括了 *Journal of Pragmatics* 以及
Text and Talk。

◆ 更多關於使用影像作為質性資料，參閱 Chaplin（1994）、Collier 與
Collier（1986）、El Guindi（2004）、Hockings（2003）、Morse 與
Pooler（2002）、Pink 2007，以及 Van Leeuwen 與 Jewitt（2001）。
更多特別有關使用照片作為資料，參閱 Capello（2005）、Clark 與
Zimmer（2001），以及 S. Gardner（1990）。同時參閱 *Visual Studies*
（來自 the Visual Sociology Association）與 *Visual Anthropology Review*
（來自 the Society for Visual Anthropology）等期刊。

CHAPTER ❷

資料蒐集

序言
資料蒐集的方法
非直接觀察
　　行為痕跡
　　檔案資料
　　次級分析
直接觀察
　　建立明確覺察
　　現場觀察與時間分配研究
抽取方法
非結構式訪談：非正式訪談與民
　族誌訪談
半結構式訪談
　　探問
結構式訪談
　　問卷與回應者效應

準確性
　　降低錯誤：輕喚起人們的
　　　記憶
抽取文化範疇
混合研究方法
　　焦點團體
　　參與觀察
　　個案研究、生命史，以及
　　　個案史
　　民族誌決策模型
選擇資料蒐集策略
　　資料複雜性
　　資料距離
遺漏資料的陷阱
將音訊與影像資料轉換為其他
　資料形式
　　謄錄訪談
延伸閱讀

◆ 序言

　　正如同蒐集量化資料的技巧，蒐集字詞或影像的技巧需要適切地符合研究計畫的目標。也正如同蒐集數字的技巧，我們用來蒐集

字詞和影像的技巧在我們最終所得的結果裡，也就是我們稍後可以用來分析的東西，扮演相當重要的角色。因此，從一開始就知道你的研究目標極為重要，這樣你便能適當地選擇資料蒐集跟分析的方法。我們從資料蒐集技巧的分層開始談，包括量化與質性。

◆ 資料蒐集的方法

有三大類蒐集關於人類思想及人類行為的資料的方法：(1) 非直接觀察；(2) 直接觀察；(3) 抽取，或是跟人們談話。除此之外，許多研究包括這三種主要方法的混合。圖 2.1 陳展了這三大類別。

圖 2.1 中的方法有兩個共通點：(1) 它們同樣被用來蒐集量化跟質性資料；(2) 它們是面對非常勞力密集的。任何認為**質性**是不**費力**的同義詞的人將面對一個猛烈的衝擊。

圖 2.1　資料蒐集技巧的分層

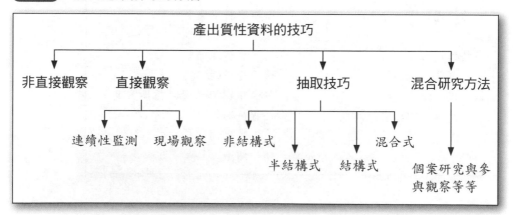

◆ 非直接觀察

非直接觀察包含了：(1) 研究人類行為與思想的痕跡（trace）；

(2) 分析檔案資料；(3) 次級分析，或是重新分析為其他計畫所蒐集
的資料。

行為痕跡

人類行為與思想的痕跡到處可見

實物（壺、雕像、建築、煉鋼廠）、文本（日記、演說、訪
談、歌詞）、靜態影像（繪畫、大幅塗鴉、雜誌廣告、照片）、動
態影像（舊的廣播節目錄音帶、家族事件的家庭錄影、新聞影片、
電視廣告、商業電影），還有聲音的紀錄。有些痕跡，例如廣告跟
政治性演說，是創造來做公共消費之用；其他痕跡，例如日記或情
書，則是創造來做為私人之用。但是所有這些東西，還有更多其他
東西，都已成為社會研究的質性資料來源。

舉例來說，在政治科學中有分析演說與政綱以瞭解不同候選
人與政黨其政策立場的悠久傳統（Hill et al., 1997; Laver & Garry,
2000）。Suedfeld 等人（1990）分析來自 1945 至 1974 年間所舉行
的十次加拿大選舉所有政治演說。媒體研究跟行銷的研究者研究平
面跟電視廣告以追蹤橫跨時間與國家對家庭跟職場中女性角色的
態度（Gilly, 1988; McLaughlin & Goulet, 1999）。Neto 與 Furnham
（2005）分析在葡萄牙、英國跟美國電視上兒童的廣告，以搜尋這
三個國家中的性別角色是如何被描繪的。

徵友啟事告知我們關於異性戀者（Hirschman, 1987; Lance,
1998; Yancey & Yancey, 1997）、男同性戀者（Phua, 2002），還
有女同志跟雙性戀者（C. A. Smith & Stillman 2002a, 2002b）間
伴侶選擇的偏好。商業領袖的訃聞包含了男人跟女人的管理實
踐（Kirchler, 1992）以及不同文化下的人們如何紀念死者的資料
（Alali, 1993; de Vries & Rutherford, 2004）。

最普遍的人類行為痕跡是垃圾。亞歷桑那大學的考古學家已經研究圖森（Tucson）當地居民的垃圾多年，雞骨頭、啤酒空瓶、空雞蛋盒，以及其他所有日常生活殘屑等資料就像文本一樣抵達垃圾學實驗室（garbology lab），準備好被編碼跟詮釋（Rathje & Murphy, 1992）。

網路，以及它所有的聊天室，以一種曾經難以想像的方式記錄了人們想法的痕跡。所有這些資料讓研究敏感的主題成為可能，但卻不侵犯任何人的隱私。顯然許多人對在公共聊天室討論他們性生活最私人的細節並不內疚。舉例來說，Carballo-Diéguez 與 Bauermeister（2004）研究在男同性戀者中有關故意不戴保險套的肛門性交討論（一種被稱為「肛交」的做法）。對這些歸檔的電子訊息的系統性審查提供了一扇通往可能很困難，充其量只能直接去詢問的事物。

檔案資料

以檔案資料（例如痕跡資料）的研究，是不昂貴也無反應性的

不管你是研究審判程序、移民、醫院探訪，或是信用卡消費的紀錄，人不能在事實之後改變他們的行為。原始資料可能在有反應下蒐集，但這是其中一個為什麼史學家需要對資料來源如此嚴格檢驗的原因。

在評估文件的價值時，Guba 與 Lincoln（1981: 238-239）引述了 G. K. Clark（1967），建議詢問以下問題：它的歷史是什麼？它如何來到我手上？有什麼保證它是它想假裝的東西嗎？這個文件如同它當初被製造時一樣完整嗎？作者是誰？作者嘗試想達到的是什麼？這份文件打算用在什麼地方？製作者的資訊來源是什麼？製作者的偏見是什麼？這個作者在多大程度上可能想要說實話？其他存

在的文件可能讓同一個故事、事件、計畫、方案、脈絡更為清楚明白地顯現嗎？

質性資料的檔案可以被一再地檢驗來回答不同的研究問題。舉例來說，*Ladies Home Journal* 當中的廣告已被分析它們怎麼談論推銷給女人的產品中的性別刻板印象（Mastin et al., 2004）、它們怎麼談論女人的角色如何隨著時間改變（Demarest & Garner, 1992; Margolis, 1984），以及它們怎麼在其他主題中談論女人的身體意象（Fangman et al., 2004）。

網際網路是一個檔案資料迅速擴充的資料來源，美國國會圖書館有一個所有昔日奴隸已知紀錄的線上收藏（這些紀錄大多於 1930 跟 1940 年代時建檔），以及一個在 1850 至 1925 年間遷移到加州的中國移民的 8,000 張影像收藏紀錄。它也有一批 1887 至 1914 年的 2,100 張棒球卡藏品，以備你想要研究當時棒球員都穿些什麼。世界各地的圖書館正將原始文件的收藏建置於網路上。

次級分析

次級分析是在為其他研究計畫蒐集的資料上進行的分析

所有主要的調查——那些追蹤高中學生購買習慣、不同種族人們的政治偏好、年齡世代的健康等等的調查——提供了次級分析的資料，同時有數以百計的已出版研究是立基於這些分析。

較少為人所知，但是有著龐大價值的是可供作為次級分析的質性資料素材（Fielding, 2004）。Hodson 觀察發現，單以英語出版，就有超過百本以上篇幅長如書本的組織民族誌，每一項研究皆需待在田野至少一年，另外加上分析和書寫研究結果的一年，因此這個資料庫象徵超過 200 年的博士等級觀察與詮釋（Hodson, 1999: 15）。

　　歷史分析主要在一組有關事件、社區、組織，以及人們的文件上進行，但是如果你審慎檢視，你將會在社會科學中的各處發現這種再分析（reanalysis）。Khaw 與 Hardesty（2007）再分析了 19 份與離開一段曾經歷伴侶身體暴力關係的女性所進行的長訪談（介於一至二小時）逐字稿。原始研究為 Hardesty 與 Ganong（2006）所進行來記錄這些女性的親職史，但是在再分析中，Khaw 與 Hardesty 則聚焦在這些女性能離開這段關係的緊要關頭的過程。

　　世界上最大的民族誌資料檔案是「人類關係地區檔案」（Human Relations Area Files, HRAF），由 George Peter Murdock、Clellan Ford，以及其他耶魯大學的行為科學家在 1940 年代開始進行。這個文件檔案庫已經成長為超過一百萬頁關於大約四百個社會的文本，摘錄自將近七千本書跟文章。

　　這個文件檔案庫正以大約每年四萬頁增長，然後大概三分之一的材料可經由網路透過有訂閱的圖書館（請至：http://www.yale.edu/hraf/）取得。這個文件檔案庫已成為數以百計已出版文章的原始資料（更多有關 HRAF 請見第十三章）。

檔案與次級資料的劣勢

　　至少有三項與檔案資料以及次級資料有關的問題：缺乏可信賴性、缺乏代表性、測量誤差。

　　可信賴性的問題意指在次級分析中，你所檢視的資料或許並非是以你心裡所想的目的蒐集到的。如果你訪談 50 個正在照護體弱年長父母的中年婦女，你決定什麼議題是重要的，然後你確認你詢問了每個婦女每一項議題。編碼檔案資料的研究者發現通常只有少數引起他們興趣的碼號能一致應用（Hodson, 1999: 13）。遺漏資料是所有研究中常見的問題，但是至少在你自己所蒐集的資料上，你可以在發現空缺時回頭並填滿它們。

　　代表性是一個取樣的問題。所有資料都代表某個東西，但在統

計裡，一個代表性的樣本是指它當中的每一個分析單位（每個人，或者每間教堂，或每個雜誌廣告）都有被選擇來研究的相等機會。電話調查通常基於隨機撥號法，因為在理論中，某個電話區域中的每個人有相同被聯絡的機會。然而被聯絡不一定意謂被訪談。即使在高度工業化的國家，例如荷蘭、西班牙，以及美國，60% 以及更低的回應率是很普遍的（Díaz de Rada, 2005: 6; McCarty et al., 2006; Poortman & van Tilburg, 2005: 24）。

因此，在一個執行良好的調查中的最終樣本可能無法代表母群的重要片段——例如避開調查的人。這並不會使調查結果無效，但它意謂這些結果必須小心謹慎地處理，直到它們是一再重複的，並且需要完成無回應者的特殊調查以填滿空缺。我們將在第十七章談論更多有關代表性以及不具代表性的抽樣。

測量誤差折磨著所有的資料蒐集，質性跟量化皆然。美國某些州跟某些城市已經實施槍械管制法律，評估這些法律是否抑制犯罪中槍枝的使用應該是簡單的，只要比較每一條法律實施前後使用槍枝犯罪的數量即可。不幸地，這些基本資料——由 FBI 發布關於美國 3,142 個郡的統一犯罪報告（Uniform Crime Reports）是有缺點的。美國某些郡的人在他們遭到持槍搶劫時傾向舉報；這些事件在其他郡則並未上報跟記錄。

這並不阻撓關於槍械管制法律效益的研究，它創造了評估錯誤以及讓分析變得更好的機會。所有的資料皆為經驗的縮減，你以你所擁有的來進行工作，然後你盡力試著排除偏見（延伸閱讀：質性資料的次級分析）。

◆ 直接觀察

在 Yogi Berra 不朽的談話中提到：「你可以經由觀看而觀察到很多東西。」（Berra & Garagiola, 1998）當你想知道人們在做些

什麼，而非他們說他們做了些什麼，沒有什麼東西能勝過觀察他們
〔參閱 Bernard 等人（1984）關於報導人的準確性問題的回顧〕。
若你用心注意並仔細記下筆記，只要單單坐著並觀看一間診所的活
動，或在高速公路旁卡車司機會停留的加油站兼餐廳廝混，就能產
出大量有用的資訊。困難的部分並非仔細記下筆記，而是留神注意
並抓住細節。

建立明確覺察

仔細注意細節是一種技能，而不是一種天分。這對小孩來說是
天生的（你可以想像一個三歲的孩子在超市大聲的問：「媽咪，為
什麼那個女人沒有頭髮？」），但這對大多數成人來說並非自然而
然的。我們早早學到不理會多數細節——這是文化基模如何銘刻的
方式。這些基模在日常生活中對我們有利（見第十四章），但是它
們對研究是致命的。明確覺察是一種每個社會研究者需要去發展的
技能。

試試這個練習：拿著一本筆記本，以正常走路速度走過一扇商
店櫥窗，一旦這櫥窗離開你的視線，寫下所有放置在這櫥窗裡你所
能記住的東西，接著回頭去確認，在另一扇櫥窗再做一次練習。在
重複這項練習幾次後，你記住小東西的能力將會開始增進。你將發
現你自己在編造助憶符號策略來記得你所看到的。在你於五或六扇
櫥窗進行練習之後，回到這些櫥窗並嘗試捕捉更多細節。保持這項
練習（新的櫥窗、舊的櫥窗）直到你對你無法再做得更好感到滿意
為止。

這裡有另一項練習。穿過一個都市的鄰近地區，注意人們說的
語言或方言、他們演奏的音樂、他們吃的食物、單身者（獨自一人
的人）、伴侶，以及三人或三人以上團體的數量。重複這個練習，
重溫精準相同的路線，你將發現你自己在聽跟看更多的細節，而且

你將再次發現你可以從快速的觀察中改善你的技能這件事學到多少東西。用新的路線重複這項練習，保持這項練習（新的路線、舊的路線），直到你對你自己無法再做得更好感到滿意為止。

　　這兒有個更吃力的挑戰，和兩個同儕參加一個你們當中任何一人都未曾參與過的宗教服侍，不要做任何的筆記，但是在你們離開之後，盡你們所能地詳細寫下你們看到了什麼，並比較你們所寫的。重複這個練習，繼續參與這項服侍並仔細觀看，直到你們三人滿意於自己已經達到去回想這些複雜行為場景能力的極限，而且你們對這些場景的筆記也大致相同。現在再重複這個練習，但是在你熟悉而你的同儕不熟悉的服侍上進行。看看你的筆記是否大致與他們的筆記相似，也就是說，是否你已經發展出以初次觀看的眼光來看待某一熟悉事物的能力。

　　這不需要是個宗教性服侍，任何相當熟悉的場景，像是保齡球場、自助洗衣店，都將幫助你改善你身為一個觀察者的可信度。這並不保證準確性，但是因為信度是準確性一項必須但不足的條件，如果你想成為一個準確的資料蒐集儀器，你就得變得可信確實（參見補充資料 2.1）。

補充資料 2.1

其他用來觀察的設備

　　如果你無法在訪談或在某個事件中做筆記，那就馬上把你的想法記在紙上。不要在這個過渡期間跟他人談話，在記下你的筆記前跟他人說話將會強化某些你所聽到或看到的東西而犧牲了其他東西（Bogdan, 1972: 41）。

　　畫個關於你花時間進行觀察以及跟人們談話的物理空間的地圖，就算是粗略的素描也可以，隨著你在這個地圖周邊移動，有關事件與談話的細節將會出現在你面前。本質上，它讓你經歷了（walk through）你的經驗。

　　兩種用來作為行為的直接觀察的正式方法是連續性監測以及現場觀察。

連續性監測

　　在連續性監測（continuous monitoring, CM）當中，你觀看某個人或某一群人，然後盡可能精確地記錄他們的行為。這不容易進行，但是它產出獨一無二有價值的質性與量化資料。

　　這項技術在 19 世紀被發展出來改進製造業。在一個經典研究中，F. B. Gilbreth（1911）測量泥水匠的行為，諸如他們在哪裡豎立一疊磚頭與他們必須伸手到多遠的距離以取得每塊磚頭等等事情，並提供有關如何減輕工人疲勞還有如何經由減省動作來提升生產力的建議。在 Gilbreth 之前，這行業中的標準是一小時砌 120 塊磚頭；在 Gilbreth 發表後，砌磚標準達到每小時 350 塊磚頭（Niebel, 1982: 24）。

　　僱用泥水匠的人很喜歡這個方法，不過泥水匠則不像他們一樣開心，但是這個行為的連續性監測方法仍被用於評估工作情況（Drury, 1990; Z. Tang et al., 2007）、焦慮和恐懼（Carmichael, 2001），還有長期護理病人的能力（Algase et al., 1997; Cohen-Mansfield & Libin, 2004）。它被用來評估雇員與雇主（Sproull, 1981）、學生與老師（Meh, 1996）、警察與老百姓（Herbst & Walker, 2001; R. E. Sykes & Brent, 1983）以及醫生與病人（M. Silverman et al., 2004; Tabenkin et al., 2004）等等之間互動的品質。

　　Rosalyn Negrón（2007）使用連續性監測來找出在紐約的西班牙文—英語雙語者花了多少時間在說其中一種或另一種語言上，以及他們究竟在什麼時候轉換語碼，意即，轉變語言的使用（這可能在雙語者句子的中途發生）。已有大量關於這個主題的研究，建立於訪談以及由回應者提供的自陳行為上，然而連續性監測協助填滿我們對語碼轉換知識的缺空（參見補充資料 2.2）（Negrón 研究的

補充資料 2.2

連續性監測的練習

　　為了瞭解連續性監測的挑戰是什麼感覺，找個上學日去一間高檔的百貨公司記錄 60 對母子各一分鐘的行為互動（是的，一分鐘，這在連續性監測的工作中已經是很長的時間）。在該去上學的日子，這些孩子應該大多在六歲以下（請忽略明顯超過這個年紀的小孩的媽媽們）。選擇只需看管一個孩子的 30 個媽媽，以及 30 個需陪同超過一名以上小孩的媽媽，詳細記錄這些媽媽與每個孩子的互動，包括內容、聲調，以及媽媽與孩子的手勢。

　　試著猜測這些孩子的年紀及其家庭的種族與社經地位。當你無法跟你所觀察的人們交談時，去編碼社經地位與種族是個很困難的挑戰。試著用衣著表示社經地位然後用語言或方言來表示其種族。與至少一名的同儕來進行這項工作，從而讓你們都能檢核你們觀察的信度。

　　在高檔與小規模（downscale）的百貨公司重複這個練習，然後看看你是否能建立一張有關這些互動的表格，並且在你所記錄的行為中找出一個模式。

細節在第十章言談分析中）。

現場觀察與時間分配研究

　　如果你想試著找出人們在做些什麼，那麼資料將會是文本式的（textual），就像這樣：

　　　有三個人在家；祖母正在跟學步兒玩，他大概兩歲左右然
　　　後正在餐桌上敲打湯匙；媽媽正把一疊衣服放進洗衣機
　　　裡；祖父跟爸爸據說一起出去打高爾夫球了，因為今天爸
　　　爸休假，而祖父已經退休了。

現場觀察，或是時間取樣，是一種估算人們投入某種行為多少的方式。在這個技巧中，一個觀察者在隨機選擇的時間出現在隨機選擇的地點，然後記錄人們在做些什麼（Gross, 1984）。這個邏輯是清楚的：如果你所取樣的代表行為數目夠大的話，那麼人們被目擊進行某些活動（工作、玩樂、休息、進食）的次數比例就是他們花在那些活動上的時間比例的取代物（proxy）。所以，如果女人跟男人在你觀察他們時被觀察到進行某種各占了你觀察他們次數的 38% 跟 52% 的工作，那麼女人花了 38% 的時間工作而男人花了 52% 的時間工作——加上或減掉一些取決於樣本大小的數量。你喜愛的統計軟體會幫你計算這個數量，然後告訴你是否 52% 真的是一個比 38% 還大的數字，還是它可能只是考慮到樣本大小的偶然結果。

現場觀察已在世界各地被用來追蹤人們實際上如何度過他們的日子，以及回答如下的問題：男人還是女人有較多的休閒時間？嬰兒多少比例的時間是獨處或待在某人的臂彎裡（Baksh et al., 1994; A. Johnson, 1975; Messer & Bloch, 1985; Ricci et al., 1995）？

明顯地，現場觀察不能像連續性監測所進行的方式一樣來捕捉行為的串流（stream），它也無法像民族誌一樣擷取脈絡中的整個事件。但是現場觀察捕捉許多能彌補較大脈絡的元素，然後它在與民族誌跟訪談資料相互搭配時可以是相當具揭示性的。

將觀察轉換成資料

就像其他的現象，行為的串流需要被轉換成資料。這可以藉由記下大量的筆記或是藉著快速將活動歸併成一組固定的碼號來完成。許多研究者在錄音或錄影設備上記錄他們的觀察，這比寫字來得較不令人厭煩；它讓你將你的觀察聚焦在正在發生的事上面；它讓你稍後再記錄可能在現場書面敘寫中被漏掉的細節；它避免了檢核表的限制；然後它讓你得到關於脈絡以及關於你正在研究的行為

的資訊。

　　但是取捨也是存在的。如果你想從質性資料測量（例如錄音帶或唱片裡的連續性解說），你得為它們編碼。也就是說，你得一再重複聆聽並觀看音訊還有錄影紀錄，然後為你所觀察的每一個人決定要編碼哪些行為。在現場編碼（經由使用行為檢核表或透過將碼號輸入掌上型電腦）產出立即的量化資料，但是你失去了脈絡。

　　你無法同時編碼然後又對著錄音設備說話，所以你必須決定你需要哪種資料──探究性或確證的──然後在你選擇一個方法之前為什麼你需要它們。如果你正試著瞭解一個行為的過程，那麼專注於質性資料上。如果你需要測量人們從事這項或那項行為到什麼程度或有多頻繁，那就專注在量化資料上。

◆ 抽取方法

　　「抽取」或是「訪談」，是一個社會過程──你問人們問題然後他們提供答案──因此它是最具回應性的資料蒐集方法。訪談可以是非結構性的、半結構性或結構性的。然後，你當然可以在任何給定的研究中混合這些類型，圖 2.2（圖 2.1 其中一個部分的展開）展開了這些類型。

◆ 非結構式訪談：非正式訪談與民族誌訪談

　　非正式、非結構性訪談看起來也聽起來像隨意的對話，但是它們並非如此。它們在任何地方發生，例如在家裡、在酒吧、在街角、在工廠的餐廳，然後它們並不容易進行。非正式訪談需要自律以及訓練有素的記憶力以從飛快寫下的筆記、一整天裡發生在你身上的事，以及人們對你說了些什麼之中回憶起細節。

圖 2.2 抽取方法的分類

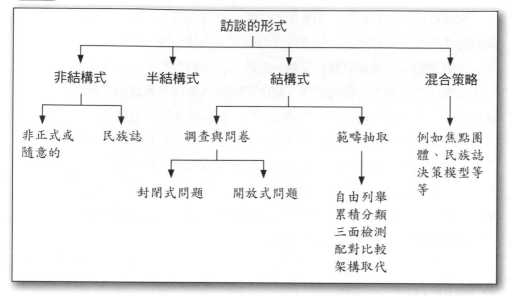

　　非正式訪談提供了豐富的訊息，而且在某些狀況中它是唯一可用來蒐集資料的實際工具。你還能如何跟外出到街上拉客的性工作者（假定你沒有經費來買她們的時間以進行正式的訪談），或是趁車子加油時在路上吃個簡易晚餐的長途卡車司機（假定你沒有時間跟他們一起共乘整天或整夜以讓你能進行正式訪談）談話？

　　民族誌的訪談也會看起來或感覺像是隨意的對話，但是它們並不是，而且它們也不是非正式的。這兒有三個可能出現在一個民族誌訪談裡的問題：(1) 你可以從你自身的經驗告訴我你如何決定要墮胎的嗎？(2) 你可以告訴我你的朋友如何決定要墮胎的嗎？(3) 你可以告訴我你認識的女人如何決定要墮胎的嗎？第一個問題直接得到生活經驗。第二個要求關於他人經驗的描述；這通常較不具威脅性且能大量從其提煉出文化規範的資料。

　　第三個問題藉由要求人們從經驗去歸納以直接往文化規範前進。民族誌訪談的目標是去瞭解文化規範，但是有許多條路可以達

到這個目標。關於生活經驗的詳細故事是一條不錯的前進路徑，但是也有需要小心行事及問題二或甚至問題三才是開始跟建立信任的最有效方式這樣的明確情況。

典型來說，民族誌訪談從概括的、一般性的問題開始，Spradley（1979）稱為盛大之旅問題，然後以關於細節的問題跟進，這稱為「漏斗型訪談」。一個關於成年人約會練習的研究，可能從「這裡所說的到處約會是什麼意思？」這樣的問題開始，稍後，你可能會尋求細節，例如：「你跟你的朋友傾向跟誰約會？」「當你這個年紀的人在約會時，他們會做些什麼事？」然後再接著，你可能探查有關性方面的資訊：「當你這個年紀的人在約會時，他們會進行什麼樣的性活動？」然後接著：「這些活動中的哪一項傾向先發生？」

在民族誌訪談中，主要的概念是讓人們進入主題然後你把談話的主權讓給他們，讓他們提供自己認為重要的資訊。這讓民族誌訪談得以成為一個流暢的過程，但它也意味著你可能無法在單一會議中涵蓋關於某個主題的所有議題。在你有充裕的時間下使用民族誌訪談，例如參與者觀察研究——然後一再訪談可信任的相同回應者。

非正式訪談與民族誌訪談幫助你理解日常生活的起伏、人們有意願透露的訊息，以及敏感的主題。非正式訪談與民族誌訪談協助建立密切關係並產出大量可以被獨立分析或是使用於設計問卷的資料。

♦ 半結構式訪談

在半結構式訪談中，每個報導人被詢問一組**相似的**問題；在結構式訪談中，每個報導人則被問一組**完全相同的**問題。

如果你想進行人們之間或幾個群組之間的比較，那麼你很需要

從所有人那裡得到至少是相似的資訊。半結構式訪談立基於一個訪談指南——一張需要包含在訪談當中的問題跟主題列表。訪談者經由詢問一或多個問題以及使用各種探問（例如：「告訴我更多有關那件事」），以及決定什麼時候關於某個主題的對話已經滿足研究目的等等來報導每個主題（Cannell & Kahn, 1968: 527）。訪談指南以及有關該在哪裡以及如何探問的說明在一個會有一名以上訪談者的計畫中是不可缺少的，以便讓人們能被問及大略相似的問題。

半結構式訪談在結構—非結構這條連續線上占了一個有趣的位置。半結構式訪談是有彈性的，訪談者可以修改問題順序以及涵蓋主題的細節，這交出了部分控制權給回應者關於訪談該如何進行。然而，由於回應者被問及大致相似的問題，這使得進行訪談之間的比較變得可能。

Panchanadeswaran 與 Koverola（2005）以 90 名在印度說坦米爾語的婦女為對象，進行了數次一至一個半小時的半結構式訪談，所有婦女在被她們的丈夫長期毆打後尋找協助——大多數的毆打是相當嚴重的，半結構式訪談讓這些婦女以她們的話語說出她們的經歷，但是也確保這些資料可以接受系統性地細察關於在虐待的本質與後果中的模式。舉例來說，將近 80% 的婦女描述了每天都遭到身體上的虐待，而 44% 的婦女描述虐待從她們婚姻的第一個月就開始了（Panchanadeswaran & Koverola, 2005: 741）。

半結構式訪談迅速產出大量的質性資料，例如，Hardré 與 Sullivan（2008）研究郊區高中教師如何讓他們的學生產生動機，除了使用正式的問卷，這兩位研究者詢問了 66 位教師這 9 個開放式問題：

1. 你教哪個科目與哪些班級？
2. 你班上學生的成績普遍程度為何？
3. 你班上學生的動機普遍程度為何？
4. 你如何辨別班上的學生何時缺乏動機或是不專注？

5. 當你注意到學生缺乏動機時，你做些什麼或嘗試做些什麼？

6. 你認為是你教室環境中的哪些特徵促進或是抑制了學生的學業動機？

7. 在你的教室之外，你認為是哪些較大的學校環境特徵促進或是抑制了學生的學業動機？

8. 在學校之外，你認為是哪些較大的社區環境特徵促進或是抑制了學生的學業動機？

9. 有沒有任何其他是你認為重要，該讓我們知道以便瞭解你的學生動機的資訊？（Patricia Hardré, personal communication, December 22, 2008）

這份訪談的成品是 30 小時的逐字稿──超過 300 頁單行間距，Times 12 字體大小的文本，也就是大約 135,000 個字（Patricia Hardré, personal communication, December 22, 2008）。

半結構式訪談特別有益於訪談那些你其實不太能正式訪談的人──例如兒童。J. B. Whiting 與 Lee（2003）使用一份半結構式的指南訪談了 23 個領養的孩子，這份訪談的每個部分，例如：「我如何來到領養機構」或「我的家庭」等主題，分別被列印在不同的頁面，訪談者向每個孩子展示每一頁作為促進訪談的一種方式。

探問

探問是通往成功深度訪談的關鍵；它當然並非意指提示／提詞（prompting）。這兒有個在訪談中常見的問題：「你曾經住在這城市以外的任何地方嗎？」如果受訪者回答「是啊」，一個接續的探問會是：「例如哪裡？」如果受訪者說：「喔，全國各地」，你的下一個回應不該是：「芝加哥？紐約？丹佛？」那是提示／提詞。正確的回應是一個不會變成教導受訪者如何說話的探問，例如：「你可以說些你以前曾經住過的城市名字嗎？」

訪談技巧，包括探問的使用，從 1920 年代開始已經成為研究的焦點。在接下來的部分，我們利用 Gorden（1987）、Hyman 與 Cobb 等（1975）、Kahn 與 Cannell（1957）、Merton 等（1956）、Reed 與 Stimson（1985）、Richardson 等（1965）、Warwick 與 Lininger（1975）、Whyte（1960）、Whyte 與 Whyte（1984）等人的研究，以及我們自己的經驗作為參考（延伸閱讀：訪談技巧）。

沉默探問

沉默探問包括的只不過是等待某個人繼續他們的思考，特別是在你開始你的訪談後，人們會想要一些有關他們是否「給你你想要的內容」的指示。沉默探問不容易學習，因為你得辨認人們想說更多的時機，而且他們只是在思考，而不會將這樣的沉默視為一個絕對需要被填滿的空白，採取這樣的行動會讓訪談無法繼續下去。

沉默探問也是冒險的，如果某人真的已經結束他的回應，那麼沉默就會變得令人不太自在。在這樣的情況中，你會失去作為一個訪談者的可信度，並以回應者敷衍完成這項任務收場。沉默探問需要練習以便能有效地使用，但它是具有威力且值得你努力的。

附和探問

附和探問意味著僅只重複某人已經說過的最後一件事並要求他們繼續，這在報導人描述一個歷程或一個事件時特別有用。「我懂了，那麼，當你逮捕了某人，你帶他們去警局，接下來發生了什麼事？」這個中性的探問並不會讓訪談轉向，它展現了你瞭解截至目前為止什麼內容已經被提及了，並鼓勵報導人繼續他的敘述。然而，不要太頻繁使用附和探問，不然你會聽到惱火的報導人問你：「你幹嘛一直重複我剛剛說的？」

肯定探問

　　你可以藉著只是做個像是「嗯嗯」、「喔，我瞭解了」或「對，嗯」等等的贊同評論來鼓勵報導人繼續他的敘述。Matarazzo（1964）展示了這種中性的探問能有多大威力，他與一群報導人進行了一系列完全相同、半結構式的 45 分鐘訪談，他將每個訪談分成三個 15 分鐘的區段，在第二個區段中，訪談者被告知在每當報導人說話的時候做出一些例如「嗯嗯」的贊同性聲音。報導人在這些區段中的回應比在第一跟第三個區段中的回應大約長了三分之一。

「多說一點」探問

　　這個探問意味著：「你能告訴我更多有關那件事嗎？」或「到底為什麼你這樣說？」或「到底為什麼你有這種感覺？」然而，這些老套的探問會讓受訪人覺得厭煩，因此要謹慎使用它們，否則，你將會聽到某人以「對啦，對啦，我究竟為什麼有那種感覺？」來結束一個糟糕的冗長談話（Converse & Schuman, 1974: 50）。

長問題探問

　　不要問：「你為什麼放棄喝酒？」而是詢問：「人們放棄喝酒有很多原因，你能不能告訴我你為什麼選擇放棄喝酒？」不要詢問：「你為什麼加入幫派？」而是詢問：「每個人對於他們如何進入這個圈子都有個故事，你是怎麼加入這個幫派的？」精煉的問題傾向於生產出精簡的回答，稍長的問題則傾向於激發較長的答案。較長的答案並非總是比較好的，但是當你進行一個深度訪談，其關鍵就是要保持人們繼續談話以及讓他們發展他們的想法。人們越是暢所欲言，你就越能表達你的支持以及發展彼此的關係。這在第一次訪談某人而你想建立跟他之間的信任的時候尤其重要（see

Spradley, 1979: 80）。

　　長問題也推薦在詢問有關敏感議題的問題時使用。不要坦率地問：「你在高中時曾經偷過任何東西嗎？」反之，你可以說：「我們對孩子在高中時期所做可能會讓他們惹上麻煩的那類事情有興趣，例如順手牽羊，你知道有誰偷過東西嗎？」在回應者回答後，你可以接著問：「那你呢？你曾經從商店裡偷過任何東西嗎？」（延伸閱讀：改善敏感問題的回應）。

誘導：逐步確認探問

　　一個特別有效的探問技巧稱為「逐步確認」（Kirk & Miller, 1986: 48），或者「誘導」（Agar, 1996: 142）。這是你裝作你已經知道某些東西以讓人們暢所欲言，每個記者（以及八卦消息來源者）都很瞭解這項技巧。當你從某個人身上知道一小塊拼圖，你就能在下一個報導人身上使用它來得到更多資訊等等。你看似知道的越多，人們對跟你談話就會感到越自在，而且越不覺得他們其實向你洩漏任何事，他們並非是那些洩漏某個團體「秘密」的人。逐步確認也鼓勵某些人投入並糾正你——如果他們認為你稍微知道一些，但是覺得你「整個搞錯了」。

◆ 結構式訪談

　　在完全（fully）結構式的訪談，每個回應者看到或聽見一套相同的暗示。有兩種主要的結構式訪談：一種是系統性民族誌（我們會在第八章關於文化範疇分析中探討它），另一種則是問卷。

問卷與回應者效應

　　最常用來進行結構式訪談的工具就是問卷。一組固定的問題能

確保受訪者回應了同一組提示。嗯……那只是個想法啦，事實上，我們知道訪談是社會性事件，而且許多事情影響人們如何回應我們的問題。研究者從調查開始以來便研究這些**回應者效應**，許多他們所學習到的事物對產出質性資料是很有價值的，對產出量化資料也是如此。

遵從效應

訪談者跟回應者之間在人種、性別，以及年齡的遵從會製造出許多遵從效應——人們為了不要冒犯你而告訴你他們認為你想知道的。Kane 與 Macaulay（1993: 11）詢問一群美國夫妻如何分配小孩的照護，男人比女人更可能說出男人跟女人共同分擔這項責任——如果訪談者是男性的話。Huddy 等人（1997: 205）則詢問美國人各式各樣的議題如何影響女人，假使訪談者是女性，這些問題的答案比較有可能反映女性主義的觀點。

第三者出現的效應

訪談通常以一對一的方式進行，但是在很多例子中，受訪者的配偶或夥伴也可能會出現在房間裡。這會影響到受訪者的回應嗎？Zipp 與 Toth（2002）發現，在英國，配偶一起受訪比起分開受訪時較可能在許多事情上意見一致，例如在家中各處誰做些什麼。顯然地，人們聽著彼此的答案並隨之調整自己的答案，這讓他們的關係裝作美好一致。

Aquilino（1993）發現當受訪者的配偶也在房間時，人們會比他們單獨受訪時描述較多的婚姻衝突。如果他們的配偶在房間裡的話，他們也較有可能會提及他們與配偶在婚前便已經同居。或許，如同 R. Mitchell（1965）在很久以前所建議的，人們在知道對他們的配偶來說很顯然他們在說謊時坦白更多類似此類的事——（延伸閱讀：第三者出現的效應）。

開放式與封閉式問題

開放式問題讓人們能用他們自己的話來回應，並且捕捉他們自己對事物如何進行的想法，通常開放式問題產出較多的資料，並且比起封閉式問題而言較不會讓人們感覺無聊。另一方面（總是有個取捨存在），編碼與分析開放式問題是需要大量推論和自我判斷決定的勞力密集工作。為編碼跟分析開放式問題答案而花在時間跟金錢上的費用會迅速增長——這是質性傳統中的研究比量化傳統中的研究少了很多回應者的一個原因。

在同一個主題上，開放式問題也比封閉式問題出現較多的遺漏資料。假定你訪談了十個人有關駕駛規則，五個人提到在道路右側駕駛，另五個人並沒有提到這件事，該怎麼詮釋它？你可以總結說樣本數的一半在道路的左側駕駛（因為 50 個國家的人們這麼做，包括英國、日本、孟加拉與塞浦路斯），但是反之你可以重新去訪談那五個沒有提到右側駕駛規則的人然後發現：其中一人實際上來自英國；有一人只是忘記提及右側駕駛的規則；第三人認為右駕是很明顯不過的事以至於不需要提；第四人來自佛蒙特[1]鄉間，幾乎完全在單線道上駕駛；第五人拒絕再次受訪。

如果你想知道人們駕駛於道路的哪一側，那麼一個封閉式的問題：「你是右側駕駛嗎？（是或否）」會是你該選擇前往的路。

在 Cannell 與 Kahn（1968）關於訪談技術的經典之作中，他們建議當目標為發現人們的態度、信念以及某人已經形成意見的基礎時使用開放式問題。他們建議，在主題可能超出許多回應者的經驗，或如果你想處理人們有多瞭解某個主題，或是如果你自己稍微瞭解某個主題而且處於研究的探索階段，那就使用開放式問題。

但是如果你從先前研究已經知道一個問題的答案範圍，那麼，

---

[1] 佛蒙特州（Vermont）為美國第十四個州。

Cannell 與 Kahn 建議使用封閉式問題。這是一個不錯的指點，制定良好的封閉式問題會讓回應者少了很多的負擔。如同他們也在 40 年前指出的，還有如同自那之後數以千計有經驗的研究者在工作中學習到的——「沒有反對混合形式問題的規則」（Cannell & Kahn, 1968: 567）。

簡短回應與長回應

　　開放式問題的回應可能會很長，敘說就是這樣（例如整個生命史）。它們也可能是對事件與經驗的簡短描述（例如一兩段關於最近生病的文字敘述），或甚至是對一個特定問題的短句回應。我們最近詢問全美各地的人，他們對自己上一次手中的鋁罐如何處理，大多數答案是小短句，例如：「我把它扔進垃圾桶了」或者「我回收了」或「我當時正在開車所以我就隨手扔出窗戶了」。

　　大致而言，文本越長就越有機會發現新的主題跟關係（更多有關於此的內容見第三章）。假定你研究夫妻間的衝突，為了引出衝突的實際事實，你可能需要分開告訴每個伴侶：「請描述過去一年內你跟配偶的衝突，盡可能地越仔細越好。」有些回應——那些來自非常不錯的回應者——會相當長且涵蓋許多事件，有些很認真嚴肅，有些則不。

　　如果你想為憤怒、挫折與報復的出現來編碼敘說，你會需要把它們分成幾個衝突的事件，那是因為大多數人會在一年婚姻衝突價值敘說中的某個時刻提及憤怒、挫敗與報復。如果你將敘說整個丟下，你將以看不見它們之間的變化程度告終。事實上，有些衝突以憤怒特徵化，有些則以挫折特徵化，而有些則是藉由報復特徵化，有些則藉著這三者，還有些是以這三者的可能配對來特徵化。

列表與有關係性的回應

　　開放式問題產出兩種類型的答案：(1) 列表；(2) 有關係性的回

應。當我們開始研究某件事，我們通常對列表有興趣，然後列表由 W 問題產生：誰（who）、什麼（what）、為什麼（why）、哪裡（where）與什麼時候（when）。詢問：「昨晚你做了些什麼？」讓你得到一份活動列表。詢問：「你為什麼那麼做？」讓你得到一張為行為辯護的根本原因列表。詢問一個新手媽媽關於她的生產經驗，我們可能會問：「誰當時在場？」「他們給妳什麼樣的藥物？」「在哪裡分娩？」「護士什麼時候測量妳的脈搏？」

列表在許多實例告訴我們關於所研究的事物之範圍、頻率與分布（請見第八章有關分析列表資料的技巧）。

來自 W 問題的列表非常有價值，但是如同 Becker（1998）令人信服的主張：詢問「如何」（how）的問題引出告訴我們有關事物間關係的故事與敘說。

詢問軍隊招募的新兵：「你為什麼決定從軍？」然後你將得到例如「嗯，我爸跟我叔叔曾在軍隊裡，然後我的成績沒那麼好，所以我認為我應該會在大學裡過得很辛苦。」以及「我並不想上大學，但是我對在商場工作感到厭倦了，所以我覺得這可能是個不錯的經驗，然後以後我可以利用美國軍人福利法案（GI bill）得到大學教育。」的答案。去注意這些答案的列表。

反之，詢問他們：「你如何決定加入軍隊？」的話，你將得到類似以下的故事：

> 嗯，我的高中成績不怎麼好，然後我老爸老媽並不是很有錢，所以我開始在我叔叔的汽車修理廠工作。我持續工作了大約一年，那時我最好的朋友在他調動到他第一個基地前從新兵訓練營回來，我們聊了好一陣子，他說軍隊的待遇不錯，他說服了我，然後我們跟一個本地的招募者談話，那個招募者解釋了有哪些好處並告訴我所有我得完成的測試，我在接下來那週開始測試。我老媽並不太確定那

是個好主意，不過我老爸跟我叔叔認為這會給我很多經
驗，最終我老媽說那是我的選擇。我通過了測試，然後有
足夠的分數從事技師的工作。

「如何」的問題引出過程跟關係。（順帶一提，這故事來自我
們所做的某些研究，這故事被編輯過以移除所有的「嗯……」以及
類似的語詞。真實的談話是很混亂的，如同這個例子一般，有時完
整的逐字稿可能比你所需的多出很多。然而有時如同在對話分析裡
所做的，你需要一個確實逐字謄錄的逐字稿。我們將在第十章介紹
對話分析。）

「比對」的問題也能引出事物彼此之間如何互有關聯，下一次
當你得在派對上寒暄時試試以下這個實驗，不要問「你從事什麼工
作？」這種標準問題，然後只能等待一個一到兩個字的回應，而是
詢問對方：「那麼，你的工作是什麼樣的？」如果你的對話夥伴一
點也不多話，這應該可以引出相當長關於他日常例行公事的描述性
列表。

透過詢問「比對的」問題來繼續談話：「那麼，這份工作跟
你的上一份工作相比的話如何？」這不只讓你得到第二份工作的描
述，它也將給你有關這兩份工作如何相關或不相關的資訊。

在我們的經驗裡，新手訪談者傾向詢問較多的列表問題而非關
係性問題。

◆ 準確性

當人們說他們偏好某個牌子的車子，或是他們喜愛他們的新工
作，他們所談論的是內在狀態。你幾乎得相信他們對這一類的事所
說的話。但是很多訪談涉及詢問人們有關他們的行為——他們多常
上教堂？他們上餐廳用餐嗎？當他們清理針筒時他們會使用漂白水

嗎？以及關於他們生活中事實的資訊，他們去年在哪過感恩節？他們有多少個兄弟姊妹？他們會定期存款進他們的 401k² 嗎？在這些例子中，準確性是個真實的議題（real issue）。

出於很多原因，人們變成他們行為的不準確報導者。以下是四項原因：

1. 一旦人們同意受訪，在這過程中他們有個人利害關係（personal stake），而且他們通常試著回答你所有的問題——不管他們是否知道答案。

2. 人類的記憶是脆弱的，然而記得某些事情（例如最近所動的手術）顯然比記得其他事來得較為容易。

3. 訪談是一種社交接觸（social encounter），人們將那些接觸操縱往任何他們認為是他們優勢的東西上。預期人們會過度報導社會認可的行為（例如捐助慈善）以及漏報不受社會歡迎的行為（例如考試作弊）。

4. 人們無法計算許多行為，所以他們用一般的推論法則，並且報導他們認為他們通常所做的。如果你問人們上個月他們吃蛋吃了幾次，不要預期那答案會準確反映受訪者的行為。

降低錯誤：輕喚起人們的記憶

Sudman 與 Bradburn（1974）建議了幾項可以用來增加自我報導行為準確性的項目：

有提示的回想

在這個技巧中，人們可能查閱他們的紀錄以喚起他們的記憶，或是你可能詢問他們有關特定行為的問題。舉例來說，因為帶有個

² 401k 退休福利計畫，是美國於 1981 年創立一種延後課稅的退休金帳戶計畫，美國政府將相關規定明訂在國稅法第 401k 條中，故簡稱為 401k 計畫。

人生活史，大學成績單能幫助人們記得他們在校時間的事件與人。
信用卡帳單及長途電話帳單幫助人們回顧他們的足跡並記得人與事
件。

輔助式回想

　　這個技巧涉及給人們一張某個問題的可能答案列表，然後要
他們從中選擇。輔助式回想在訪談長者時特別有效（Jobe et al.,
1996）。在訪談同一個人好幾次的情況裡，你可以提醒對方他們上
一次說了些什麼來回答某個問題，然後接著詢問他們關於上次敘述
之後他們的行為。

里程碑

　　Loftus 與 Marburger（1983）關於此項目的文章標題說明了
一切：「自從聖海倫火山爆發後，有任何人毆打過你嗎？以里程
碑（landmarks）事件改善回顧性報告的準確性。」Means 等人
（1989）要人們回想從訪談時間點算起的前 18 個月他們生命中的
里程碑事件，一旦個人里程碑事件的列表確立了，人們比較能回想
起住院治療以及其他與健康有關的事件（延伸閱讀：改善回想的準
確性）。

♦ 抽取文化範疇

　　文化範疇經由以某種方式「湊在一塊兒」的字詞列表組成。有
些範疇是容易列舉的，例如種族跟族群的名稱、魚的名字，還有早
餐要吃的東西，其他範疇，例如媽媽做的事或保護環境的方法，則
較難以列舉。

　　文化範疇通常是階層分類的。對大部分英語母語使用者來說，
檸檬是一種柑橘類，它就是一種水果，當然就是一種食物。但這不
適用於每一個人，有些人完全略過柑橘這個級別。人們對於他們覺

得什麼是任一個文化範疇的內容也有所不同，對某些英語母語使用者而言，鯊魚跟海豚是一種魚類；但對其他人來說，牠們並不是。對許多英語母語使用者而言，黑猩猩是一種猴子；但對其他人來說，牠們是一種猿類而且絕對不是一種猴子。

有些文化範疇包括固定的列表。家庭成員關係的列表（父親、母親等等）差不多是張不變的列表，並且被這個文化中的大多數成員（但是並非所有成員）所認同。對有些英語母語使用者來說，一個男人妻子的姊妹的丈夫是這個男人的姊／妹夫；對其他人來說，他是這個男人的太太的姊／妹夫，而對其他人而言，他根本不是親戚。

許多文化範疇是專家的領域，例如木匠的工具列表或是人類腿部肌肉、骨骼還有肌腱的列表。美國大聯盟棒球隊伍的名稱列表是由每個熟知此範疇的人所同意的，但是歷來最偉大的棒球左投列表則是專家間熱烈爭辯的問題。

文化範疇分析的目的是去發現範疇的結構與內容——什麼跟什麼在一起，以及它們如何湊到一塊。

範疇內容的資料是以列舉任務來蒐集；範疇結構的資料則以累積分類與三面檢測等技巧蒐集。這些工作產出了質性資料，但是由於這些資料以系統性的方式蒐集，它們可以以量化的方式來處理。我們將在第八章介紹蒐集跟分析關於文化範疇結構與內容資料的方法。

◆ 混合方法

曾經有段時間，將質性與量化取向結合是社會研究中的一個對話主題。今日，這項實踐極為廣布普及，有數個優異的文本跟一本學術期刊致力於此（延伸閱讀：混合方法）。

事實上，現在許多社會研究者例行性的從民族誌或非結構式訪

談開始著手來瞭解發生什麼事，接著進入半結構式或結構式訪談來測試直覺或假設，就像 Laubach（2005）在一個家族式貸款機構中的非正式工作場所分層研究中所做的。或者他們可能從問卷開始，然後進展到開放性訪談以便更適當地理解量化的結果，如同 Weine 等人（2005）在關於芝加哥波士尼亞難民研究中所進行的。

　　焦點團體、參與觀察、個案研究（包括生命史），以及決策模型——所有這些都可能（但不必）包括質性跟量化資料的混合。

焦點團體

　　焦點團體被招募來討論人們對產品的感覺如何（例如啤酒品牌或新的電子小工具），以及處理社會福利計畫（新的日間托育中心是否為職業婦女提供了足夠的支持？）。它們用來使利害關係者回應提案（家長、老師、行政人員，以及校董事會成員對將學年度的開始提前一個月這項提案感覺如何？）。它們常被用在調查的研編上（以探究是否這些問題對回應者來說看似驕傲自大或天真幼稚），或是用來協助詮釋一份調查的結果。

　　在一個老練主持人的掌握下，團體環境促進了可能不會發生在單純兩人互動的討論，然後鼓勵了人們去探索意見的相似與不同（Patton, 1987）。

　　然而，焦點團體並非是理解該團體中的回應分布情形的好工具。首先，人們對問題的回應並非是獨立的，事實上，焦點團體的理念是讓團體的動能啟動，以便人們能以仰賴彼此來維持這個團體，這意味著有些人可能會主導而其他人只是潛伏著。

　　為了確定我們獲得關於某個主題的所有意見或看法，我們總是要求焦點團體中的參與者在我們的討論開始之前完成計畫去討論的某個主題的簡短問卷。這使人們去思考這個主題，並提供關於在他們信念中差異的資訊及有關我們正在研究的主題的看法。

在研究的探索階段使用焦點團體是個滿吸引人的主意，然而，如同 Agar 與 MacDonald（1995）提醒我們的，你得熟知你的研究，以理解跟受益於由順利上手的團體所產出的流暢言論。當說相同語言的人在一起時，他們在他們所說的每一件事情上幾乎都有所刪減省略。

去聽聽一般人如何談論他們的電腦，然後你會聽到例如：「我真的很討厭他們把埠放在後頭」的事情，想想你得知道多少才能填好那句子：你得知道那個「埠」不是指火線（firewire）就是指 USB 連接埠，然後你得知道它們讓你能連接印表機、外接硬碟，以及其他許多東西。如果你召集一群青少年來談論自殺，你最好先進行大量的民族誌，否則你將無法在那些文化縮寫的周圍填寫完整。

團體訪談並非都是焦點團體訪談。Robert Thornberg（2008）研究瑞典小學兒童認為不可以在走廊奔跑、如果想說話的話要先舉手等等學校規則是如何設立與實施的，在他的兩年民族誌研究中，Thornberg 與幾組二至四人的學生各進行了 49 次的訪談。如果你在一個緊密聯合的社區進行田野研究，要預期人們會單純出現並把他們自己安插進你認為是私人訪談的東西裡，這發生在 Rachel Baker（1996a, 1996b）訪談加爾滿都[3]的寺廟與垃圾場中無家可歸的男孩時。如果你在這些情況中堅持隱私，你可能會發現你什麼訪談也沒有得到；較好的方式是利用這些情況，然後就讓資訊順其自然出現。確認你在任何團體訪談中都記下了筆記——當然是有關誰在那裡、誰在主導、誰只是在聆聽等等資訊（延伸閱讀：招募與經營焦點團體）。

參與觀察

參與觀察是基本的混合方法策略，它已被橫跨社會科學領域的

學者使用了好幾世代——實證主義者跟詮釋主義者皆然。它讓你處在行動發生之處，讓你觀察自然脈絡下的行為（否則也許是不可能目擊的行為），然後讓你蒐集任何一種你想要的資料。

許多在參與觀察期間蒐集的資料都是質性的：記下你在自然情境中所見所聽的田野札記；人們房子裡頭的物件照片；人們訴說故事的音訊檔案；人們烹煮晚餐、結婚、爭論等等的錄影紀錄；開放性訪談紀錄的謄錄稿；文化範疇內項目的自由列舉跟累積堆疊。但是許多參與觀察者也蒐集關於實際行為的量化資料，例如計算人們在酒吧喝完的酒的數量，甚至是封閉式問卷。

參與觀察包含外出並留在該地，學習一種新的語言（或是一種你已知語言的新方言），然後盡你可能地體驗你所研究的人們的生活。不同於在被動觀察中研究者跟被研究對象之間有著最低限度的互動，參與觀察意謂建立關係並學著去表現，以便讓人們在你出現時還能跟平常一樣做自己的事（參見補充資料 2.3）。

補充資料 2.3

關係（rapport）的倫理困境

儘管參與觀察有許多優點，它同時也是最具道德挑戰性的資料蒐集方法。參與觀察者曾在乳癌支持團體中抄記筆記（Markovic et al., 2004）、在青少年幫派密謀非法行動時聆聽（Fleisher, 1998）、與非法難民一起疲於奔命地躲藏（Bourgois, 1990）……，這一切需要許多關係。但是「贏得關係」這個詞是印象管理的一個婉轉說法，在 Harry Wolcott 著名的說法中（2005: chap. 6），它是田野工作「較黑暗的計謀」（darker arts）的其中一項。

---

³ Kathmandu，尼泊爾首都。

這樣的參與觀察包括將你自己浸入一個文化，並學著每天從這樣的浸泡當中抽身，以便你能知識化你所看與所聽到的，從正確的角度來觀察，並且以令人信服的方式來書寫。當參與觀察恰當地進行時，它便能讓田野工作者成為資料蒐集及資料分析的儀器（參見補充資料 2.4）（延伸閱讀：參與觀察民族誌）。

補充資料 2.4

無參與的田野工作

　　參與觀察意味著田野工作，但是並非所有田野工作都包括參與觀察。Gomes do Espirito Santo 與 Etheredge（2002）在 38 晚於塞內加爾達卡的田野工作期間訪談了 1,083 個女性性工作者的男性顧客並蒐集其唾液樣本（為了進行愛滋病毒測試）。這項資料蒐集包含了一支六個田野工作者的隊伍，然後主要研究員在執行蒐集資料的整三個半月都跟這支隊伍待在一起。這是認真嚴肅的田野工作，但並非是參與觀察。

個案研究、生命史，以及個案史

　　個案研究是「田野導向研究的成品」（Wolcott, 1992: 36）；是一種為了發展對某個被研究團體的「全面理解」的研究策略（Miles & Huberman, 1994: 25）；也是一種發展「關於社會結構與過程中規律性的一般理論陳述」的方式（Becker, 1968: 233）。

　　整體而言，進行個案研究的目標是獲得對某事／物的深度理解——一個方案、一個事件、一個地方、一個人、一個組織。通常關心過程（事物如何運作以及為什麼）而非結果中的變化，關心脈絡而非特定的變數，關心發現而非測試理論（Yin, 2008）。就像參與觀察民族誌，個案研究可能包含許多資料蒐集方法，包括直接與非

直接觀察以及結構性跟非結構性訪談。

個案研究通常使用在評估研究（see Patton, 2002），它們提供許多栩栩如生的描述性資料，並簡化了讀者需要接觸的資料。最重要的是，Guba 與 Lincoln 主張個案研究帶來「產生評斷（judgment）的資訊，評斷是評估的最後與最終行動」（1981: 375）。

Merriam（1998）區分民族誌個案研究（聚焦於某個團體的文化，例如一間教室或一個工廠）、社會學個案研究（聚焦於社會互動，例如伴侶、學生同儕、醫生與病患等等之間的互動）、歷史個案研究（檢驗機構與組織如何隨著時間改變），以及心理學個案研究（檢驗人們思想與情緒的內在運作）。Freud 使用個案研究發展他的性心理發展理論，Piaget 則研究他自己的孩子以發展他的認知發展理論。

生命史是人們的個案研究——什麼發生在他們身上，以及他們對於隨著經歷不同經驗與階段之後的感覺如何。生命史產出可以從中演繹出有關文化裡的變化以及社區社會結構的資料。有些生命史是廣泛的自傳式描述，但是許多生命史聚焦於特殊的主題上，像是某個人的工作史、遷移史、生產史，或是性史。

在你詢問人們有關他們的生命故事時，他們會嘗試依時間先後順序詳述事件，然而，如同在所有開放性訪談中一般，他們會離題講些不相干的內容。這些題外話提供了有關我們研究的事件其脈絡與背景，但為了不要讓它們變成焦點，生命史應該以能迫使你包括所有你在一個特定研究中需要知道的事情的訪談指引來引出。生命史訪談會花上好幾天或甚至更長的時間來完成。

個案史（又稱為事件史或個案敘事）是有關特定事件的深度敘事，舉例來說，研究者可能想知道人們對上次他們生病、進行性行為、與配偶起爭執，或是偷偷越過邊境尋找工作有什麼感覺，以及發生了些什麼事。

當你分析個案研究時，小心不要過度推論。Guba 與 Lincoln
提醒，不要讓個案研究「偽裝成一個整體」，「事實上它們只不過
是一部分、生活的一小塊」（1981: 377）。

民族誌決策模型

民族誌決策模型（ethnographic decision modeling, EDM）是一
個包含了民族誌訪談、系統性編碼，以及結構式問卷的混合方法。
在我們其中一個計畫（Ryan & Bernard, 2006）裡，我們請 21 個人
告訴我們為什麼他們回收或不回收自己上一次拿在手中的鋁罐的故
事，這些故事的編碼產出了 30 個理由，例如：「手邊就有個回收
桶啊，所以幹嘛不做？」以及「嘿，我那時在車裡，然後我不想弄
髒地毯，所以我就把那罐子往窗外扔了。」還有「我那時在家裡，
然後因為我們回收所有東西，自然地我就……。」

接著我們詢問 70 個不同的人他們對上一次自己手上的鋁罐做
了什麼。不管他們回應了什麼，我們詢問他們那 30 個我們從說故
事階段提取出來的理由：「當時你在車子裡嗎？」「你在家常回收
其他東西嗎？」「那時手邊有回收桶嗎？」等等。最後，利用所有
的回應，我們建立了一個模型來說明回收行為並在另一組獨立樣本
測試這個模型，我們將在第十六章深入報導這個例子以及概括地報
導 EDM。

◆ 選擇資料蒐集策略

這裡我們概述的方法是蒐集資料的策略，每個方法（參與觀
察、半結構式訪談、非直接觀察、生命史等等），都包括了許多技
巧，而每個策略性方法都有優點跟缺點。在決定使用哪個方法時，
要考慮這兩件事：資料複雜性與資料距離。

資料複雜性

焦點團體訪談要比一對一訪談來得複雜；開放式問題比封閉式問題產出更為複雜的資料；而長的訪談會比短的訪談製造出較複雜的資料。

複雜的資料較有可能是資訊的豐富來源，也是你能使用在你的報告（write-up）中的引文，它們對下列來說也是非常好的：

1. 探究性問題，例如：「對於得跟轉介病人的醫師還有脊椎指壓治療者均分他們的治療費，有執照的按摩師其感覺如何？」
2. 理解歷程，例如：「這個社區的人如何在家釀酒？」
3. 發展潛在的解釋性模型，例如：「是什麼原因導致人們放棄對某種疾病的在家療法，而去護士或醫生那裡看病？」

然而，來自廣泛地聚焦的訪談資料以及來自多個說話者的資料並不容易在個體之間進行比較。當你欲瞭解任何事的平均值，不管是人們的年紀、他們的體重，或者他們對於協商中的新勞動契約感覺有多強烈，你只需要拿到你可以用在人們之間進行比較的資料即可。

我們建議從假設性或規範性／文化性的問題開始探究式的方案，接著進展到個別的／個人的問題，最後再到情節式問題。舉例來說，如果我們想跟警察談論對他們的暴力侵害，我們可能藉由詢問一個假設性的問題如：「如果嫌犯拔出一支刀子，你會怎麼做？」來開始，或者問一個規範性／文化性的問題如：「當你正好碰到家暴行為時，可接受的做法是什麼？」

隨著訪談的進展，以及回應者感覺較為舒服自在，我們可能可以探查某些同僚有關暴力的實際經驗。如果這訪談充分地進展，我們或許可以詢問有關他們與暴力的實際經驗，最後，詢問一個真實

遭遇的細節。

　　儘管可能在電話上或網路聊天室進行非結構式與半結構式訪談，它們通常是以面對面的會面進行。結構式訪談可以面對面進行，或者以自填式問卷、電話訪談，或網路進行。通常跟不提供資訊的人（例如菁英份子）、文盲、沒有電話者或住在難以聯繫地區的人使用面對面訪談。

　　面對面訪談有數項優勢。你可以隨著訪談的進行來澄清問題，面對面訪談能比電話訪談或是自填式問卷都來得長。在面對面的碰面中，人們無法快速翻轉來提前預料問題或改變他們已經提供的答案。還有，在面對面的訪談中，你可以確認這些回應是由那些訪談問題所針對設計的人所提供的。

資料距離

　　資料距離（data distance）是在記錄的過程中丟失的資訊數量，將資料距離想成是一種效度檢核，它告訴我們對於我們正在嘗試研究的現象，這些資料到底是多好的代言人。焦點團體是一種多人討論多項議題的複雜互動，焦點團體的音訊紀錄並沒有關於手勢及臉部表情的資料，情緒性、諷刺或者熱忱回應的聲音語調在音訊紀錄的謄錄時佚失了。

　　攝影機能記錄更多的活動，但是它只能捕捉落入它鏡頭範圍內的訊息。通常可以放置一台攝影機以便捕捉某個教室中的所有活動，但是攝影機並無法將這教室移到更大的學校脈絡中放置，也無法評估如溫度、溼度或氣味等環境資料。

　　人類觀察者可以移動身體四處環顧，可以將一個局勢置於更大的脈絡中，也可以記錄關於環境條件的資訊。但是人類觀察者很快就達到訊息過度負載的狀態，除非接受逐字寫下筆記（以速記方式）的訓練，大多數的觀察會在沒有記錄的狀況下讓資訊消逝，特

別是在兩人或多人同時說話時。

田野札記是所有質性資料蒐集的一個必要部分，甚至在你有音訊或影像記錄時也是如此。但是顯然地，札記是資料的大量縮減，也就是資料減少的另一個說法。在寫田野札記時，我們過濾什麼該記錄，選擇記錄某些事物並忽略其他部分，然後我們將不同的觀察還有事件歸併成主題類別。以這個角度而言，撰寫田野札記是一個識別主題的過程，但是它也會引進系統性的偏見。

你等越久才寫你的札記，你就有可能製造越多的錯誤。這將會出現疏漏錯誤（我們遺忘事件，甚至整個對話）以及委託（commission）錯誤（我們推論並沒有發生的事件跟對話的存在）。除非人們明確要求不要錄音，否則我們建議所有非結構式跟半結構式的訪談都要錄音。如果你必須完全仰賴札記，那麼在每次訪談後要立刻寫下它們才行。最重要的是，千萬不要把資料留待第二天再處理，因為它們在夜晚就會消失地無影無蹤。

隨著資料複雜性或資料距離的增加，進行系統性的比較就變得更加困難。如同圖 2.3 顯示的，我們不建議使用田野札記作為唯一進行比較的資料來源，也不建議進行像是無結構式焦點團體這種複雜個案之間的比較。

遺漏資料的陷阱

所有研究者都得處理遺漏資料，但是這個問題在質性資料的蒐集中特別要緊。我們遺漏某些資料是因為人們沒有意願回答某個問題，但是在我們的經驗中，大部分遺漏資料來自當初沒有問某個問題，還有來自沒有探查更詳細的回應，或是並未如實記錄回應。

許多質性研究立基於非直接觀察跟非結構式訪談，研究者在這兩者中僅有些微或完全沒有控制權。檔案紀錄通常是不完善的，文本的語料，例如新聞文章，可能根本沒有包括某個研究中所有感興

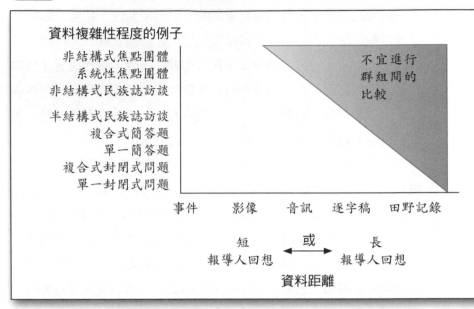

圖 2.3　根據資料複雜性的資料距離

趣事件的資訊。焦點團體訪談以製造遺漏資料而惡名昭彰，因為並非每個人都充分參與整個討論，所以人們想在腦袋裡但沒說出口的便缺失了。

在非結構式與半結構式訪談中，每個人或許會被問及相似的主題，但不會被問相同的問題。有些人被探問某些問題，其他人則不。資料在它們沒有被恰當記錄時遺漏，錄影與音訊的逐字稿則從紀錄中排除了某些類型的資料。

當提到遺漏資料時，田野札記正是最糟糕的罪犯。研究者就是無法寫下所有他們看見與聽見的東西，然後當田野札記在某個事件數小時後才被寫下時，就有更進一步的損失了。人類的記憶是一個很糟的事件與對話記錄器，到頭來，我們以推論填補空缺，但是遺漏的資料讓個案間的系統性比較變得困難，也讓系統性假設的測試變得靠不住。這是我們主張在質性研究中使用系統性跟非系統性兩種資料蒐集方法的一個原因。

◆ 將音訊與影像資料轉換為其他資料形式

在錄音成為可能之前，研究者在訪談時努力聆聽並盡他們的能力抄寫筆記，基於兩個原因這仍然是個好主意：其一，它告訴回應者你很在意他正在說的內容；其二，它讓你以書寫的方式來記錄你對訪談本身的觀察。

從 1950 年代開始，有些研究者（大部分為人類學家及語言學家）開始拖著大又重的錄音機去田野；卡匣式錄音機於 1960 年代中期登場，然後徹底變革了訪談資料的蒐集。總是有人拒絕錄音訪談的例子，但在我們的經驗中這是例外，特別是那些在工業化民主國家所作的研究。如果你預先詢問受訪者，大多數人都會讓你錄下訪談。

現今，焦點團體訪談通常以錄影來記錄，有些研究者也轉向以錄影記下個別訪談。

訪談的音訊紀錄組成原始資料，分析這些資料的第一步是聆聽它們，如果有需要的話就多聽幾次，以便對其脈絡與其所含納的微細之處有所感覺。如果你有 30 至 40 個小時的訪談，這個步驟是不可缺少的，你將會對你從「只是聆聽」所學習到的東西感到驚奇。下一個步驟則是謄錄訪談並安排它們成為某種形式，以利你能進行更有系統的分析。

如果你有 100 個小時或更多的錄音訪談，那麼「只是聆聽」這個步驟將會是令人畏懼卻步的，如果你有 200 或 300 個小時的錄音訪談，那「只是聆聽」這一步將幾乎是不可能的，除非你有助理可以幫忙聆聽訪談大部分的內容。

謄錄訪談

　　系統性分析中的第一步是把音訊轉換成電子文本，你將常常看到這一步被稱作「謄錄」，意思是聆聽錄音檔案然後藉著在鍵盤上打字來把它轉換成文本。從 1960 年代中期開始，卡匣式錄音機變得廣泛可用，直到 1980 年代晚期，個人電腦變得廣泛可用，謄錄成紙本就變得簡單！從那之後，打字機就變成博物館展示品，然後「謄錄」意謂轉換錄音成可以列印出來的電子文本（在電腦裡的檔案）——如果你想要的話。

　　然而這項純粹的謄錄工作是令人生畏的。如果你有 40 個小時的錄音訪談，計畫 30 天每天工作八小時來把它們轉換成文本檔案，不過實際時間可能會是好幾個月。如果你有 100 個小時的訪談錄音……嗯，你可以看出問題在哪了吧！

　　如果你有給謄錄的預算，最不費力以及最令人愉快的選擇是把你的錄音移交給一個專業的謄錄者。如果你得自己謄錄訪談，要確認好你投資了正確的設備，這兒有兩種選擇：(1) 一個謄錄硬體設備與軟體的組合；(2) 聲音辨識（VR）軟體。

1. 選擇使用謄錄硬體設備跟軟體，你要用腳踏開關或鍵盤上的一組快速鍵來控制錄音錄放裝置，這讓你能一次聆聽好幾秒鐘的錄音，在電腦裡鍵入任何東西，接著移動到下一個區段。使用腳踏開關或一組快速鍵讓你能退回並重複區段，並且讓你的雙手不用離開鍵盤（你也可以使用滑鼠，但是這花較多時間）。

2. 使用聲音辨識軟體，透過一組頭戴式耳機聆聽訪談內容，然後你大聲複述談話，包括你問的問題還有報導人的回應。這個軟體會將你說的話打字呈現在螢幕上（參見補充資料 2.5）。

補充資料 2.5

其他語言的聲音辨識軟體

　　VR 程式被訓練聽單一聲音，但你可以藉著說出每個參與者的部分來利用它們謄錄焦點團體訪談。如果你要這麼做，記得要以化名來識別每個參與者。VR 軟體可用在多種語言（英文、西班牙文、法文、德文、日文與中文），如果你以其他語言進行研究工作，你可以聆聽你的錄音檔案並大聲以該軟體可以理解的語言將它再讀出來一次。

　　訓練 VR 軟體達到它的最大準確性可能要花上好幾個月的時間，這取決於你讓它經歷多少訓練。它的內建字彙量極為龐大——大約兩萬個英文字，但是這些程式依舊需要學習所有你丟給它們的特殊字彙。如果你說「Freddie 說他不想跟我當朋友」，你得經由說出「F-R-E-D-D-I-E」逐字拼出「Freddie」，然後這軟體才會將這個字加入它的字彙庫。

　　一旦軟體經驗豐富，它可以以每分鐘大約 100 至 120 字的速度從聲音轉換成有 95% 至 98% 準確性的電子文本，換句話說，也就是以一般講話速度進行。然而，在有 2% 至 5% 的錯誤率下，你仍然得逐行檢查完成後的文本以找出錯誤，例如，你可能得告訴它「膨脹」（bloat）這個字應該是「漂浮」（float）才對。然後你也得告訴這個軟體該在哪裡放上標點符號、分段等等。但是一旦一個 VR 程式得到充分訓練，與一般的謄錄相比——尤其若你對鍵盤不在行的話，謄錄訪談的總時間可以大大降低（延伸閱讀：謄錄與聲音辨識軟體）。

　　一旦你在電腦裡有資料，下一步就是識別出有關聯的主題（與你特定的研究計畫有關聯），用這些主題的碼號標註資料，以及思考這些主題如何結合在一起——本書第三、四、五章的主題。

延伸閱讀

◆ 更多關於質性資料的次級分析，請見 Hammersley（1997, 2004）、Moore（2007）、Silva（2007），以及在 Sociological Research Online（http://www.socresonline.org.uk/12/3/contents.html）特刊中的其他文章。見 Forum: Qualitative Social Research（http://www.qualitative-research.net/index.php/fqs/issue/view/12）特刊中的 Corti 與 Backhouse（2005）以及其他文章。網路上有包括 http://www.esds.ac.uk/qualidata/about/introduction.asp 在內的質性資料的資料庫。

◆ 更多關於訪談技巧，請見 Converse 與 Schuman（1974）、Gubrium 與 Holstein（2002）、Holstein 與 Gubrium（1995）、Kvale（1996）、Levy 與 Hollan（1998）、Mishler（1986），以及 Rubin 與 Rubin（2005）。

◆ 更多關於改善敏感與威脅性問題的回應，請見 Bradburn（1983）、Bradburn 與 Sudman 等人（1979）、Johnston 與 Walton（1995），以及 Tourangeau 與 Yan（2007）。請見 Catania 等人（1996）、Gribble 等人（1999）、Hewitt（2002），以及 Wiederman 等人（1994）有關如何提高對性行為相關問題的回應的著作。請見 Johnston 與 Walton（1995）關於使用電腦輔助自填問卷來詢問敏感問題。請見 Joinson 等人（2008）關於以網路為導向的調查來詢問敏感問題。請見 Wutich 等人（2009）有關在焦點團體中詢問的敏感問題。

◆ 更多第三者出現的效應，請見 Aquilino 等人（2000）、Blair（1979）、Boeije（2004）、Bradburn（1979）、Hartmann（1994）、Pollner 與 Adams（1997）、Seale 等人（2008），以及 T. W. Smith（1997）。有關其他回應者效應，請見 Aquilino（1994），Barnes 等人（1995）、Finkel 等人（1991）、Javeline（1999），以及 Lueptow 等人（1990）。

◆ 更多改善訪談中回想的準確性，請見 Reimer 與 Mathes（2007）、Van Der Vaart 與 Glasner（2007），以及 Wansink 等人（2006）。

◆ 更多混合方法研究，請見 Axinn 與 Pearce（2006）、Creswell（2003）、Creswell 與 Plano Clark（2007）、Greene 與 Caracelli（1997）、R. B. Johnson（2006）、R. B. Johnson 與 Onwuegbuzie（2004）、Mertens（2005）、Saks 與 Allsop（2007）、Tashakkorie 與 Teddlie（1998, 2003）。有關更多使用混合方法的實徵研究，參見 *Journal of Mixed Methods Research*。

◆ 有關如何招募研究對象以及如何進行一個焦點團體集會的細節，請見 Krueger（1994）、D. L. Morgan（1997）、Stewart 與 Shamdasani（1990）、Vaughn 等人（1996），以及特別是 Krueger 與 Casey（2000）、D. L. Morgan 與 Krueger（1998），還有 Puchta 與 Potter（2004）。

◆ 有關在不同學科中參與觀察的詳細討論，請見 Agar（1996）、Becker（1998）、Bernard（2006）、Crabtree 與 Miller（1999）、K. M. DeWalt 與 B. R. DeWalt（2002）、Fenno（1990）、Gummesson（2000）、C. D. Smith 與 Kornblum（1996）、Spradley（1980），以及 Wolcott（2005）。

◆ 有關謄錄的更多討論，請見 Bailey（2008）、Bucholtz（2000）、Du Bois（1991）、Duranti（2006）、Green 等人（1997）、Maloney 與 Paolisso（2001）、Matheson（2007）、McLellan 等人（2003），以及 Ochs（1979）。

CHAPTER ❸

發現主題

序言
什麼是「主題」？
主題從哪來？
八種觀察的技巧：該尋找的事物
　　重複
　　內在的分類範疇或類別
　　隱喻與類比
　　轉換
　　相似處與相異處
　　語言的連接
　　遺漏資料
　　理論相關資料

四種操作技巧：處理文本的方式
　　剪貼與分類
　　語詞列表以及脈絡中關鍵字
　　用語共同出現
　　後設編碼
從技巧當中做選擇
　　資料種類
　　技巧
　　勞力
　　主題數量與種類
　　信度與效度
後記
延伸閱讀

◆ 序言

　　分析文本包含五項複雜的工作：(1) 發現主題與次主題；(2) 描述主題的核心與次要元素；(3) 建立主題或編碼簿的階層組織；(4) 應用主題，意即把它們連接到實際文本的區塊上；(5) 將主題連接

作者註：We rely heavily in this chapter on our article Ryan and
　　　　Bernard, Field Methods 15(1): 85–109. Copyright © 2003 Sage
　　　　Publications.

成理論模型。

　　本章我們將焦點放在第一項工作：發現主題與次主題。接著我們會在第四章討論描述主題、建立編碼簿，以及應用主題到文本當中的方法。第五章及第六章則進入建立模型。

　　我們在此討論做為發現主題的技巧是來自整個社會科學領域以及不同的方法論觀點，這些技巧的範圍從可以由電腦完成的簡單字詞計算，到截至目前為止只有人類可以進行的勞力密集的逐行分析。如同你將讀到的，有些方法較適合分析長且複雜的敘說，有些方法則較適合用來分析開放式問題的簡短回應。有些需要較多的勞力與能力，其他的則不需要。稍後我們將說明更多有關你該如何從這些方法當中做選擇，但是首先……

◆ 什麼是「主題」？

　　這個問題的歷史悠久。Thompson（1932-36）創造了足足六冊的民間傳說主題（motif），或說是主題（theme）的索引。1945年，人類學家 Morris Opler 讓主題的指認成為分析文化中的關鍵步驟，他指出：

> 在每個文化中都發現了數量有限的動態主張，稱之為**主題**，它控制了行為或刺激了活動。這些活動、活動禁令，或者從主題的接受而產生的參考（references），都是它的**表達方式**……這些某個主題的表達方式，理所當然地，協助我們去發現它。（pp. 198-199）

　　Opler 建立了三個分析主題的原則。首先，他觀察到主題僅透過資料中的表達形式而清楚可見（且因此可被發現）。以及反之來說，在缺少一些關於主題的參照資料下，表達就沒有意義可言。第

二，Opler 指明主題的某些表達是明顯且在文化上有一致意見的，但其他則是微妙的、象徵性的，甚至是殊異的（idiosyncratic）。

　　第三，Opler 觀察到文化系統包含了數組有相互關係的主題，Opler 提到任何一個主題的重要性與 (1) 它多常出現；(2) 它在不同類型的文化想法以及文化實踐之間有多普遍；(3) 人們在主題被違反時如何反應；(4) 主題表達的力量跟多樣性在多大程度上受到特定脈絡控制等等有關（參見補充資料 3.1）。

補充資料 3.1

主題的其他術語

　　現今，社會科學家仍在談論主題與其表達之間的連結，但是使用不同的術語來進行。紮根理論學者談論「類別」（categories）（Glaser & A. Strauss, 1967）、「碼號」（codes）（Miles & Huberman, 1994），或是「標記」（labels）（Dey, 1993: 96）。Opler 的「表達」（expressions）被稱為「事件」（incidents）」（Glaser & A. Strauss, 1967）、「片段」（segments）（Tesch, 1990）、「主題單元」（thematic units）（Krippendorff, 1980b）、「資料位元」（data-bits）（Dey, 1993），以及「區塊」（chunks）（Miles & Huberman, 1994）。Lincoln 與 Guba 把表達稱為「單元」（units）（1985: 345）。A. Strauss 與 Corbin（1990: 61）稱它們為以較高層次的分類方式集中在一起以形成類別的「概念」（concepts）。

　　在此，我們跟隨 Agar 的帶領（1979, 1980a）以及對 Opler 的用辭（terminology）保持忠誠。對我們而言，「主題」跟「表達」這些名稱較自然地意味著我們試著描述的基本概念。在日常語言中，我們談論出現在文本、繪畫以及電影中的主題，並把特定的例子做為表達仁慈或氣憤或邪惡的方式。在選擇一組術語勝於其他術語時，我們肯定忽略了微妙細緻的差異，但是在許多注解之下的基本概念是一樣有助益的。

◆ 主題從哪來？

　　主題來自資料（歸納式取向）以及我們對所研究的任何現象的先行理論理解（先驗、演繹的取向）。先驗的主題來自被研究現象的特性，它是亞里斯多德視為本質的東西，也是此後數十代的學者仰賴來理解任何現象首度的切入。舉例來說，如果你研究夜空，你並不需要花太多時間就能判斷夜空中有個特別且大的天體（月亮），一些不會閃爍的小型天體（行星），以及無數個會閃爍的小天體（星星）。

　　先驗的主題也來自文獻回顧中所找到的已成共識的專業定義。來自在地的、常識的概念，以及研究者的價值觀、理論導向與個人經驗（Bulmer, 1979; Maxwell, 2005; A. Strauss, 1987）。A. Strauss 與 Corbin（1990: 41-47）將使用先驗主題稱為「理論觸覺」。

　　決定要涵蓋哪些要旨（topics）以及如何最佳地詢問他人這些要旨，是先驗主題的豐富來源（Dey, 1993: 98）。事實上，產出主題的第一關通常來自訪談草案（protocol）中的問題（Coffey & Atkinson, 1996: 34）。

　　然而，通常主題衍生自實徵經驗——從資料歸納而來。即使使用一組固定的開放式問題，也無法期望所有主題會在你分析一套文本前便產生（Dey, 1993: 97-98）。紮根理論者發現主題的行動被稱為開放編碼，古典內容分析者則稱為質性分析（Berelson, 1952）或者隱性編碼（Shapiro & Markoff, 1997）。

　　這些方法有許多的變化，然後有許多獲得一組初步主題的訣竅（Tesch, 1990: 91）。我們將描述八種觀察的技巧，你該在文本裡查找的事物，以及四項操作的技巧，也就是處理文本的方法。這12 種技巧既非鉅細靡疑的也非排他的，它們通常在實踐中結合在一起（延伸閱讀：發現主題）。

◆ 八種觀察的技巧：該尋找的事物

　　在書面材料中尋找主題通常包括爬梳文本，以及用不同顏色的筆標記它們。以訪談錄音來說，指認主題的過程則從謄錄開始。不論資料形式是影像、音訊或是書面文件，以人工方式處理它們總是有益於發現主題。

　　這些是你該尋找的：

重複

　　D'Andrade 說：「任何曾聽過長時談話的人都知道人們多頻繁地在某個相同網絡的想法上打轉盤旋。」（1991: 287）。「重複」很容易在文本中被識出，Claudia Strauss（1992）與康乃狄克州一個名為 Tony 的退休藍領工人進行了幾次深度訪談，Tony 一再提及貪婪、金錢、商人、手足，以及「表現不同」（being different）等概念，Strauss 總結這些想法是 Tony 生命中重要的主題。為了瞭解這些想法如何連結，Strauss 將它們寫在紙上並用線將它們連到 Tony 逐字稿中的片段——現今的研究者多以文本分析軟體來進行。

　　越多相同的概念出現在文本裡，就越有可能是一個主題。然而，多少的重複能形成一個主題，這個問題只有你能回答。

內在的分類範疇或類別

　　另一種發現主題的方式是尋找不熟悉的、當地的（local）字彙，以及尋找那些用不常見方式使用的常見字彙——即 Patton 所

稱的「內在的類別」（2002: 454; and see Linnekin, 1987）。紮根理
論者提到指認內在語詞的過程即是實境編碼（A. Strauss, 1987: 28;
A. Strauss & Corbin, 1990: 61-74），民族誌學者稱此為「對範疇或
是分類基模（Bogdan & Taylor, 1975: 83）或文化範疇（Spradley,
1979: 107-119）的探究」。

在一個經典的民族誌研究中，Spradley（1972）在非正式的集
會、吃飯時間以及紙牌遊戲時記錄流浪漢間的對話。在這些男人
彼此之間談論他們的經驗時，他們持續提及「找地方」（making
a flop）這個概念，這最終成為一個形容尋找個地方過夜的當地語
詞。Spradley 搜索他所記錄的資料以及他的田野紀錄中關於「找地
方」的陳述，然後發現他可以將它們分類成幾個次主題，例如過夜
之處的種類、找過夜之處的方法、找屬於自己過夜之處的方法、當
你過夜時打擾你的人的種類、打地鋪的方法，以及地鋪的種類。
Spradley 回訪了他的報導人並詢問他們更多關於各個次主題的資
訊。

其他內在分類範疇編碼的經典例子請參閱 Becker（1993）
對醫學生使用「向醫生抱怨各種病痛卻找不到實際病症的人」
（crock）的描述，以及 Agar（1973）對吸毒者對於「注射毒品」
意謂什麼的描述。

隱喻與類比

在一份開拓性的工作中，Lakoff 與 Johnson〔2003（1980）〕
觀察到人們通常以隱喻跟類比來陳述他們的想法、行為跟經驗。於
是，分析便成為在修辭中尋找隱喻、歸併基模，尋找可能生產出
這些隱喻的顯著或潛在主題（D'Andrade, 1995; C. Strauss & Quinn,
1997）。

Naomi Quinn（1996）分析了超過 300 個小時來自 11 對美國

夫妻的訪談以找出美國人如何談論婚姻這個主題。她發現當人們對有些夫妻已經分開的這件事感到驚訝時，他們會說他們認為婚姻是「海枯石爛」一般，或是婚姻應該是「情比金堅」的。Quinn 說，人們使用這些隱喻，是因為他們知道他們的聽眾（跟他們來自同樣文化的人）能明白海洋跟金子是天長地久的東西。

　　Agar（1983）檢查了在州際商業委員會的公眾聽證會上，由未靠行的卡車司機所提出關於是否停止燃油附加費的辯論紀錄。一個卡車司機解釋他的總花費在過去幾年間戲劇性地提高了，並且將附加費比作把繃帶放在一個內出血的病人身上。他說在沒有其他治療可得之下，燃油附加費是司機賴以生存的「救生艇」（Agar, 1983: 603）。

　　人類自然的談話充滿了隱喻，在第十四章中談及基模分析時會有更多關於隱喻的訊息。

轉換

　　在內容中自然發生的替換（shift）可能可以作為主題出現的標記。在書面文本中，新的段落可能象徵要旨（topic）的轉換。在談話中，停頓、聲調的改變或是特別措辭的出現，可能代表了轉換與主題。

　　在半結構的訪談中，研究者將對話從一個主題引領到另一個來創造轉換，而在兩人或是多方的自然談話中，轉換則持續發生。對話的分析者檢驗諸如輪流以及說話者打斷談話等等特色以指出這些轉換。更多訊息請見第十章。

相似處與相異處

　　Glaser 與 A. Strauss（1967: 101-116）所稱的「持續比較法」

的方法，是涉及藉由在資料單元間進行系統性比較來尋找相似處及相異處。典型來說，紮根理論者從逐行分析開始，提出：「這個句子是關於什麼？」以及「它跟先前／接下來的陳述有什麼相同或不同之處？」等問題。這讓研究者可以專注於資料而非理論上的突發奇想（Charmaz, 1990, 2000; Glaser, 1978: 56-72; A. Strauss & Corbin, 1990: 84-95）。讓我們來看以下的交流：

> 訪談者：所以，人們可以做些什麼來幫助環境？
>
> 報導人：（長的停頓）你知道對我來說有趣的事是我並不懂有毒廢料的蒐集，但是如果可能有更多那個的話……看起來他們一年只蒐集有毒廢料一次，而且我知道我把不該倒進水槽裡的東西倒了進去（笑聲），還把它們倒在像是（指著地上）（停頓）。也檢舉了違規（停頓）。我有個朋友就舉發了這些該死的石棉瓦（位在她的公寓屋頂上）。

對石棉的談論不同於對有毒廢料蒐集的談論。但另一方面，石棉是一種有毒物質。此時，我們或許可以暫時將「擺脫有毒物質」記錄成一個主題。

另一種比較的方法涉及將表達進行配對——從同一個報導人或不同報導人所得的內容——並且提問：「這個表達跟其他表達有什麼相似或相異的地方？」以下是我們研究中另一位報導人對於美國人認為自己可以如何幫助環境的看法：

> 訪談者：有什麼迫切的問題是你現在可以想到的嗎？
>
> 報導人：我不知道你可以做什麼來解決它，但是據我所知，能堆放危險廢料的地方很稀少——有些人在他們不該丟棄垃圾的地方這樣做（停頓），而且我不知道你可以做些什麼，因為沒有人希望任何有危險的廢料離他們

很近。

在比較這兩個回應時，我們問：「在有危險的廢料跟有毒廢料中，有共同的主題嗎？」如果某些主題出現在兩個表達當中，下一個要提問的問題則是：「在兩種表達方式中，在主題表述的種類上或程度之中有任何的不同嗎？」

主題的強度等級可能影響次主題的命名。假設你比較兩個影片然後發現這兩者都呈現「焦慮」這個主題，仔細看，你注意到其中一個影片較以語言的方式表現焦慮，而另一個影片則較以細微的手勢表現。依據你的研究目標，你可能將這兩個影片編碼為「表達焦慮的主題」或是「以兩種不同方式表達焦慮」。

你可以從比較整個文本的配對來發現主題。當你閱讀文本時，問問自己：「這裡跟剛剛我所讀的有什麼不同？」以及「哪些東西在兩者皆被提及？」問自己假設性的問題如：「如果創作這個文本的報導人是女性而不是男性，會怎麼樣？」以及「這個文本跟我自身的經驗有多相似？」這些假設性的問題會促使你去比較，這通常會創造出有關主題的靈感。

Bogdan 與 Biklen（1982: 153）建議閱讀文本的段落並提問：「這提醒了我什麼？」以下我們將介紹更多在文本片段中發現相似處與相異處的正式技巧，但我們會先從畫線、重點標記、比較等非正式的方法開始。

語言的連接

仔細尋找那些暗示歸因以及各種因果或條件關係的字彙跟語詞。這些可能性首先由 Casagrande 與 Hale（1967）在他們關於帕帕戈語（Papago language）的研究中奠定，但自此之後在世界各地的語言中都有所發現（Spradley, 1979: 111; Werner, 1972）。

因果關係：「因為」（because）還有它的其他變體如「起因」（cause）、「因為」（cuz）、「因此」（as a result）」、「由於」（since）等等。例如：「你知道，我們總是走 197（一九七）去那裡，因為它避開了所有往那間賣場的交通流量。」但是留意以下句子中「自從」（since）的用法：「自從他結婚之後，感覺上他好像忘了他的朋友們。」涉及尋找諸如這些語言連接的文本分析需要對文本語言的優異能力，因為你得要能在用法中辨認出非常細微的差異。

條件關係：「如果」（if）、「所以」（then）〔以及「如果一就」（if-then）的搭配〕、「而不是」（rather than），以及「反而／而不是」（instead of）。「在賣場的交通尖峰時段，走 197 而不是 204。」「如果你想盡量不要感冒，就吃大量的維他命 C。」「如果你先喝了胃乳保護你的胃，你就可以喝很多（酒）。」

類別分類：「是一」（is a）這個語詞（例如：「麋鹿是一種哺乳動物」）通常跟類別分類有關：「維他命 C 是一種避免感冒的很好方法。」同樣地，注意其他變體。注意這個「是一」（is-a）的關係如何嵌置在下列這個句子中：「你認真想想的話，獅子只不過（are just）是一隻大隻的貓。」

時間取向關係：尋找如「之前」（before）、「之後」（after）、「接著」（then），以及「接下來」（next）等字詞。「對付那扇門有個竅門，將鑰匙一路往左轉兩次，接著用力推。」以時間排序的事件跟關係的概念可能會很細微難以捉摸，例如：「在我騎腳踏車回家的時候，我全身冒汗汗流浹背。」「天氣超熱的，你從冷氣房出去的時候眼鏡會起霧。」

X 是 Y 關係：Casagrande 與 Hale（1967）還建議尋找 X 是 Y 形式的屬性：「檸檬是酸的。」「希臘島嶼仍然是個交易（bargain）。」「那只不過是胡說八道。」「他很幸運還活著。」

條件關係：尋找如果 X，那麼 Y 這種形式的詞組：「當你覺

得快感冒了，趕快吃一堆的維他命 C」或「你想要豐收，你要在滿月時耕種」。條件關係也可以以否定語表達：「不管妳怎麼做，他們都不會戴保險套的」或是「如果你想要那項獎助金，那就不要惹怒審查者」。

空間關係：尋找 X 離 Y 很近這種形式的詞組：「我在新地方（超級市場）很順利找到路，因為東西都在一塊兒。牛奶、乳酪跟雞蛋還有其他東西總是在一起，然後那些東西都在肉類附近」（參見補充資料 3.2）。

補充資料 3.2

更多語言的連接

操作性定義── X 是進行 Y 的工具：「你可以用 Excel 來做基本的東西。但是如果你真的想要搞定你的文本的話，你得替它弄個真正的程式。」

例子── X 是 Y 的一個實例：「所以現在（提及大學生）他們正在用網路尋找他們可以使用的報告；新科技，老把戲的抄襲。」

對比── X 像 Y：「伊拉克在某些方面跟越南很像，但是我們需要記得那些差異。」

類別包含── X 是 Y 類別的成員：「怪胎跟宅男／女兩者都是書呆子，但是怪胎是能獲聘的宅男／女。」

同義── X 等同於 Y：「你說你無法付出薪水，其實只是要解僱我的一種懦弱說法。」

反義── X 是 Y 的否定：「不為你的狗狗清理糞便是壞鄰居的定義」（此處的含意是這行動是「好鄰居」的否定）。

出處── X 是 Y 的來源：「愚昧的一致性是庸人的心魔」（Emerson's famous dictum, 1841）。

循環性── X 是如 X 一樣地定義：「黃色意指當某個東西是淡檸檬色的。」

資料來源：Casagrande and Hale (1967).

遺漏資料

這個方法以與典型主題辨識技巧相反的方式來運作。我們可以問：「什麼遺漏了？」而不是問：「這兒有什麼？」有堅定宗教信仰的女人在生育控制的討論中可能不會提及墮胎。在權力至上（power-laden）的訪談中，沉默可能繫於隱晦或清楚的控制（Gal, 1991）。在一個中國生育計畫的研究中，Greenhalgh 報導了她不能問有關反抗政府政策的直接問題。她說：「人們策略性的使用沉默，以抗議他們不喜歡的政策」（1994）。顯而易見地，像這樣被發現的主題需要經由仔細地審視以確定我們不只發現我們所尋找的。

在文本當中的缺口可能根本並代非表迴避，而只是 Spradley（1979: 57-58）所稱為「縮略」（abbreviating）的狀況——省去每個人都知道的資訊。當你閱讀一份文本時，尋找未被說出口的東西，然後試著填入那些空缺（L. Price, 1987），這可能並不容易進行。將人們沒有意願討論某個主題的時刻，與他們只不過假定你已經瞭解某事區分開來，需要你對該題材有極高的熟悉度。如果有人說：「約翰沒錢因為月底了」，他們假定你已經知道許多人每個月得到一次工資，然後人們有時在拿到下一次的薪水前花光了他們所有的錢。

在你第一次閱讀文本時，有些主題將會直率地在你面前蹦出來，你可用螢光筆標記它們。接著再閱讀文本一次，然後再一次，尋找在文本當中仍舊未被標記的主題。這個策略（提早一點以及快一點標記明顯的主題），推動了在第二階段中對新的還有較不明顯的主題的搜尋（Ryan, 1999）。

理論相關資料

　　根據定義，豐富的敘事包含關於特徵化報導人經驗的主題
資訊，但是我們也想知道質性資料如何闡明理論重要性的問題。
Spradley（1979: 199-201）建議在訪談中搜尋社會衝突、文化矛
盾、社會控制等非正式方法的證據、人們在管理非個人的社會關係
當中所做的事、人們用來獲取及維持所獲得與所賦予的地位的方
法，以及人們如何解決問題的資訊。

　　Bogdan 與 Biklen（1982: 156-162）建議檢驗環境與脈絡、報
導人的觀點，以及報導人關於人們、物件、過程、活動、事件及
關係等等的思考方式。A. Strauss 與 Corbin（1990: 158-175）極力
主張我們應對形勢、行動／互動，以及某個現象的後果等等更為
敏感，並將這些形勢和結果整理成理論。「跨越實質的區域，促
進發展概念上的力量、深度跟全面性」。Charmaz 如是說（1990:
1163）。

　　當然，將許多先驗理論帶入主題辨識的工作上跟新鮮、無經驗
地進行這項工作之間會有所取捨。就像 Charmaz（1990）所說的，
先行進行理論化，會限制新鮮想法的形成以及建立出人意外的連
結。但是藉由從較為理論性的觀點來檢驗資料，研究者必須很小心
不要只找出他們所尋找的。然而，逃避刻苦的理論會招來錯失建立
資料跟重要研究問題之間的連結這樣的危險。

　　方才描述過的第八項技巧只需要紙跟筆。接著，我們要敘述四
種需要較多對文本本身的應是物理性或電腦化操作的技巧。

◆ 四種操作技巧：處理文本的方式

有些技巧是非正式的──把文本攤開在地板上，把它們一群一群釘在布告板上，然後將它們分類到不同的文件夾──其他技巧需要專門的軟體來計算字數或顯示逐字的共同出現（word-by-word occurrence）。還有，如同我們即將讀到的，有些技巧需要不少的電腦分析技能，但稍後我們會提到更多……。

剪貼與分類

在初步爬梳與標記文本後，剪貼與分類包含識別看來似乎重要的引文或詞句──這些被稱為範例──接著將這些引文跟語句整理成相配的幾疊主題（Lincoln & Guba, 1985: 347-351）。

這項技巧存在許多不同的差異。我們剪下每個引文（確定好你管理它所發生的某些脈絡）並將這些資料貼到小的索引卡上。我們在每張卡片的背面寫下每個引文的出處──是誰說的，還有它在文本的何處出現。接著我們將這些引文隨機攤在一張大桌子上，然後將它們分類成幾堆相似的引文，接著我們為每一堆引文命名，這些就是主題。

當提到累積分類時，會有細分類者與粗分類者兩種人。細分類者極重視細目之間的差異並產出較細緻的主題；粗分類者則不太看重差異，他們識別較主要、全局性的主題。在資料分析的早期階段，最好是盡可能識別廣泛的主題範圍並把粗分類留待稍後。

在一個有二至三個研究者的計畫中，研究團隊的每個成員應該各自將範例引文分類成命名的堆疊（piles），這通常會產出一張比你在團體討論中所能得到的還要來得長的主題列表。

Barkin 等人（1999）訪談臨床醫生、社區領導人以及家長有關
在兒童例行健康檢查時，醫師可以跟青少年說些什麼以防止青少年
間的暴力行為。這個計畫的中心有三個問題：(1) 小兒科醫生可能
可以做些什麼來應對青少年暴力？(2) 他們面對了哪些障礙？(3)
有哪些資源可用來協助他們？

兩個編碼者閱讀了逐字稿並抽取出所有與這些研究問題相關的
文本片段。這兩個編碼者識別出 84 個關於可能方式的陳述、74 個
與障礙有關的片段，還有 41 個與資源相關的說明。所有的陳述都
被貼到卡片上。

接下來，另外四個編碼者獨立將來自每個主要主題的所有引
文分類成幾堆他們認為因為某種方式相似的堆疊。談論在每個堆
疊中的引文有什麼共同之處以及命名這些堆疊幫助了 Barkin 等人
（1999）去識別次主題（參見補充資料 3.3）。

補充資料 3.3

累積分類的正式分析

累積分類產出相似性資料——也就是，一個什麼事物跟什麼事
物相配在一起的矩陣，然後相似性資料可以以某些大型的視覺化模
型方法來分析，例如 MDS 與叢集分析。這些方法讓你看見你資料
中的模式。

Barkin 等人（1999）為他們三個主要主題的累積分類資料轉
換成一個逐筆呈現（quote-by-quote）的相似性矩陣。其中在格子
裡的數字代表將引文放在同一堆疊中的編碼者數目（0、1、2、3
或 4）。他們使用 MDS 以及叢集分析來指出編碼者認為是相似的
引文群組。

更多有關 MDS 在第五章與第八章。

在頗為大型計畫中，讓成對的研究者去分類引文並決定堆疊的
命名。記錄並研究這些研究者在他們分類與命名主題時所進行的對

話，以瞭解他們所使用的潛在標準（延伸閱讀：剪貼與分類）。

語詞列表以及脈絡中關鍵字

語詞列表及脈絡中關鍵字（key-word-in-context, KWIC）的技巧憑藉簡單的觀察：如果你想知道人們在談些什麼，仔細看看他們使用的字。為了產出語詞列表，你得識別在文本中所有獨特的字，接著計算每個字出現的次數，電腦程式可以毫不費力地進行這項工作。

Ryan 與 Weisner（1996）請青少年的家長：「用您自己的話描述您的孩子，只要告訴我們關於他們的事情就好了。」從逐字稿當中，Ryan 與 Weisner 產出一張列出所有獨特字詞的列表，接著他們計算每個被母親及被父親使用的獨特字詞的次數，這個目的是為了獲取一些可用來編碼整個文本主題的線索。

整體來說，母親和父親用來描述他們孩子的字詞暗示了他們關心他們兒女的獨立性，以及孩子道德的、藝術的、社會的、運動的以及學業的特徵，但是母親比較可能使用「朋友」、「創造的」、「時間」以及「真誠的」去描述她們的孩子，而父親較可能使用「學校」、「好／乖的」、「缺乏」、「學生」、「享受」以及「獨立」。Ryan 與 Weisner 使用這些資訊作為稍後他們使用在實際編碼文本的主題的線索，關於這個研究的細節在第九章。

語詞計算技巧製造出 Tesch（1990: 139）稱為資料濃縮物或資料精華的東西，這些方法藉由告訴我們哪些是最頻繁發生的字詞幫助我們認出雜亂無章資料中的核心想法。但是語詞列表跟計數等等的濃縮資料是將字詞從原始脈絡取出，所以若你做了字詞計算，你還需要使用 KWIC 程式。

KWIC 方法在本質上是用語索引的現代版本，用語索引是一個文本中每個名詞短語的列表，跟與它密切相關的字詞一起呈現。在

電腦出現之前，用語索引以字母順序排列，因此你可以看見每個字詞如何使用在不同的脈絡中。現今，KWIC 列表經由要求電腦找出某個特定字詞或短語在文本當中的所有出現之處產生，並且列印出字詞的某個數量（假設為 30 個）的前後脈絡。你（還有其他人）可以將這些例子分類成有相似意思的堆疊以組成一組主題。更多有關 KWIC 方法及語詞列表在第九章。

用語共同出現

這個取向來自語言學以及語義網絡分析，它立基於許多字彙通常與其他字彙一起出現以構成一個特別概念這樣的觀察。舉例來說，「籠罩」（shrouded）這個字常在「神祕」（mystery）或「祕密」（secrecy）附近出現（如：「籠罩著神祕色彩」），有時則出現於「薄霧」（mist）、「含糊／模稜兩可」（ambiguity）附近。「犯罪」（crime）這個字通常與「暴力的」（violent）以及「暴力」（violence）（如：「暴力犯罪」）或「憤怒」（passion）（如：「憤怒犯罪」）或「思想」（thought）（如：「思想犯罪」）或「世紀」（century）（如：「世紀之罪」）一起出現。

1959 年，Charles Osgood 創造了用語共同出現矩陣，也就是展現每一對字彙共同在文本中出現有多頻繁的矩陣，並分析那些矩陣來描述主要主題彼此之間的關係。那是當時頗能稱為史詩之作的作品，但是今日電腦已經讓共同出現矩陣的建構與分析變得相當簡單，並刺激了被稱為語義網絡分析技巧的發展（Barnett & Danowski, 1992; Danowski, 1982, 1993）。更多與語義網絡分析有關的資訊在第九章。

後設編碼

後設編碼檢驗先驗主題間的關係以發現潛在的新主題以及最重要的後設主題。這個技巧需要一套固定的資料單位（段落、整個文本、照片等等）以及一套固定的先驗主題，所以它比起許多我們已經描述過的技巧來說較不那麼具探究性。

對於每一個資料單元，你詢問出現了哪些主題，並在適當的情況下，詢問每個主題的方向跟力度。這些資料被記錄在一個單元乘以主題（unit-by-theme）的矩陣，這個矩陣可以接著進行統計分析。舉例來說，因素分析指出主題沿著有限數量的面向聯合所達到的等級。視覺化方法，例如 MDS 以及對應分析（correspondence analysis），以圖表展現單元與主題如何沿著尺度分布以及如何成為群組或叢集。更多有關多元尺度的內容在第五章跟第八章。

Jehn 與 Doucet（1996, 1997）要求 76 個在中美合資企業工作的美國經理描述近期與他們生意夥伴的人際衝突，每個人描述兩個衝突：一個是與同文化經理的衝突，另一個則是與異文化經理的衝突。

兩個編碼者閱讀這 76 個文化內與 76 個文化間的衝突情境，並且用 Jehn 與 Doucet 從關於衝突的文獻中識別出的 27 個主題五點量表來評估它們，這產出兩個 76×27 情境主題矩陣——一個關於文化內衝突，一個則關於文化間衝突。Jehn 與 Doucet 以因素分析來分析這些矩陣，這個方法把 27 個主題降到只有少數數量的主題，接著 Jehn 與 Doucet 從他們原始的資料抽取出引文來描繪最重要的主題。

描繪有關文化間關係第一個因素特性的引文是：「在這個情況中包含了許多憎恨」，以及「厭惡是極為強大的」，還有「我非常憤怒」。描繪第二個因素特性的引文則是：「我對我的同事感到很

受挫」，以及「他們的不一致真的激怒我了」。描繪第三個因素特性的引文為：「她是個婊子」跟「我們老是在大吼跟尖叫抗議」。Jehn 與 Doucet 將這些因素標記為文化間生意關係的個人敵意、惱怒，還有反覆無常（1997: 2）。

像這類的數值式方法在應用到一或兩段短的描述性文本時效果最好，它們易於產出有限數量的大規模後設主題，但是這些主題只是那種即使在仔細以及徹底閱讀文本後也不明顯的主題。後設編碼是一個我們主題尋找工具箱的絕佳附加元件。

◆ 從技巧當中做選擇

考量時間與技能上的限制，表 3.1 與圖 3.1 展開了這些技巧的特色，以協助你決定在任何特定的計畫中哪一個是最好的方法。尋找重複跟相似處與相異處以及剪貼和分類可以應用到任何種類的質性資料，而且不需要特別的電腦技能。這些成為質性研究中最常被使用的技巧一點也不令人意外。

在選擇這 12 種技巧中的一或多種時，有五件事情需要考慮：(1) 你擁有的資料種類；(2) 它需要多少技能；(3) 它需要多少勞力；(4) 需要產出的主題數量跟類型；(5) 你是否打算測試你產出主題的信度跟效度。

資料種類

除了後設編碼之外，我們已在此描述過的這 12 項技巧全都可以應用到長的敘說上。然而，隨著文本變得較短以及較不複雜，尋找轉換、隱喻以及語言學的連接也較難進行。藉由尋找遺漏缺失什麼資訊來發現主題並不適合開放性問題的極短回應，因為很難說遺漏資料是否代表一個新的主題，或是它只是這些資料被引出的方式

的結果。然後短的文本在發現理論相關的題材上是低效能的。

就音訊及影像資料來說，我們發現最好的方法包括留意觀看與留心傾聽重複、相似處與相異處、遺漏資料，以及理論相關資料——然後進行分類或後設編碼。

表 3.1 **發現主題技巧的實務特徵**

技巧	勞力密集度	專業程度			分析的階段	產出的主題數目	產出的主題類型
		語言	實質性（substantive）	方法學上的			
1 重複	低	低	低	低	早期	大量	主題
2 內在的分類範疇	低	高	低	低	早期	中等	主題 次主題
3 隱喻	低	高	低	低	早期	中等	主題
4 轉換	低	低	低	低	早期	大量	主題
5 相似處與相異處	低—高	低	低	低	早期	大量	主題
6 語言的連接	低	高	低	低	晚期	大量	主題
7 遺漏資料	高	高	高	高	晚期	較少	主題
8 理論相關資料	低	低	高	高	晚期	較少	主題
9 剪貼與分類	低—高	低	低	低	早期或晚期	中等	主題 次主題 後設主題
10 語詞列表及KWIC	低	中等	低	低	早期	中等	主題 次主題
11 用語共同出現	中等	中等	低	高	晚期	較少	主題 後設主題
12 後設編碼	中等	中等	高	高	晚期	較少	主題 後設主題

圖 3.1 從主題指認技巧中篩選

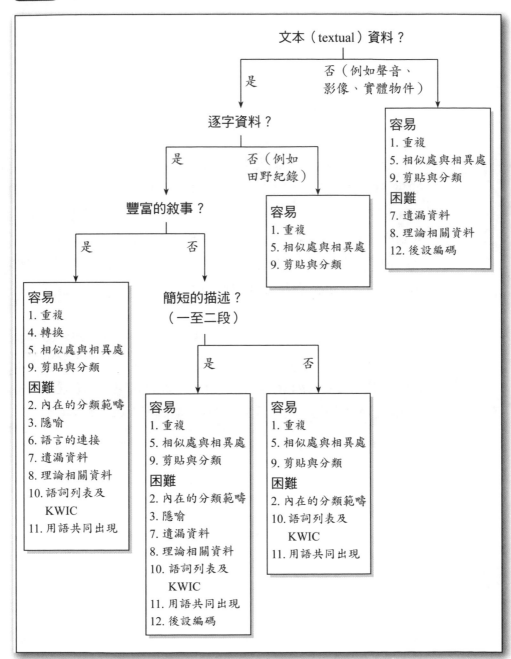

再一個關於田野札記作為文本的提醒：在寫田野札記時，我們選擇什麼是重要該記錄的資料而什麼資料不是。我們在田野札記裡發現的任何模式（主題）可能來自我們的報導人——但是也可能來自我們帶進記錄過程的偏見。

技巧

並非所有技巧對每個人來說都是可行的。你得要對文本所使用的語言真的很流利才能去尋找隱喻、語言的連接，以及內在的分類範疇，或是去發現遺漏資料。如果你以非你使用的語言進行工作，那最好是著眼於搜尋重複、轉換、相似處與相異處，以及客位類別（理論相關資料），並讓母語者進行任何的範例分類。語詞列表和共同出現以及後設編碼，同樣因需求較少的語言能力而較能容易應用。

使用用語共同出現或後設編碼需要知道生產與管理矩陣的訣竅以及使用探索跟視覺化資料的方法的技巧。如果你沒有受過使用 MDS、叢集分析、因素分析以及對應分析的訓練，那麼就使用不需密集計算的技巧，例如剪貼與分類、語詞列表以及 KWIC。

勞力

一個世代前，以觀察為本的技巧比程序技巧（process techniques）需要較少的精力。今日，電腦跟軟體已經讓字詞計算跟用語的共同出現還有矩陣的分析變得非常容易，雖然所花在學習這些電腦方法時間跟精力上的費用令人感到畏懼。

某些以觀察為本的技巧（尋找重複、內在的分類範疇、隱喻、轉換，以及語言學的連接）最好藉由仔細審視來完成，但是它可以是非常耗費時間的。在團體導向應用／運用研究裡，重視快速得到

答案通常意謂較偏愛仰賴電腦而非人力的這類方法。

在我們自己的研究中，我們發現審慎檢視字彙頻率表以及一些快速的累積分類是一個不錯的開始方式。研究用語共同出現還有後設編碼需要更多工作，而且產出較少的主題，但是它們非常適合於發現隱藏在堆積如山的資料中的大主題。

主題數量與種類

主題的發現是越多越好，但並非所有的主題都有相同的重要性，你還是得決定哪些是最突出的主題，以及主題彼此之間如何聯結在一起。但是除非先發現主題，否則這些分析中的任何一步都無法進行。

據我們所知並沒有研究去比較每項技巧所產生的主題數量，但在我們的經驗裡，尋找重複、相似處與相異處、轉換，以及頻繁出現於文本中的語言學連接產生較多主題，尋找隱喻跟內在的分類範疇（這些較少發生）則產生較少主題。在所有的觀察技巧中，尋找理論相關資料或是尋找遺漏資料這兩項產出最少數量的新主題。

在這些處理技術中，剪貼與分類這個方法連同語詞列表跟KWIC 產出許多主題以及次主題；用語共同出現跟後設編碼則產出少數、較大的、較廣泛的後設主題。但是在任何研究計畫的開端，主要的目標是盡可能去發現多一些的主題。這意味著去應用數項技巧直到你達到飽和——意即，直到你停止發現新的主題。

將表述（expression）剪貼與分類成堆疊群是最多方適用的技巧，你可以以這個方法識別出主要主題、次主題，甚至是後設主題。還有，雖然可以用電腦的方法來增進這種資料的分析，但是大部分都能在沒有電腦下完成。相反地，應用到整合資料的技巧如用語共同出現與後設編碼特別擅於識別較抽象的主題，但是實在無法在缺乏電腦跟良好軟體的協助下完成。

信度與效度

「並沒有唯一一套類別（主題）等著被發現，一個人能發明多少，就有多少『看見』資料的方式存在。」Ian Dey（1993: 110-111）如此說。在他們有關中國及美國經理的研究中，Jehn 與 Doucet（1996）在同一套資料使用三種不同發現技巧，然後每項各產出一套不同的主題。這三套主題都有某些直覺的吸引力，然後它們皆產出有用的分析性結果。但是 Jehn 與 Doucet 也許可以使用任何其他我們已經描述過的技巧去發現更多的主題。

我們如何分辨是否我們辨認出來的主題是有效的？答案是並沒有效度的最終證明。一個概念（concept）的效度仰賴用來測量它的儀器的效用，以及仰賴科學社群集體判斷某個構念（construct）及其測量是有效的（Bernard, 2006: 60; Denzin, 1970: 106）。

另一方面，信度關乎編碼者間、跨方法以及跨研究的一致性。編碼者同意指派什麼主題到文本的哪個片段嗎？強而有力的施測者間信度（更多有關這項請見第十三章），顯示某個主題並非只是你想像的虛構之事，也增加了主題是有效的可能性（Sandelowski, 1995a）。

Lincoln 與 Guba（1985）進行分類跟命名詞句堆疊（piles of expressions）的團隊合作模式（team approach）是如此動人，因為共識不需僅限於核心研究團隊的成員。Jehn 與 Doucet（1996, 1997）請當地的專家將語詞列表分類成主題，而 Barkin 等人（1999）讓專家跟新手將引文分類成堆疊，團體成員中的一致度越高，我們對所浮現的主題是有效的這件事就越有信心。

有些研究者建議提供回應者檢視跟評論主題的機會（Lincoln & Guba, 1985: 351），這在當研究之一的目標是辨認並應用被我們所研究的人所使用跟認可的主題時無疑是適合的，但是這並非總是

合適的。發現源自較為理論性取向的新想法可能涉及客位主題而非主位主題的應用，也就是局外者而非局內人所持有的理解。在這些例子中，研究者不應該期望他們的發現必然符合研究參與者的想法跟信念（延伸閱讀：質性研究中的信度與效度）。

◆ 後記

　　有關在質性資料中發現主題的過程，我們還有很多要學習的。從 1960 年代早期開始，研究者便致力於在文本中辨認主題的全自動化、電腦化方法，這些電腦化類目字典，如同它們為人所知的，可能不會被某些人接受。畢竟，如果質性方法中的「質性」意味著由人來進行分析，那麼我們如何能將主題辨識這麼重要的一項質性分析交給機器呢？

　　答案就是，最終還是我們負責所有的分析。我們對使用文本管理軟體來協助我們辨識在一組主題當中的關聯性感到自在，我們讓機器幫我們從文本數算字彙並創造矩陣也覺得自在。每個認識論派別的文本分析者迫不及待聲音辨識軟體變得充分有效以卸脫我們所有的謄錄苦差。我們相信，可以從語法上分析文本並辨識出它潛在主題性元素的電腦化類目字典將會成為另一個可以：(1) 讓質性資料的分析變得簡單一些；(2) 通往更廣泛使用與欣賞所有社會科學中的質性資料的工具。

延伸閱讀

◆ 關於更多發現主題的研究，請參考 Bradley 等人（2007）以及 Yeh 與 Inman（2007）。有關在團體研究中進行這項工作的實例，請參考 Carey 與 Gelaude（2008）以及 MacQueen 等人（2008）。有關使用照片來尋找主題，請參考 Necheles 等人（2007）。

◆ 關於更多剪貼與分類技巧，請參考 Patterson 等人（1993）與 Sayles 等人（2007）。

◆ 關於更多質性研究中的信度與效度，請參考 E. M. Green（2001）、Moret 等人（2007）、Sin（2007），以及 W. Sykes（1990, 1991）。

CHAPTER ④

編碼簿與編碼

序言

三種碼號

建立編碼簿

　編碼簿的演進 I

　編碼簿的演進 II

使用現有的碼號

持續發展編碼簿

編碼簿的階層組織

將主題碼號應用至文本

　三種碼號的實例

標註文本的機制

　為有關普通感冒的資料編碼

使用文本管理程式

多重編碼者

　訓練編碼者

　多少個編碼者才夠？

編碼簿的內容

　助憶符號

　簡短描述與詳細描述

　納入與排除標準的列表

　典型與非典型的範例

描述主題：Bloom 的愛滋病研究

尋找文本的典型片段

延伸閱讀

◆ 序言

　　我們在第三章討論了如何發現主題。在這一章，我們要討論編碼的實作過程，也就是把主題的列表整理成編碼簿，以及將碼號應用到文本的區塊上。最後，我們介紹一些尋找每個主題的代表性文本區塊的方法，這幫助我們瞭解每個主題的核心與次要要素，這同時也是分析中重要的一部分。

◆ 三種碼號

編碼簿包含三種碼號：(1) 結構式碼號；(2) 主題式碼號；(3) 備忘錄。結構式碼號描述資料蒐集所在環境的特色、回應者的特徵、訪談者的特點等等的事物（L. Richards & T. Richards, 1995; T. Richards, 2002）。主題式碼號顯示我們已經識別出的主題實際出現於文本的何處；備忘錄則是關於碼號的田野紀錄，並且包含了我們閱讀文本當下的評註（A. Strauss & Corbin, 1990: 18, 73-74, 109-129, 197-219）。

表 4.1 是一份展示這三種碼號的已編碼焦點團體逐字稿片段。這份逐字稿來自 Mark Schuster 與他同事（Eastman et al., 2005; Schuster et al., 2000）在洛杉磯所進行，是一個關於在公司工作地點進行協助家長更適當地與其成年兒女溝通關於關係與性的課程的可行性的研究。

第一個結構式碼號（在表 4.1 的最左欄）告訴我們這個焦點團體是在公司一號進行；而第二個碼號指出不同題目（topic）在訪談程序中在什麼地方開始與結束（在這個例子中，有兩個題目作為代表）；第三個碼號指明說話者的性別；第四個碼號則告訴我們每個片段的當下是哪個主持者在管理該團體。

Schuster 等人可以為此焦點團體的其他特色指派碼號，例如團體是在一天中的什麼時間進行，或者該焦點團體是在公司內或公司外碰面。他們也可以為說話者的特性編碼，例如年齡或是種族——如果他們想要這麼做的話。

主題式碼號是最常見的一種碼號，這些是我們用來標記一組資料中主題實例的碼號。你可能會看到主題式碼號被稱為參照碼號（L. Richards & T. Richards, 1995），因為這些碼號暗示某個主題位於文本的什麼地方。我們可能也稱它們為索引碼號，因為就像在

表 4.1 結構式碼號、主題式碼號以及備忘錄的實例

結構式碼號				主題式碼號以及備忘錄
工作地點	訪談題目	說話者的性別	說話者	謄錄稿
公司一號			主持者	如果我們要提供親職課程的話,有什麼會引起你的興趣或讓你想參加這種課程?我們可以怎麼行銷它?
	題目 1	男性	1	<u>我不知道耶……我知道我太太會很喜歡這個,她會帶我來參加,但是……</u>
		男性	2	可能著重在溝通那個部分吧,想辦法描繪那個以及溝通問題,因為那是全球性的。我們昨天討論說那是最大的挑戰,或說是最大的挑戰之一,所以,想辦法好好描繪那個部分並且用那樣吸引注意力。〔這是一個兩天的訪談會期的第二部分,前一天,參與者討論了他們如何與他們的青少年子女溝通關係以及性事。〕
		女性	3	我覺得你們應該推銷「成功」。你們打算用這課程達成什麼?如果你可以告訴我在這課程的尾聲我們的關係可以變得更好,我女兒可以成為一個更好的成功者,你瞭解吧,我不會再常常亂發脾氣,那這個就可以成事了。
		女性	4	無條件退款保證。
	題目 2		主持者	如果我們說:「喔,今天晚上我們要你跟你的孩子進行一場有關『性』的對話。」你覺得困難或簡單的部分可能會是什麼?
		女性	4	過去幾年我已經上過一些課,我的孩子從看我坐著並做家庭作業中得到樂趣。因此如果我讓他們知道這是我的家庭作業,然後老天啊,媽咪也有回家作業欸,耶!那對他們來說知道妳得坐下來讀書並寫份報告或進行一場討論可就會是種樂趣。你懂吧,今晚你是我的家庭作業。

資料來源:Adapted from Eastman et al. (2005) and Schuster et al (2000).

符號說明:圓體字=主題 1,溝通。加註底線=主題 2,潛在的障礙。仿宋體=備忘錄。

書後的索引一樣，如果我們想要尋找關於特定主題的材料，它們會告訴我們要去文本的何處查找。在表 4.1 中有兩種主題式碼號，圓體的文本標為主題 1，稱為「溝通」，然後加底線的文本指主題 2，稱為「潛在的障礙」。

在中括號當中的仿宋體部分是備忘錄，這些特色說明於表 4.1 下方的符號說明中（參見補充資料 4.1）。

補充資料 4.1

備忘錄的種類

在表 4.1 中的逐字稿包含了直接嵌入一份連續文本的一些備忘錄，A. Strauss 與 Corbin 區分出三種備忘錄（1990: 18, 73-74, 109-129, 197-219）：碼號備忘錄、理論備忘錄，以及操作型備忘錄。

碼號備忘錄描述了研究者對於那些正被發現的概念之觀察和想法。

理論備忘錄概述我們對主題的存在、主題如何連結，以及什麼導致主題從一開始就存在等等的想法。舉例來說，如果你在分析一組關於分娩經驗的文本，你可能會注意到有些女人提及痛苦；其他人則不，或甚至故意淡化它。注意以及將關於疼痛的主題如何連結至其他主題寫入備忘錄是一個創建理論的行動，像是注意以及將女性生命中的境況寫入備忘錄會讓對疼痛的陳述具預測性。

操作型備忘錄是關於實際的事情。舉例來說，在表 4.1 逐字稿中間的備忘錄指出相同的參與者已在前一天會面來談論關於他們如何跟成年的孩子溝通性與關係的議題。「寫入備忘錄」這個概念來自紮根理論，而且是該方法一個不可或缺的部分，我們將在第十二章關於紮根理論中更詳細討論備忘錄。

將主題區域區隔起來會讓稍後的分析更為容易：我們可以搜尋逐字稿然後找出特定的主題出現之處。這可以利用文書處理軟體來完成，但是更為容易的是以文本分析程式來進行。然後，使用文本分析程式，你可以查找在逐字稿中兩個或更多主題出現之處。

◆ 建立編碼簿

就像主題一樣，編碼簿可以從資料當中建立——歸納性取向，或者從理論中建立——演繹或先驗性取向，或者如同 Dey（1993: 104）長久以來提倡的，見機使用兩種取向的組合。

我們同樣也在那個陣營裡頭。我們發現編碼簿通常是一項一直在進行的工作，一直到一個研究快結束為止。隨著編碼者發現越來越多主題的實例，他們標記主題的信度——實際的編碼過程——就提升了（Carey et al., 1996; Krippendorff, 1980b: 71-84）。隨著編碼者精煉他們對某個碼號內容的理解，在編碼簿中的描述也會變得更詳細複雜。如同 Miles 與 Huberman 如此優雅地敘述：「編碼就是分析」（1994: 56）。

編碼簿的演進 I

Karen Kurasaki（2000）研究第三代日裔美國人（sansei）當中的身分認同感，她和兩個研究助理與 20 位報導人進行了深度訪談，從「什麼樣的事情會提醒你是個日裔美國人？」的問題開始（Kurasaki, 1997: 145-149），訪談時間持續一至二個小時。訪談隨後被謄錄並接著由三位研究者仔細研究以發展主題清單。

第一份清單有 29 個主題，但是隨著研究者細察文本，他們歸結出七個主要的主題，如表 4.2 所示：(1) 歷史意識與根源；(2) 價值與行事的方式；(3) 雙重文化；(4) 歸屬感；(5) 疏離感；(6) 自我概念；(7) 世界觀。隨著分析的進行，Kurasaki 把這些主要主題劃分成幾個次主題，舉例來說，她把第一個主題分成：(a) 持有日本傳統的意識；(b) 持有日裔美國人社會史的意識。

隨著編碼進一步進行，Kurasaki 跟她的兩個助理持續開會並討

論他們發現了什麼。他們決定其中一個主要的主題，也就是主題 5
（疏離感），應該被看成主題 4（歸屬感）底下的一個次主題。接
著他們決定其中一個次主題，也就是 4.4（尋找社群意識），隨著
碼號 4.1、4.2、4.3 跟 4.5 變得多餘，然後碼號 7.1：社會意識（在
表 4.2 中已加註刪除線），應該取而代之被標記為「朝向促進種族
寬容的導向」（Kurasaki, 1997: 50-56）。

表 4.2　Kurasaki 的歸納式編碼簿

第一級類別	第二級類別	主要數值碼號	次要數值碼號
歷史意識與根源	持有日本傳統的意識	1.1	1.1
	持有日裔美國人社會史的意識	1.2	1.2
價值與行事的方式	日裔美國人對行事的價值觀跟態度	2.1	2.1
	日本風俗的實踐	2.2	2.2
	日本行事的方式	2.3	2.3
	日裔美國人人際或溝通的風格	2.4	2.4
	日文流利程度	2.5	2.5
雙重文化	文化整合或雙文化能力	3.1	3.1
	雙文化衝突或疑惑	3.2	3.2
歸屬感	全球性的人種或種族社群意識	4.1	4.1
	與同一人種或其他種族的人際間聯繫性意識	4.2	4.2
	與其他人種或少數民族的智性聯繫性意識	4.3	4.3
	~~尋找社群意識~~	4.4	已刪除
疏離感	從某個天賦的人種或種族團體的疏離感	5.1	4.5
自我概念	對個人的人種或種族自我的自在感	6.1	5.1
	尋找對個人的人種或種族自我的自在感	6.2	5.2
世界觀	~~社會意識~~ 朝向促進種族寬容的導向	7.1	6.1
	壓迫感	7.2	6.2

資料來源：Kurasaki (1997, 2000: 186).

編碼簿的演進 II

底下是另一個例子。在世界各地，絕大多數的疾病是在家中接受治療的。Ryan（1995）研究喀麥隆的老百姓當他們生病時在家中如何因應。共計五個月的時間，Ryan 跟數個助理每週拜訪在喀麥隆鄉下的 88 個大家戶，詢問是否有任何人曾經生病，並且請每個事件中的主要照護者就 429 個疾病事件描述發生了什麼事以及進行了什麼相關行為。

Ryan 從早期在村落進行的研究瞭解這裡的人們可獲得的療法種類是什麼，因此他已經設定了編碼簿的部分內容。他計畫編碼每一種疾病的照護者對疾病起因的想法、疾病的嚴重性、結果、徵候、症狀，以及持續時間。由於他計畫以性別和年紀去比較人們對疾病的因應，Ryan 納入代表這些變項的碼號——患病的病人跟照護他們的人皆使用這兩種碼號。Ryan 的初始編碼簿如表 4.3 的左側所示。

Ryan 在開始蒐集資料不久後領悟到人們以身體區域來分類徵候跟症狀：跟頭部有關的、跟胸部相關的、跟胃有關係的，以及跟皮膚有關聯的。他同時發現家中沒有病患的人通常會提供指點，而且人們偶爾會描述他們避免日照並在生病時停止洗澡。他把這些事件都加入他的碼號清單中。

在資料蒐集的中途，Ryan 稍做休息並閱讀訪談筆記與逐字稿。他發現他需要在他的筆記中指出人們談論疾病如何干擾他們日常生活以及人們為他們所做的決定提供特定理由的部分。他對文本的閱讀顯示決策標準與疾病的特定特徵、可斟酌體諒的情況與事件，或者與過去生病經驗有關。他把這些新的碼號併入他發展中的編碼簿，如表 4.3 的右側所示。

表 4.3　喀麥隆鄉間疾病事件研究的編碼列表演進

原始的編碼表	擴充的編碼表
I. 疾病特徵	I. 疾病特徵
A. 診斷結果（診）	A. 診斷結果（診）
B. 症狀／徵候（症／徵）	B. 症狀／徵候（症／徵）
C. 持續時間（時）	1. 頭部（頭）
D. 嚴重程度（嚴）	2. 胸部（胸）
E. 知覺到的因果關係（知因果）	3. 胃部（胃）
II. 治療方式	4. 皮膚（膚）
A. 家庭偏方（家偏）	5. 其他（其他）
B. 成藥（成）	C. 持續時間（時）
C. 西方醫學提供者	D. 嚴重程度（嚴）
1. 護士（西護）	E. 知覺到的因果關係（知因果）
2. 政府診所（西診）	II. 治療方式
3. 天主教醫院（西院）	A. 家庭偏方（家偏）
D. 傳統醫學提供者	B. 成藥（成）
1. 草藥醫生（傳草）	C. 西方醫學提供者
2. 醫卜（傳卜）	1. 護士（西護）
E. 其他非專業的顧問	2. 政府診所（西診）
1. 親戚（他親）	3. 天主教醫院（西院）
2. 朋友／鄰居（他朋）	D. 傳統醫學提供者
3. 陌生人（他陌）	1. 草藥醫生（傳草）
III. 病患（Patient）特徵	2. 醫卜（傳卜）
A. 性別（Gender）（病－性[1]）	E. 其他非專業的顧問
1. 男性	1. 親戚（他親）
2. 女性	2. 朋友／鄰居（他朋）
B. 年紀（病－年）	3. 陌生人（他陌）
IV. 照護者特徵	F. 行為調整
A. 性別（照－性）	1. 額外的睡眠（行－睡）
B. 年紀（照－年）	2. 迴避日照（行－避日）
C. 跟病患的關係（照－關）	3. 停止洗澡（行－停洗）

---

[1] 譯註：原文為（P-Gend），考慮到編碼時的方便度，P 跟 Gend 分別以縮寫表示。以（P-Gend）為例，譯者選擇將中文翻成（病－性），其他括號中內容皆以同樣方式處理。

表 4.3 喀麥隆鄉間疾病事件研究的編碼列表演進（續）

原始的編碼表	擴充的編碼表
	4. 其他（行－其他） III. 病患特徵 　　A. 性別（病－性） 　　　1. 男性 　　　2. 女性 　　B. 年紀（病－年） IV. 照護者特徵 　　A. 性別（照－性） 　　B. 年紀（照－年） 　　C. 跟病患的關係（照－關） 　V. 例行程序的干擾 　　A. 與工作／學校相關（例干－工） 　　B. 社交應酬（例干－社） VI. 決定規則 　　A. 疾病特徵（決規－病徵） 　　B. 事件（決規－事） 　　C. 過去病史（決規－過病）

◆ 使用現有的碼號

　　並非所有的編碼簿都從零開始，很多研究者倚賴或改編標準編碼來源。Shelley（1992）研究末期腎臟病病患的社交網絡。傳統療法是洗腎，是一種每隔一天就需要把人連接上一台機器好幾個小時的血液清潔過程。Shelley 推論那些將生命寄託於血液透析機器上的人們的社交網絡極為受限；接受如器官移植或 CAPD（連續性可攜帶式腹膜透析，一種可攜式透析技術）等其他療法的病人則可以工作以及旅行，而且應該不會只有受限的社交網絡。

Shelley 為了幫她跟病患、血液透析技術人員與內科醫師的訪談，以及她自己的田野紀錄進行編碼，她改編了《世界文化大綱》（*Outline of Cultural Materials*, OCM）〔Murdock et al., 2004（1961）〕，OCM 是由 G. P. Murdock 所發展來作為索引跟組織在「人類關係區域檔案」（Human Relations Area Files, HRAF）中的民族誌資料的一種方式。

世界上的每個社會都有處理疾病的文化適性方式，OCM 中 750 至 759 的碼號即涵蓋了這些部分。少數社會有關於血液透析或腎臟移植的主題，但是 Shelley 僅僅將小數點加在醫學療法的原始 OCM 碼號之後。表 4.4 呈現了原始的 OCM 碼號以及 Shelley 編碼簿的一部分——她對 OCM 碼號 757（醫學療法）的改編。更多關於 HRAF 在第十三章內容分析中。

◆ 持續發展編碼簿

即使是長期性的計畫，編碼簿可以是一種長久持續進行中的工作。1987 年，Ronald Gallimore 與 Thomas Weisner 開始追蹤 102 個有不明或不確定起因的發展遲緩幼兒（當時三至四歲）的家庭。以他人的研究為基礎，Gallimore 跟 Weisner 從 12 項可能會影響有發展障礙孩子的家庭。如何組織其家庭生活日常例行事務方式的環境與社會文化因素列表著手（Gallimore et al., 1989）。而當他們的孩子 7 歲、11 歲以及 16 歲時，這些家庭則再次受訪（Gallimore et al., 1996; Weisner, 2008）。

表 4.4　　Shelley 對 OCM 碼號 757（醫學療法）的改編

原始的 OCM 碼號	Shelley 的改編
750 生病	750 生病
751 預防性藥物	751 預防性藥物
752 肉體傷害	752 肉體傷害
753 疾病理論	753 疾病理論
754 巫術	754 巫術
755 神秘療法或精神療法	755 神秘療法或精神療法
756 薩教巫醫以及心理治療師	756 薩教巫醫以及心理治療師
757 醫學療法	757 醫學療法
758 醫學照護	757.1 移植法
759 醫事人員	757.2 血液透析
	757.3 CAPD（腹膜透析）
	757.4 家中洗腎
	757.5 適應透析治療
	757.6 遵從醫療飲食起居制度
	757.7 涉及透析／洗腎的機器
	757.8 藥物
	757.9 醫療檢查結果
	757.91 HIV 檢查結果
	758 醫學照護
	759 醫事人員

資料來源：Shelley (1992).

　　研究團隊隨著瞭解更多這些家庭如何應對發展遲緩兒童，以及隨著兒童漸長來調整碼號表，增加並捨棄某些要素。十個生態文化家庭訪談（Ecocultural Family Interview, EFI）的最終主題列表呈現於表 4.5，表 4.6 則展現一個主要主題──「家庭的整體生存基礎」的擴展──轉化為四個隨著時間浮現的重要組成主題。

表 4.5	生態文化家庭訪談的主題

> **主要編碼簿主題**
> 1. 生存面向
> 2. 服務面向
> 3. 家庭／鄰里
> 4. 家庭工作量
> 5. 聯繫性面向
> 6. 健全（non-disabled）支持網絡面向
> 7. 殘疾支持網絡面向
> 8. 多樣性面向
> 9. 服務與支持面向
> 10. 資訊面向

　　EFI 跟其附隨的編碼簿已被改編來研究不同的社區以及家庭類型，包括亞裔美國人、納瓦霍族人、日本人、澳洲人、義大利人家庭，以及有其他如糖尿病、氣喘、創傷性損傷以及癌症等健康問題的孩童的家庭〔見 Weisner（2002a）對 EFI 的回顧及其歷史〕（延伸閱讀：已出版的編碼簿）。

◆ 編碼簿的階層組織

　　隨著碼號更精煉及改善，碼號被組織成階層架構，以下是一個五個層級的階層組織：植物、樹木、常青植物、雲杉、藍雲杉。注意，任何關於植物的正確事實在樹木來說也會是正確的，所有關於樹木的決定性特色也會在常青植物身上發現。換言之，一個組織良好的階層架構中的細目也處於相同程度的對比。

表 4.6　EFI 中生存面向的編碼簿擴展

1. 生存基礎的整體回復力

　　0、1 或 2＝低。家庭在他們生存基礎中有著低回復力。他們只有有限的，少數的後備資源，與親戚同住或承租房子，在薪津間支付基本開銷有困難或以有限的政府津貼維生。

　　3、4 或 5＝中。家庭在他們生存基礎中有中等回復力。他們的收入一般，包含一些後備資源，透過支付款項擁有房子，當非預期的花費出現時，他們擁有一些小東西（little something）可以依靠。

　　6、7 或 8＝高。家庭在他們生存基礎中有高回復力。他們有高收入，擁有房子，擁有豐富數量的後備資源，擁有可供「奢侈物品」跟非預期花費的薪津。

2. 目前生存基礎的整體滿意度

　　0、1 或 2＝低滿意度。家庭成員表達對現狀的不滿意。「0」表示家庭成員表達對現狀的全面不滿意。

　　3、4 或 5＝中度滿意。家庭成員表達對現狀的稍微滿意。

　　6、7 或 8＝高滿意度。家庭成員表達對現狀的極大滿意。「8」表示家庭成員表達對現狀的全面滿意。

3. 孩子對父親工作安排跟生涯決定的影響

　　0、1 或 2＝低。孩子對父親工作的影響很小。（例子：父親工作因為他是家中「負擔生計的人」；父親不工作是因為他找不到工作。）「0」表示孩子對父親的工作幾乎沒有影響。

　　3、4 或 5＝中。（例子：父親一週兩天提前下班以接送小孩去課後活動；父親不在國家的其他地方追求更好的工作機會，因為這個家庭很滿意於孩子的學校服務。）

　　6、7 或 8＝高。（例子：父親自己創業主要是為了能有更多可用時間協助孩子做家庭作業，以及能夠參與孩子的學校事務跟活動；父親不接受晉升至新工作，因為那可能需要很長的通勤時間，造成他無法協助孩子；父親不接受中意的新工作，因為該工作的保險將不包括孩子的部分。）「8」表示父親的工作幾乎完全圍繞著孩子在安排。

4. 孩子對母親工作安排跟生涯決定的影響

　　0、1 或 2＝低。孩子對母親工作的影響很小。（例子：母親全職工作是因為她覺得事業是重要的；母親工作是因為家庭需要這份收入；母親不工作是因為她相信當個「全職媽媽」是重要的。）「0」表示孩子對母親的工作幾乎沒有影響。

　　3、4 或 5＝中。（例子：在某部分母親在晚上工作，是為了有辦法在白天時處理孩子在學校的行為問題；母親開始至少在一定程度上於早期療育中心兼職，以便獲取資訊來協助孩子。）

　　6、7 或 8＝高。（例子：母親工作只是要為孩子獲得健康保險；母親持續延後受是因為她必須處理孩子的醫療需要以及／或在學校的行為問題；母親停止工作是因為孩子需要持續的看顧。）「8」表示母親的工作幾乎完全圍繞著孩子在安排。

資料來源：Ecocultural Scale Project (2001: 2-3).

　　編碼簿中階層架構的層級數目與內容隨著主題變得較不那麼模糊不清而更動，在計畫的早期階段，讓編碼簿保持簡單，不要超過三個層級。隨著研究工作的進行，你可能會想增加額外一至兩個層級，但是記住，越多的對比層級，就會越難讓編碼者在工作時在他們的腦袋裡弄清楚。Kurasaki 的編碼簿（表 4.2）只有兩個層級。Shelley 的編碼簿（表 4.4）則有三個層級（Shelley 讓 757 表示醫學療法，757.9 是醫療檢查結果，757.91 則是 HIV 檢查結果）。

　　記住，編碼被認為用來簡化資料而非增加資料，Matthew Miles（1979: 593-594）敘述他與三個現場調查工作者的團隊為來自六所公立學校的民族誌研究資料編碼的經驗，這個團隊從有著超過 100 個碼號的清單著手，隨著這個團隊越來越深入這個研究，這張清單隨後擴充至 202 個碼號。當然啦，團隊中的每個成員都覺得自己的碼號對這個計畫的成功是不可或缺的。這個系統變得非常令人困惑且勞力密集，以至於他們只好完全停止編碼。小心 Lyn Richards 所稱為「編碼崇拜」（coding fetishism）的概念——也就是「編碼的行動變成了目的本身」（L. Richards, 2002: 269）。

　　特別是那些你使用在你自己的計畫上的編碼簿，試著讓它成為一至兩頁 12 字大小的形式，以便於在分析文本時可輕鬆地參考，以及最終讓它存在於你的短期記憶裡。實際上，這意謂大約 50 至 80 個碼號（Bogdan & Biklen, 1982: 166; Miles & Huberman, 1994: 58）（延伸閱讀：發展編碼簿）。

◆ 將主題碼號應用至文本

　　在英文中，「碼號／編碼」（code）至少有三種不同的意涵。

1. 當我們將名字和地方編碼來保護報導人的匿名性時，「編碼」這個字代表的是一種加密裝置，目標是隱藏而非表達資訊。

2. 為了主題幫文本編碼則不同。此處的概念是將標記或把文本編入索引，或是指派它數值等級。假定你訪談 100 位女性關於她們的生產經驗，然後你在閱讀她們的敘說後決定**疼痛**是一個一再出現的主題（使用**粗體**來表示主題是很常見的[2]），有些女性經常談論它，其他女性則從未提到它或是低估它的重要性。

   如果你把**疼痛**這個碼號分配給每個提到這個主題的文本片段，你就在使用**疼痛**作為一個索引碼號或是一個標籤。這些碼號，或是標籤，協助你找到回到文本中談論這個主題的路，大抵就像一本書的索引一樣。如果一本書的索引告訴你「取樣」這個字是在第 237 頁，接下來，如果你翻開第 237 頁，你應該要能讀到有關取樣的內容。

3. 但是假定你覺得替疼痛的「數量」而非只是對疼痛的「談論」編碼比較重要，藉由將「折磨」（torment）、「極度的痛苦」（anguish）等字詞視為比「苦惱」（distress）象徵更大的疼痛，或是藉由觀看文本的內容與意義，並將「那是令人疼痛的（painful），但我撐過來了」看作比「我祈禱我會死掉」指涉較少的疼痛。在這個例子中，你會使用**疼痛**作為一個數值而非一個索引碼號，然後你可能會使用如「不痛」、「低度疼痛」、「中度疼痛」以及「高度疼痛」，或者其他相似的字詞。

三種碼號的實例

　　Kurasaki 的日裔美國人種族根源特性碼號（表 4.2）與 Ryan 在喀麥隆疾病事件特性碼號（表 4.3）是索引碼號，或是標籤

---

[2] 譯註：原文是使用大寫，但因中文無大寫，所以以粗體表示。

（tags），如同 Shelley 有關有末期腎臟病病人敘說的碼號（表
4.4）一樣。相比之下，表 4.6 包含了為 EFI 所下的數值碼號，該計
畫的研究者替四個與生存相關的次主題各想出一個八點尺度，然後
編碼者被要求在他們閱讀敘說時應用這些尺度。

並沒有規則指明你不能在同一個計畫中同時使用數值與標籤這
兩種碼號，表 4.7 展示了 Randy Hodson（1999）關於職場民族誌
的一部分編碼大綱。Hodson 的編碼簿使用了索引碼號及數值碼號
的結合，舉例來說，從 2e 到 2i 的碼號被指派了「是」或「否」的
數值，職業（2a 的）使用了九個名義變項（專業人士、經營／管
理者、神職人員、銷售員、有技術的、裝配、不需專門技術的、服
務業以及農作）。工作席位（2d 的碼號）則使用了四種數值（計
件、配額／紅利、時薪，以及無工作席位）。

Hodson 從 15 到 17 的碼號是次序變項（也就是說，它們涉及
了順序），然後需要編碼者以弱、一般、強，或低、中、高，或從
未、很少、有時、頻繁的尺度評估這個民族誌。Hodson 經由數算
受僱者的人數將就業人數編碼成一個等距變項（也就是說，一個真
正以數字表示的數值）（參見第七章有關名義變項、次序變項及等
距變項的討論）。

有了標籤，資料裡不會有東西丟失。你標記然後精確地提取人
們所說的話，你的收益是提取任何你已經標記的文本區塊的能力。
一旦文本完全編碼或標記，你可以要求電腦：「秀給我看所有關
於 X 跟 Y 的文本區塊」，其中 X 可能是「獲得去雜貨店採購的協
助」以及 Y 可能是「信賴朋友」。

數值編碼將文本轉化為等級，但如同在 Hodson 的研究中
一樣，研究結果會是一個可以用來進行統計分析的人乘以主題
（people-by-themes）的矩陣。更多有關建立項目乘以主題的矩陣
〔亦被稱為態勢矩陣（profile matrices）〕在第五章。

表 4.7 職場民族誌編碼簿的部分

個案 ID：_____

日期：_____　q1（月＝）　q1a（日＝）　q1b（年＝）

編碼者：_____　q2（2 col）：　名冊碼號：　q3（3 col）：

T1　名冊標題以及作者的姓氏：_____

T2　形式工作：_____　頁數 #s：（包含在文本中）

T3　企業：_____　頁數 #s：（包含在文本中）

T4　區域／地區：_____　頁數 #s：（包含在文本中）

T5　觀察者的角色：_____　頁數 #s：（包含在文本中）

1 的　研究開始的年份：　9999- 無資訊　頁數 #s：

1a 的　研究結束的年份：　9999- 無資訊　頁數 #s：

組織因素

工業技術／組織

2a 的　工作：　00- 專業人士　01- 經營／管理者　02- 神職人員　03- 銷售員　04- 有技術的
05- 裝配　06- 不需專門技術的　07- 服務業　08- 農作　09- 無資訊　頁數 #s：

2b 的　工藝：　1- 是　2- 否　9- 無資訊　頁數 #s：

2c 的　直接監督：　1- 是　2- 否　9- 無資訊　頁數 #s：

2d 的　工作席位：　1- 計件　2- 配額／紅利　3- 時　4- 無工作席位保障　9- 無資訊　頁數 #s：

2e 的　裝配線：　1- 是　2- 否　9- 無資訊　頁數 #s：

2f 的　自動化：　1- 是　2- 否　9- 無資訊　頁數 #s：

2g 的　微晶片：　1- 是　2- 否　9- 無資訊　頁數 #s：

2h 的　官僚政治的：　1- 是　2- 否　9- 無資訊　頁數 #s：

表 4.7　職場民族誌編碼簿的部分（續）

項目		編碼				頁數
2i 的	社團主義：	1- 是	2- 否		9- 無資訊	頁數 #s：
2j 的	員工所有制：	1- 合作社	2- 員工持股計畫	3- 無	9- 無資訊	頁數 #s：
3 的	雇員人數：	(6 col)：___			999999- 無資訊	頁數 #s：
4 的	雇員增長：	1- 下降	2- 穩定	3- 成長	9- 無資訊	頁數 #s：
5 的	競爭程度：	1- 低	2- 中	3- 高	9- 無資訊	頁數 #s：
6 的	產品市場穩定度：	1- 穩定	2- 不穩定		9- 無資訊	頁數 #s：
7 的	生產力：	1- 衰減	2- 穩定	3- 增加	9- 無資訊	頁數 #s：
8 的	地方性擁有：	1- 是	2- 否		9- 無資訊	頁數 #s：
9 的	轉包商：	1- 是	2- 否		9- 無資訊	頁數 #s：
10 的	部門的狀態：	1- 是	2- 否		9- 無資訊	頁數 #s：
11 的	為企業集團所有：	1- 是	2- 否		9- 無資訊	頁數 #s：
12 的	公司總部：	1- 是	2- 否		9- 無資訊	頁數 #s：
13 的	企業部門：	1- 核心	2- 邊陲		9- 無資訊	頁數 #s：
14 的	工會（類型）：	1- 無	2- 同業工會	3- 工業工會　4- 聯合的	9- 無資訊	頁數 #s：
15 的	工會（強度）：	1- 弱	2- 一般	3- 強　7- 不適用(NA)	9- 無資訊	頁數 #s：
16 的	營業額：	1- 低	2- 中	3- 高	9- 無資訊	頁數 #s：
17 的	裁員頻率：	1- 從未	2- 很少	3- 有時　4- 頻繁	9- 無資訊	頁數 #s：

資料來源：Hodson, R. (1999). *Analyzing documentary accounts* (pp. 74-80). Thousand Oaks, CA: Sage. Copyright © 1999 Sage Publications.

◆ 標註文本的機制

　　談論編碼文本是一回事，實際進行這項工作完全又是另一回事。有很多電腦程式可以協助標記文本的苦差事，但我們還是建議以紙筆作業的方式來開始任何的文本分析計畫：在邊緣處寫下你的筆記、用不同顏色突顯文本區塊，以及裁剪並分類多份筆記跟逐字稿的複本。

　　在你為文本首次的閱讀寫下每個標記碼號時，圈選或是強調那些它所指涉的確切文本區塊。有些部分將只是一個單字，其他的可能會連續好幾個段落。

　　這樣的首次實際操作行動會讓你準備好面對即將到來的非常冗長且令人乏味的編碼過程。就聲音和錄像而言，去標記錄音帶或錄像磁片的片段；就照片跟其他靜態圖像來說，則標記圖像的實際區塊。

　　永遠不要使用任何東西的原始物件來進行這項標記的工作。

為有關普通感冒的資料編碼

　　然而，一旦你度過第一個難關，也擁有了編碼簿的草案，就沒有理由勇敢地在缺少電腦的協助下掙扎。以簡單的計畫來說，一個文書處理系統擁有所有你需要用來標記和檢索文本的功能。只要你以某些特徵（例如加註底線、斜體、粗體，或者不同顏色）標記好每個主題。

　　表 4.8 呈現了一個關於如何進行這項工作的實例，這些資料來
自一個美國大學生被詢問「告訴我關於上一次你感冒的事情」的計
畫。症狀與徵候以明體方式標記，治療及行為調整則以加註底線來
標記，然後診斷結果是由粗體標記。

　　要注意的是被標記的片段在大小上並不相同——可能從僅有一
個字〔例如感冒（cold）〕到數行文字；徵候跟治療的類別採取二
元選擇（是或否）；持續時間以幾日來編碼（一個數值變項），然
後報導人性別這個結構性的變項則以男或女編碼。

　　一旦你有了以加註底線、明體或粗體等方式標記的文本片段
後，你可以利用你的文書處理器的「尋找」功能著手尋找這些特
徵。一旦你熟悉了使用文書處理器標記與檢索的過程，要自動化步
驟就很容易，因此你能非常快速地找到你需要的部分（參見補充資
料 4.2）。

◆ 使用文本管理程式

　　以讓較複雜的計畫，還有甚至是讓較小計畫的編碼也能變得
較為容易來說，可以使用一個全面性的文本管理程式如 Atlas/ti®、
NVivo® 或 MaxQDA®。圖 4.1 使用表 4.8 的敘說 118 來展示一個進
行這項工作的概要。

　　系統運作方式因程式而異，但是現今在全面性文本管理軟體中
的概念是很雷同的。基本而言，碼號連結到文本的區塊或是文本中
的要點上，碼號則跟備忘全都連結在一起。你隨著研究進行來建立
編碼簿，標出文本的區塊並藉由打開一個編碼簿的視窗來分派一個
碼號給它。如果該碼號已經存在（如果你先前已經在某些其他文本
區塊上使用過它），你只需要點擊該碼號，這段已被標記的文本區
塊（或是文本中的要點）就會與該碼號連結。如果你需要一個新的
碼號，就為它命名然後將它加進編碼簿裡。

表 4.8 標記與數值編碼範例

ID	性別	敘事內容	診斷結果	症狀跟徵候						治療				持續時間
				咳嗽	喉嚨痛	嘔吐	發燒	畏寒	疲倦	家庭偏方	成藥	西方醫學	替代／另類療法	
108	男	靜脈竇／上呼吸道感染／氣喘。肺積水、倒流入喉嚨、較低的呼吸能力、使用尖峰流氣速計(peak flow meter)、呼吸促、咳嗽、發出氣喘聲。一天使用人工呼吸器達三次、每次大約四小時。在去健康中心之前已有症候達三天。咳出痰、竇性頭痛、耳朵頭痛、流鼻水。服用 Amoxicillin 兩週。頭暈、頭昏眼花、胸部感覺緊堅、呼吸較為困難。	靜脈竇／上呼吸道感染／氣喘	有	無	無	無	無	有	無	有	有	無	三天或十四天？
116	女	上一次我感冒喉嚨很痛，感覺就像扁桃腺裡有根針。每次我吞嚥時感覺就像針越來越往裡頭戳。感覺也像我的喉嚨塔住了，很難呼吸。我的鼻子塞住了，但是流鼻水流得像水龍頭一樣。我的頭裡有很多壓力，就像我的頭夾在老虎鉗裡。我頭痛的每條肌肉都在痛，感覺我身體裡的每條肌肉都在痛，就像鐵鎚猛敲我的頭。我身體不能動彈，有時我覺得很覺好像不能動彈，然後在下一分鐘感覺好像喉嚨好像緊閉。發燒撓到 102 度[3]，就像著火了，我呼吸困難並不只是因為我覺得喉嚨好像洗冰塊渴！我呼吸困難並不只是因為我覺得喉嚨緊閉悶渴一般，還因為我覺得像有人坐在我的胸口上一樣。	感冒	?	有	無	有	有	無	無	無	無	無	?

[3] 譯註：約攝氏 38.9 度。

表 4.8 標記與數值編碼範例（續）

ID	性別	敘事內容	診斷結果	症狀跟徵候						治療				持續時間
				咳嗽	喉嚨痛	嘔吐	發燒	畏寒	疲倦	家庭偏方	成藥	西方醫學	替代／另類療法	
118	女	我上一次感冒是在 11 月，我想啦。那時很累，很容易生氣，喉嚨痛、流鼻水，而且還有點咳嗽。我記得我去沃爾瑪找一種新 Cold-Eeze 喉片。它們裡頭有鋅，而且被假定可以縮短你感冒的時間，所以我想我就在整個感冒期間都是很熱門的商品，所以我想我不是它們的信徒（除非，當然啦，我老媽深深信它）。我有喝一點一些的助產士給我的薄荷茶（我在一間家庭式產房當辦公室助理）。我試著比平常多睡一些，但是我並沒有向學校或工作請任何假。我記得我試著不吻我男朋友（你懂吧，那很困難的！），以便他也不會生病了。我的感冒持續了大概五天，那是我那學期大概第四次生病，而那對我來說很不尋常，我通常一年只生病一到兩次而已。	感冒	有	有	無	無	無	無	有	無	無	無	五天

說明：明體＝症狀與徵候。加註底線＝治療及行為調整。粗體＝診斷結果。

補充資料 4.2

編碼跟推論

　　指派數值給一個文本單元可以是一個高推論或低推論的行動。當某人說他們「有咳嗽、流鼻水跟頭痛」，將咳嗽這個變項編碼為「是」不用太多推論。但是細想敘說 116，該回應者說「然後在下一分鐘感覺好像洗冰塊澡！」將此編碼為「發冷」需要較多的推論。如果你認為這是一個高推論問題，想想所有人們形容他們嘔吐的微妙和不那麼微妙的方式。

　　然後細想敘說 108，在此，該回應者說他在去健康中心之前等了三天，但是接著陳述他服用 Amoxicillin 兩週，所以，這個事件持續多久？人們服用抗生素達兩週的時間是很常見的，但是症狀跟徵候可能早在藥物發生效用前便消失無蹤了。如果你沒有問：「那麼，這感冒持續多久？」你得決定是否指派一個「五至七天」的數值（大多數感冒出現跟痊癒所花費的時間），或是一個「兩週」的數值（該報導人使用那些抗生素的時程）給這個事件。

　　在編碼的過程中，你考慮該談論些什麼關於文本的內容——備忘錄。在任何你喜歡的地方，你標示出備忘錄的存在。你打開一個視窗，然後開始鍵入你的觀察，備忘錄則超連結到文本上，因此稍後在你閱讀你已經標記好的文本時，你可以點擊任何備忘錄指示符號（例如在圖 4.1 中的黑體字「備忘」），然後該備忘便會在一個視窗中跳出來。隨著你的分析進展，你可以增加、刪除，或者編輯備忘錄。備忘錄是紮根理論的要素，有關紮根理論的內容呈現於第十二章（延伸閱讀：文本分析軟體）。

◆ 多重編碼者

　　即使在小型的計畫裡，例如那些通常與碩士或博士論文有關的計畫，你應該試著邀請一個以上的編碼者。最初概念通常是模糊不

圖 4.1　文本、碼號與備忘錄之間的連接

文本		碼號

文本

我上一次感冒是在 11 月，我想啦。那時很累，很容易生氣，喉嚨痛，流鼻水，而且還有點咳嗽。我記得我去沃爾瑪找一種<u>我媽深信的</u> [備忘 #1] 新 Cold-Eeze 喉片。它們裡頭有鋅，而且被假定可以縮短你感冒的時間。我在沃爾瑪找不到它們因為它們是很熱門的商品，所以我想我就在整個感冒期間都這樣沒有治療地受苦吧，因為我不是它們的益處的信徒（<u>除非，當然啦，我老媽深信它</u>）。我有喝一點我工作地方的助產士給我的薄荷茶（我在一間家庭式產房當辦公室助理）。我試著比平常多睡一些 [備忘 #2]，但是我並沒有向工作或學校請任何假。我記得我試著不吻我男朋友（你懂吧，那很困難的！），以便他不會也生病了。我的感冒持續了大概五天，那是我那學期大概第四次生病，而那對我來說很不尋常 [備忘 #3]，我通常一年只生病一到兩次而已。

超連結

症／徵

成　療

家偏

例干

時

碼號

症狀與徵候（症／徵）
治療方式（療）
　家庭偏方（家偏）
　成藥（成）
　西方專家（西專）
　補充的以及另類藥物（補另藥）
例行程序的干擾（例干）
[備忘 #2]
社會支持（社支）
持續時間（時）[備忘 #4]

備忘錄

1. 無法判定是否那位媽媽在這個特定事件的期間建議 Cold-Eeze 這種藥，還是是否這只是一個一般性的建議。
2. 睡多一點是一種治療還是一種例行程序的干擾？
3. 假設：常常生病的人較不可能向學校或工作請假。
4. 我們可能想要擴充「時」來包括這一類疾病發生的頻率。

清的，然後隨著你對某一套文本變得較為熟練時變得具體明確。即使你是在進行你自己的計畫，擁有至少另外一人來對談關於你在你的文本素材中發現的主題也是有利的。再者，與一個以上的編碼者一起，你可以測試編碼者間的信度——兩名或兩名以上的編碼者在他們評估跟編碼一份文本時所看見相同事物的可能性。

如果你要在你的資料進行統計分析，編碼者間信度是極其重要的，但是提取闡明主題的文本實例也是重要的。如果某個編碼者標記了主題，你就得倚靠那個編碼者——通常，那代表你——不要錯過了主題的實例。擁有多重編碼者增加了找出一份文本中所有關於某個給定主題的例子的可能性。最有名的編碼者間信度測量是Cohen's kappa，更多有關 kappa 的內容在第十三章的內容分析中。

訓練編碼者

我們難以充分強調訓練編碼者去一致辨認主題這件事的重要性，下列是六項相關原則：

1. 給所有編碼者一本書面的編碼簿，讓他們在實際標記資料時可以參考。
2. 在以團體形式回顧檢查編碼簿後，讓編碼者去獨立編碼一組實際的例子。
3. 檢查他們的回應，並在團體中討論以解決不一致之處。
4. 在編碼者對主題內容達成協議後更新編碼簿。
5. 一旦編碼者開始為大量的資料編碼，進行隨機抽查來讓編碼者保持警戒，並查看他們是否遇到你在設計編碼簿時並沒有預期到的狀況。
6. 如果有持續的狀況，重複步驟 3 跟 4，如果你做了任何更動，回去確認先前編碼好的資料是否都以一致的方式編碼（延伸閱讀：訓練編碼者）。

多少個編碼者才夠？

這是在文本分析當中反覆出現的問題，而這問題的答案取決於四個要點：

1. 編碼者的經驗（有些編碼者比其他人來得好）。

2. 主題的中心／次要散布（dispersion）。在文本當中，有清
   楚核心的主題比較容易被辨認出來。

3. 發現主題所需要的推論程度。推論程度越高的主題，就越是
   難讓兩個或兩個以上的編碼者同意他們在文本當中看見它的
   存在。

4. 任何特定主題出現在文本的次數。一個主題發生的次數越稀
   少，但要找出它所有發生的次數越是重要的話，你就需要更
   多的編碼者來尋找它。

在大規模的計畫中，擁有數個編碼者可能會達到大量的開支。
單一個 90 分鐘的訪談即能輕易產出 30 至 50 頁的謄錄稿；以 150
份訪談計算，就會產生至少 4,500 頁──大概等於 12 至 16 本一般
大小的書本。以每小時編碼五頁，每小時 20 美元來幫所有的謄錄
稿編碼的話，會花費 18,000 美元，還不算安排一個編碼者加速辨
識文本中的主題的時間。

微調碼號與編碼者

我們可以藉由減少碼號的數量、減少要編碼的文本數量，以及
使用較少的編碼者等方式來減輕工作量以及開支，大多數的編碼簿
是階層組織的方式，有著一小組上層類目和一大組下層類目。期刊
文章中可以處理的主題最大數值是接近於實際比 12 個還多直至上
百個的數目。對某些計畫而言，聚焦在主要主題上是合宜的。

我們幾乎總是以擁有超過一個特定計畫中所需的資料作結，我
們設計訪談以捕捉最廣範圍的資料，當我們建立編碼簿時，我們在
那時添加每個看來有用的主題。然而，隨著分析開始，有些我們早
先認為很重要的主題可能不會一直都重要，這在文本分析者之間是
一個常見的經驗。在 Miles 研究中評估六間公立學校的三位編碼者
發展出 202 個碼號，到他們完成所有整理時，僅僅以 26 個大主題

作結（Miles, 1979: 593ff）。

如果你的分析關注縮小了，就聚焦於那些最可能包含你真正感興趣的主題的文本部分。這在你有半結構式訪談時很容易進行，因為你知道你可能在每個文本中的何處找到關於每個主要主題的資訊。

以在一整套文本中各處所發現的主題而言，分析一部分樣本而非一整組文本有時候就足夠了。甚至一個較小的文本樣本可以經由迅速地察看特定主題來縮減。一旦編碼者很熟悉在計畫中所研究的那些概念，他們能很快速地閱讀材料並且發現包含這些概念的段落──尤其假使他們可以自由使用這些概念的寬鬆定義時。更多有關取樣的資訊在第十七章。

每當一個感興趣的主題被發現，就將該段落從文本素材裡剪下並存妥於另一個單獨的主題檢索文件中。為了確定預防偏見，第二個編碼者應該細察文本並尋找第一個編碼者可能漏掉的主題事件。這些段落也會被提取出來並存妥於檢索文件中。

最後，你在編碼者之中獲得越高的一致性，你在任何特定計畫中所需要的編碼者就越少（Rommey et al., 1986: 325-327）。我們可以藉由把編碼者訓練地十分良好來減少需要他們的數量，雖然這製造出另一種偏見的可能性──發現我們想要找出的主題而非其他的主題。給予編碼者找出大量新碼號的完全行動自由或是讓他們只尋找我們已經決定在一個特定計畫中我們有興趣的碼號是個選擇，而研究中每個選擇都伴隨各自的問題。

◆ 編碼簿的內容

在一本好的編碼簿中，每個主題都需要以足夠的細節來描述，以便讓編碼者在資料中看見這些主題時能指認並標記它們。表 4.9 呈現來自 Ryan（1995）關於在喀麥隆的疾病敘說研究的部分編碼簿。

表 4.9　疾病敘說研究的碼號描述實例

助憶符號	症／徵
簡短描述	症狀／徵候。
詳細描述	症狀指的是顯著的指出疾病的特徵，例如昏厥、出汗、腹瀉、皮疹、紅腫等等。徵候指的是不易觀察的疾病或不舒適特徵，例如疼痛、心神不寧以及抑鬱。
納入標準	需要由目標對象所感知（生理上或情緒上）。
排除標準	行為上的變化。
典型的範例	疼痛、發燒、嘔吐、胃痛、疲乏的、抑鬱。
非典型的範例	以兒童而言，行為上的改變（安靜、玩得較少、哭泣）對母親來說算是疾病的前兆。
接近於主題但非代表性	做夢、較晚起床、不想出門、感覺無聊。
助憶符號	**成**
簡短描述	成藥。
詳細描述	在緩和症狀或徵候的明確目的下使用在藥房購買的非處方藥品。
納入標準	為了當前疾病在藥房櫃檯所購買的非處方藥物。
排除標準	曾被醫生或其他專業人員就當前疾病推薦過的藥物、為了預防性目的而購買的藥物。
典型的範例	阿斯匹靈、充血緩解劑、瀉藥、咳嗽藥。
非典型的範例	之前生病所剩下的處方藥。
接近於主題但非代表性	維他命。
助憶符號	**家偏**
簡短描述	家庭偏方。
詳細描述	在家中所進行用來緩和症狀與徵候的療法。
納入標準	必須是外用或內服的療法。
排除標準	由於終止疾病的特定用途而在藥房銷售的產品。諸如早點上床睡覺、避免冷水等等的行為調整。諸如按時補充維他命等等的預防性治療。
典型的範例	熱茶、雞湯、溼敷布、按摩、米湯。
非典型的範例	大劑量的維他命。
接近於主題但非代表性	例如臥床休息、不要去上學、早點睡覺等等的行為調整。

資料來源：Ryan (1995).

　　從給每個主題一個助憶符號開始，接著，如同 MacQueen 等人（1998）所建議的，提供一個簡短的描述、一個詳細的描述、一張有關每個主題涵蓋與排除範圍的標準清單，以及一些來自文本的典型與非典型例子，還有同樣來自文本，看似接近於主題但並不能代表它的一些實例，這些有助於編碼的一致性。

助憶符號

　　表 4.9 詳細說明三個主題：症狀／徵候、成藥、家庭偏方，Ryan 使用症／徵、成，以及家偏作為這些主題的助憶符號（參見補充資料 4.3）。

　　不管有些碼號多麼明顯易懂〔例如「離」（DIV）等於「離婚」（divorce）〕，你永遠都不可能在你完成任何計畫一年後還記得它當中的整組碼號。因此，確定好詳細記下了你的編碼簿以防你忘記 NAITRAV（報導人曾經到過奈洛比 [4] ？）或任何你在編碼當時想到的縮寫究竟代表什麼意思。

　　你可以使用數字或是文字作為主題碼號（任何你覺得最自在的形式），但是確定好你的編碼簿是詳盡清楚的，而且以簡單明瞭的英文寫成（或是西班牙文、法文、俄文……等）。

---

[4] 譯註：奈洛比（Nairobi），肯亞的首都。

補充資料 4.3

主位跟客位主題

　　在西方醫學中受訓練的醫生區辨疾病「症狀」，他們認為是某種疾病指標的特徵與「徵候」，病患感覺並說出關於某種疾病的內容。如同世上大多數人一樣，還有無疑地如同他的報導人一般，Ryan 把疾病的症狀跟徵候混在一個類別底下，標記為症／徵。

　　這意味著去做關於是否搜尋以及標記一個主位主題（將症狀跟徵候歸併在一塊兒）或是一個客位主題（像醫生一樣，把症狀跟徵候區分開來）的實例的決定。此處並沒有正確或錯誤的決定，但是，一如既往地，研究中的每個決定都是有代價的。

簡短描述與詳細描述

　　簡潔的描述應該是能向共同研究者或讀者傳遞主題大意的字或短語，這些短的描述可以以理論為基礎，也可以是直接來自你的報導人所用的字或語詞，但是得同時伴隨較為詳細的解釋。從一個主題最常見的特徵開始著手，但是不要忘了也要提及一些比較沒有那麼典型的特徵。

納入與排除標準的列表

　　這剔除了應用碼號到文本上的不確定因素。從列出必能代表某個被認為是某個類別成員的文本片段的特色開始著手，接著列出任何能自動將一個片段從被認為是某個類別的成員中排除的特色。

　　舉例來說，在表 4.9 中，如果藥品（pharmaceuticals）是在藥房櫃檯購買來治療當前疾病的非處方藥物，它們就被納為成藥的一種。然而，如果這些藥物曾被醫師或其他專業人士推薦的話，或者

它們曾被購買來作為預防性甚於治病或緩和的目的，即使它們可能從藥局櫃檯所購入，這些藥物可能就不會被納入。

典型與非典型的範例

跟 MacQueen 等人（1998）一樣，我們建議為每個主題列出典型跟非典型的例子，典型的例子是那些很容易就能想到的例子，非典型的例子雖不常見，但是仍然算數。在表 4.9 中，Ryan 決定把使用來自先前生病所剩存的處方藥納入「成」的主題中。在某些研究中，維他命可能是成藥類別中的邊緣成員，但是 Ryan 決定在他的研究中，維他命並非是此類角色。

典型與非典型的例子可以是一整句或甚至一整個段落，或者它們可以是純綷出自於文本的字詞。無論它們的大小如何，這些區塊將協助你與其他編碼者發展出對主題內容的感覺——識別出你該去尋找的東西。它們也將會在你報導研究時幫助你向其他人解釋你的主題。

◆ 描述主題：Bloom 的愛滋病研究

Frederick Bloom（2001）進行了一系列與 25 名男同性戀愛滋感染者的深度訪談，Bloom 想瞭解這些知道自己是愛滋病感染者的男性如何評估自己的生命，以及他們如何致力於維護或改善他們的生命。

平均而言，已經知道自己的感染狀況達 5.8 年的男性在發病率上有較大差別——有些人毫無症狀，有些人則是與典型的愛滋病共生共存。九位男性已經歷經了至少一部分後天免疫不全症候群的定義感染症（AIDS-defining illness）。每位男性在六個月內參與了五至七次的訪談，Bloom 在這些訪談後的一至兩年，從 15 位還存活

的研究對象當中蒐集了 13 名男性的生命史。

　　Bloom 在這些生命故事中指認出許多主題，有些是樣本中一兩個人特定的主題，其他則出現在所有報導人的敘說當中。Bloom 描述了四個最常見的主題，包括：(1) 存活（戰勝阻礙跟忍受困境）；(2) 互惠（幫助並關心需要協助的其他人）；(3) 感激（個人的日常生活）；(4)Bloom 稱之為「一般生活」的項目（過著平靜無事、簡單，或「無聊」的日常生活）。

　　圖 4.2 展示了 Bloom 對第一個主題「存活」的詳細描述，如同其他好的編碼簿（不管是為質性或量化資料），Bloom 的初始描述提供了這個主題的概述以及它的核心要素。他指明了這是一個相當普遍的主題（20 份敘說中有 15 份出現），然後分佈於不同生病階段的男性當中。

　　在概要之後，Bloom 介紹 Jerry 當作這個主題的典型例子。在他的告白中，我們從 Jerry 身上得知什麼叫做一天一天地倖存下來，與 HIV 共存。這敘述結束於 Bloom 自己對這個例子的詮釋，將之再聯繫回到存活這個主題。

◆ 尋找文本的典型片段

　　你怎麼分辨一個主題的什麼是典型的？一個方式是使用多個編碼者，然後看看所有人或大多數人所同意的是哪些主題〔例如 Ryan（1999）〕。但是當你只有自己一個編碼者的時候，你該怎麼做以識別出文本的典型片段呢？答案是：使用累積分類法。

　　經由檢索來自原始文本的某個主題的所有例子開始著手，剪下引文，然後在背面寫下某些識別記號（例如：訪談 #22，女性），接著分類它們。有關這個程序的六項步驟展開於圖 4.3 中。

圖 4.2　描述「存活」這個主題

最常見的主題是「存活」，克服障礙以及忍受困苦。與這個主題相關的風格定位（stylistic orientation）是呈現自我為「倖存者」的身分。這個主題的故事聚焦於過去事件、所經歷的困難處境，以及敘說者忍受或克服一特定掙扎或困苦的能力。這些敘說總是工具性的，將過去的存活經驗連結到現在的艱困上。20 位男性中有 15 人組成樣本，提供至少一個表達與 HIV 共存的心理文化主題與風格定位敘說。「存活」敘說由病得相當嚴重的男性、沒有症狀的男性以及處於不同階段中間的男性所提供。

其中一位男性 Jerry 提供了一個這主題、類型以及敘事類型的集群（narrative-type cluster）的具說服力的例子，他談論儘管有眾多的困難，但他仍成功讓生意繼續運作：

我生命裡的成功？活著──只要我還能活著。我只回來這裡一年，讓生意能保持運作還蠻有趣的，我猜啦。當然了，我成功的機會很渺小。我厭惡極了回到異性戀的、白人的美國，但是回來幾年還有點趣味啦；讓它能行得通，不管要付出什麼。我猜在那之上取得勝利感覺還不錯，當它真的很行得通的時候感覺真的很好。

資料蒐集那時候 Jerry 是 37 歲，他說自己曾有過一段艱困的生命。他敘述青少年時所經歷的生理和言語虐待故事，當他無家可歸時便以賣淫來生存，然後以靜脈施打毒品。他在我們的會面之前 11 年獲悉自己是愛滋病帶原者，在這個研究進行時，他仍然掙扎於經濟問題，居住在一間破爛的收容所，只透過朋友的慷慨幫助來維生。

直到這個研究開始大約一年之前，他當時相當健康。在那時，他患上了關節痛，那疼痛在他的雙腿發作得特別厲害，然後他的精力和耐力上都有所下降。在訪談的過程中，Jerry 不得不因為疼痛和疲倦而被迫辭掉工作。

雖然他說他大多數的老朋友都死於愛滋相關的疾病，但是他保持數段緊密而長期的友誼。他聲明他在過去八年曾跟他的愛人有過一段持續的關係，儘管他們的關係是由頻繁的爭執跟分離所組織。Jerry 也提到幾個每回留在他身邊數個月的朋友。他談論他在 HIV 感染之下的長期倖存：

不管如何，我是個倖存者，你瞭解嗎？我可以維持基本的生活，我可以度過任何事，我可以處理任何事，我可以像我此刻感覺一般地生活並保持這樣下去，但是無疑地並非生命中所有事都令人愉快。有許多人每天都因為其他原因而感覺糟糕，但你習慣了就好了。你真的得習慣它。

在這些陳述中隱晦的是 Jerry 忍受與他疾病相關聯的痛苦的能力，這個主題是克服障礙以及忍受痛苦。他的風格定位清楚地讓其處於倖存者的身分，然而，是他敘說的工具性本質揭示了它們的意義。Jerry 敘述說他在過去倖存著、忍受著，以及戰勝障礙，並且託付這一項作為預期他在將來也會這樣做的理由，他可以「處理任何事」。

資料來源：Bloom (2001). Reproduced by permission of the American Anthropological Association from Medical Anthropology Volume 15(1), 2001: 38-57. doi:10.1525/maq.2001.15.1.38. Not for sale or further reproduction.

圖 4.3 使用累積分類法尋找典型引文

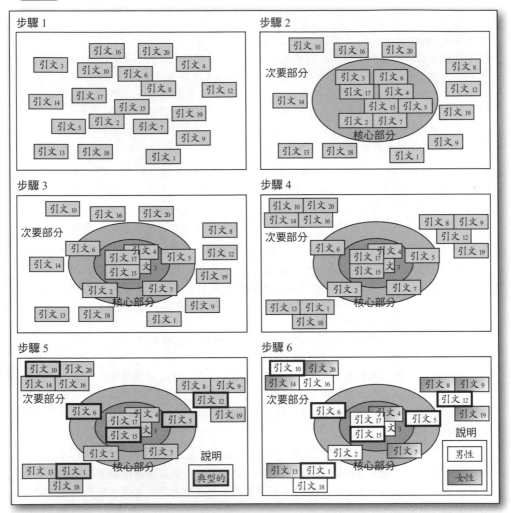

1. 首先，在一張大桌子上攤開這些引文。確定好你把這些引文混雜在一起，以便讓出於相同出處的引文不會全部都在一塊。

2. 再來，檢視這些引文並指出那些似乎代表某個主題的核心觀點。這時請相信你的直覺，如果一個引文「感覺」像是某個

主題的核心例子，那麼將它移至桌子的中央。在你完成的時候，這些核心的引文應該會在桌子中間；而越來越邊陲的引文則會越來越靠近桌子的邊緣。

3. 使核心一邊陲結構更完善。從核心引文著手並將它們分類成兩組：最能代表某個主題的一組，以及代表性較低的一組，把它們稱為強核心引文以及弱核心引文。接著，試著以言語表述區別在強核心組與在弱核心組中引文的特色，這促進識別某個主題的主要與次要成分。

4. 將邊陲引文分類成基於它們相似處的群組，創造跟你認為所需要的一樣多的群組。在圖 4.3 中的步驟 4 指出三個邊陲次群組，這些次群組告訴我們關於在某個主題中的特色範圍。

5. 接著，選擇你可能想要用在你文章中的代表性引文或範例。由閱讀一個群組中的所有引文開始著手，選擇一些似乎（以你的直覺）最能代表那個群組的引文。有代表性的引文可能是簡短、直接以及只是素樸簡練的，但是它們也可能是詳細、詳盡闡述以及兼容並蓄的。簡練的引文適於在你寫作時反覆說明一個觀點，詳盡闡述的引文則在你需要提供讀者重要的細節與細緻差異時較為適合。如果你自個兒進行這項工作，你只能依賴你自己的判斷，但是若你讓至少另一個人來獨立挑選有代表性的引文，你將站在更為堅固的基礎上。

6. 隨著桌上這些引文分類成核心跟邊陲群組，將每一張翻過來並檢查是誰說出這段文字。這有兩個目的，首先，它讓你免於只用一或兩個報導人作為引文的來源。第二，如果在引文分布中存在一個模式的話，你很可能可以看見它。舉例來說，在圖 4.3 的步驟 6 中，一個看似清晰的模式是：在核心主題中的八個引文中只有兩個是女性說出的（引文 4 與引文 7），然而，在邊陲上的引文則差不多同樣可能來自男性或是女性。

　　如果我們在自己的資料中發現這樣的情形，我們最好要檢查原始資料以確認是否主題的核心特色主要與男性相關聯。這些技巧是簡單的，使用諸如 NVivo、Atlas/ti、MaxQDA 等文本管理程式以及其他許多套裝軟體中可用的布林搜尋，我們可以找出所有某個特定主題出現以及（AND）說話者是女性的地方。接著我們可以將這些例子與那些從男性身上發現的例子進行比較。

　　不管你使用哪種技巧去描述主題，成果都將會是一本漸趨詳細，有著簡短描述、納入標準，以及代表每個主題核心特色的範例的編碼簿。到了你完成建立編碼簿的時候，你已經擁有描述性的寫作基礎了。

延伸閱讀

◆ 已出版的碼號實例包括：B. W. Whiting 與 J. W. M. Whiting（1975）關於在田野裡觀察兒童；Horizon Research Inc.（2001）關於觀察教室；Miles 與 Huberman（1994: 59-60, 64）關於研究學校改進；Patton（2002: 516-517）關於評鑑研究；以及 Nyamongo（2002）關於研究疾病報告。

◆ 有關更多關於發展編碼簿，請參閱 Dey（1993: 95-151），Miles 與 Huberman（1994: 55-72），以及 Weston 等人（2001）。

◆ 有關於文本分析軟體的資訊，請參閱 http://caqdas.soc.surrey.ac.uk/，以及特別是 Lewins 與 Silver（2007）。關於「選擇一個 CAQDAS 套裝軟體」。CAQDAS（發音為「cactus」）代表電腦輔助質性資料分析。Hahn（2008）提供了一個使用特殊目的文本分析軟體的另一個方式，並轉而展示如何使用用來編碼文本的一般資料庫和試算表軟體。

◆ 更多關於訓練編碼者請見 Hak 與 Bernts（1996）。

CHAPTER ⑤

資料分析導論

序言

資料庫管理

使用文本分析程式

什麼是分析？

　　持續效度檢核

資料矩陣

態勢矩陣

　　使用質性資料的態勢矩陣
　　I——Van Maanen 的研究

使用質性資料的態勢矩陣
II——Fjellman 與
　　Gladwin 的研究

近似性矩陣

　　在近似性矩陣中發現模式
　　——視覺化方法

呈現資料作為分析

延伸閱讀

◆ 序言

　　分析實際上在我們著手進行一個研究方案前就開始了。不管我們多麼努力嘗試，都不會有純粹的歸納性研究。基於某些先前的興趣，我們選擇題目（topic）來研究，而且我們總是對即將發現的東西，以及什麼是重要的與什麼是不重要的事物有我們的想法。然而，有系統的分析並不一樣，那正是我們在資料中應用方法尋找以及陳展模式之處。這無法開始進行，直到我們實際擁有可研究的資料庫。

　　為了實用性的目的，這表示把敘說以及其他形式的質性資料電子化並存入電腦中或者組織並標記，以便我們能應用資料庫管理的方法。

◆ 資料庫管理

質性研究產生相當大量的資料，如果你進行 30 次每次平均一個半小時的開放性訪談，你不必費力就能以 1,000 頁雙行間距的待處理文本資料作結。遠在你試著分析資料，以及遠在你試著在資料中找出模式之前，你絕對得把它們用某些方便的形式收妥存放。裝滿逐字稿的鞋盒絕對不會刪減它，那正是資料庫管理發揮作用之處。

資料庫管理立基於「紀錄」（record）與「範疇」（field）這兩個基本概念上，紀錄是你想檢索其特點的單位，範疇則是那些特徵。

如果你的 MP3 播放器裡已經有上千個音頻，然後你想把它們組織成播放清單，那麼每個音頻就是資料庫裡的一個紀錄，範疇則為演奏者、曲目、出版商、發行日期，以及類型等等的東西。如果你從一個研究案累積了上千張的照片，那麼每張照片就是資料庫裡的一個紀錄。你可以詢問資料庫「哪張照片是有關兒童的？」或者「哪張照片是有關老人的？」或者「哪些是有關兒童以及用餐的？」如果你已經為那些主題（兒童、老人、用餐）編碼每張照片，軟體就能接著向你展示哪些紀錄符合你的提問。

如果你的照片都是紙本檔案，你可以在它們的背面以 1 到 n 為它們編號，並使用這些數字作為它們在資料庫的紀錄名稱。若你的照片為電子檔案（或從紙本掃描而來，或是幻燈片），你可以直接以資料庫管理程式來替它們編碼。（Microsoft Excel 是以試算表作為賣點，但你可以以它來管理質性資料。）

當你使用你圖書館的線上目錄尋找書籍和文章時，你就在使用資料庫管理系統了。要找到有關雙語教育和成績的文章，你需要使用布林運算式「雙語教育與成 *」（bilingual education AND achiev*），這個「*」是個常被使用的「萬用字元」，在這個例子中，它代表：「幫我找出所有有關雙語教育以及任何以『成』開頭，如成功（achieve）、成就（achieving）、成功者（achiever）或成績（achievement）的書。」

文本分析程式是有附加元件的特定用途資料庫管理系統，舉例來說，有些程式有工具能讓你繪製出一組主題之間關係的圖像，並建立出一個網絡。

◆ 使用文本分析程式

第一件關於文本分析程式（例如 Atlas/ti®、NVivo®、HyperResearch®、Quarlrus® 以及 MaxQDA®）要談的事是它們並不做任何的分析，它們是具備處理以及詢問文本問題的工具的特定用途資料庫管理程式。這些程式進行資料管理，分析則是你的工作。

假定你有上百頁或上千頁的訪談稿，然後你問：「這些文本中的哪些部分是關於遷移以及關於年紀在 30 歲以下的女性？」一個好的文本分析程式將會：(1) 找到你已經為遷移這個主題所編碼的文本段落；(2) 為那些文本片段產出一個暫時性的清單；(3) 檢查暫時性清單中的每個片段，並找出回應者的名字或 ID 代碼；(4) 在回應者資訊檔案中查找回應者。

假如回應者是男性或是超過 30 歲的女性，這程式會從暫時性清單中捨棄這個文本片段。最後，如果有的話，這個程式會報告符合所有你列在問題中的條件的文本片段。使用了正確的軟體，問這樣的問題只需要花上幾秒鐘，即使是上萬頁的文本。但是決定問哪個問題，也就是分析，畢竟是你而非程式的工作。

許多文本分析程式也能讓你建立碼號的網絡，以及產出碼號之間在一組文本中如何互有關聯的報告跟圖表（延伸閱讀：文本分析軟體）。

◆ 什麼是分析？

分析是在資料中尋找模式，以及尋找協助解釋原先為什麼那些模式會出現的想法的行動。分析在你蒐集資料前就開始了，你得對你要研究的東西有一些想法，而且這項工作會在整個研究工作中持續進行。隨著你發展想法，你對照你的觀察來檢驗它們；你的觀察可能會因此調整你的想法，而它們需要接著再度被檢驗，諸如此類等等。

就像我們在本書第一章第一頁所指出的，分析是根本的質性行動。許多量化分析的方法如迴歸分析、叢集分析、因素分析等等確實是資料處理的方法，它們是用來尋找資料中模式的工具，詮釋這些模式——決定它們意謂些什麼並將你的研究發現連結到其他研究的發現上——這才是真正的分析。

我們從哪兒得到有關模式的想法呢？人類十分擅長這件事，事實上，人們總是在創造模式。孩子看著白雲並編造跟形狀相關的故事；長久以來，人們已經為無數的星星命名並創造關於它們的故事；心理學家要人們編造關於墨漬的故事。一旦你手邊有了資料，要看見模式對你來說不會是難事。事實上，你得要很小心謹慎不要把資料曲解成模式，如果你致力於它的話，你隨處可看見模式的天性會隨著你進行越來越多的研究而減弱，但它始終都會是個難事。而且這狀況會變得更糟——如果你毫無批判地接受口齒伶俐或是有名望的人的民間分析（folk analysis）。

從人文主義的觀點來說，重要的是尋找主位，也就是圈內人，的觀點，以及去記錄民間分析（Lofland et al., 2006），這些分析有時甚至可能是正確的。但同等重要的是保持懷疑，保持客位（意即圈外人）的觀點，而且不要「本土化」（go native）了（Miles & Huberman, 1994: 216）。

持續效度檢核

隨著研究進行，隨著你的訪談累積，繼續努力在主位跟客位觀點間來回切換。問問你自己是否接受當地民間解釋，或者也許並沒有考慮它們的可能效度便立即否決它們。在研究中偶爾自我檢查一次並不困難，但要有系統地進行這項行動並不容易。

以下是五項指引：

1. 留心有見識的報導人之間的異議。當知識淵博的報導人不同意任何一件事時，查明為什麼如此。

2. 在任何可能的時候檢核報導人的正確性。舉例來說，對照更多的客觀證據來查驗人們對行為或環境條件的描述。如果你是一個記者然後送出一個基於報導人描述但未查驗事實的故事，你永遠無法讓它通過你主編的桌子。我們看不出任何不約束社會科學家遵從優秀記者每天所需面對的標準的理由。

3. 歡迎負面證據。如果有一個不符合你所知的個案出現，例如一個不喜歡在賣場廝混的中產階級郊區青少年，問問你自己這是否是：(1) 正常的文化內部差異；(2) 你欠缺關於適當行為的範圍的知識；或是 (3) 一個真正獨特的個案等等的結果。

4. 即使在你的理解深化時，持續尋找現象的另一種解釋。美國民間文化持有女人為勞動力離家是因為某種稱為「女人的解放」的見解。另一個解釋則是 1970 年代的石油危機製造出雙位數的通貨膨脹，削減了男人收入的購買力，並迫使女人進入她們得面對歧視跟不公平薪俸的勞動力中，然後變得激進（Margolis, 1984）。兩種解釋，其一為主位的，其一則為客位的，皆因不同的理由而充滿趣味。

5. 試著把負面例子融入你的理論。當你遇到無法適合你的理論

的例子時，那就檢查你的理論。比起再檢查受你喜愛的想法，忽略令人為難的資料是比較容易的，但是簡單的方式在研究當中幾乎難以是正確的方法。

◆ 資料矩陣

不管我們是處理量化或質性資料，在所有資料分析當中最重要的一個概念就是資料矩陣。資料矩陣有兩種：態勢矩陣跟近似性矩陣。態勢矩陣又簡稱為資料矩陣，這些是使用於各學科之間用以記錄資料的常見個案乘以性質（case-by-attribute）矩陣。如果你曾經把資料輸入如 Excel 的試算表，你就已經有關於態勢矩陣的經驗了。

近似性矩陣是一個完全不同的種類，它們包含了關於一組事物如何相似與不同的資料。那些你在路線圖上看到的哩程表就是近似性矩陣，它們告訴你關於在地圖上的城市彼此之間距離有多遠。稍後我們還會談更多有關近似性矩陣的內容，首先，先談談態勢矩陣。

◆ 態勢矩陣

不管是量化或是質性分析，在社會科學中大多數的分析是關於事物的特性彼此之間如何相關。例如，我們問道：「一個家庭有多少錢對於這家孩子的 SAT 分數有影響嗎？」「曾在孩童時被虐待會影響女人是否留在受到肉體虐待的婚姻裡嗎？」「一個國家的平均國民生產總值與教育平均程度有關聯嗎？」「來自勞工移民的匯款與學習落後兒童（children left behind）的學校成就有關嗎？」

這種分析是在態勢矩陣上完成的，你由一系列的事物著手——分析的單元——然後你為這些事物的每一項測量一系列的變項。每

個分析單元皆經由一組關於某些變項的特定測量來描繪出態勢，表 5.1 是一個典型態勢矩陣的實例。

表 5.1 **根據七個變數的兩個個案之態勢矩陣**

個案	花費（$）	性別	年齡	教育	獨棟住宅或公寓	持有與否	家庭中的人數
1	67	男	34	12	獨棟住宅	否	5
2	19	女	60	16	獨棟住宅	是	1

在這個表格中，一個訪談者攔下一百個從超市走出來的人，然後記錄七項資訊：花了多少錢、這個人的性別、年紀、受教程度（以年表示）、這個人是住在獨棟住宅或公寓、持有該房屋或只是租賃，以及有多少人跟他／她同住等等。

這些資料產出了一個 100×7（將此讀為「100 乘以 7」）態勢矩陣，兩個概況——兩個資料個案——呈現於表 5.1。

第一個人說他花了 67 美元，男性、34 歲、高中畢業，跟其他四個人一起居住於他租賃的獨棟住宅。第二個人提到她花了 19 美元，女性、60 歲、完成大學學業，獨自居住在自有的獨棟住宅中。

使用質性資料的態勢矩陣 I —— **Van Maanen** 的研究

展示在表 5.1 中的態勢矩陣是從調查資料中所建構成的（詢問人們同一個有關他們的超市購物經驗問題），但不管是量化或質性資料，一個態勢矩陣的形式都是相同的。Van Maanen 等人（1982）將麻州格洛斯特的傳統商漁營運與阿拉斯加的布里斯托灣現代經營相比，表 5.2 展現他們在其田野札記分析中所發現的內容。表 5.2 的簡單檢視會給你關於 Van Maanen 等人的敘述性分析結果的一個立即感覺。

表 5.2　Van Maanen 等人有關營利性漁業種類的發現

	傳統漁業 （例如格洛斯特，麻州）	現代漁業 （例如布里斯托灣，阿拉斯加）
社會組織		
漁夫背景	同質的	異質的
漁夫間的關係	多元的	單一的
入場的分界線	社會的	經濟上的
參與者的數目	穩定的	變動的
社會不確定性	低	高
與競爭者的關係	同僚的、個人主義的	敵對的、屬於某一範疇的
與港口的關係	永久的，與社區之間有聯繫	暫時的，沒有當地的聯繫
移動性	低	高
與捕魚的關係	有感情、富於意義的（捕魚是一種生活方式）	工具性的（捕魚是一種工作）
工作的定位	長期的、樂觀的（生存的）	短期的、求最大利益的（季節性的）
對多元性的容忍度	低	高
爭執的本質	職業內的	跨職業的
經濟組織		
與船買家的關係	個人化的（長期的、非正式的）	契約的（短期的、正式的）
訊息交換	有限制且私人的	開放且公開的
經濟不確定性	低（長期的）	高（長期的）
資金投資範圍	小	大
利潤率	低	高
創新率	低	高
專門化	低	高
調節機制	非正式且稀少的	正式且眾多的
對官方的立場	好鬥的	順從的

資料來源：Van Maanen, J., Miller, M., and Johnson, J. C. (1982). An occupation in transition: Traditional and modern forms of commercial fishing. *Work and Occupations 9*, 193-216. Copyright © 1982 Sage Publications.

在表 5.2 中有兩個分析單元：Van Maanen 等人進行他們民族
誌田野工作的兩個社區。其中一個社區——麻州的格洛斯特，代表
傳統美國漁業工作；另一個社區——阿拉斯加的布里斯托灣，代表
一個較為工廠式的漁業經營。

注意在表 5.2 當中，這兩個分析單元——這兩個個案呈現於直
行的欄位裡，個案的特性則在橫向的欄位，這跟資料在表 5.1 中如
何組織是相反的。在量化研究中有許多分析單元（例如一份問卷的
回應者）跟相當少的變項是常見的。相比之下，在質性研究中，有
少數分析單元（例如提供敘說的報導人）跟許多變項（例如主題）
是常見的。

另一種說明上述所談的方式是：在量化研究中，我們通常對
許多事情知之甚少，而在質性研究中我們通常對少數的事情知之甚
詳。使用僅僅些許的分析單元，當我們在直行欄位有個案而在橫向
欄位有個案特性時較為容易去尋找模式。

表 5.2 告訴我們在格洛斯特傳統漁業經營的社會組織比起現代
經營較是同質的、較為富於情感跟較為同儕之間的，但是利潤較
低。立基於這個質性分析的結果，Van Maanen 等人得以陳述某些
有關在科技為本的漁業經營中個人關係弱化衰減的一般性、理論性
假設。這是那種可以藉由使用漁業經營作為分析單元，然後它們的
科技作為解釋變項來進行測試的一般性命題。

使用質性資料的態勢矩陣 II —— Fjellman 與 Gladwin 的研究

Fjellman 與 H. Gladwin（1985）研究美國海地移民者的家族歷
史。表 5.3 展示有關一個家庭的資訊矩陣，表 5.3 是一個個案（這
些人）在直行，然後變數（這些人加入或離開這個家庭的年度）在
橫列的態勢矩陣。

| 表 5.3 | Fjellman 與 Gladwin 的一個在美國的海地家庭的表格 |

年份	Jeanne	Anna（母親）	Lucie（妹妹）	Charles（弟弟）	Marc（領養的兒子）	Helen（阿姨）	Hughes 與 Valerie（表親）	家庭人數
1968	+							1
1971	+	+	+	+				4
1975	+	+	+	+	+			5
1976	+	+	-	-	+			3
1978	+	+	-	+	+		*	4
1979	+	+	-	+	+	+	*	5
1982	+	+	-	-	+	+	*	4

資料來源：S. M. Fjellman and H. Gladwin, Haitian family patterns of migration to South Florida, *Human Organization* 44: 307. Copyright © 1985, Society for Applied Anthropology. Reprinted with permission.

　　這個家庭開始於 1968 年，在當時 Jeanne 的父親將她送到紐約的布魯克林上高中，1968 年那個單一的加號表示這個家庭由 Jeanne 創建。Jeanne 的父親於 1971 年過世，然後她母親（Anna）、妹妹（Lucie）、弟弟（Charles）到紐約加入她，因此，1971 年共有四個加號。Jeanne 在 1975 年領養 Marc，她在 1976 年跟她母親還有 Marc 搬到邁阿密，而 Lucie 跟 Charles 則繼續留在紐約。在 1976 年橫欄中的兩個負號指出 Jeanne 的妹妹跟弟弟已經不再是 Jeanne 所創建家庭的一部分了。

　　Lucie 在 1978 年結婚（丈夫並未顯示於此表中），然後 Charles 到邁阿密加入 Jeanne 的家庭。同年，Jeanne 開始申請簽證以把她的表親 Hughes 與 Valerie 帶來邁阿密。星號表示當在 1982 年蒐集這個家庭歷史的資料時，這兩個人還在等待加入這個家庭的

過程。Helen 阿姨（Anna 的妹妹）於 1979 年加入。最後，Charles
於 1982 年返回紐約與他的姊姊 Lucie 再度一起生活。

　　Fjellman 與 Gladwin 在他們的文章中呈現七個這些家庭歷史圖
表，然後他們在每個圖表下的短文中提供了歷史細節，例如為什麼
當初 Jeanne 要來美國，還有為什麼 Charles 在 1976 年離開 Jeanne
的家庭。我們需要歷史細節來瞭解多年來該家庭如何發展，但是把
每樣東西轉換成一個加號跟負號的矩陣讓我們看見家庭增長、發展
與衰減的模式（延伸閱讀：質性資料的矩陣）。

◆ 近似性矩陣

　　如果態勢分析是有關事物屬性如何互相相關，那麼近似性分析
就是關於事物（不是它們的特性）如何彼此相關。態勢矩陣包含了
一組項目的變數的測量，近似性矩陣包含項目之間的關係或近似性
的測量。

　　有相似矩陣跟相異度矩陣兩種近似性矩陣。表 5.4 是一個相異
度矩陣，它展示了美國九個城市所有兩兩配對之間的開車距離，在
格子中的數字越大，這兩個城市就越是「相異」。換言之，在任何
格子中的數字越是大，在地圖上的兩個城市就分得越開。

在近似性矩陣中發現模式──視覺化方法

　　在關係的圖表中發現模式比在關係的矩陣中做這件事來得容
易，例如表 5.4。事實上，你可以瞪著在表 5.4 中這個 9×9（讀成
九乘以九）的關係矩陣一整天，然後永遠（never）看不到大局。
圖 5.1 是一個在表 5.4 中資料的 MDS 圖，它展現了全貌。

| 表 5.4 | 九個美國城市之間距離的相異度矩陣 |

城市	波士頓	紐約	華盛頓特區	邁阿密	芝加哥	西雅圖	舊金山	洛杉磯	丹佛
波士頓	0	206	429	1,504	963	2,976	3,095	2,979	1,949
紐約	206	0	233	1,308	802	2,815	2,934	2,786	1,771
哥倫比亞特區	429	233	0	1,075	671	2,684	2,799	2,631	1,616
邁阿密	1,504	1,308	1,075	0	1,329	3,273	3,053	2,687	2,037
芝加哥	963	802	671	1,329	0	2,013	2,142	2,054	996
西雅圖	2,976	2,815	2,684	3,273	2,013	0	808	1,131	1,307
舊金山	3,095	2,934	2,799	3,053	2,142	808	0	379	1,235
洛杉磯	2,979	2,786	2,631	2,687	2,054	1,131	379	0	1,059
丹佛	1,949	1,771	1,616	2,037	996	1,307	1,235	1,059	0

資料來源：Borgatti (1996: 28). Reprinted with permission of the author.

　　MDS 是資料視覺化方法家族中的一分子——一種發現在某個關係矩陣中所有關係的方式。因此，在圖 5.1 中，我們預期紐約到華盛頓特區跟到它到波士頓差不多同樣距離。我們預期舊金山介於洛杉磯跟西雅圖之間，然後這三個城市都離波士頓、紐約跟華盛頓特區很遠諸如此類。可想而知，在圖 5.1 中的關係符合了所有我們的預期。

　　嗯，它們其中大多數符合啦。因為我們在學校的早先訓練，我們預期邁阿密在地圖的右下方，然後西雅圖該在左上方。這個 MDS 程式不關心我們由文化衍生的預期，它只以圖表表示在某個矩陣中所有的數值關係，然後所有這些關係實際上完美地呈現於圖 5.1 中。更多有關 MDS 在第八章中。

圖 5.1 九座城市之間距離的 MDS

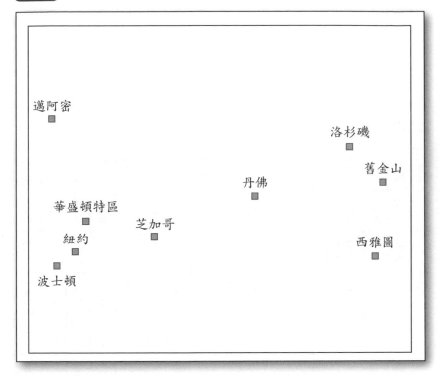

　　如果你曾修過統計的課而且曾看過相關矩陣，那你已有關於相似矩陣的經驗。每個格子中的數字越大，相關性就越高——兩樣東西就越是相像。表 5.5 是一個 15 種情緒的相似矩陣，這個矩陣來自一個稱為三面檢測的質性資料蒐集練習。

　　在這個例子中，40 個人審視 70 個三合一的情緒——憤怒／喜愛／恐懼，傷心／無聊／憎惡，憤怒／無聊／喜愛等等——然後告訴我們哪一個情緒最不像其他兩種情緒。在表 5.5 中的相似性測量是百分比，掃視表 5.5 中的第一行，我們發現喜愛跟憤怒為 .09 相像，意味著有 9% 的時間我們的回應者提到喜愛跟憤怒是相似的。相比之下，82% 的時間我們的回應者提及喜愛跟高興是類似的。

表 5.5　15 種情緒的相似矩陣

		1 喜愛	2 憤怒	3 嫌惡	4 羞愧	5 恐懼	6 苦惱	7 嫉妒	8 焦慮	9 疲倦	10 高興	11 傷心	12 寂寞	13 無聊	14 憎惡	15 興奮
1	喜愛	0.00	0.09	0.08	0.21	0.10	0.08	0.35	0.16	0.10	0.82	0.20	0.14	0.08	0.41	0.74
2	憤怒	0.09	0.00	0.85	0.19	0.59	0.64	0.46	0.32	0.00	0.17	0.40	0.09	0.04	0.95	0.11
3	嫌惡	0.08	0.85	0.00	0.76	0.76	0.66	0.55	0.63	0.08	0.08	0.38	0.08	0.14	0.70	0.13
4	羞愧	0.21	0.19	0.76	0.00	0.22	0.75	0.51	0.38	0.57	0.10	0.57	0.39	0.09	0.47	0.06
5	恐懼	0.10	0.59	0.76	0.22	0.00	0.57	0.40	0.71	0.05	0.11	0.55	0.59	0.08	0.86	0.21
6	苦惱	0.08	0.64	0.66	0.75	0.57	0.00	0.85	0.47	0.20	0.10	0.70	0.31	0.08	0.69	0.09
7	嫉妒	0.35	0.46	0.55	0.51	0.40	0.85	0.00	0.44	0.06	0.08	0.08	0.30	0.28	0.47	0.11
8	焦慮	0.16	0.32	0.63	0.38	0.71	0.47	0.44	0.00	0.16	0.29	0.30	0.17	0.20	0.39	0.40
9	疲倦	0.10	0.00	0.08	0.57	0.05	0.20	0.06	0.16	0.00	0.14	0.63	0.44	0.73	0.04	0.13
10	高興	0.82	0.17	0.08	0.10	0.11	0.10	0.08	0.29	0.14	0.00	0.34	0.09	0.04	0.08	0.85
11	傷心	0.20	0.40	0.38	0.57	0.55	0.70	0.08	0.30	0.63	0.34	0.00	0.71	0.31	0.24	0.19
12	寂寞	0.14	0.09	0.08	0.39	0.59	0.31	0.30	0.17	0.44	0.09	0.71	0.00	0.59	0.06	0.06
13	無聊	0.08	0.04	0.14	0.09	0.08	0.08	0.28	0.20	0.73	0.04	0.31	0.59	0.00	0.14	0.19
14	憎惡	0.41	0.95	0.70	0.47	0.86	0.69	0.47	0.39	0.04	0.08	0.24	0.06	0.14	0.00	0.28
15	興奮	0.74	0.11	0.13	0.06	0.21	0.09	0.11	0.40	0.13	0.85	0.19	0.06	0.19	0.28	0.00

　　如果這個在表5.4中的9×9的城市間距離矩陣看起來複雜的話，那在表5.5中的這個15×15矩陣就毫無希望了——過於複雜且無法用肉眼分析。圖5.2展示了這些資料的MDS標繪圖，它是一個二維的標繪圖，然後看起來這二維向度是令人愉快的情緒相對於不那麼令人愉快的情緒（令人愉快的情緒在圖片底部而不那麼令人愉快的情緒則在上方），以及積極相對於消極情緒（最積極的情緒在右方，而較消極的情緒越過它們位在左方）。

　　然後這一切是如何質性？嗯，這些三面檢測全都是質性的：報導人觀看名稱組群並選擇其中一個，這些資料（人們的選擇）被轉成數字（表5.5），但是這些數字只是一個記錄人們在進行這項三面檢測任務所做選擇的方式。然後變成數字的字詞只足夠去處理它們並將它們轉換成一張圖片——更多我們可以詮釋的質性資料。

圖 5.2　**15 種情緒之間相似處的 MDS**

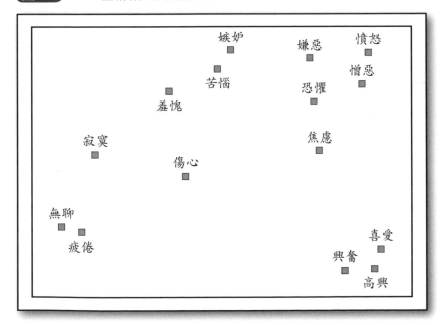

◆ 呈現資料作為分析

　　最後，因果圖描繪了關於事物如何運作的理論。它們是從研讀資料、發現模式，以及得到關於什麼導致什麼的結論之中所浮現的想法的視覺表徵。因果圖不需要附加於它們的數字——雖然那是因果模型最終帶領前往的地方，因為知道一件事情導致另一件事情到什麼程度（how much），以及某一件事情確實導致另一件事的事實皆是有益的。

　　然而，有或沒有數字，因果模型最好以某種模型或是流程圖表達，也就是下一章將要談的主題。

延伸閱讀

◆ 關於更多文本分析軟體的資訊，請參閱 http://caqdas.soc.surrey.ac.uk/ 以及 Lewins 與 Silver（2007）。

◆ 關於更多以質性資料建立矩陣的資訊，請參閱 Miles 與 Huberman（1994）。

CHAPTER ⑥

概念模型

序言

統計模型與文本分析

　　路徑加權

　　不同的概念模型

建立模型

第一步：指認關鍵概念

　　瞭解事情本質

第二步：連結主要概念

　　條件矩陣

參與者互動模型

過程模型

決策模型

轉換模型

活動模型

類別模型

心智圖

第三步：檢測模型

延伸閱讀

◆ 序言

　　資料分析的主要成分包含模型的建立、測試、呈現以及實證。模型其實是簡化錯綜複雜的真實事件。如果你小時候曾經玩過玩具車或是洋娃娃，就體驗過什麼是實體模型（physical model）。如果你像我們一樣把時間耗在電腦遊戲上，扮演過魔法師、戰士、罪犯，或是打擊犯罪專家；就知道什麼是虛擬模型（virtual model）。

　　如果你在颱風季節收看氣象報導，就會看到颱風路徑預測以及強度預測，這些都是由數字模型轉變而成的虛擬模型，讓人一看就明瞭。

◆ 統計模型與文本分析

　　事實上，理解模型的好方法是讀懂數字模型。看過統計迴歸的計算結果嗎？那就是統計模型的一種。下面是一個典型的統計模型例子：

起薪＝.87＋.10 教育程度（年）＋.08 職業訓練＋.13 前份工作＋.17 婚姻狀況＋.11 父親職業

（STARTING WAGE＝.87＋.10EDUC＋.08VT＋.13PW＋.17MARSTAT＋.11FO）（Graves & Lave, 1972: 53）

　　這個以公式呈現的小模型，代表著 259 名納瓦霍族男人的薪資。他們在 1960 年代從印地安保留區移居到科羅拉多州丹佛生活。這個模型花了 Theodore Graves 與 Charles Lave（1972）約三年的努力才建立起來，其解讀如下：

1. 起薪為一小時 87 美分（請記得這是 1960 年代）。
2. EDUC：教育程度滿十年後，每加上一年的教育程度，時薪就增加十美分（此研究結果發現，教育程度未滿十年的薪資基準是一樣的）。
3. VT：紮實的職業教育（如木工或水電訓練），時薪提高八美分。
4. PW：移居至丹佛前最高薪資的工作，前一份工作每多賺一塊錢，時薪就增加 13 美分（PW 代表前份工作薪資）。
5. MARSTAT：婚姻狀況，如果此人已婚，時薪再加 17 美分。
6. FO：最後，因為在 1960 年代多數生活在保留區的納瓦霍族男人都從事牧羊工作，如果移居者的父親做過其他支薪的工作，時薪會再加上 11 美分（FO 代表父親職業）。

在談論質性研究的書中拿統計模型來探討看似奇怪，因為統

計模型建立於量化資料中。但事實是，模型就是模型，無論你手上的資料形式為何。所有的研究者，無論他們從事的是量化研究或質性研究，都可利用模型建立的抽象概念代表他們的論點或假說，就像：

$$A \rightarrow B$$

這個簡單的質性模型代表「A 導致或引起 B。」Graves 與 Lave 的統計模型是一系列由加號連結的抽象概念（教育、婚姻狀況等等），代表著研究者提出的論述：「納瓦霍族男人從保留區移居到丹佛後起薪的高低取決於這些變項。」

如果將數字從統計模型中拿掉，就成了質性的模型。如圖 6.1 呈現的五種變項：教育、職業訓練、在保留區的工作薪資、父親在保留區的工作薪資，以及婚姻狀況。以上變項沒有特別的重要性順序，都影響著納瓦霍族男人從保留區移居到丹佛後的薪資水準。

圖 6.1　Graves 描述納瓦霍族男人時薪的原始概念模型

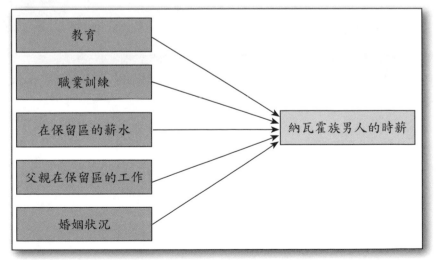

資料來源：Graves and Lave (1972).

路徑加權

統計模型可發展成非常複雜的模型，在兩個概念中間，箭頭的方向有正向也有反向。圖 6.2 是 John Thomas（1981）的模型，描述在墨西哥的馬雅村落（Mayan Village）如何產生村落的領導者。

圖 6.2　Thomas 的馬雅村落領導者產生模型

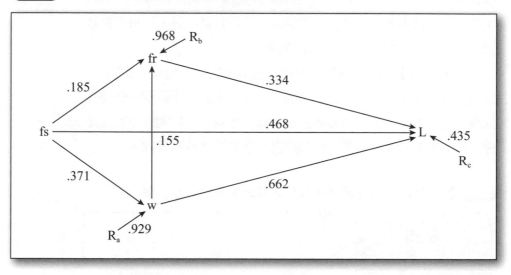

資料來源：Thomas, J. S. 1981. The economic determinants of leardership in a Tojalabal Maya community. *American Ethnologist 8*: 127-138.

圖 6.2 的解讀如下：

1. 成為領導者的人（L 代表領導者）擁有三個主要特質：財富多（W 代表財富）、朋友多（fr 代表朋友）、家人多（fs 代表家戶人數）。

2. 建立龐大的朋友群需要靠財富與大家庭。

3. 大家庭能協助建立個人的財富與經營朋友關係（Thomas, 1981: 133–134）。

　　這個模型告訴我們：如果想要成為領導者，要先有財富跟朋友，但擁有這兩者的前提是要出生在大家庭中。原因在於農業社區中，大家庭代表的是擁有許多勞力資源以產生財富，只要你擁有足夠的土地讓家庭成員工作。

　　Thomas 以民族誌訪談與理論建立這完全為質性方法的模型。Thomas 雖然以量化的方法測試這個模型〔他使用的統計方法稱為路徑分析（path analysis）〕，卻一點都沒有削弱這模型的質性特質：由假說串聯起一系列的概念。

不同的概念模型

　　我們再從另一個不同的領域舉例。圖 6.3 是一質性研究建立的概念模型，探究的是女性減肥以及復胖的階段。Wysoker（2002: 170）想要說明一個事實：「無論女性經歷過多少次減肥後復胖，她們仍然想不斷嘗試著減肥。」

　　圖 6.3 的解讀如下：在第一階段，女性極度渴望想減肥，其中有兩個主要因素：健康因素以及符合社會文化期待的壓力（例如：纖瘦就是美）。這樣的渴望引導進入下一個階段：減重。減重必須付出情緒上與身體上的代價，但是這些辛苦都會因為體重減輕與獲得控制感而抵銷。階段三是維持減重後的體重。話說得簡單，但是做起來卻不容易，所以體重又回復到減重前（第四階段）。體重恢復引發挫折感與渴望，最後又回到第一階段。

　　無論由質性或量化資料建立起的模型，都是複雜現實（reality）的簡化。我們建立模型以期能理解這複雜的世界，並幫助其他人瞭解。

圖 6.3 Wysoker 的女性減肥與復胖模式

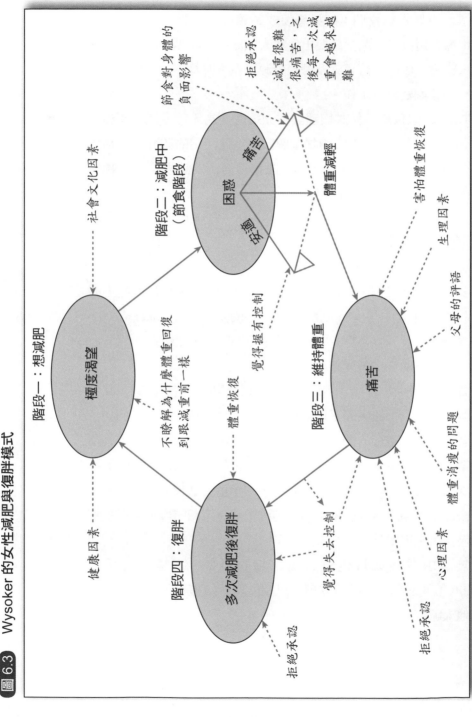

資料來源：Wysoker, A. 2002. A conceptual model of weight loss and weight regain: An intervention for change. *Journal of the American Psychiatric Nurses Association* 8: 168-173. Copyright © 2002, American Psychiatric Nurses Association. Published by SAGE Science Press.

接下來這一章將介紹建立模型的步驟，並介紹一些研究者常用來簡化個案的模型，以及以時間為主軸呈現複雜過程的模型。這些基本模型的變化形式常出現在許多不同的質性資料中，包含：紮根理論、言談分析、基模分析、分析性歸納、內容分析以及民族誌決策模型（延伸閱讀請參閱：建立概念模型）。

◆ 建立模型

建立模型有三個步驟：(1) 指認關鍵概念；(2) 標示出概念間的聯結——意思就是找出各關鍵概念間的關係，並將其間的關聯以圖示畫出；(3) 檢測這些關係是否在大部分的情況下為真。

以上三步驟不一定按著順序發生。在建立模型的過程中，常常需要在這幾個步驟中來回思考。

◆ 第一步：指認關鍵概念

指認關鍵概念就是在資料中出現的許多主題概念裡選擇主要的主題概念，並根據重要程度排出優先順序。無論研究大小，編碼簿中至少都有幾十個主題概念，有些研究甚至多達幾百個。分析資料就是將主題概念的數量減至最小，並找到這些關鍵概念之間如何運作。

首先我們必須將主要與次要的主題概念分別出來，在紮根理論稱為選擇性編碼（selective coding）：選取突出（salience）與向心（centrality）的主題概念來編碼。突出的主題概念指的是一個概念在資料中出現的次數，越常出現的概念越是突出，特別是跨多個參與者與多個情境。向心的主題概念指的是一個概念與其他概念間的聯結，與其他概念間的聯結越多，就越有可能變成此模型的中心點。

指認關鍵概念也是在分析範圍中做抉擇。沒有一個模型能包含所有的概念，有些概念只能被刪除，或是納入下一篇研究報告中。在這過程中，研究者都要這樣問自己：「我真的需要在這解釋這個概念嗎？」或是「這概念真的跟我的研究主旨相關嗎？」

瞭解事情本質

看著幾百頁的逐字稿與筆記，到底要怎麼做抉擇？

Richard Addison（1992）研究九名新進醫生在家醫科擔任住院醫師的第一年。他花了相當多時間訪談他們、配偶與其他相關人士，並觀察他們看診。他在仍蒐集資料時就開始分析筆記與訪談，以實境編碼（in vivo coding）標示出這群住院醫師常用的字或詞——像是：「把病患當人球」、「搶拉病患」、「不收窮困病患」以及「活下去」來描述他們的經驗。

Addison 開始記錄這些用詞，並寫在索引卡上。他剪下逐字稿上的片段貼在索引卡上。他將這幾百張索引卡中看起來有同樣思維的卡片堆成一堆。快完成時，他說：「地上全堆滿了索引卡還有剪成片段的逐字稿。」他接著還說：

> 我開始看見事件的發展與連貫性。我列出了醫院、人、反應與事件在大張的白紙上，並且將它們間的聯結畫上去。因為地板上沒有地方擺了，我就把這些寫滿清單與分類別的紙釘在牆上。三、四個月後，在這看似一片混亂中，我的腦中突然變得清晰：由這群新進住院醫師的經驗，我發現他們的中心主題是「活下去」。「活下去」的主題似乎是最能描述並統整他們的行醫經驗，也是最有意義的解釋。（1992: 117-118）

　　這種累積分類分析也可以使用電腦進行，但是當你在找尋研究概念時，沒有任何一種方法勝過親手觸碰及移動資料。

◆ 第二步：連結主要概念

　　一旦關鍵編碼分類開始浮現，就是要將它們在理論模型中連接的時候。有些紮根理論學家稱之為主軸編碼（axial coding）。在此步驟中，無可避免地要常常回到資料中做更進一步的分析。例如，Addison 辨識出「活下去」是年輕醫生們的共同經驗後，他以此為中心概念，重新分析逐字稿、訪談、筆記與索引卡。

> 我開始看到一個不同卻更凝聚的組織，串聯起先前散落各處的經驗與事件。我建構出一個圖表，納入大部分牆上的表格與分類。初期的圖表試圖囊括這些年輕醫生在住院醫師第一年中所發生的事，看起來就像是小孩畫外星人的消化系統。這是我嘗試多次後首次以圖表呈現他們的經驗。（1992: 118）

　　Addison 沒有說明他如何指認出（以及命名）這些關鍵概念的聯結，我們猜想，他可能用交叉比對方式在他的逐字稿與筆記中找尋特定的關係。

　　當他找到了這些聯結後，下一步便是將其展現出來，意思就是選擇一個模型來描述這些關係。圖 6.4 至 6.14 是社會科學研究中常用的模型。

條件矩陣

　　圖 6.4 是 Strauss 與 Corbin（1990: 158-175）稱為條件矩陣
（conditional matrices）的改版。在底下的小圓圈代表某個行為或
互動：醫生與病患間的討論、違法跨越美墨邊界尋找工作、將重症
病人轉到安養中心、買一雙 300 美元的慢跑鞋、與陌生人共用（或
拒絕共用）針頭。

圖 6.4　條件矩陣

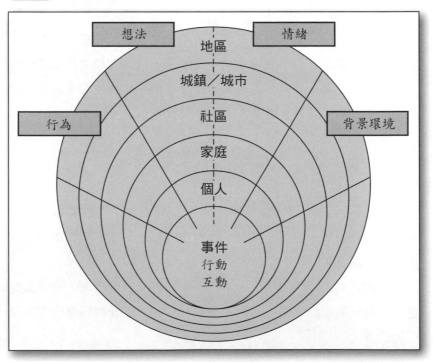

資料來源：Adapted from Strauss, A., and Corbin, J. (1990). *Basics of qualitative*
　　　　　research: Grounded theory procedures and techniques. Newbury
　　　　　Park, CA: Sage. Copyright © 1990 Sage Publications.

在嘗試瞭解某個行動或互動時，我們專注在行為、想法與情緒，以及當下的自然與社會大環境。在行為外的圈圈代表的就是影響某行為的其他因素。

這樣的架構也可用關矩陣形式呈現（表 6.1）。第一個欄位代表是關注的行為或互動事件，可以是人的行為、想法、情緒與發生的背景環境。其他的欄位代表影響事件的力量，越往後範圍越大。通常我們會使用這樣的表格協助整理問卷問題，也幫助我們在分析階段時瞭解這複雜的資料。

表 6.1　經驗的主要面向與影響層面之基本架構

	事件	個人	家庭	社區	城鎮／城市	地區
行為						
想法						
情緒						
背景環境 　社會環境 　自然環境						

資料來源：Strauss, A., and Corbin, J. (1990). *Basics of qualitative research: Grounded theory procedures and techniques*. Newbury Park, CA: Sage. Copyright © 1990 Sage Publications.

參與者互動模型

圖 6.5 是研究兩個參與者間互動事件的架構。在政治學中，參與者的互動常指的是兩國之間發生的事件（如：A 國對 B 國宣戰）。在經濟活動中，參與者則可能是公司組織（A 公司向 B 公司購買原物料，銷售成品給 C 公司）。在多數的質性研究中，互

動是人與人之間的互動：住在家裡的虛弱老人請到府服務人員幫忙，並得到服務人員的回應；一個小朋友在遊戲場搶走另一個小朋友的玩具，搶玩具的小朋友媽媽出面制止。

在任何的互動事件中，參與者都各自擁有與此互動無關的特質，像是信念與經驗——但是卻會對他們之間的互動產生影響。在互動之前與互動的過程中，雙方的表現與行為舉止都是獨立的，但是互動（例如：生活對話）是共同的行為。這些互動的特徵也可以用表格呈現，參閱圖 6.5。

圖 6.5 互動事件研究之架構

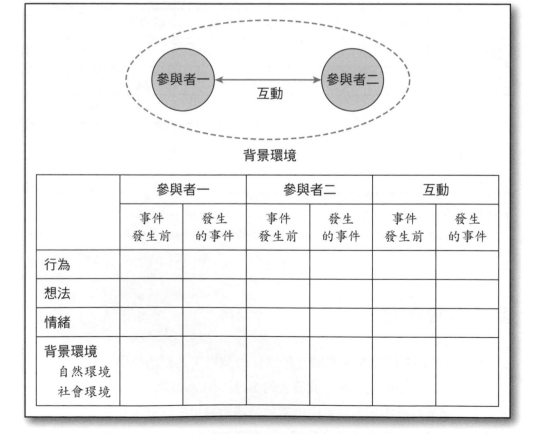

	參與者一		參與者二		互動	
	事件發生前	發生的事件	事件發生前	發生的事件	事件發生前	發生的事件
行為						
想法						
情緒						
背景環境 　自然環境 　社會環境						

過程模型

　　圖 6.6 是過程模型（process model），代表事件如何隨時間發展。這個架構將事件分成五個階段：(1) 事件本身；(2) 事件發生的直接觸發點（環境、社會）；(3) 事件發生的歷史背景；(4) 事件發生後的即時回應或反應；(5) 事件的長期後果。

圖 6.6 **過程研究之架構**

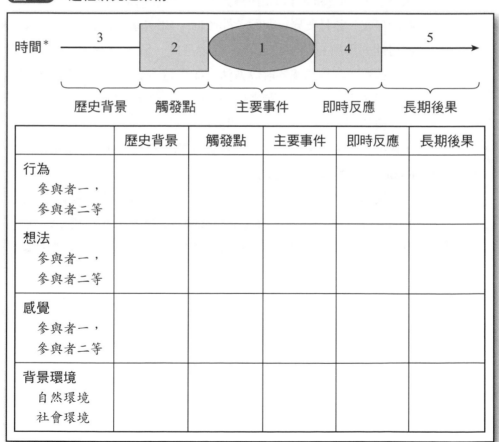

*問題順序：(1) 主要事件；(2) 觸發點；(3) 歷史背景；(4) 即時反應；(5) 長期後果。

　　這個模型常常與圖 6.4 的四個經驗元素（行為、想法、情緒以及背景環境）結合以表格方式呈現。這個架構可以用來瞭解人們如何隨時間克服問題（像是酗酒、憂鬱、喪失親友或是受暴力侵害），或是瞭解人們的正向經驗（像是升遷、中樂透或是訂婚）。

決策模型

　　圖 6.7 提供了一個大致上的架構描述人們在不確定狀況下如何做決定（Abelson & Levi, 1985）。在人們解決問題前，要先發現問題的存在，並且要界定問題（即使你不知道問題在哪）。下一步，盡可能列出所有的解決方法，然後選擇一個解決方式。在選擇之後，觀察並評估問題的解決方法。如果這方法是正確的選擇，問題便得以解決。反之，決策者便回到前一階段重新開始。

　　決策過程通常需涵括整個家庭成員，不只是個人而已。Ryan（1995）研究喀麥隆民眾如何決定疾病治療方法，圖 6.7 呈現的是 Ryan 的研究對象所闡述的過程。

　　決策模型（decision models）可以用樹狀圖（branching tree diagram），或稱系統樹圖（dendrogram）呈現，如同圖 6.8；也可以用如果—就（IF-THEN）表格，如圖 6.9。圖 6.8 的系統樹圖是 James Young 用來解釋居住在墨西哥 Pichátaro 的人如何選擇疾病的治療法。圖 6.9 的如果—就表格呈現了 Ryan 與 Martínez（1996）描述住在墨西哥 San José 的母親們如何處理出生嬰兒或是學步孩子腹瀉的模型。第十六章有更多關於決策模型的資訊。

圖 6.7　決策模型範例

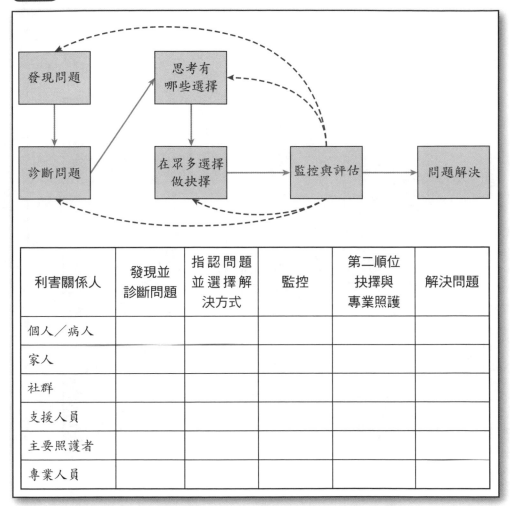

利害關係人	發現並 診斷問題	指認問題 並選擇解 決方式	監控	第二順位 抉擇與 專業照護	解決問題
個人／病人					
家人					
社群					
支援人員					
主要照護者					
專業人員					

資料來源：Modified from Ryan (1995: 335). Used with the author's permission.

圖 6.8　Young 的疾病與治療決策模型

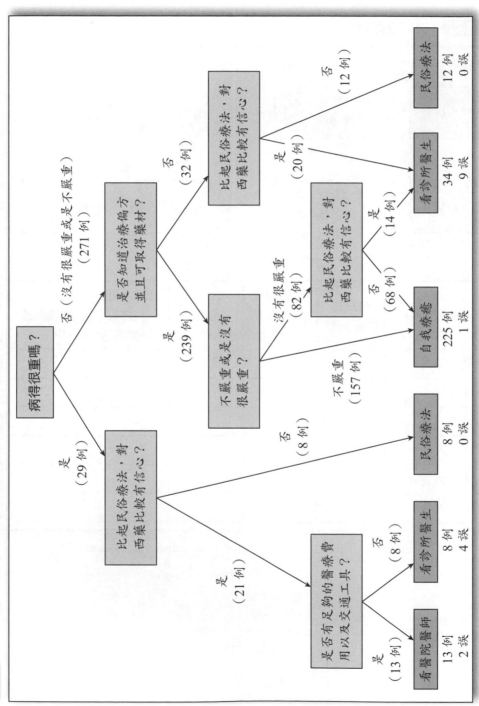

資料來源：This article was published in *Social Science and Medicine*, 15, Young, J. C. "Non-use of physicians: Methodological approaches, policy implications, and the utility of decision models," pp. 499-507. Copyright Elsevier (1981).

圖 6.9 Ryan 與 Martínez 的如果—就幼兒腹瀉處理模型

原則一

如果	小孩有血便、淋巴腺腫大或嘔吐
就	帶去看醫生

原則二

如果	腹瀉是因為腸阻塞
就	做推拿或按摩等物理治療

原則三

如果	前面的原則不適用，或是物理治療無效
就	施予在限制範圍內偏好的療法（參閱限制表）

原則四

如果	前述療法仍然無法止瀉
就	選擇其他療法中最好的兩種療法

原則四之一

如果	其中一種治療方法有效並且符合限制表項目
就	施予此治療法

原則四之二

如果	這兩種治療方法都有效或是都無效，並且都符合限制表項目
就	施予其中較偏好的治療法

原則五

如果	前述的治療法都無法止瀉，而且症狀出現不到一個禮拜
就	重複原則四

原則六

如果	症狀持續超過一個禮拜
就	帶孩子去看醫生

治療法的限制

如果	你知道如何製作口服電解水（Oral Rehydration Solution, ORS），而且孩子也願意喝
就	給他喝電解水

藥丸或藥水

如果	你知道哪一種藥可以止瀉，並且家裡有
就	給孩子吃止瀉藥或是喝藥水

或者

如果	你知道哪一種藥可以止瀉，容易取得而且價格不貴
就	給孩子吃止瀉藥或是喝藥水

資料來源：Ryan and Martínez (1996).

轉換模型

圖 6.10 與 6.11 是轉換模型（transition models）。當人們面臨疾病照護的抉擇時，有時會改變治療方法。剛開始的反應常是：再看看吧。有些人會先吃上次生病時從醫生那裡拿的藥。圖 6.10 與 6.11 的模型顯示的是居住在喀麥隆村落的民眾如何選擇或轉換治療方式。

圖 6.10 治療方式的轉換

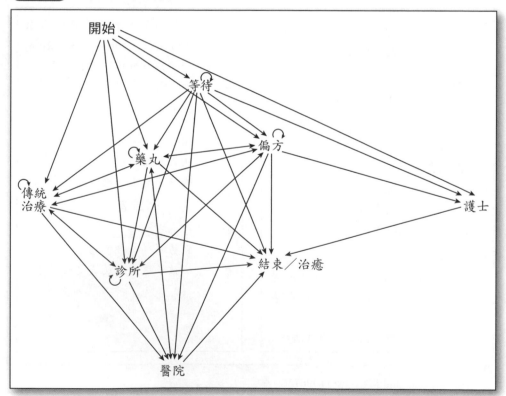

資料來源：Ryan, G. 1998. Modeling home case management of acute illness in a rural Cameroonian village. *Social Science and Medicine 4*(2): 209-225.

註：人數＝ 429。箭頭代表至少有一次轉換事件發生。

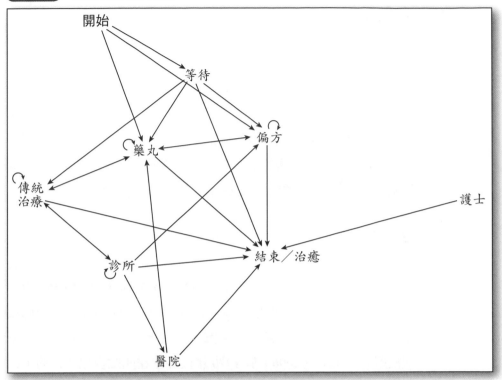

圖 6.11 治療方式的轉換

資料來源：Ryan, G. 1998. Modeling home case management of acute illness in a rural Cameroonian Village. *Social Science and Medicine 4*(2): 209-225.

註：人數＝ 429。箭頭代表超過 5% 轉換事件發生。

　　圖 6.10 中的箭頭比較多，因為 Ryan 將這一年中 429 個研究對象全部包含在內。所以只要有一個轉換事件產生，就會在模型上出現。圖 6.11 的箭頭代表的是這樣的轉換要出現 5% 或以上才會被畫出來。特別注意的是在這兩個圖中，研究對象可能會重複嘗試同樣的治療方式，例如試過偏方的人可能會再試另一種偏方直到疾病治好，或是轉換到另一種治療方式。

活動模型

圖 6.12 是活動模型（activity models）的範例。此模型是 Werner（1992）探討換輪胎的活動，展示出「換輪胎」不只侷限於一種解讀。在宏觀的層次中，「換輪胎」代表的是：準備、把車頂起來、拆螺絲、卸輪胎、放新輪胎、鎖螺絲、把車放下、移走千斤頂，工作完成。在微觀的層次中，認定車子已經被頂起來了，「換輪胎」設定為只有拆螺絲、卸輪胎、放新輪胎與鎖螺絲。

類別模型

類別模型（taxonomies）是我們認為哪些事物是相關的模型，常在科學上被用來呈現複雜的世界〔例如，生物學家林奈（Linnaean）的生物分類法〕。圖 6.13 呈現的是民俗或文化的類別模型。Bernard（2006）於 1970 年代從住在西維吉尼亞州的 Jack 所提供的資訊建立「轎車與貨車」的類別模型。關於建立大眾分類（folk taxonomies）模型，在第八章探討文化範疇分析時會有更多的討論。

心智圖

圖 6.14 是 James Boster 與 Jeffrey Johnson（1989）對兩組北卡羅萊納州漁夫的研究：一組為專業漁夫，以打漁為生；另一組則是新手漁夫，週末假日的休閒垂釣者。圖 6.14 的兩個模型圖代表兩組漁夫認為魚群之間的關係。這種模型被稱為心智圖（mental maps）。資料來源是質性資料，如累積分類或是其他有系統的資料蒐集法。更深入的探討一樣會在第八章探討。

圖 6.12 **活動模型的範例**

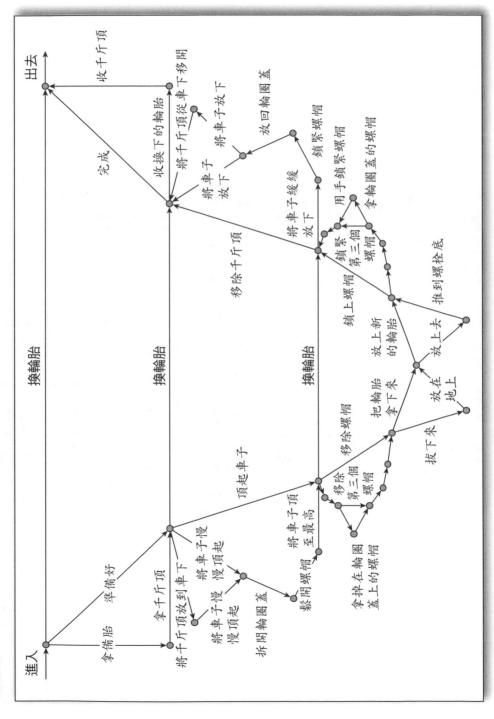

資料來源：Werner, O. (1992). How to record activities. *Cultural Anthropology Methods Journal 4*(2), 1-3. copyright © 1992 Sage Publications.

圖 6.13 Jack 的轎車與貨車分類模型（部分）

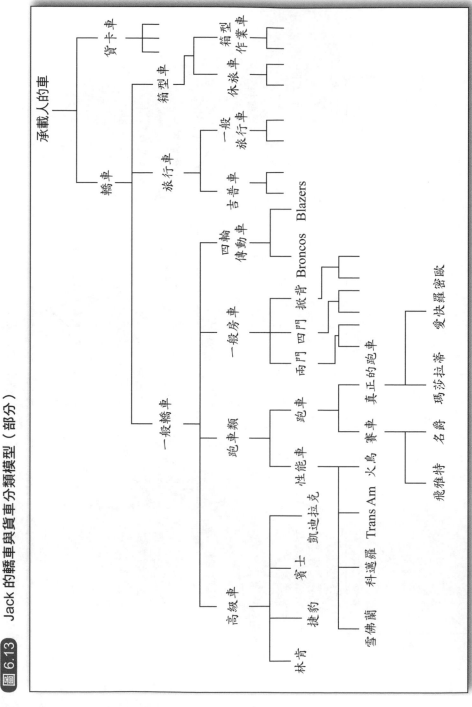

資料來源：Bernard, H. R. (2006). *Research methods in anthropology: Qualitative and quantitative approaches* (4th ed., p. 540). Thousand Oaks, CA: Sage. Copyright © 2006 Sage Publications.

圖 6.14 兩組魚群關係心智圖

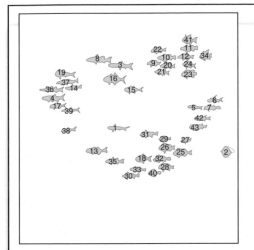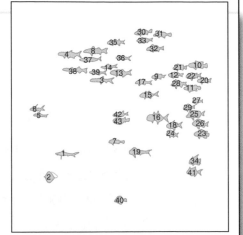

北卡羅萊納州的專業漁夫組	北卡羅萊納州的新手漁夫組
以 MDS 分析魚群的相似性	以 MDS 分析魚群的相似性
（Kruskal 壓力係數 = .18）	（Kruskal 壓力係數 = .10）

資料來源：Boster, J. S. and J. C. Johnson 1989. Form or function: A comparison of expert and novice judgments of similarity among fish. *American Anthropologist* 91: 866-889.

♦ 第三步：檢測模型

　　建立模型是相當繁複的過程。從開始的一個個案與提出理論，然後再看另一個個案並檢視是否符合所提出的理論。如果一切符合，繼續下面的步驟；如果不符，就必須修改理論以涵蓋新加入的個案。這樣不斷比對理論與個案的方式，就稱為負向個案分析（negative case analysis），著重於不斷驗證我們提出的理論並尋找新的見解。

　　負向個案分析的危險在於每個新的個案看起來都是獨一無二

的。事實上，所有個案都是獨特的，但是在建立與檢測模型的過程中，我們要尋找的是個案間的相同性來簡化理論。如果所有的個案都是獨特的，那麼我們提出的理論就會變得太過複雜且太過詳細，這樣的理論反而無用（延伸閱讀：負向個案分析）。

最後，我們的探究終會來到一個終點——新加入的個案不能再提供更多新的資訊。當新加入的個案對於改善模型沒有多大的貢獻時，紮根理論者稱為達到「飽和（saturation）的境界」。

模型的真正價值，不在於建造，而是檢測。意指，此模型能否通過其他沒有用在建造過程中的個案的檢測？

讓我們回到圖 6.9 Ryan 與 Martínez 所建立的如果—就模型。這模型代表墨西哥的母親面對孩子拉肚子時的反應。他們訪談了 17 位住在 San José 扶養五歲以下幼兒的母親，請她們談談上次孩子拉肚子時的處理方式，並有系統地詢問她們為什麼當時使用 X 療法而不是 A 療法，為什麼用 X 療法而非 B 療法，還有為什麼用 X 療法而非 C 療法……按著清單一直詢問下去。

我們會在第十六章詳細介紹民族誌決策模型。現在我們著重的重點是圖 6.9 包含了 17 位中的 15 位母親（89%）。如果要修改模型囊括這兩個不符合模型的個案，Ryan 與 Martínez 勢必要加入更多原則，每加入一個個案就需再增加一條原則。最後他們用 20 個新的個案測試這個模型，發現有 17 個個案（84%）適用這樣的模型。換句話說，圖 6.9 的六原則模型無論是在建立時或是在檢測時都是一樣的有效（Ryan & Martínez, 1996）。

我們在後面幾章所介紹的分析方法，其建立與測試模型的過程都相似。現在，讓我們進入更具體的分析法。

延伸閱讀

♦ 關於建立概念模型，參見 Miles 與 Huberman（1994）與本書第
十二章的紮根理論。關於由質性資料發展的概念模型範例，參見
Ben-Ari 與 Lavee（2007）、Burton（2007）、Dabelko 與 Zimmerman
（2008）、Groger（1994）、T. F. Morgan 與 Ammentorp（1993）、
Polanyi 與 Tompa（2004），與 Radnofsky（1996）。

♦ 關於負向個案分析法，參見 Dey（1993）、Lincoln 與 Guba（1985）、
Miles 與 Huberman（1994）、Becker（1998），與 A. Strauss 與 Corbin
（1990, 1998）。

PART 2

深入探討

Chapter 7 分析首部曲：比較變項的屬性

Chapter 8 文化範疇分析：自由列舉、判斷相似處
與類別模型

Chapter 9 KWIC 分析、字詞計算與語義網絡分析

Chapter 10 言談分析：對話與表演

Chapter 11 敘事分析

Chapter 12 紮根理論

Chapter 13 內容分析法

Chapter 14 基模分析法

Chapter 15 分析歸納法和質性比較分析法

Chapter 16 民族誌決策模型

Chapter 17 取樣

CHAPTER 7

分析首部曲：比較變項的屬性

序言　　　　　　　　　　聚集層次
基礎的比較特徵　　　　　　成對比較
　分析的單位　　　　　　　組內比較
　屬性　　　　　　　　　　跨組比較
測量尺度　　　　　　　　多種比較的種類
　名義變項　　　　　　　　欄與欄間的比較
　順序變項　　　　　　　後記
　等距變項　　　　　　　延伸閱讀
將文本轉換為變項資料

◆ 序言

　　近幾年來，許多系統化分析質性資料的技巧漸漸發展起來。其中兩種分析法，語義網絡分析與文化範疇分析，需要用到電腦；其他的分析（比較變項的屬性、字詞計算、分析歸納法、民族誌決策模型、紮根理論、對話分析與基模分析）不需用到電腦，不過電腦的輔助對這些分析方法的幫助頗大。

　　本章將以比較變項的屬性作為開始。Donald Campbell（1988：372）曾說過：「一切知識都是比較而來。」這句話說得不錯，天文家、歷史學家、社會科學學家都以比較來增長知識。這個星球比那個亮；這場戰爭死亡的人與損失的物資比那場多；工業化社會中的女性平均壽命比男人高，但是在尚未工業化的社會中，男性的平

均壽命比女性高。

無論使用質性或量化的資料，學習新資訊的方式都是將新的經驗與舊的經驗相比（延伸閱讀：分析質性資料）。

◆ 基礎的比較特徵

表 7.1 呈現的是我們如何組織資料以供系統化的比較。這個表格是一組較小的資料（六個個案），節錄於我們在一所中西部大學對 60 位學生進行的研究。我們問：「請回想上次你得到感冒或是流感的情況，盡可能詳細描述。」他們的回答記錄在表 7.1 的第三欄。

表格中的其他欄位記錄了學生的資料（第一欄是個案編號，第二欄是性別），還有學生回答的資訊（第四到第八欄）。這五個欄位用於記錄學生對於那次感冒或是流感的回答：(1) 是感冒還是流感？(2) 對於你的症狀是否擔憂？(3) 你認為這次生病有多嚴重？（此題回答方式是在一個畫有 1 到 7 的溫度計上標記。）(4) 這次生病中最糟的狀況是？（此題回答方式是從 1 到 10 中圈選一個數字。）(5) 這次生病持續了幾天？

為了做比較，我們提出以下三個問題：

1. 要比較的是什麼？分析的單位是什麼？

2. 用來比較的單位其屬性為何？

3. 要如何衡量每個屬性的相異或相同之處？

資料矩陣中的行（row）如表 7.1 中所呈現的，代表的是分析的單位，並界定我們所要比較的事物（問題 1 的答案）。表中的欄（column）代表的是變項的屬性（問題 2 的答案）。每一格（cell）代表的是單一個案對此問題的回答（問題 3 的答案）。

表 7.1 疾病描述

個案編號	性別	疾病描述（逐字）[1]	名義尺度 診斷[2]	嚴重性		
				二分法 擔憂[3]	順序尺度	等距尺度
					整體評估[4]	最糟時[5]	病程（天）[6]
32	女	累、痠痛、流鼻水、鼻塞、打噴嚏、咳嗽、難入眠、不舒服、喉嚨痛——用很多面紙。	感冒	是	3	7	14
47	女	二月的時候我得了感冒。只是喉嚨痛、全身痠痛還有咳嗽。無時無刻想睡覺，不想吃東西，除非是鹹的。過了一個禮拜到一個半禮拜才好。	感冒	否	1	2	10
17	女	上次得到流感的時候我病得很嚴重。開始的時候是頭痛然後手臂痠痛，再來是全身痠痛，全身的肌肉痠痛，感覺好像快死掉了。我記得嘴巴裡面還長水泡，喉嚨痛，但是還有胃口吃東西，也不會覺得想吐。我記得在沙發上躺了三天，全身肌肉痠痛，好像剛參加完魔鬼訓練營。總共病了七天。	流感	是	7	9	7
18	男	頭痛——太陽穴抽痛。咳嗽——一直咳——有時有痰。鼻塞、胸悶。呼吸吃力——降到一分鐘 10 到 20 次，肺部很緊。疲勞——很想睡覺——沒有進行每天的慢跑或是運動——覺得很虛弱不想動——無法專心——頭很痛，壓力有些大。	感冒	否	4	4	3.5

表 7.1 疾病描述（續）

個案編號	性別	疾病描述（逐字）[1]	名義尺度 診斷[2]	嚴重性 二分法 擔憂[3]	順序尺度 整體評估[4]	順序尺度 最糟時[5]	等距尺度 病程（天）[6]
15	男	上次我感冒／得到流感是 1998 年二月。我躺在床上兩天、頭痛、肚子痛、發燒、身體痠痛。頭暈想吐。在那 48 小時內大部分時間都在睡覺，之後幾天還是覺得疲累沒有力氣。	流感	否	5	4	3
24	男	五個月前我得到流感，覺得疲累、思緒不清。到某個程度其實還蠻享受這個過程的，因為大家不會對你要求太多。我不知道是因為吃藥還是發燒的關係，我覺得我的耳朵嗡嗡響。當然，所有流感的症狀我都有了。晚上起來時不是熱到全身流汗，就是冷到全身發抖。我記得有天晚上我抖到吵醒了室友，因為我們睡上下鋪，但是他一點都不覺得冷。	流感	否	7	9	14

1. 請回想上次你得到感冒或是流感的情況，盡可能詳細描述。2. 是感冒還是流感？3. 對於你的症狀是否擔憂？4. 請在溫度計上標示你認為這次生病有多嚴重？（溫度計上畫有 1 到 7 的標記。）5. 請圈選一個數字代表這次生病中最嚴重時的狀況（數字 10 代表最嚴重。）6. 這次生病持續了幾天？

分析的單位

做任何研究的首要步驟之一就是決定分析的單位。在表 7.1 中，分析的單位是文本與提供文本的人。大部分的社會科學研究，特別是質性研究，分析的單位通常是人：墨西哥移民女性、男護

士、司法部官員、德國工聯（German trade unions）的女性、逃家露宿街頭的青少年、會去做脊椎按摩的人、在洛杉磯市警察局工作的西班牙裔巡警。

其他的事物也可以成為分析的單位，端看你所做的研究為何；報紙、民俗傳說、國家或城市都可以比較。如欲分析的事物可在資料矩陣中自成一行，無論輸入的描述是文字還是數字，都是一個分析單位。

分析單位的準則是：蒐集資料時要盡可能蒐集到最小的分析單位。例如，如果你想要知道家戶收入，蒐集每一個家庭成員的收入，然後就能加總成為家戶總收入。但是，如果只請受訪者提供全家的總收入，就無法將資料分開計算，也無法知道家中每個人收入為何。

如果你的研究是探討教養孩子與信仰的關係，蒐集家中每個人對於教養小孩的經驗——媽媽、祖母、兄姊等等。你可以彙整這些資料並將每個家庭編碼歸為嚴厲或是寬鬆的教養態度。

屬性

我們可以欣賞質性研究資料：將它視為一個整體來觀察、傾聽、感受。但是我們也可以使用另一種不同的分析法分析：著眼於特徵與變項。變項可以是文字，或是數字：年收入裡小費的部分是一個變項，懷孕次數也是一個變項，性別、宗教信仰、政黨趨向等等都是變項。

就像專家們評論不同演奏家演奏同一首樂曲，拿蕭邦的鋼琴奏鳴曲來說，分析和諧的刺激、有力的起奏、混濁的低音等等。這些都是質性的變項，跟其他非質性的變項一樣隨分析的單位不同而不同（在這個例子中，同一首奏鳴曲由不同演奏家詮釋）。

在表 7.1 中，對疾病描述的逐字稿在第三欄裡。第四到第八欄

的描述簡化為許多單一變項。第四欄所顯示的變項為「診斷」。在
這個研究中，此變項只有兩個屬性：感冒或流感。如果我們比較此
變項的資訊，便得知 32、47 與 18 號的回答是感冒，17、15 與 24
號的回答是流感。

單變量分析

在第八欄中，我們看到個案 17、18 與 15 號表示，那次生病持
續時間不超過一個禮拜。但是，32、47 與 24 號表示，生病時間超
過一個禮拜。以上的分析就是單變量分析（univariate analysis）的
例子，簡單來說就是在同一個欄位中做比較。所有系統性的資料分
析都應該從單變量分析開始。

單變量分析是非常專注於分析一個單位的分析方法，能讓我
們從極少的資料中獲得相當多的資訊。Mark Schuster 與他的同事
（1998）訪談了 419 名剛在美國洛杉磯地區生下孩子的非裔美國
媽媽：「對於（孩子的名字）的成長，妳最大的擔憂是什麼？」接
著，研究者使用此問句引出更多答覆：「還有沒有其他為孩子的擔
憂事項？」

Schuster 等人（1998）將所有的回答分為 16 類後，發現超
過半數的擔憂在於醫療與公共衛生類；但是這些母親們最擔憂的
是幫派、暴力或兩者結合對孩子的傷害（39%）。這些研究發現
具有重要的政策意涵——美國小兒科協會（American Academy of
Pediatrics）將此研究發現納入其對家庭的輔導方案中，用以預防暴
力以及防治槍枝傷害。

雙變量分析

雙變量分析（bivariate analysis）是比較兩個欄位的資料。舉
例來說，如果我們將表 7.1 以診斷變項整理，然後以擔心變項整理
（個案對於他／她的症狀是否感到擔心？）成診斷／擔心的類別：

感冒／擔心、感冒／不擔心、流感／擔心、流感／不擔心。在這四個類別中，個案 47 與 18 號較為相似，因為他們同屬感冒／不擔心類別。而個案 15 與 24 號較為相似，因為同屬於流感／不擔心類別。

多變量分析

多變量分析（multivariate analysis）是比較三個以上欄位的分析。例如，個案 18 與 15 號的經歷相當類似，因為他們在好幾個變項上的分數相當接近。個案 18 號在整體嚴重性評估的分數是 4，最糟糕時是 4，病程是 3.5 天。個案 15 號在整體嚴重性的分數是 5，最糟糕時是 4，病程是 3 天。個案 17 與 24 號在這三個變項中的兩項分數（7 與 9）也極為相似。不同的是 24 號的病程長達兩個禮拜，是 17 號的兩倍長。

這兩個個案與 47 號的經歷就相當不同。47 號說她的是輕微感冒（嚴重度 1 到 7 中她選的是 1），而且最嚴重的時候也沒有太糟糕（最糟糕的狀況 10 她選了 2），但是她的病程持續了很久（10 天）。

雖然在這些描述中我們用到許多數字，但是這樣的分析仍屬質性分析。原理是一樣的，但是無論我們用以分析比較的個案數量或變項數量多少，我們對於個案與變相間的關係認知，來自於積極並系統化的比較。

一旦我們的個案數量變多，我們需要比人工更高階的科技輔助來檢視資料，並計算相似與相異處。幸好有許多電腦程式能幫助我們在質性或量化研究的多變量資料中找到資料的模式（參見補充資料 7.1）。

補充資料 7.1

多變量統計與弱關係

文本，是我們在這裡談到的資料形式，其中能夠被察覺的相關是有所限制的。

如果個案數量足夠，我們可以使用統計方法分析多重變項中的弱關係（weak relations）。弱關係在我們生活中的某個層面來說相當重要。有些人因為環境或是基因因素，罹患某種癌症的機率大於一般人。然而，一般來說，這樣的研究發現需要靠人口普查層級的研究——幾千人的個案資料——才能計算出這些機率。

在美國，非裔美國人入獄、饑餓或受暴死亡的機率，比同樣在美國的白人高。我們能做出這樣的陳述，是因為有人口普查層級的研究檢測其間的相異處。

◆ 測量尺度

是否注意到在表 7.1 中欄位項目（column entries）的測量尺度（levels of measurement）都不盡相同。因為有些欄位需填入質性資料（文字，像是感冒或流感，或是逐字稿文本，例如第三欄），而有些則需填入數字。

變項的值被分為三個主要的測量尺度：名義、順序與等距。

名義變項

名義變項（nominal variable）的值包括列舉名稱。宗教有許多種類，例如佛教、印度教或日本神道，所以宗教是名義變項。職業也有許多種類，例如司機、鳥類學家或動物園管理員，所以職業也屬名義變項。種族、身體部位、搖滾明星等等，都是名義變項。編碼簿中的主題也是名義變項，編碼時可以被編為「出現」或「未出

現」。

在統計中，名義變項被稱為「質性」資料，因為名義變項沒有量。將男性編碼為 1，女性編為 2 並不代表性別為量化變項。因為我們不能將所有的 1 與 2 相加得到性別平均數。將 1 代表男性 2 代表女性只是以另一個名稱代表男性、女性而已〔nominal 從拉丁文 nomen 而來，代表的是 name（名稱）〕。

以下從調查研究節錄的變項，是名義變項（或稱質性變項）的典型範例：

> 你是否有宗教信仰？（請選一）
> □是　□否
>
> 如果上述答案為「是」，你所信的宗教為何？（請選一）
> □新教　□天主教　□猶太教　□回教　□其他

注意到「其他」項目被使用在第二題中嗎？名義尺度的定義就是其下的類別需詳盡列舉，類別之間需有互相排他性的。在這裡加上「其他」項目就是符合其詳盡列舉的特性。

互相排他性意指所勾選的事物不能同時屬於兩個名義尺度的類別。「請選一」的指示賦予了下面選項具備互相排他性。但謹記，人生是複雜的。父母分屬不同種族的人認為自己屬雙重種族或多重種族。2000 年時美國人口普查才開始讓人勾選一個以上的種族選項，那時共計有七百多萬人如此勾選。職業也是名義變項，但是有人同時為順勢療法醫生（homeopath）與珠寶商，也有人是小兒腫瘤科護士身兼 eBay 拍賣賣家。

在表 7.1 中，無論所提供的資訊是感冒或是流感，都是名義變項。根據分析的方式，我們也可以增加子項目：單純感冒、感冒／流感合併、鼻竇炎等等。

順序變項

順序變項（ordinal variables）同樣具有列舉與排他性，此外還有另一項特性：變項的值能以等級或順序排列。任何可以被測量為高、中、低的事項（例如社會經濟地位）都是順序變相。被歸類為「中等社經地位」的人，其社會階級比被歸類為「高社經地位」低，但社會階級比被列為「低社經地位」的人來得高。然而，雖然順序變項告訴我們事物的順序，卻不包含高過多少或低於多少的資訊。

調查問卷常用的「1 到 5 的量表」通常是順序變項問題的先兆。試想下列選項：「非常喜歡」、「喜歡」、「無意見」、「不喜歡」、「非常不喜歡」。選「非常喜歡」某樣東西的人可能比選「喜歡」的人喜歡那樣東西兩倍，或是五倍，或是 0.5 倍，我們無從得知。

表 7.1 中，個案 47 號說她的感冒嚴重程度，在 1 到 7 的量表中她選擇了 1，而個案 18 號說他的嚴重程度是 4。我們不知道嚴重程度 4 是否是 1 的四倍或是兩倍。我們只知道 4 一定比 1 嚴重，至少個案 18 號心裡是這樣想的。

Thomas Weisner 與他的同事（1991）研究發展遲緩兒童的家庭。在訪談與問卷中，訪談者評估每個家庭的：(1) 對教會或寺廟的參與程度；(2) 對精神與靈性生活是否能共同分享；(3) 從教會或寺廟得到的支持；(4) 信仰對日常生活活動與決策的影響。質性研究報告的讀者需要上下文來理解這些尺度所代表的值。Weisner 與同事以描述形式為順序變項的幾個類別提供範例，參見表 7.2。

表7.2　順序尺度的質性資料範例

順序尺度	描述範例
無宗教信仰家庭	Ehrlich 家的家長是祖母,擔起扶養有發展遲緩的孫女的責任。這個家沒有任何的宗教信仰,也沒有參加教會或寺廟聚會。他們沒有受過任何宗教團體的支持或援助,在家中也沒有進行任何與宗教相關的活動。當祖母被問到有沒有任何的宗教能提供援助時,她回答:「什麼都沒有,就只有我照顧她。」在我們的研究個案中,Ehrlich 家就像許多沒有宗教信仰的家庭一樣,在過去曾經受過正統的宗教訓練或曾接受過信仰,但是現在沒有參與任何宗教活動。
稍有宗教信仰家庭	Stein 家曾是猶太教友,偶爾去猶太教堂,但他們不是正式或活躍的教友。然而 Stein 家曾提到他們在家常常禱告。當被問到信仰是否有幫助時,媽媽回答:「信仰的確扮演重要的角色,對我而言是如此,但是對我先生而言不是這樣。我覺得我很虔誠,雖然很不明確,但我先生是完全沒有宗教信仰的。」
有宗教信仰家庭	Crandalls 家有個發展遲緩的小男孩,他在出生時有很多問題,現在仍有語言發展與協調的問題。Crandalls 家是附近一間公理教會的會友,並常參加聚會。媽媽曾經教過某個暑假的假日聖經學校。當她談到教會時,她說:「這對整個家庭都是很好的經驗,Jason 很喜歡主日學。」
虔誠宗教信仰家庭	信仰已經融入 Robinson 家成為其每日生活中的一部分。女兒 Cathy 出生時早產,健康狀況不好,一歲以前四度住院,身體各方面都有發展遲緩的問題。Robinson 家是基督復臨安息日會中相當活躍的會友,常常參加許多教會活動。禱告是家中日常生活的一部分。「我們全家開始一起禱告,一起建造信仰基礎。因此,我們對彼此的信任與感情更深,我認為信仰讓我們更親近。」

資料來源:Weisner, T. S., L. Beizer, and L. Stolze 1991. Religion and families of children with developmental delays. *American Journal of Mental Retardation 95*: 647-662.

等距變項

等距變項（interval variable）擁有名義變項與順序變項所有的特質：列舉、排他的屬性並具有順序結構，另加上每個單位的距離必須有意義。名義變項是質性資料；順序變項是半量化資料；等距變項則是全量化資料（參見補充資料 7.2）。

補充資料 7.2

等距／等比變項

技術上來說，我們常常稱為等距變項的變項，其實通常是等比（ratio）變項。等比變項擁有等距變項的特性，再加上一項：變項必須包含「真零點」（true zero point）。舉例來說，收入就是一個常見的等比變項：50 塊錢是 25 塊錢的兩倍，是 100 塊錢的一半。

真正的等距變項是擁有等距特性但沒有真零點，可說是少之又少。例如，在美國學術能力測驗（SAT）分數中，600 分與 700 分相差了 100 分，300 分與 400 分也相差了 100 分。SAT 分數的差距是一樣的，但是拿到 600 分的學生比拿到 300 分的學生能力高過不只兩倍。溫度的測量也是等距。無論你用華氏或攝氏測量，零度並不代表溫度的不存在。

最近我們常看到一些等距／等比變項在社會科學文獻中的例子：結婚次數與結婚年數、目前工作的年資或距離上一份工作結束的時間（月）、到最近的公立學校的距離（以哩程或開車時間計算）、上週抓到魚的重量（磅）或上個禮拜花在準備食物的時間。

「在學年數」看起來像是等距變項，但是讀中小學的年數與就讀研究所的年數可不相同。所以這個變項通常被切分為順序尺度：國中畢業、高中、大學、大學畢業、研究所、碩博士。有時候，你真的要小心察查。20 歲的人可能比 10 歲的人年紀大一倍，但是他

們的社會化或情緒的成熟度卻無法從中揣度。諸如社會成熟度這種概念上的變項，研究者傾向於使用順序變項來測量。

♦ 將文本轉換為變項資料

我們必須仔細衡量非變項與變項資料的取捨，到底要保留非變項資料的完整性與豐富性像是整個文本、整章音樂、整部電影、整篇電視廣告，還是選擇簡化的變項資料？從一方面來說，非變項資料就像是表 7.1 中的逐字說明，是直接來自人們的想法，最能凸顯他們上次得到感冒或流感經驗的呈現方式。另一方面來看，這樣的非變項資料讓研究者很難使用於分析比較中。

試想表 7.1 中的個案 32 與 47 號。這兩個人同樣表示有咳嗽與喉嚨痛，但是其他方面卻是大不相同。其中一人描述病狀包括流鼻水與鼻塞，另一個人表示全身痠痛並且沒有食慾。一個人說沒辦法睡覺，另外一個人則是總是想睡覺。其中一人談到病症的開始與結束，另一人則是沒有談到這方面的東西。

這兩個個案有多相似？如果我們再把個案 18 號（另一個感冒個案）放進來比較與個案 32 或 47 號的相似程度，問題會變得更複雜。解決這個問題的方法之一是使用第四章提到的數值編碼（value coding）方式。 我們將表 7.1 中個案對八個症狀的逐字描述轉換在表 7.3 中：咳嗽、流鼻水／鼻塞、頭暈／想吐、發燒、疲勞、喉嚨痛、全身痠痛、無食慾。

在表 7.3 中的這八個主題（變項）有三個值：1 代表的是個案提及他／她有這項症狀；0 代表的是個案特別提到他／她沒有這項症狀；一點「·」代表的是個案完全沒有提及。然後（在表 7.3 的最右邊一欄）我們將每個個案提到曾出現的病症加總。最後，我們將表格依感冒在上層、流感在下層的次序排列。

表 7.3 由疾病描述轉換的症狀編碼

個案編號	性別	疾病描述（逐字）[1]	診斷[2]	症狀								
				咳嗽	流鼻水/鼻塞	頭暈/想吐	發燒	疲勞	喉嚨痛	全身痠痛	無食慾	加總
32	女	累、痠痛、流鼻水、鼻塞、打噴嚏、咳嗽、難入眠、不舒服、喉嚨痛——用很多面紙。	感冒	1	1	·	·	1	1	1	·	5
47	女	二月的時候我得了感冒。只是喉嚨痛、全身痠痛還有咳嗽。無時無刻想睡覺，不想吃東西，除非是鹹的。過了一個禮拜到一個半禮拜才好。	感冒	1	·	·	·	1	1	1	1	5
18	男	頭痛——太陽穴抽痛。咳嗽——一直咳——有時有痰。鼻塞、胸悶。呼吸吃力——降到一分鐘 10 到 20 次，肺部很緊。疲勞——很想睡覺——沒有進行每天的慢跑或是運動——覺得很虛弱不想動——無法專心——頭很痛，壓力有些大。	感冒	1	1	·	·	1	·	·	·	3
17	女	上次得到流感的時候我病得很嚴重。開始的時候是頭痛然後手臂痠痛，再來是全身痠痛，全身的肌肉痠痛，感覺好像快死掉了。我記得嘴巴裡面還長水泡，喉嚨痛，但是還有胃口吃東西，也不會覺得想吐。我記得在沙發上躺了三天，全身肌肉痠痛，好像剛參加完魔鬼訓練營。總共病了七天。	流感	·	·	0	·	1	1	1	0	3

表 7.3 由疾病描述轉換的症狀編碼（續）

個案編號	性別	疾病描述（逐字）[1]	診斷[2]	症狀							
				咳嗽	流鼻水／鼻塞	頭暈／想吐	發燒	疲勞	喉嚨痛	全身痠痛	無食慾	加總
15	男	上次我感冒／得到流感是 1998 年二月。我躺在床上兩天、頭痛、肚子痛、發燒、身體痠痛。頭暈想吐。在那 48 小時內大部分時間都在睡覺，之後幾天還是覺得疲累沒有力氣。	流感	·	·	1	1	1	·	1	·	4
24	男	五個月前我得到流感，覺得疲累、思緒不清。到某個程度其實還蠻享受這個過程的，因為大家不會對你要求太多。我不知道是因為吃藥還是發燒的關係，我覺得我的耳朵嗡嗡響。當然，所有流感的症狀我都有了。晚上起來時不是熱到全身流汗，就是冷到全身發抖。我記得有天晚上我抖到吵醒了室友，因為我們睡上下鋪，但是他一點都不覺得冷。	流感	·	·	·	1	1	·	·	·	2

1. 請回想上次你得到感冒或是流感的情況，盡可能詳細描述。2. 是感冒還是流感？3. 對於你的症狀是否擔憂？4. 請在溫度計上標示你認為這次生病有多嚴重？（溫度計上畫有 1 到 7 的標記。）5. 請圈選一個數字代表這次生病中最嚴重時的狀況（數字 10 代表最嚴重。）6. 這次生病持續了幾天？

　　注意到這裡需權衡拿捏的地方。這八個描述病症的欄位變得空蕩，只剩下一個數字（1 或 0）。原先豐富的資料描述已消失不

見，但是我們可以有系統地依照疾病種類比較，也較能指認出類似的模式。例如，流鼻水與咳嗽只有在感冒的個案中才出現，而頭暈／嘔吐只在流感的個案中提及（無論有沒有出現病症）。疲倦感、喉嚨痛、全身痠痛與無食慾則是感冒與流感的個案都曾經歷的症狀。

◆ 聚集層次

在你決定分析單位（行）、比較的特徵（欄）與測量的層次（格）後，下一步就是要決定使用哪一種聚集層次來比較資料。基本上有三種比較的聚集層次（level of aggregation）：(1) 成對比較（pairwise）；(2) 組內比較（within-group）；(3) 跨組比較（cross-group）。

成對比較

成對比較（pairwise comparison）描述的是在表格中任何兩行間的相似之處。就像我們拿個案 32 與 47，32 與 18，17 與 15，17 與 24 號等等比較一樣。在表 7.1 與 7.3 中有六個個案。計算有幾組兩兩成對比較的公式如下：

$$n\,(n\text{-}1)\,/2$$

所以，在我們舉的例子中，我們可以有 6(5)/2=15 對比較。有系統地將每一對都拿來比較是持續比較法（constant comparison）的精髓，是紮根理論學者與許多質性研究學者用來發掘主題的方式（參見第十二章）。

組內比較

如果我們想一次比較兩個以上的變項，使用組內比較是比較理想的方式。組內比較（within-group comparison，又稱 intragroup）需同時檢視各行中值的範圍、趨中量數與變數的分布。

例如，表 7.1 的上層是女性描述的疾病徵兆。我們可以看到三位女性中有兩位說她們得的是感冒，並擔憂病情。她們回報的病情嚴重程度由 1 到 7（範圍），平均嚴重度為 3.67〔（1＋3＋7）／3=3.67〕。病程持續了 7 到 14 天（範圍），平均天數為 10.33 天。

跨組比較

跨組比較（cross-group comparison，又稱 intergroup）的程序比組內多一步驟。表 7.1 中，男性均無表示在生病中對健康的擔憂，但是三位女性中有兩位如此。另一方面，男性的感冒或流感病程持續 3 到 14 天（平均 6.83 天），嚴重程度為 4 到 7（平均 5.33），比女性描述的嚴重程度還大。

當然，這些都是自我報告的資料。我們在這裡處理的是人們的感知，而不是醫生檢測所有個案的實際測量。另外，因為個案數量很少，我們也無法將結果推論到所有人身上。即使如此，我們也可以看出跨組比較是一種相當強而有力的工具，能找出資料中的模式。即使只有幾個個案，也可以看出其中的模式，並提出假說，例如：「一般來說，男性描述他們得到的感冒或流感嚴重性比女性嚴重，但是比較不願意表露擔心。」

這樣的假說可能在我們蒐集更多的資料後便不成立，但沒關係，主要的重點是使用我們手上的資料分析。這幾筆個案讓我們在

找尋更多的個案前心裡有個譜。事實上，當我們在研究案中不斷進行時，這些個案的資料可以幫助我們在訪談時更抓得到焦點。大部分的質性研究案的訪談都不超過 100 個。如果想要讓這些訪談發揮最大功效，在前幾個訪談結束後就可以開始分析，之後得到更多資料時再慢慢擴充。

◆ 多種比較的種類

表 7.4 整理出比較層次、聚集層次與測量尺度間可以形成的比較種類。有兩個重點：

第一，在表 7.4 中所有的比較都可以使用質性資料。在以變項為主的比較中，我們需要多加一個步驟將非變項，如文字敘述，轉變為名義、順序或等距變項。

表 7.4　比較的種類

聚集層次	比較面向		
	單變量	雙變量	多變量
成對	I	IV	VII
	(nv, n, o, ir)	(nv, n, o, ir)	(nv, n, o, ir)
組內	II	V	VIII
	(nv, n, o, ir)	(nv, n, o, ir)	(nv, n, o, ir)
跨組	III	VI	IX
	(nv, n, o, ir)	(nv, n, o, ir)	(nv, n, o, ir)

測量尺度：nv＝非變項，n＝名義變項，o＝順序變項，ir＝等距／等比變項。

　　第二，不同的研究方法傾向於使用某種比較方式。例如，典型的文本內容分析（content analysis of texts）（第十三章）常使用組內與跨組比較，並需要將文字或影像轉換成名義尺度的變項。比較之下，紮根理論與基模分析（第十二章與第十四章）較依賴整個文本，即非變項資料，較少將文字轉換為變項。

　　在紮根理論與基模分析的探索階段，持續地進行成對分析在指認主題的過程中扮演相當重要的角色。在進入建立模型的過程中，組內與跨組比較變得更為重要。

　　分析歸納法（第十五章），特別是質性比較分析法，產生聚集的組內模型並使用轉換為名義尺度的文本。分析名義尺度與自由列舉的資料（第八章）是一種單變量比較分析（通常在組內與組間的比較層級）。

　　如果你覺得這些描述顯得艱澀難懂，在你閱讀過下面幾個分析文本方法的章節後再回頭來讀這個部分，就會比較容易理解。

◆ 欄與欄間的比較

　　到目前為止，我們談到如何進行行列間或是欄位間的比較（分析的單位）。然而，大部分的社會科學研究著重於指認出變項間的關係，以及變項間如何分布於研究所調查的對象中。這些關係可以靠著跨欄位比較得知。

　　表 7.5a 顯示的是在表 7.1 中疾病診斷（感冒、流感）與擔憂（是、否）的雙變量關係。表 7.5a 中橫向的行代表的是一個面向（診斷），而直向的欄則代表的是另一個面向（擔憂）。每個格子中的數字代表的是符合這兩個變項描述的個案數量（與百分比）。

　　從表 7.1 的資料中，我們看到個案 32 號描述她得到的是感冒，而且她很擔憂，但是個案 47 與 18 號也說他們也得到感冒，但卻不擔心。表 7.5b 中我們看到 43 位個案中只有六位（14%）得到

| 表 7.5 | 表 7.1 中疾病描述的雙變量比較 |

表 7.5a[1]						表 7.5b[2]					
	擔憂						擔憂				
診斷	是		否		總數	診斷	是		否		總數
	頻率	%	頻率	%	頻率		頻率	%	頻率	%	頻率
感冒	1	33.3	2	66.6	3	感冒	6	14.0	37	86.0	43
流感	1	33.3	2	66.6	3	流感	8	47.1	9	52.9	17
總數	2	33.3	4	66.6	6	總數	14	23.3	46	76.7	60

[1] 資料來源為表 7.1（$n = 6$）。
[2] 資料來源為表 7.1 所有的原始樣本（$N = 60$）。

感冒並且擔憂病情。比較 17 位回報得到流感的個案中有九位（53%）相當擔憂病情。在此研究中的學生覺得流感比感冒嚴重。

◆ 後記

許多研究根據本章所提到的文本分析來比較主題或變項。有些研究可能只包括質性資料與質性比較。但是，越來越多研究將質性與量化資料放在一起分析。

這些研究被稱為混合研究法（mixed-methods），聽起來雖是時下流行趨勢，但是我們要提醒各位，科學研究的血液中，本來就混著合理比例的質性與量化資料。無論哪種領域的科學研究，有些研究大部分根據質性資料，有些研究則需大量使用量化資料。從社會學甚至是鳥類學，質性或量化資料在每個科學領域的推進中都是重要的推手。

　　我們將在下一章討論文化範疇分析，此分析是一真正的混合研究法，源自語言學、心理學、民族誌學與社會學領域。

延伸閱讀

◆ 更多質性資料分析法，請參閱 Auerbach 與 Silverstein（2003）、Dey（1993）、Flick（2002）、Miles（1979）、Miles 與 Huberman（1994），與 L. Richards（2005）。

CHAPTER ⑧

文化範疇分析：自由列舉、判斷相似處與類別模型

序言
何謂文化範疇
　　CDA 與事物相關
　　CDA 非喜好
自由列舉
　　提示
繪製自由列舉（散佈圖）
　　選擇自由列舉的項目做進一
　　　步研究
分析自由列舉資料
累積分類
　　從累積分類中記錄資料
　　從累積分類中輸入資料

分析累積分類資料：MDS
分析累積分類資料：叢集分析
分析累積分類資料：聚集矩陣
聚集矩陣的 MDS 與叢集分析
大眾分類
如何製作分類表：列表與架構
　　大眾分類的要點
後記
延伸閱讀

◆ 序言

　　文化範疇分析（cultural domain analysis, CDA）是研究在同一個文化團體內的人如何看待事物，並在其社會中形成對事物共同的偏好。這些事物可以是物體、可觀測的東西，例如：酒的種類、藥草、冰淇淋口味、寵物、恐怖片、疾病的症狀；或是概念，像是職業、角色或情緒。這種分析方法來自於 James Spradley（1972,

1979）的研究與認知人類學（cognitive anthropology）的學者，但在其他研究領域上也常被使用。

使用 CDA 的目標之一是抽取某一範疇的內涵（要素），並理解這個範疇的結構，也就是瞭解這一群擁有相同文化的人如何看待這些讓他們同為一個群體的要素。另一個目標是理解文化範疇的內涵與結構在不同的文化或次文化中有哪些不同（Borgatti, 1999）。

要理解文化範疇的內涵，所需的資料大部分來自於自由列舉。要理解文化範疇的結構，所需的資料來源是判斷相似處的分析，如累積分類。

分析這些資料的方法包括 MDS、叢集分析、對應分析。這些都是電腦繪製的視覺化分析方法：將混亂無章的資料轉換為圖像，以利於理解並做出解釋。這樣的分析方法為許多使用質性資料的研究者開啟了許多契機。

◆ 何謂文化範疇？

文化範疇是「有組織的一組文字、概念或句子，同屬一比對層次（level of contrast），並一同指向單一個概念上的領域」（Weller & Romney, 1988: 9）。例如，大部分的人都會認得蘋果與柳橙是「水果類」。

蘋果與柳橙「同屬一比對層次」。但是「蘋果、柳橙、檸檬」雖然也是水果類，但是卻有兩個比對層次：一個層次是屬於柳橙與檸檬（柑橘類）。蘋果是不同種類的水果，用較為文化適切的方式來說，蘋果與西洋梨或李子是同類水果。蘋果—西洋梨等等類的水果是屬於同一比對層次，就如柳橙—檸檬等等類的水果是同屬一類的比對層次一樣。

如果你詢問夠多的人關於這個文化範疇，你會發現在更高的比對層次中，有果樹生的水果、藤蔓生的水果、還有灌木生的水果，

在這些層次之下，還有許多類，像是柑橘類或是蘋果西洋梨類的。

CDA 與事物相關

　　CDA 的第一個原則是：文化範疇跟現實世界息息相關，所以，原則上詢問文化範疇內的人所得到的答案都是正確答案（Borgatti, 1999: 117）。也就是說，正確答案是什麼會隨著文化、次文化或性別的影響而有不同。

　　我們都知道顏色的光譜是具體存在的，但是女性能說出比男性更多的顏色，並且對顏色有更豐富的描述，全世界皆然（Rich, 1977; Yang, 2001）。不同文化的人對不同顏色的命名也不一樣。譬如，以英文為母語的人會用「綠色與藍色」（green and blue）來描述一個顏色，但是納瓦霍族人、韓國人、納努族人（Ñähñu）、威爾斯人（Welsh）以及很多其他的語言都用一個字來描述此顏色。語言學中這個顏色稱為「藍綠色」（grue）（Kim, 1985）。

　　語言中有描述藍綠色的字的人，通常會以形容詞描述在藍綠色光譜中的些微差異。例如，在納瓦霍族人的語言中，描述藍綠色的字為 dootl'izh。綠松石藍色是 yáago dootl'izh，或稱天空的藍綠色，而綠則是 tádlidgo dootl'izh，或稱海水浮渣的藍綠色（Oswald Werner，私人對話）。

CDA 非喜好

　　值得注意的是文化範疇內談到的不是人們的喜好，而是注重人們的看法（Borgatti, 1999: 117）。我們調查人們喜歡哪個牌子的啤酒、喜歡哪個候選人、喜歡未來伴侶具備什麼樣的特點，因為我們想要預測人們的購買、投票與擇偶習性。我們也可調查人們的收入、種族、年紀等等，從而找到一組變項來描述人們（30 歲以下

的單身白人女性，40 歲以上的已婚黑人男性等等），並預測他們的喜好——他們會買什麼東西、會投給哪個候選人、會跟誰結婚。

在 CDA 中，我們感興趣的是組成範疇的項目（他們會用哪些植物作為藥，他們的工作為何）。以及人們如何存取這些項目的資訊。瞭解這些項目後，我們感興趣的是人們如何在文化範疇下思考彼此相關的事物（Borgatti, 1999; Spradley, 1979）（延伸閱讀：CDA）。

◆ 自由列舉

CDA 由取得組成文化範疇的項目開始。取得這些項目的最重要方式就是最基本的自由列舉。雖說問卷上簡短的開放式問題、民族誌訪談或是焦點團體的逐字稿，也都可以用編碼來取得這些項目。但在自由列舉（free list）中，我們提問的方式是：「列出所有你可以想到的 X。」X 可以是週末做的事、汽車廠牌、感冒時的處理方式、避孕的方式、性工作者聚集的地方等等。

提示

在任何的訪談中，如果訪談人知道如何提示，受訪者會提供比較多的資訊。D. D. Brewer（2002: 112）發現語義上的提示讓受訪者回答的自由列舉項目增加 40%。所以用此問句：「列出所有 X（範疇）的種類，像是 Y」，Y 是在清單中的第一個項目。如果受訪者回答了幾個項目，你可以進一步問：「試著回想其他種類的 X，像是 Y，告訴我還有哪些項目你還沒說到。」持續這個步驟直到受訪者說他們想不到任何其他像 Y 的項目了。然後我們就可以重複使用這個步驟繼續尋問下一個項目（參見補充資料 8.1）。

補充資料 8.1

其他提示

　　Brewer 測試了另外三種自由列舉的提示：重述問題、不具體提示、開頭字母提示。以下是 Brewer 與其研究團隊使用重述問題來詢問靜脈注射藥物使用者：

> 試想所有不同種類會讓人上癮、感覺爽快或是經歷不同感
> 受的毒品。這些毒品被稱為消遣用毒品或是街頭毒品。
> 請說出你記得的毒品名。請盡量回想直到你覺得你所記
> 得的都已經說完了。（D. D. Brewer et al., 2002: 347）

　　當你使用不具體提示時，在受訪者回覆你的問題後，可以用「還有哪些種類的 X ？」來獲得更多答案，直到他們說想不出來還有其他的 X。使用字母提示時，可以問受訪者：「哪一種 X 的開頭是 A ？」「B 開頭的字……？」等等。

　　文化範疇內涵瞭解越多的受訪者通常會提供較長的清單。有些項目會被不斷地提及，但如果你持續請求人們列出清單，最後他們的答案會有很多重複的項目，也會有很多特殊項目——就是只有單一受訪者提到的項目。如果你的問題是較為有共識的範疇，例如種族的名字，進入此階段出現的時間很快（大概在你訪談 15 至 20 個人時）。如果你問的問題是比較不明確的範疇，像是「媽媽的工作」，在訪談 30 或 40 人之後可能還會有新的項目出現。

　　回答很多的人不一定知道他們所說的名稱代表什麼。事實上，在現在社會中，人們可以列出許多名稱，但不一定在真實世界中認得這些東西（參見補充資料 8.2）。

補充資料 8.2

不確切的談話

John Gatewood（1983）訪談了 40 位美國賓州居民，請他們以自由列舉方式列出他們所知的樹木名稱，並請每位受訪者檢視自己的清單，確認哪些樹是他們看到時是可以認出來的。40 位中有 34 位寫下「松木」，有 31 位說他們可以認得出松木。

柳橙樹是另一種狀況，有 27 人寫下「柳橙」，但只有 4 個人說他們認得出柳橙樹（當然是在沒有柳橙在樹上的狀況下）。在這 40 名受訪的賓州居民中，平均一半的人能認出他們舉出來的樹木名稱。這樣的現象，Gatewood 稱為「不確切的談話」。

Gatewood 與他的學生（1983b）詢問了 54 名大學生，男女各半，請他們：(1) 列出所有的樂器、布料、工具與樹木名稱；(2) 在自然情境中可以認出的東西旁打勾。Gatewood 選擇樂器是因為記得樂器名稱與認得出樂器多寡沒有男女之別，女性比男性能說出更多布料名稱；男性比女性能說出更多工具名稱。他選擇樹木的原因是要複製並檢驗先前的研究發現。研究結果毫無意外：所有的假說及刻板印象全都成立（Gatewood, 1984）。

◆ 繪製自由列舉（散佈圖）

我們訪問 34 位受訪者：「請寫下所有你想得到的水果名稱。」自由列舉是文本，所以在分析之前須先整理。有 10 位寫下複數的葡萄（grapes），但是有 22 位寫下單數的葡萄（grape）。所以在計算每個項目的次數前，必須將這兩項合併計算。合併後使用哪一項目（單數或複數）都沒有關係，當你選用複數的葡萄時記得把寫單數的人改為複數即可。

有時候也會有拼字錯誤。在我們的資料中，有三位寫下bananna（香蕉，錯誤拼字），而有 27 位寫 banana（香蕉，正確拼字）。有三位寫 avacado（鱷梨，錯誤拼字），一位寫 avocato

（鱷梨，錯誤拼字），六位寫 avocado（鱷梨，正確拼字）。哈密瓜（cantaloupe）的拼字錯誤更是糟糕，石榴（pomegranate）也是一樣糟。我們有八個 cantaloupe（哈密瓜，字典採用字），六個 cantelope（哈密瓜，錯誤拼字），兩個 cantelopes（哈密瓜，錯誤拼字，複數），三個 canteloupe（哈密瓜，錯誤拼字）。我們還有 17 個 guava（芭樂），一個 guayaba，西班牙文的芭樂。有 10 個 passion fruit（百香果），一個 passion-fruit，中間有連字號（當電腦計算出現次數時，這兩個會被視為不同的項目）。

當資料整理完後，我們將資料依照出現次數製作圖表，形成圖 8.1 的陡坡圖（scree plot）。（scree 指的是岩石在崖壁底層的堆積形狀，通常是傾斜的 L 型。）

圖 8.1 的曲線形狀是典型的有明確定義的項目，就像這裡提到的水果。34 位受訪者指認出 147 種水果名稱，但有 88 種水果被指認的次數只有一次〔例如：仙人掌梨果（prickly pear）或是榲桲（quince）〕，也有某幾種水果大部分的人都有提到（例如：蘋果與柳橙）。將這個結果與「媽媽的工作」相比，34 個受訪者列出了 554 項工作，其中有 515 項出現次數只有一次，只有少數項目（愛、清潔、煮飯）指認次數超過五次以上。

這兩個範疇的差別在於水果（或動物、種族名稱、情緒）較具明確定義，而媽媽的工作（或是人們應該採取什麼行動來保護環境、週末休閒活動）的定義就比較沒有那麼明確。許多有趣的文化範疇，都是比較沒有明確定義的。

圖 8.1　陡坡圖：34 名受訪者列舉的 143 種水果名稱（自由列舉）

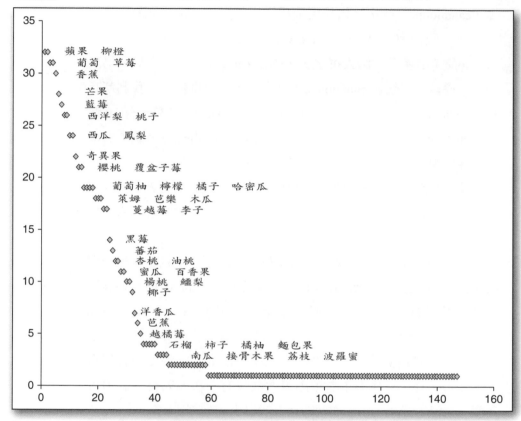

選擇自由列舉的項目做進一步研究

我們可以使用陡坡圖來選擇更進一步研究的項目。例如，光是計算圖 8.1 的點，我們便可看出：(1)14 種水果的指認次數超過 20 人次；(2)58 種水果的指認次數至少是二以上。其他的水果都只有一次。

要從這些資料中選擇多少個項目才能代表這個範疇呢？其實沒有一定的準則，但是大致上的原則是選擇的項目至少要有 10% 的

受訪者提到。如果你有 40 個受訪者，那麼，選擇的項目至少要有四次以上的指認次數。如果這樣的方式產生的項目數量還是太多，試著調高至 15% 或以上。

沒有人會要求你一定要將許多人提到的項目包含在你的分析中，特別是如果你已經對所研究的範疇有相當的熟悉程度。如果你想要深入研究 40 個項目，你可以選擇很多人提到的項目，或是比較少人提到的項目——或是沒有人提到的項目。

只有被指認過一次的項目通常不會被選入成為塑造文化範疇架構的項目。因為文化範疇的重點在於其內涵是共享的（Borgatti, 1999），與個人認知範疇剛好相反。另一方面，我們通常想要知道某個項目在某個文化範疇中的地位如何。

在 1990 年後期，我們在一間汽車製造公司的資助下研究在美國的環保行為——人們認為他們能採取哪些行動來保護環境（Bernard et al., 2009）。我們蒐集了 43 位參與者的自由列舉清單，但是沒有一位提到購買電動車或油電混合車，因為當時市面上還沒有這些車種。但我們的委託人想要知道美國人會將「購買電動車」的行動在環保行為範疇下的地位如何，因此，我們將這個項目放進累積分類的研究工作中（更多資訊在後頭）。

◆ 分析自由列舉資料

自由列舉能讓人很快就理解某個範疇的內涵，但自由列舉的資料相當有趣，也能單獨對其進行分析。我們訪問了 42 名美國青少年（20 個男生 22 個女生）：「美國青少年擔憂的健康問題有哪些？」結果如表 8.1 所示。

表 8.1 自由列舉：42 位青少年的健康擔憂

項目	樣本總數（N = 42）		女生（n =22）			男生（n =20）			男女差異（女%－男%）
	頻率	%	排序	頻率	%	排序	頻率	%	
感冒／流感	12	28.6	3	10	45.5	9	2	10.0	35.5
癌症	19	45.2	2	13	59.1	5	6	30.0	29.1
飲食失調	10	23.8	4	8	36.4	9	2	10.0	26.4
HIV／AIDS	15	35.7	3	10	45.5	6	5	25.0	20.5
單核白血球增多症	10	23.8	5	7	31.8	8	3	15.0	16.8
壓力	8	19.0	7	5	22.7	8	3	15.0	7.7
體重—肥胖	10	23.8	6	6	27.3	7	4	20.0	7.3
皮膚相關疾病	13	31.0	5	7	31.8	5	6	30.0	1.8
衛生	8	19.0	8	4	18.2	7	4	20.0	-1.8
疾病	8	19.0	8	4	18.2	7	4	20.0	-1.8
正確飲食	7	16.7	9	3	13.6	7	4	20.0	-6.4
STDs	32	76.2	1	16	72.7	1	16	80.0	-7.3
健身	12	28.6	7	5	22.7	4	7	35.0	-12.3
濫用藥物	9	21.4	9	3	13.6	5	6	30.0	-16.4
飲酒相關	16	38.1	6	6	27.3	2	10	50.0	-22.7
抽菸相關	11	26.2	9	3	13.6	3	8	40.0	-26.4

　　超過四分之三的受訪者（76.2%）提到性傳染疾病（sexually transmitted diseases, STDs），超過三分之一的人（35.7%）提到 HIV／愛滋病（AIDS）。這樣的結果是可預期的，但是令人驚訝

的是，有超過一半（45.2%）的受訪者（都不到 20 歲）擔心癌症
——這曾經只有年長者才會擔心的疾病。

我們更深入地探討後發現，20 個男生中只有六個提到癌症
（30%），比起 22 個女生就有 13 個（59%），比率少了將近一
半。此外，提及癌症的男生平均將其擔憂程度列為第五，而女生則
列為第二。研究結果發現女生相當擔心乳癌，但是將男女生的結果
合併在一起分析的時候，女生對癌症的擔憂便不太容易被發現。
ANTHROPAC 電腦軟體（Borgatti, 1992）讓自由列舉分析更為快
速（參見補充資料 8.3）（延伸閱讀：自由列舉）。

補充資料 8.3

測量自由列舉項目的突出性

項目出現頻率是自由列舉中計算項目對受訪者的重要性（或突
出性）的指標之一。另一個指標是出現時間平均何時被提到。如果
你詢問美國人列出動物名稱，會發現：(1) 貓與狗被提到的頻率最
高；(2) 是最先提到的動物。事實上，這兩種動物通常都是第一或
第二個被提及的動物。

深受歡迎的大型動物，如大象、鯨魚、獅子等等，也是常被提
到的動物，但通常排在居家寵物之後。於是，除了出現頻率之外，
我們還可以測量每個項目的平均順序。然而，自由列舉的清單長度
不一。同樣都是排名第五的大象，在列了 30 種動物的清單中與列
了 10 種的清單中地位一定不一樣。因為這樣的狀況，所以有些因
應的分析方法將這些因素都列入考量。

Simth's S（J. J. Smith, 1993）將出現頻率與出現時間都納入考
量，是一相當受歡迎的認知重要性測量分析方法。但是此方法也
「與單純計算出現頻率有高度相關」（Borgatti, 1999: 149），因
此，對於大部分的自由列舉資料分析而言，單純的頻率計算法已經
足夠〔延伸閱讀：突出性（salience）〕。

　　一旦我們指認出文化範疇內的項目，下一個步驟就是分析這些項目之間的關係如何。為了達到這個目的，我們需詢問受訪者做出相似度判斷（similarity judgments）。累積分類是蒐集這些判斷的有效方式〔另兩種蒐集相似度判斷的方法：配對比較與三面檢測（triad tests）〕（延伸閱讀：配對比較與三面檢測）。

◆ 累積分類

　　累積分類（pile sorts）是讓受訪者指認出項目間關係的一種簡單又有趣的方式。首先，將每個項目寫在紙卡上（三分之一的索引卡大小即可），在每張紙卡背後寫上 1 到 n 的數字（n 是在此範疇內的項目總數）。將卡片隨機散放在一張大桌子上，項目名稱面朝上，數字面朝下。請每個受訪者將卡片根據相同的特性分類。

　　進行累積分類時，受訪者通常會提出三個問題：(1) 什麼是「相同特性」？(2) 可以分成幾組？(3) 可以把一個項目分到兩種類別中嗎？第一個問題的回答是，你的研究目的在於瞭解受訪者的想法，所以如何分類都沒有對或錯。第二個問題的答案是他們想分多少組都可以，但是不能將每個項目都自成一組，或是把所有的項目都分成一組。

　　第三個問題的回答有二，你可以說每一個項目只能歸於一組，這樣能簡化分析，但是卻無法反映出人們在思考時的複雜程度。另一種解決方式是允許他們將一個項目分進兩個以上的類別，不過這樣會使分析資料更為複雜。例如：在研究電子商品消費的研究中，有人可能想要將 DVD 播放器與電視放在一起，也想將 DVD 播放器與攝錄影機放在一起，但不會想將電視與攝錄影機放在一起。解決這樣狀況的方式就是請他們複製此項目的紙卡，再放入他們想歸類的組中。

從累積分類中記錄資料

　　表 8.2 是一位男性受訪者根據 18 種水果名稱所做的累積分類資料。這 18 種水果列在表的上方。下方是受訪者將上面分成水果所分的五個組。例如，這位受訪者將柳橙、檸檬與葡萄柚放在第一組，藍莓與草莓放在第四組。

表 8.2　**累積分類資料：一名受訪者分類 18 種水果**

1. 蘋果	10. 草莓
2. 柳橙	11. 檸檬
3. 木瓜	12. 哈密瓜
4. 芒果	13. 葡萄柚
5. 桃子	14. 李子
6. 藍莓	15. 香蕉
7. 西瓜	16. 鱷梨
8. 鳳梨	17. 無花果
9. 西洋梨	18. 櫻桃

受訪者對 18 種水果的分類
　第一組：2, 11, 13
　第二組：1, 5, 9, 14, 17, 18
　第三組：3, 4, 8, 15, 16
　第四組：6, 10
　第五組：7, 12

從累積分類中輸入資料

　　我們使用 ANTHROPAC（Borgatti, 1992; Appendix）來輸入資料。這個程式能讀取資料並將資料轉換為項目相似度矩陣，參見表 8.3（以及補充資料 8.4）。

表8.3　一名受訪者累積分類18種水果的相似度矩陣

	1.蘋果	2.柳橙	3.木瓜	4.芒果	5.桃子	6.藍莓	7.西瓜	8.鳳梨	9.西洋梨	10.草莓	11.檸檬	12.哈密瓜	13.葡萄柚	14.李子	15.香蕉	16.鱷梨	17.無花果	18.櫻桃
1.蘋果	1	0	0	0	1	0	0	0	1	0	0	0	0	1	0	0	0	1
2.柳橙	0	1	0	0	0	0	0	0	0	0	1	0	1	1	0	0	1	0
3.木瓜	0	0	1	1	0	0	0	0	0	0	0	1	1	0	1	0	0	0
4.芒果	0	0	1	1	0	0	0	0	0	0	0	0	0	0	1	0	0	0
5.桃子	1	0	0	0	1	0	0	0	1	0	0	0	0	1	0	0	0	1
6.藍莓	0	0	0	0	0	1	1	0	0	1	0	0	0	0	0	1	0	0
7.西瓜	0	0	0	0	0	1	1	0	0	1	0	1	0	0	0	0	0	0
8.鳳梨	0	0	0	0	0	0	0	1	0	0	0	0	0	0	1	0	0	0
9.西洋梨	1	0	0	0	1	0	0	0	1	0	0	0	0	1	0	0	0	1
10.草莓	0	0	0	0	0	1	1	0	0	1	0	0	0	0	0	0	0	0
11.檸檬	0	1	0	0	0	0	0	0	0	0	1	0	1	0	0	0	1	0
12.哈密瓜	0	0	1	0	0	0	1	0	0	0	0	1	0	0	0	0	0	0
13.葡萄柚	0	1	1	0	0	0	0	0	0	0	1	0	1	0	0	0	1	0
14.李子	1	1	0	0	1	0	0	0	1	0	0	0	0	1	0	0	1	1
15.香蕉	0	0	1	1	0	0	0	1	0	0	0	0	0	0	1	0	0	0
16.鱷梨	0	0	0	0	0	1	0	0	0	0	0	0	0	0	0	1	0	0
17.無花果	0	1	0	0	0	0	0	0	0	0	1	0	1	1	0	0	1	1
18.櫻桃	1	0	0	0	1	0	0	0	1	0	0	0	0	1	0	0	1	1

補充資料 8.4

將資料輸入電腦

　　當你將資料以矩陣形式輸入電腦後，就可以使用任何一種全功能的統計軟體分析。我們使用 ANTHROPAC（Borgatti, 1992）將累積分類的資料輸入，然後用 UCINET（Borgatti et al., 2004）分析並產生這一章所呈現的圖表。

　　無論分析質性或量化資料，只要資料分析以電腦為主，都有令人頭痛的地方，那就是檔案的相容度。所有主要的統計分析軟體都可以從不同的檔案存取資料。以 SPSS 為例，它可以從微軟的 Excel 中輸入資料。雖然 SPSS 與 Excel 的檔案架構不一樣，但是 SPSS 可以將 Excel 資料轉換為 SPSS 可讀取的檔案。

　　然而，一般的統計軟體無法輸入文化範疇的分析資料。ANTHROPAC 是輸入文化範疇的分析資料相當好用的軟體。UCINET 常被使用於社會網絡分析（social network analysis）。網絡分析的研究者大量倚靠圖表分析，而 UCINET 擁有許多圖表模組能產生可發表的正式圖表。

　　我們在 CDA 中使用 UCINET，因為 UCINET 與 ANTHROPAC 可以共用檔案格式。任何輸入 ANTHROPAC 的資料都可以用 UCINET 進行分析。UCINET 也可以將資料輸出為 Excel 檔案，如此便能使用你愛用的統計軟體分析資料。

　　相似度矩陣與我們在第五章看到的類似。受訪者將 2、11、13（柳橙、檸檬、葡萄柚）放在一組是因為他覺得這些項目比其他項目相似。為了表示這樣的關係，在 2 與 11 交會的格子上面是 1；2 與 13 以及 11 與 13 交會的格子也是標示 1。

　　第二組的相似度標示：標示 1 在 1-5 的交會格、1-9 的交會格、1-14 的交會格等等。標示 0 的格子代表這兩個項目沒有相似處（根據此受訪者）。在表上有一列從左上到右下的格子全都標示 1，這些格子是相同項目的交會。而且，注意到如果 11 與 13 是 1，13 與 11 也會標上 1，所以這個矩陣是對稱的。在對稱的矩陣

中，（斜對角 1 分隔出的）上半部與下半部的數值一樣（延伸閱讀：累積分類）。

◆ 分析累積分類資料：MDS

如果你仔細檢視，便會發現在表 8.3 中，除了 1 與 0 之外就沒有其他跟數學有關的資訊，裡面的內容不過就是表 8.2 的下半部資料以 1 與 0 表示。而這些 1 與 0 不是數值，而是代表柳橙與木瓜有沒有被放在同一組裡。但是，如果將這些 1 與 0 以項目間的關係係數代替，我們便能使用軟體來檢視這位受訪者的累積分類中是否存在著某種模式。

圖 8.2 以 MDS 呈現資料。MDS 是視覺化分析法的一種，在科學領域中被廣泛地使用。它的主要功能是找尋數值資料中的模式並以圖呈現（參見補充資料 8.5）。

圖 8.2 MDS：累積分類 18 種水果

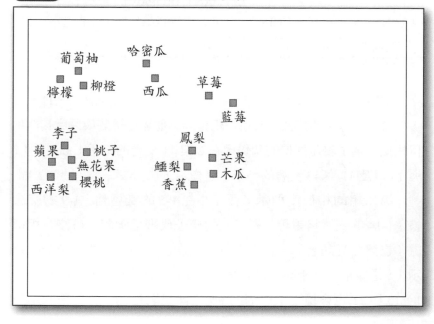

在圖 8.2 中的 MDS 呈現表 8.3 中受訪者如何看 18 種水果的模式。

補充資料 8.5

MDS

MDS 繪製矩陣中數字的關係。仔細看表 8.3，在 2-11、2-13 與 11-13 格子的數字皆為 1。這是因為這位受訪者將柳橙（2）、檸檬（11）、與葡萄柚（13）放在一組，而且沒有其他項目出現在這組。這樣的安排以圖示呈現於圖 8.2 中，柳橙—檸檬—葡萄柚自成一處，與其他的項目分開。

我們也可以把圖 8.2 中 MDS 所呈現的圖視為類心智圖的呈現。也就是說，它代表了這位受訪者在分類這些水果時心裡所想的。我們之所以稱為「類心智圖」，因為以 MDS 繪製的累積分類圖不能代表人們當時真正的思考。然而，我們將此分析視為最接近人們在進行累積分類時的想法。

有時你會看到 MDS 被稱為「最小空間分析」。那是因為 MDS 程式能以二度的空間呈現物體間彼此的關係（相似與相異）（延伸閱讀：MDS）。

◆ 分析累積分類資料：叢集分析

在 MDS 圖中有兩個重點：面向（dimensions）與叢集（clusters）。叢集通常比較容易看得出來。在圖 8.2 中的上半部可以看出有柑橘類叢集、莓果類叢集、瓜果類叢集，下半部則是樹果類叢集與熱帶水果類叢集。我們可以使用叢集分析（cluster analysis）來檢視我們的直覺，如圖 8.3 所示（參見補充資料 8.6）。

圖 8.3 叢集分析：累積分類 18 種水果

蘋果	1
李子	14
桃子	5
無花果	17
西洋梨	9
櫻桃	18
檸檬	11
葡萄柚	13
柳橙	2
木瓜	3
鱷梨	16
香蕉	15
芒果	4
鳳梨	8
草莓	10
藍莓	6
哈密瓜	12
西瓜	7

補充資料 8.6

叢集分析

　　從集分析是另一種視覺化工具。如 MDS 一樣，叢集分析也使用如表 8.3 的相似度矩陣。然而，在矩陣中尋找叢集的演算法（一組指令）與 MDS 的大不相同。在 MDS 中，程式主要功能是找出最佳的空間組合來代表相似度，所以 MDS 的圖表像是張地圖。

　　在叢集分析中，主要的目的是將一組相似組分別出來成為次群組（叢集），次群組中的組員彼此相似，與其它次群祖的組員有所差別。叢集可以用簡單的列表表現，但是常以樹狀圖呈現，或是系統樹圖，像是圖 8.3 與圖 8.5 中呈現的一樣（延伸閱讀：叢集分析）。

圖 8.3 解讀如下：在第一層的叢集中，受訪者將 7（西瓜）與
12（哈密瓜）放在一起，然後將 6（藍莓）與 10（草莓）放在一
起。這兩個叢集便是第二層，與其他叢集一樣，然後，所有第二層
的叢集形成另一個叢集。

因為這裡我們只以一個受訪者的資料為例，所以只有兩個層
次。第一層是受訪者所分類的堆疊，第二層則是所有的水果。我們
帶著大家走過這個看似瑣碎不重要的活動，讓大家學習如何閱讀叢
集圖（或樹形圖）以及 MDS 圖。下一步，當我們加入更多的受訪
者資料時，所進行的分析會越來越有趣。

◆ 分析累積分類資料：聚集矩陣

為了知道這個樣式是否能通過測試，我們請另外五位受訪者進
行累積分類的活動。每位受訪者的資料都產生一個相似度矩陣，就
像表 8.3 裡的 1 與 0 矩陣。表 8.4 顯示的是將六個的相似度矩陣聚
集在一起的結果。

表 8.4 的產生方式很簡單，只要把六個相似度矩陣放在一起，
將每個格子裡的數字相加除以六（當然，這都可以用電腦程式計
算，例如用 ANTHROPAC）。結果顯示了受訪者分配組別的百分
比。因為我們使用了六個受訪者的資料，所以表 8.4 每個格子裡的
數字可為以下中的一個：0.00（六人中有零人）、0.17（六人中有
一人）、0.33（六人中有二人）、0.50（六人中有三人）、0.67（六
人中有四人）、0.83（六人中有五人）、1.00（六人中有六人）。

仔細檢視表 8.4 中最上面的一行，可以發現六位受訪者中有
五位（83%）將蘋果與西洋梨放在同一組。再看到第三行有四位
（67%）將木瓜與芒果放在同一組。表 8.4 與 8.3 一樣都是對稱的
（你看看便知）。

表 8.4 聚集相似度矩陣：六個案積分類表 8.2 中的 18 種水果

	1.蘋果	2.柳橙	3.木瓜	4.芒果	5.桃子	6.藍莓	7.西瓜	8.鳳梨	9.西洋梨	10.草莓	11.檸檬	12.哈密瓜	13.葡萄柚	14.李子	15.香蕉	16.鐘梨	17.無花果	18.櫻桃
1. 蘋果	1.00	0.00	0.00	0.00	0.83	0.00	0.17	0.00	0.83	0.00	0.00	0.00	0.00	0.83	0.17	0.00	0.17	0.33
2. 柳橙	0.00	1.00	0.17	0.17	0.00	0.00	0.17	0.17	0.17	0.00	0.83	0.17	0.00	0.00	0.00	0.17	0.00	0.00
3. 木瓜	0.00	0.17	1.00	0.67	0.17	0.00	0.17	0.50	0.17	0.00	0.00	0.17	0.17	0.17	0.33	0.67	0.17	0.33
4. 芒果	0.00	0.17	0.67	1.00	0.00	0.00	0.17	0.50	0.00	0.00	0.00	0.33	0.17	0.00	0.33	0.67	0.00	0.00
5. 桃子	0.83	0.00	0.17	0.00	1.00	0.00	0.00	0.00	1.00	0.00	0.00	0.00	0.00	1.00	0.17	0.17	0.17	0.00
6. 藍莓	0.00	0.00	0.00	0.00	0.00	1.00	0.00	0.00	0.00	0.83	0.00	0.00	0.00	0.00	0.00	0.00	0.50	0.67
7. 西瓜	0.17	0.17	0.17	0.17	0.00	0.00	1.00	0.17	0.17	0.00	0.00	0.83	0.17	0.00	0.00	0.17	0.00	0.00
8. 鳳梨	0.00	0.17	0.50	0.50	0.00	0.00	0.17	1.00	0.17	0.00	0.00	0.17	0.00	0.00	0.50	0.50	0.00	0.33
9. 西洋梨	0.83	0.17	0.17	0.00	1.00	0.00	0.17	0.17	1.00	0.00	0.00	0.00	0.00	1.00	0.17	0.17	0.17	0.33
10. 草莓	0.00	0.00	0.00	0.00	0.00	0.83	0.00	0.00	0.00	1.00	0.00	0.00	0.00	0.00	0.00	0.00	0.50	0.50
11. 檸檬	0.00	0.83	0.00	0.00	0.00	0.00	0.00	0.00	0.00	0.00	1.00	0.00	0.00	0.00	0.00	0.00	0.00	0.00
12. 哈密瓜	0.00	0.17	0.17	0.33	0.00	0.00	0.83	0.17	0.00	0.00	0.00	1.00	0.83	0.00	0.00	0.17	0.00	0.00
13. 葡萄柚	0.00	0.00	0.17	0.17	0.00	0.00	0.17	0.00	0.00	0.00	0.00	0.83	1.00	0.00	0.00	0.17	0.00	0.00
14. 李子	0.83	0.00	0.17	0.00	1.00	0.00	0.00	0.00	1.00	0.00	0.00	0.00	0.00	1.00	0.17	0.17	0.17	0.33
15. 香蕉	0.17	0.00	0.33	0.33	0.17	0.00	0.00	0.50	0.17	0.00	0.00	0.00	0.00	0.17	1.00	0.33	0.00	0.00
16. 鐘梨	0.00	0.17	0.67	0.67	0.17	0.00	0.17	0.50	0.17	0.00	0.00	0.17	0.17	0.17	0.33	1.00	0.00	0.00
17. 無花果	0.17	0.00	0.17	0.00	0.17	0.50	0.00	0.00	0.17	0.50	0.00	0.00	0.00	0.17	0.00	0.00	1.00	0.50
18. 櫻桃	0.33	0.00	0.33	0.00	0.00	0.67	0.00	0.33	0.33	0.50	0.00	0.00	0.00	0.33	0.00	0.00	0.50	1.00

◆ 聚集矩陣的 MDS 與叢集分析

　　圖 8.4 是表 8.4 資料的 MDS 圖，看起來與圖 8.2 很相似，但是有些不同的地方。圖 8.4 是六位受訪者資料的平均值，所以我們看到無花果與櫻桃現在形成了同一組，並成為莓果類（草莓與藍莓）與樹果類（蘋果、李子、桃子、西洋梨）的中介。再往旁邊看，香蕉之前是熱帶水果類的一員，現在變成熱帶水果類（芒果、木瓜、鳳梨、鱷梨）與傳統樹果類（蘋果、李子、桃子、西洋梨）的中介（參見補充資料 8.7）。

圖 8.4　**表 8.4 資料的 MDS**

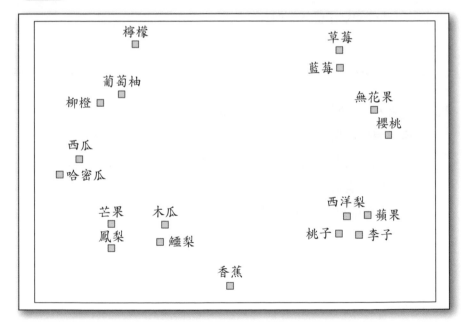

補充資料 8.7

叢集與中介

在上面的描述中我們看到：「無花果與櫻桃成為莓果類與樹果類的中介」、「香蕉成為熱帶水果與傳統樹果類的中介」，這樣的說法代表什麼意思？

當我們進行訪談時，請受訪者將許多水果按照所想的分類，有些人將無花果與櫻桃跟蘋果與西洋梨放在一起，說：「這些都長在樹上。」將無花果與／或櫻桃跟其他水果放在一起的人會覺得：「無花果比較有異國風，但又不像芒果」或「櫻桃長在樹上，但是櫻桃體積小、數量多」。有些受訪者會說香蕉是熱帶水果，所以「跟木瓜是同一類」，但有些人會說香蕉是特殊的應該自成一類。有一位受訪者說香蕉應該跟蘋果與西洋梨同一類，因為「做水果沙拉時可以混在一起。」

我們都會請受訪者解釋他們所做的分類抉擇。因此，在解讀圖表時看到無花果與櫻桃在 MDS 圖中的位置介於莓果類與傳統樹果類中間，我們心裡便有個底了。

表 8.4 的叢集分析資料在圖 8.5，直接確認了我們的受訪者認為櫻桃與無花果跟草莓與藍莓有關聯。而且，這四種水果跟蘋果、李子、桃子與西洋梨的關係較其他水果親近。這樣的結果並不代表第一位受訪者是特異獨行或思想特殊。實際上，這六位受訪者對於哪些水果該歸哪一類有相當多的共識。但這樣的共識並非完美，裡面存在著文化內部差異（intracultural variation）。

當然，每一位質性研究者都熟知這種現象，不過 MDS 與叢集分析提供我們系統化檢視這些差異與共識的方法（參見補充資料 8.8）。

圖 8.5 表 8.4 六個累積分類的叢集分析

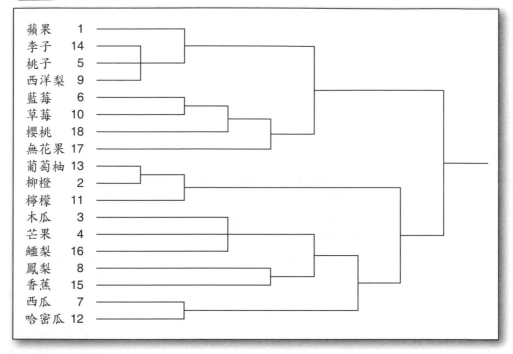

蘋果	1
李子	14
桃子	5
西洋梨	9
藍莓	6
草莓	10
櫻桃	18
無花果	17
葡萄柚	13
柳橙	2
檸檬	11
木瓜	3
芒果	4
鱷梨	16
鳳梨	8
香蕉	15
西瓜	7
哈密瓜	12

補充資料 8.8

共識分析

　　這一節的補充資料我們要簡短地討論一種正式測量共識的方法。這個分析法是根據這個論點：深入瞭解某事的人通常會同意彼此的看法（Boster, 1986）。如果我們問一組超級球迷與一組從未看過球賽的人棒球規則，結果會發現：(1) 球迷比非球迷較能對答案有共識；(2) 超級球迷答對的問題比非球迷多。這與你在上課時的考試是不是很像？老師出題，寫解答；學生的責任就是回答出與解答相同的答案。

　　但要是沒有解答呢？像是做研究時，常常都沒有解答。就像我們請人們評比自己在社區中的社會地位，我們會得到許多對於社會地位的看法，但是我們沒有正確解答來判斷受訪者的答案是否正確。

　　Romney 等人（1986）發展出一種模式稱為文化共識模式，指出在三個條件下，對文化範疇內涵有共識的人們比較瞭解此文化範

疇。以下是這三個條件：

1. 有共同文化背景的人事實上對於你提問的問題有一個文化正確的答案。在這文化範疇下，任何的意見差異是因為個人的差異，而非次文化身分的影響。

2. 訪談必須單獨進行。

3. 所有的問題都需出自同一個文化範疇。如果同一個問卷中出現親屬關係與美式足球的問題，就是很差勁的問卷。

在實務上來說，研究共識的方法如下：

1. 至少請 30 人以上來做測驗，請他們判斷 30 到 40 個在一個文化範疇的項目。最好用是非題，像是：「碰觸 AIDS 死者的遺體會得到愛滋病」，或「投籃得分可得 7 分」。也可以使用多重選擇題、開放式問題，或是填空回答，但是會使分析難度增加。

2. 製作一致性矩陣（agreement matrix）。如果有 100 位學生參與回答 40 個是非題，每兩位學生形成的一致性最多可以有 40 題，無論他們的回答是對或錯。計算每一對學生的一致性（1 與 2、1 與 3、1 與 4……一直到 39 與 40），並將每一個項目計算好後的一致性除以 40。這個步驟最後產生一個 100×100、學生對學生的一致性矩陣。

3. 使用因素分析（factor analysis）一致性矩陣。因素分析是基於一個簡單卻有力的概念：如果我們觀察的項目彼此相關，它們一定會有些潛在的相關性。因素分析是一套可以辨識並解讀這些潛在相關性變項的分析法。

如果這個分析的第一個因素值是第二個因素值的三倍以上，代表：(1) 第一個因素是這個文化範疇的知識（因為在這樣的模型下，觀念的一致等同於集體對此範疇的知識）；(2) 每一個因素的分數就是問卷測量知識的方式。

如果遺失了測驗的解答，可以藉著分析應試者作答的一致性矩陣得到正確解答嗎？我們使用 160 名人類學概論課的學生來測試這個假設。結果發現，他們答對問題的百分比與一致性矩陣所產生的第一個因素的相關係數高達 0.96，接近完美。換句話說，只要這模型的三個要件成立，我們可以運用共識分析測試人們的回答，比如：公司裡誰跟誰是情侶，或是哪些食物是嬰兒可以吃的，或是避免得到 AIDS 的方式等等（延伸閱讀：共識分析）。

◆ 大眾分類

分類是列舉某項事物的清單（音樂、食物、汽車、電子用品、國家）與如何將這些東西有組織地分類的規則。我們相當熟悉科學的動物植物分類法，但是仔細聽聽下面的日常對話，你會發現人們無時無刻都在使用分類法的原則（參見補充資料 8.9）。

超市聽到的對談：「大麥放哪裡？」「跟米放在一起，在第四走道。」
你也會聽到人們協商某些原則。
在動物園：「那隻猴子在幹嘛？」「其實那隻是猩猩。」
「真的嗎？有什麼不一樣？」
在大學校園：「我不知道為什麼我喜歡聽 Shania Twain，因為她的音樂有鄉村也有流行，我就是知道我喜歡她。」

補充資料 8.9

科學分類與大眾分類

科學的分類法是被一群科學學者接受的分類法。林奈（Linnaeus）花了多年時間才建立林奈分類系統。但在 1735 年發表第一版時，這套系統只是一個人對於自然界生物間關聯性的想法而已。這個架構很快地被學界認為是分類生物最佳的方式，但是新的理論與新的資料不斷被發現，這個系統也隨之改變。然而，在某種意義上，所有的分類應都起源於大眾分類（folk taxonomies），只是有些大眾分類法進一步發展為科學分類法。

在社會科學中，人類植物學與人類動物學學者的興趣在於發掘身處不同文化團體中的人如何組織他們對於自然世界的知識。人類植物學分類法與人類動物學分類法通常與科學分類法不盡相同，但是大眾分類研究的重點在於瞭解人們的文化知識。

這段談話接下來就提到混合曲風（新世紀—拉丁、雷鬼—藍調）與歌手如何在多種曲風中淋漓發揮。這些對話的基礎就是：人們有共同的分類法，而且有時會重新檢視並協調分類的原則。

「Glenn Campbell 從來就不是鄉村歌手。」「你說什麼啊？他當然是啊！」

◆ 如何製作分類表：列表與架構

建立大眾分類表最常被使用的方式有累積分類、叢集分析與架構抽取（frame elicitation）（Frake, 1964）（延伸閱讀：架構抽取）。

當你問一位以美語為母語的人：「列出你所知道的食物」，最典型的項目有：「肉、魚肉、義大利麵、水果、蔬菜、點心……。」

在第一輪之後，接著問：「有哪幾種肉？」「有哪幾種水果？」「有哪幾種點心？」等等。這麼問的重點是有系統地進行，將第一輪受訪者回答的東西再拿來詢問更深入的問題，讓受訪者說出在他們的分類中的下一層項目。「有哪幾種肉？」的回答通常會是「牛肉、羊肉、雞肉、火雞肉、火腿、鹿肉、野味……」當我們進一步詢問瞭解大眾分類時，受訪者往往會混合層級或是忽略某一對比的層級。在這裡，受訪者提到雞肉與火雞肉，都是家禽類，但是他卻沒有說家禽肉，這個對比層級就被忽略了，一直要到問了好幾位受訪者才會問到美語中對肉的分類裡的一個對比層級叫「家禽」。我們也要注意一點，這位受訪者也談到鹿肉與野味，一下子就提到了兩個對比層級，因為鹿肉是野味的一種。

到了這裡，你會繼續問受訪者：「有哪幾種牛肉（或羊肉、

雞肉等等）？」在問過幾個人之後，你會發現牛肉有牛排肉、牛肉塊、漢堡肉；牛排肉分為丁骨、上等腰、菲力等等；你也會發現素食者比較無法像肉食者一樣說出這麼多種肉的名字。

上述的問題能讓我們得到某個範疇內的清單──在這裡的例子是食物──以及主要的種類。下一步就是發現有哪些重疊的部分。例如，有些食物，像是鱷梨，會被某些人分類為水果，某些人卻會將它分類為蔬菜。有些人覺得花生是蛋白質來源，但有些人卻覺得花生是零食。事實上，在真正的大眾分類中，你會發現不同的分類源自於不同的情境。以下兩個問題可以用來偵測大眾分類中可能重疊的部分：

當你產生了一個範疇的清單與分類清單，你可以使用這兩個問題來詢問各種可能性。棉花糖是一種肉嗎？是一種魚嗎？還是一種零食？雖然這樣的過程可能會變得冗長乏味，但是發掘對比層級需要這樣費力地找尋──品紅是一種紅色、腰果是一種堅果、中音薩克斯風是薩克斯風的一種、冰淇淋是甜點的一種。如果你是小孩子的話，這些發現就顯得有趣。事實上，這種研究的目的之一就是發現哪種文化知識是連十歲小孩都知道的。

展示大眾分類最常見的方式是使用樹狀圖。圖 8.6 是一個樹狀圖，呈現 1976 年時一位名為 Jack 的西維吉尼亞州居民對車的大眾分類資訊（部分）（先前在第六章談論模型的種類時，於圖 6.13 就出現過 Jack 對車的分類）。

大眾分類的要點

圖 8.6 中，有五個大眾分類的要點：

圖 8.6 Jack 的轎車與貨車分類模型（部分）

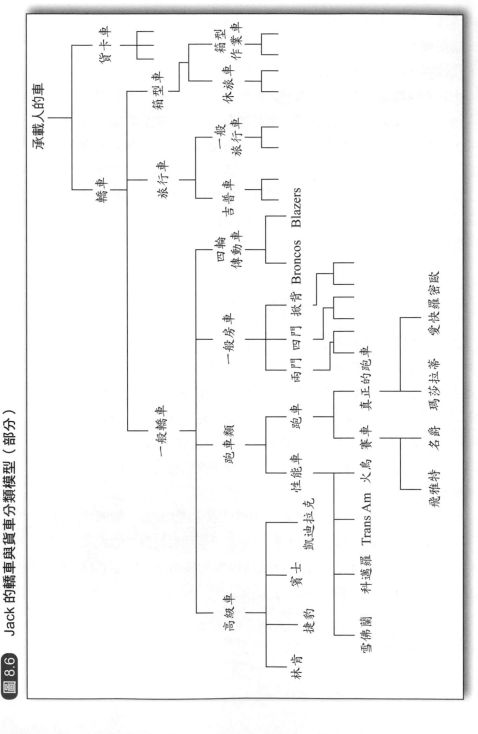

資料來源：Bernard, H. R. (2006). *Research methods in anthropology: Qualitative and quantitative approaches* (4th ed., p. 540). Thousand Oaks, CA: Sage. Copyright © 2006 Sage Publications.

1. 內部文化差異（intracultural）在大眾分類中是相當常見的。不同人會使用不同字彙描述同類的東西。有時候，人們所用的詞可能相當特別。Jack 將「一般轎車」、「旅行車」與「箱型車」歸類為不同種類的車。「一般轎車」可能不是汽車廣告或是車廠業務會使用的詞彙。

2. 分類標籤可以是單一字或是複雜的詞組。在 1976 年的西維吉尼亞州，圖 8.6 的「四輪傳動車」有時也被稱為「越野車」，或是「可以去露營或拖掛車載馬的車」。Jack 表示吉普車式的旅行車也是四輪傳動車，也是可以在裡面睡覺的。

3. 分類的類別與標籤會隨著時間改變。當時 Jack 稱為「可以去露營或拖掛車載馬的車」。在 1990 年代時被某些人稱為 utes ──是「sport utility vehicle」（休旅車）的別名。今日大部分的美國人稱之為 SUV，雖然有些小型 SUV 還是被稱為「cute utes」。《人車誌》（*Car and Driver Magazine*）在 2008 年九月還登過一篇文章，標題是「Frugal Utes: The 10 Most Fuel-Efficient SUVs in the US.」（省錢休旅車：美國最省油 SUV 前十名）。

4. 注意隱藏的類別，有些類別是真實存在但卻沒有名稱（Whorf, 1945）。有些人堅稱雪佛蘭（Corvette）、科邁羅（Camaro）與瑪莎拉蒂（Maserati）應該屬於一類，但是很難找到一個適合的名稱〔有位受訪者建議標籤為「sporty cars」（跑車類）〕。其他人，像是之前提到的 Jack，把它們歸類為跑車（sports cars）下的性能車（performance cars）。他甚至還將跑車分為「真正的跑車」（true sports cars）與「賽車」（rally cars）。

5. 就算類別有固定不變的標籤，也可能會代表很多面向，每一個面向都有自己的對比層級。例如，許多母語為美式英文的

人會知道「進口車」（foreign cars）在圖 8.6 的大眾分類模型中涵蓋橫跨許多部分。裡面有進口跑車、進口高級車、進口一般車等等。

◆ 後記

CDA 是一套繪製並瞭解日常知識的方法。這套方法源自於認知人類學，但長久以來被使用在消費者行為研究上（J. C. Johnson et al., 1987; Stefflre, 1972）。我們期待，當越來越多領域的學者致力於尋找地方知識的研究時，CDA 能越來越受歡迎（延伸閱讀：CDA 範例）。

延伸閱讀

◆ CDA 的主要參考資料，請見 Spradley（1972, 1979）與 Borgatti（1999），以及 Borgatti 的軟體（1992; Borgatti et al., 2004）。心理學領域，參見 Rosch（1975）、Rosch 與 Mervis（1975）對語義類別架構的重要研究。

◆ 更多的自由列舉資訊，參閱 D. D. Brewer（1995）、Furlow（2003）、Henley（1969）、Longfield（2004）、Parr 與 Lashua（2004）、Quinlan（2005）、Ryan 等 人（2000）、J. J. Smith 與 Borgatti（1997），及 E. C. Thompson 與 Juan（2006）。

◆ 更多自由列舉的突出性測量，參閱 Quinlan（2005）、Robbins and Nolan（1997, 2000）、J. J. Smith（1993），與 Sutrop（2001）。

◆ 更多三面檢測與配對比較，參閱 Bernard（2006）、Borgatti（1999），及 Weller 與 Romney（1988）。三角檢測的範例，參閱 D. D. Brewer（1995）、Durrenberger 與 Erem（2005）、Furlow（2003）、Nyamongo（2002）、Reyes-Garcia 等人（2004），與 N. Ross 等人（2005）。成對比較的範例，參閱 M. L. Burton（2003）、Durrenberger（2003），及 Durrenberger 與 Erem（2005）。

♦ 更多累積分類的例子，參閱 Alvarado（1998）、Harman（2001）、Nyamongo（1999, 2002），及 Trotter 與 Potter（1993）。

♦ 更多 MDS 的資料，參閱 Borgatti（1997）、DeJordy 等人（2007）、Kruskal 與 Wish（1978）、Mugavin（2008）、Pinkley 等 人（2005），與 Shepard 等人（1972）。

♦ 更多的叢集分析，參閱 Aldemnderfer 與 Blashfield（1984）及 Borgatti（1994）。

♦ 共識分析的整理，參閱 Weller（2007）。共識分析的例子，參閱 Caulkins（2001）、de Munck 等人（2002）、Dressler 等人（2005）、Furlow（2003）、Harvey 與 Bird（2004）、Horowitz（2007）、Jaskyte 與 Dressler（2004）、M. Miler 等人（2004）與 Swora（2003）。

♦ 更多架構抽取的例子，參閱 D'Andrade 等人（1972）、Garro（1986），及 Metzger 與 Williams（1966）。

♦ 更多 CDA 的例子，參閱 Collins 與 Dressler（2008）、Dressler 等人（2007）、Eyre 與 Milstein（1999），與 Ross 等人（2002）。

CHAPTER 9

KWIC 分析、字詞計算
與語義網絡分析

序言
KWIC ——脈絡中關鍵字
　　KWIC 範例
字詞計算
字詞與矩陣
排除清單
　　圖 9.1 的資料分析結果
徵友啟事
描述孩子
　　詳述分析
　　計算字數只是個開始

語義網絡分析
　　將態勢矩陣轉換為相似度
　　矩陣
　　Jang 與 Barnett 對執行長書
　　信的研究
　　Nolan 與 Ryan 對恐怖片的研
　　究
注意事項
延伸閱讀

◆ 序言

　　自由列舉與累積分類是系統化蒐集文字與語詞的方式，但是大部分的質性研究資料的形式都由自然的談話而來。一般而言，有四種主要的方式分析這樣的資料。第一，將文本分為一個個區塊對應到一組主題，用質性或量化方法分析，這就是紮根理論、內容分析與分析歸納法的基礎，也是第十二、十三與十五章的主題。第二種方式是仔細檢視整個文本尋找特定的模式。這就是言談分析、敘述分析與基模分析的基礎，也是第十、十一與十四章的主題。

　　第三種方式是混合研究法，像是第十六章談到的民族誌決策模型。

　　第四種主要的分析方式，文本切割為更基本的元素：字。這就是 KWIC（key-word-in-context，脈絡中關鍵字）分析、字詞計算與語義網絡分析的基礎，也是本章的重點。

◆ KWIC　　脈絡中關鍵字

　　我們可以用 J. R. Firth 的一句名言來描述 KWIC 分析方式：「要瞭解一個字，先看它與哪些字放在一起（用）」（1957: 11）。換句話說，要瞭解一個概念，就要看這概念如何被使用。KWIC 這個用詞最早是由一位 IBM 的工程師提出的（Luhn 1960）；但是 KWIC 的分析方式存在已久，可追朔至十三世紀（Busa, 1971: 595）研讀舊約與新約的神學生由聖經文本中製作的字詞索引。字詞索引就是將所有重要的名詞與短語列出來，並將這些字詞的上下文涵括在其中，讓人們研究詞語的意義時能看到這個字被使用的上下文為何。字詞索引也被其他宗教拿來使用在他們的聖典上〔如 Kassis（1983）可蘭經（Koran）〕，或文學經典，如尤利皮底思（Euripides，希臘悲劇詩人）（Allen & Italie, 1954）、貝奧武夫（Beowulf，古英文敘事史詩）（Bessinger, 1969）與狄蘭・湯瑪斯（Dylan Thomas，英國詩人）（Farringdon & Farringdon, 1980）。

　　在現代的電子化世界中，所有電腦檔案都有字詞索引的功能。當你搜尋一個字或詞時，就會看到這個字與其上下文。當你繼續往下搜尋時，就可以看到這個字在所有被使用的上下文中。KWIC 軟體將這樣的過程自動化，當你搜尋一個文本內某個字或詞時，這軟體會顯示所有使用這個字或詞的上下文。如果你使用 KWIC 軟體尋找文本中所有的字詞，並將這些字以字母順序排列，就產生一套

標準的字詞索引。

KWIC 範例

　　「解構」（deconstruction）是一抽象的概念，常被社會科學家、文學評論家或是新聞工作者使用。創造這個詞的 Jacques Derrida 當時並沒有為其下定義。對於 Derrida 而言，任何文本的意涵都是變化多端且非恆常不變的。為了檢視我們是否可以從某個文章作者使用這個用詞的方式來瞭解這個用詞，我們找到 Joanne Wright（1997）寫的一篇令人玩味的文章，標題是「解構發展理論：女性主義、公／私領域二分法與墨西哥邊境加工廠（*Deconstructing Development Theory: Feminism, the Public/ Private Dichotomy and the Mexican Maquiladoras.*）」。因為這篇文章有電子檔，我們才能下載並用 KWIC 軟體找尋每個使用「deconstruction」（解構）的句子。結果總共找到 19 個字列在表 9.1 中。

　　使用 KWIC 分析時，需要先決定尋找的字詞形式。我們搜尋的字是名詞「deconstruction」，但是搜尋結果不會出現這個字的動詞形式「deconstructs」或是「deconstructing」。如果我們使用這個字的字根「deconstruct」，我們的分析就會因為搜尋結果擴大而結果便有所不同。所以，我們決定只包含使用「deconstruction」的句子。同樣地，如果我們將囊括上下文的範圍提高，把前後的句子甚至整個段落也納入分析，分析結果亦有所不同。

　　KWIC 分析的下一步是將每個包含「deconstruction」的句子分別列印在紙卡上，並將「deconstruction」意思相近的句子放在一起。這個方法與我們想要瞭解「deconstruction」多重意義的目的相符。

表 9.1 Wright（1997）文章中 deconstruction（解構）的 KWIC 分析表

1	這群多變的後現代思想家使用解構為工具批判地評價，一層一層地剝離發展理論的假設：資本主義經濟、發展進步、現代化和理性。
2	他們的解構揭示發展的不對稱，將世界一分為二：一面是現代西化的社會，另一面是傳統「落後」的社會。
3	這篇文章的目的是使用女性主義角度為解構工具，將後現代理論主義者的解構更推進一步，以揭開發展理論中帶有西方那種對於男女角色應根於其「真天性」（true nature）的性別偏見。
4	女性主義解構的過程與女性主義分析中的當代趨勢有著密不可分的關係；被解構的制度，如國家和法律、民主理論和國際關係理論，揭露出這些制度深受性別影響。
5	那麼，女性主義的解構，不同於早先那些實驗性的研究只列舉女性對於發展的經驗。
6	女性主義的解構「不只與女性相關」，而是關於獨立建造的男性和女性，以及女性主義分析的地位由邊緣化轉向中心。
7	這篇文章的第一要點是簡要介紹後現代主義對於西方發展立論的看法，其後再使用女性主義理論進行解構。
8	接下來將解構運用在一個發展的實際範例：墨西哥邊境加工廠。
9	解構在這裡指的是一個批判方式，或是一個概念工具，藉著這個工具，我們得以將發展的思想層層剝開並檢驗。
10	解構的過程其實是後現代運動的一部分，後現代思想是將我們生活中主導的特性「去自然化」，指出那些我們自認為「自然」的思想（包括資本主義、父權制、自由人文主義）實際上是「文化」，是我們創造的不是與生俱來的（Hutcheon, 1989: 2）。
11	後現代解構所謂的發展，認定世界各地的文化從來就是互相影響的，沒有一個文化是「純」文化或與世隔絕的。
12	發展的解構可在不倚靠通用或相對的二元論點中進行。

表 9.1 Wright（1997）文章中 deconstruction（解構）的 KWIC 分析表（續）

13	解構所顯示的是發展在一開始就被斷定為西方文明的模式，是「有史以來人類生命中最成功的方式（原文）」（Ayres, 1978: xxxii-xxxiii），但此假設的實現卻證實了此思想對於文化與社會的破壞。
14	正是因為後現代理論中的差距，女性主義解構此發展的觀念變得必需。
15	更深入地探討，女性主義的解構發展理論主張的論點，表示在實務上，女性已跨越了公領域與私領域。
16	誠如後現代理論的發現，已開發／未開發、現代／傳統等等是發展的中心思想，女性主義的解構揭示了發展理論以男性為中心，將社交生活建立在二分法上：男人／女人、公開／私人、理性／感性、知識／經驗。
17	當女性與發展理論嘗試著調和這樣的二分法，女性主義解構則是認為這些都是幫助西化發展的工具。
18	女性主義解構必須介入並改變誰擁有知與建立理論的權力的界線，這樣的過程必須包含重置知識與理論的產生地。
19	創造這詞的 Derrida 不願為解構下定義，反而認為任何想要為其下定義的人必定要被拿來好好解構一番。

資料來源：Wright, J. 1997. Deconstructing development theory: feminism, the public/private dichotomy, and the Mexican maquiladoras. *Canadian Journal of Sociology and Anthropology 34*: 71-91.

　　KWIC 分析法讓我們展示作者使用「deconstruction」這個字的多重意義與方式。我們覺得 Wright 使用這個字來代表一種工具、一種分析的過程、一種分析的結果與一個理論。如果我們請其他同事來分類表 9.1 中的 19 個句子，就可以檢視我們的解讀是否只是我們的看法，還是大家一致的看法。我們也可以有系統地比較 Wright 使用「deconstruction」這個用詞與其他作者的用法比較，只要將其他文章以同樣方式產生像表 9.1 的表格即可。

　　最後，我們可以將 KWIC 分析法應用於任何的字或詞上。例

如，如果我們想知道「corporate culture」（企業文化）的意涵與用法，可以使用《華爾街日報》（*Wall Street Journal*）與《倫敦金融時報》（*Financial Times of London*）裡的文章來分析（延伸閱讀：KWIC）。

◆ 字詞計算

　　就像很多簡單的事物一樣，我們很容易忽略了光是計算文本中的字詞就可以得到許多資訊與線索。雖然出現次數與重要性不是完美的關係，但是最常出現的字或詞通常是作者或是談話者所要表達的要點。Jasienski（2006）發現自然科學家使用「unexpected」（意想不到的）一字來談論研究發現的次數，是社會科學家與人文學家的 2.3 倍。Jasienski 表示：「我們可能會認為，學術強權主義與實用主義造成科學家們低估了這些意想不到的狀況；但是另一方面，過分誇張的描述可能是為了要吸引媒體注意」（2006: 1112）。

　　字詞計算一直被用來長期追蹤政治人物的支持度高低（Danielson & Lasorsa, 1997; de Sola Pool, 1952），以及確認爭議文章的作者是誰。Mosteller 與 Wallace（1964）計算 James Madison 與 Alexander Hamilton 平時的文章常用字與《聯邦論》（*Federalist Papers*）比較，推斷出其實是 Madison 寫了 12 篇《聯邦論》的文章。你一定會很驚訝光是計算字詞就可得知這麼多資訊（延伸閱讀：著作作者身分研究）。

◆ 字詞與矩陣

　　字詞計算分析的核心，是將文本轉換為受訪者—字詞的矩陣。為了解說，我們詢問了五個大學學生下列問題：

請回想上次你得到感冒或是流感的情況。花點時間回想那
次生病所發生的事，儘可能回想細節。在你回想過上次生
病的狀況後，請儘可能仔細描述。

圖 9.1 將結果列出，圖 9.2 列出我們將資料轉換為受訪者—字
詞的矩陣。

♦ 排除清單

在我們將這些文字轉換成矩陣前，必須給與軟體「排除清單」
的指令，將常用的虛字清單（像是介系詞、連接詞、冠詞）排除在
矩陣之外。本研究的排除清單列在圖 9.2 的中間欄中。

決定哪些字必須包含在排除清單中是這個分析相當重要的步
驟。在分析的文本中只出現一次的字不會出現好幾次，所以這些字
在分析時就會被略過。大部分的研究者也會排除常用字，例如介系
詞。有些研究者會將同義字重新編碼。我們常要確認文本有沒有拼
錯字或是有一個以上拼字法的字〔例如，我們將 behavior（行為）
與 behaviour（行為，英式拼法）合併視為同一字〕。許多研究者
將單數形與複數形的同一字併在一起〔例如，product 與 products
（產品）〕，有些研究者將同字根的字拼在一起〔例如，partial
（部分的）與 partially（部分地）〕〔參見 Fox（1989）英文中常
用的語義中性字清單。在使用任何一種用字索引或是 KWIC 軟體
時，可以按著 Fox 的排除清單為基準加字或減字〕。

在刪除排除清單上的字後，軟體將計算每個字在文本中使用的
次數。

圖 9.1　五位學生回想上次感冒或流感經驗的回答

受訪者 1

我等到期末考結束才去看醫生。咳嗽、鼻涕倒流、流鼻水、呼吸聲音很大／氣喘問題。症狀持續了三天我才到健康中心。我吃了抗生素，但是症狀還是持續到抗生素療程快結束前才好轉。在病程的一半，症狀是最慘的。這場病大約持續了兩個禮拜到三個半禮拜之久。有疲勞與全身無力的感覺，但不大影響生活。當症狀開始時，使用了家庭常備的抗過敏與紓解鼻塞藥，使用吸入器幫助控制病情。

受訪者 2

我知道我可能會生病，因為開始有那種快生病的感覺，就是那種虛弱疲倦感讓你覺得舉起手都很困難。如果我真的生病，之後就會有短暫的「潮熱」感。我的聲音會掉兩個八度音（這種現象應該很有趣，因為這位受訪者剛好是女生）。上次我生病時是在春假時，我那時咳嗽咳得很厲害，好像快把五臟六腑都咳出來了，晚上還會因為咳嗽醒來，更別說室友都被我吵醒了。但除了咳嗽好像也沒有其他的症狀（不過咳太久了會頭暈）。

受訪者 3

大一那年我得了流感，三年來第一次，我絕對不想念生病的時光。剛開始時我覺得走路有困難，感到全身虛弱。全身上下都在痛，而且我不想動。躺在床上三個小時後，我覺得快吐了。幸好有人把垃圾桶拿到我房間讓我吐，我一直吐。吐完後，我覺得需要刷牙，當時想說既然起來了，就沖個澡，我洗了一個小時，感覺舒服許多。全身疫痛與腸胃型流感總共歷時了兩天，所以我只剩下 12 個小時可以準備考試，我連看都還沒開始看。最後還好沒考太糟，我想這應該是吃壞肚子或是 24 小時流感吧！

受訪者 4

我在去年一月時得到流感，就在我 21 歲生日前。我吃了止痛藥 Advil、Tylenol，任何能止痛的藥都吃。但是症狀越來越嚴重，在我生日前兩天我去看了醫生。我想要在我生日前好起來，這樣才能在那天慶祝，喝壽星的免費飲料。結果，醫生發現我的鼻竇嚴重發炎，開藥指示我要吃抗生素十天。因為要吃抗生素，所以我不能喝酒精類飲料，所以我至少要等生日過後八天才能喝……，所以八天過後，我就給它喝個過癮。

受訪者 5

上次我感冒／得到流感是 1998 年二月。我躺在床上兩天，頭痛、肚子痛、發燒、身體疫痛、頭暈想吐。在那 48 小時內大部分時間都在睡覺，之後幾天還是覺得疲累沒有力氣。

譯註：因為此分析需使用受訪者原文（英文）文本，故附上英文原文以茲參考，請見 p. 233。

圖 9.1 五位學生回想上次感冒或流感經驗的回答（原文）

#1

I waited till after finals were over to seek care. Had cough, drainage, runny nose, increased wheezing/asthmatic problems. Had symptoms/signs for about three days before going to health center. Receive antibiotics symptoms/signs progressed until almost end of antibiotics. worsened in the middle of illness. Illness lasted for about two and a half to three weeks. Cause fatigue and general run down feeling but did not interfere with life other than mild inconvenience. When symptoms/signs started took home remedy of antihistamine/decongestant and started using inhaler more to help control illness.

#2

I know I'm getting sick by first feeling "puny," you know, weak and tired like you don't want to lift your arms. If I'm really sick it will later be accompanied with "hot flashes." My voice will drop about two octaves (which can be fun since this participant happens to be a girl). Last time I was sick was spring break, I had a terrible congestive cough that would rack my body and wake me up at night, not to mention I would wake up my roommates too. Other than the cough I didn't have too many other symptoms. (Except after coughing a lot I would get dizzy.)

#3

Freshman year, I caught the flu for the first time in three years. I definitely didn't miss not being sick. It started when I began having trouble walking, my body became very weak. Everything on me hurt, and I didn't want to move. After about three hours of laying in bed, I felt like I was going to throw up. Fortunately, I had someone bring up a bucket to my room, however. I threw up repeatedly. When I was finished, I had to brush my teeth, and I figured since I was up, I would take a shower. This was a relieving feeling for me as I sat in the shower for about an hour. This spell of aching body and stomach flu continued for about two days, so I had about twelve hours to study for a test that I hadn't even begun studying for. Everything worked out fine; I guess it was a case of food poisoning or the twenty-four hour flu.

#4

I got the flu last January right before my twenty-first birthday. I took Advil, Tylenol, whatever pain medicine I could find. But it got worse and by two days before my birthday, I went to see a doctor. I wanted to make sure I got well by my birthday so I could party and get my free drinks. Well, it turn out that I had some sort of bad infection of the sinus, and the doctor prescribed for me to take antibiotics for the next ten days, even if I felt better. And because of the antibiotics, I could not drink any alcohol. So I had to wait at least eight days after my birthday before I could drink . . . so after those eight days, I drank up like there was no tomorrow.

#5

The last time I had a cold/flu was in Feb 98. I laid in bed for two days with a headache, a stomach ache, fever, body pain. I had spells of dizziness and nausea. I pretty much slept for most of forty-eight hours. I was still tired and worn out for a couple of days beyond the initial illness.

圖 9.2　將文本轉換為矩陣

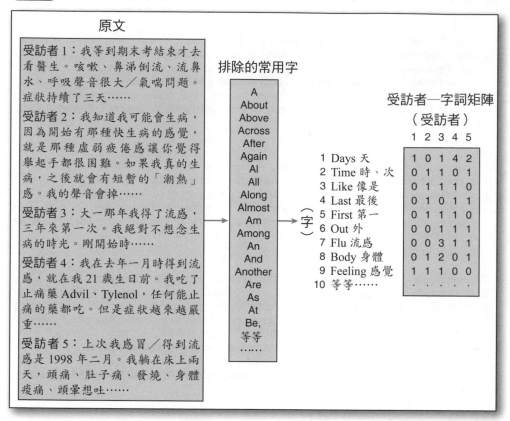

譯註：因為此分析需使用受訪者原文（英文）文本，故附上英文原文以茲參考，請見 p. 235。

圖 9.2 將文本轉換為矩陣（原文）

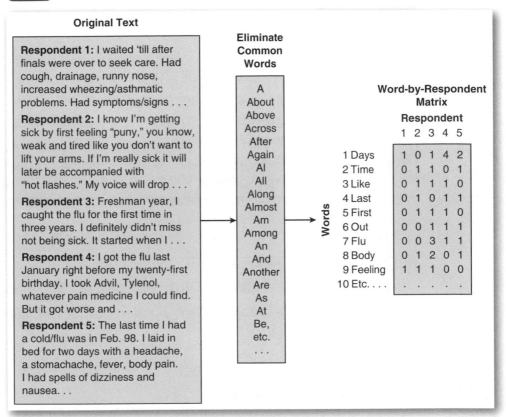

圖 **9.1** 的資料分析結果

　　這五位受訪者在圖 9.1 中的文字總數是 555 個字（譯註：分析數值為英文原文的分析結果），但他們只用了 268 個不同的字。我們的排除清單有 65 個字，這五位受訪者共使用了 44 個排除清單上的字。所以，不計算這 44 個字，這五位受訪者使用了 224 個不同的字。在 224 個字中有 187 個字只被用了一次。然後，我們將選取分析的字限制在有兩位以上受訪者使用的字，最後只選了 37 個字列在表 9.2 中（參見補充資料 9.1）。

補充資料 9.1

以字詞為變項

　　表 9.2 是一態勢矩陣，總共有 37 個字是受訪文本中至少被兩位以上受訪者使用過的。分析的單位是受訪者，變項是他們在文本中所使用的字。這些變項的價值是它們「被受訪者使用」（以 1 表示），與「沒有被受訪者使用」（以 0 表示）。

　　一般而言，在態勢矩陣中分析的單位為行，變項為欄。然而，當我們計算字數時，結果可能會變成有太多變項需列出。這就是為什麼在表 9.2 的矩陣中我們必須對調，以受訪者為欄。

　　檢視表 9.2，我們發現「days」（天）被受訪者 1 號與 3 號使用了一次，5 號使用了兩次，4 號使用了四次，2 號從未使用。

　　圖 9.3 是一陡坡圖（就像第八章自由列舉的陡坡圖一樣），顯示了五位受訪者所使用的 224 個不同的字，其中有 37 個字被兩位以上受訪者使用。

表 9.2　圖 9.1 中兩位受訪者以上使用的字

編號	字	受訪者 1	受訪者 2	受訪者 3	受訪者 4	受訪者 5
1	two 二	1	1	1	1	1
2	not 不	1	1	1	1	0
3	days 天	1	0	1	4	2
4	after 後	1	1	1	2	0
5	first 第一	0	1	1	1	0
6	me 我	0	1	2	1	0
7	feeling 感覺	1	1	1	0	0
8	flu 流感	0	0	3	1	1
9	body 身體	0	0	2	0	1
10	time 時、次	0	1	1	0	1

表 9.2　圖 9.1 中兩位受訪者以上使用的字（續）

編號	字	受訪者 1	受訪者 2	受訪者 3	受訪者 4	受訪者 5
11	my 我的	0	3	3	5	0
12	last 最後	0	1	0	1	1
13	took 取得	1	0	0	1	0
14	since 從	0	1	1	0	0
15	sick 生病	0	3	1	0	0
16	stomach 肚子	0	0	1	0	1
17	weak 虛弱	0	1	1	0	0
18	pain 痛	0	0	0	1	1
19	cough 咳嗽	1	2	0	0	0
20	bed 床	0	0	1	0	1
21	going 去	1	0	1	0	0
22	three 三	2	0	2	0	0
23	twenty 二十	0	0	1	1	0
24	want 想要	0	1	1	0	0
25	take 取得	0	0	1	1	0
26	illness 疾病	3	0	0	0	1
27	symptoms 症狀	3	1	0	0	0
28	get 得到	0	1	0	1	0
29	started 開始	2	0	1	0	0
30	hours 小時	0	0	2	0	1
31	didn't 之前無	0	1	2	0	0
32	before 前	1	0	0	3	0
33	felt 感覺	0	0	1	1	0
34	eight 八	0	0	0	2	1
35	antibiotics 抗生素	2	0	0	2	0
36	tired 疲累	0	1	0	0	1
37	even 甚至	0	0	1	1	0

圖 9.3 圖 9.1 中 224 個不重複字的陡坡圖

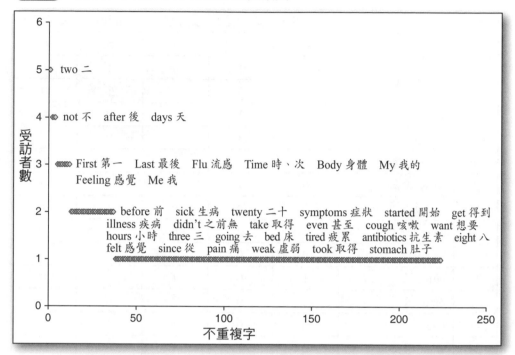

註：37 個被兩個以上受訪者使用的字列在表中，只被提到一次的字有圖示但沒有將字列
出來。

◆ 徵友啟事

我們將字詞計算矩陣的分析法應用在徵友啟事中。圖 9.4 是兩
則徵友啟事的典型範例，一則為男性，另一則為女性，都是最近經
由網路搜尋到的。

這些徵友啟事的語言自成一格：SWF 指的是「單身白人女性」
（single White female），DBPM 指的是「離過婚有專業技術的黑
人男性」（divorced Black professional male），ISO 指的是「尋
找」（in search of），HWP 指的是「身高體重比例勻稱」（height
and weight propotionate），也是「穠纖合度」（no fat）的代號。

圖 9.4 徵友啟事範例

> 　　單身白人女性（身材勻稱），168 公分，黃棕色髮、淡褐色眼睛、風趣、愛冒險、喜愛感官享受、熱情。尋找單身白人男性（身材勻稱），35 到 40 歲、風趣、性感、聰明，喜歡戶外運動，可以長期交往。
>
> 　　離過婚有專業技術的黑人男性，31 歲，185 公分，84 公斤，聰明、在職、有企圖心、有創意。我喜歡運動、跳舞、看電影、看書與有深度的對話。尋找擁有共同興趣的聰明單身女性。

譯註：因為此分析需使用受訪者原文（英文）文本，故附上英文原文以茲參考，如下。

圖 9.4 徵友啟事範例（原文）

> SWF (HWP), 5′6″, sandy hair, hazel eyes, fun, adventurous, sensual, passionate, ISO SWM (HWP), 35–40, fun, sexy, and intelligent, for all kinds of outdoor fun and possible LTR.
>
> DBPM, 31, 6′1″, 185 lbs, intelligent, employed, ambitious, creative. I like sports, dancing, movies, books, and stimulating conversation. ISO an intelligent SF with similar interests.

　　我們在 1998 年從網路網站上蒐集了 380 則徵友啟事，有 146 則是女性刊登的，234 則是男性刊登的。表 9.3 中是男性最常使用的 22 個字與女性最常使用的 21 個字來描述自己的特徵。表 9.4 是 21 個男性與女性最常使用的字來描述他們想尋找的伴侶特徵。

　　男性與女性在描述自己時，幾乎都會提到髮色與眼睛顏色（男性與女性的百分比沒有統計上顯著差異）。有些女性特別註明要找高的男性，不過大致上男性比較傾向尋找某種體格的女性（他們使用的形容詞，像是有吸引力、纖瘦、苗條、纖細），而女性比較傾向描述自己的身材（使用的形容詞，像是豐滿、有吸引力）。

　　男性與女性在徵友廣告中同樣都會描述自己的興趣、身材與個人特質。但當他們描述想找尋的伴侶時大部分都著重於個人特質，像是誠實、誠懇、關懷與幽默感，女性比男性較傾向於尋找誠實的伴侶。男性與女性都提到了自己的財務狀況，但女性比較傾向於尋找財務狀況穩定的另一半。

表 9.3　男性與女性在徵友啟事中描述自己的部分

評等	女性			男性		
	用詞	頻率（ $n = 146$ ）	百分比	用詞	頻率（ $n = 234$ ）	百分比
1	頭髮	68	46.6	頭髮	102	43.6
2	眼睛	64	43.8	眼睛	92	39.3
3	電影	38	26.0	在職	76	32.5
4	咖啡色	37	25.3	咖啡色	72	30.8
5	在職	36	24.7	喜歡	55	23.5
6	媽媽	34	23.3	釣魚	46	19.7
7	跳舞	30	20.5	電影	43	18.4
8	外向	27	18.5	露營	43	18.4
9	閱讀	26	17.8	運動	42	17.9
10	音樂	23	15.8	外	37	15.8
11	喜歡	22	15.1	外向	34	14.5
12	藍色	22	15.1	藍色	34	14.5
13	外	20	13.7	音樂	27	11.5
14	豐滿	19	13.0	金髮	26	11.1
15	金髮	19	13.0	戶外運動	23	9.8
16	園藝	17	11.6	幽默	23	9.8
17	有吸引力	17	11.6	騎單車	22	9.4
18	戶外運動	16	11.0	興趣	21	9.0
19	釣魚	15	10.3	風趣	20	8.5
20	風趣	15	10.3	害羞	20	8.5
21	用餐	15	10.3	工作	20	8.5
22				隨和	20	8.5

表 9.4 男性與女性在徵友啟事中欲尋找的對象特質

排名	女性			男性		
	用詞	頻率（ *n* = 146 ）	百分比	用詞	頻率（ *n* = 234 ）	百分比
1	誠實	61	41.8	誠實	74	31.6
2	關懷	21	14.4	真誠	23	9.8
3	幽默	18	12.3	感情關係	23	9.8
4	關愛	13	8.9	關懷	22	9.4
5	真誠	13	8.9	有吸引力	21	9.0
6	在職	11	7.5	可愛風趣	18	7.7
7	有安全感	11	7.5	興趣	17	7.3
8	尊重	10	6.8	可能	15	6.4
9	興趣	9	6.2	纖瘦	15	6.4
10	親切	9	6.2	相同	14	6.0
11	相同	9	6.2	能共處的	14	6.0
12	高	8	5.5	苗條	13	5.6
13	浪漫	7	4.8	關愛	12	5.1
14	外向	6	4.1	聰明	12	5.1
15	好	6	4.1	纖細	12	5.1
16	生活	6	4.1	幽默	11	4.7
17	體面	6	4.1	親切	11	4.7
18	細膩	6	4.1	外向	11	4.7
19	聰明	6	4.1	好	11	4.7
20	見面	6	4.1	體面	9	3.8
21	財務上的	6	4.1	可靠的	9	3.8

在美國，我們發現無論過去或是現在，男性與女性在徵友啟
事上描述自己的部分竟然變化不大。Hirschman（1987）分析 1985
年《華盛頓人雜誌》（*The Washingtonian*）與《紐約雜誌》（*New
York Magazine*）上的徵友啟事，與我們上述的調查結果相似：
男性較女性傾向於描述自己的財務狀況；女性則是尋找經濟來源
穩定的對象。女性也比男性傾向於描述自己的外貌與身材（關於
Hirschman 研究的詳細內容，參見第十三章內容分析）。

然而，事情也可能會變的。Gil-Burman 等人（2002）發現雖
然在西班牙所有的男性都傾向尋求外貌與身材姣好的女性，且 40
歲以上的女性尋求經濟來源穩定的對象（這是預期中的結果），但
是 40 歲以下的女性則是尋求身材健壯的男性。Gil-Burman 等人解
讀年輕女性的行為轉變跟西班牙經濟成長與女性投入勞動市場有關
（延伸閱讀：徵友啟事）。

◆ 描述孩子

這裡有另一個例子，是洛杉磯對於家庭的長期追蹤研究，研
究者 Ryan 與 Weisner（1996）訪談家有青少年的 82 位父親與 82
位母親：「家中的青少年狀況如何？她／他具備哪些特質或能
力？」，並請父母使用簡短的句子寫下回答。圖 9.5 是三位受訪者
的回答。

Ryan 與 Weisner 使用文書處理程式，確認每個想法（短語或
句子）都以句號分開。然後他們使用文書處理程式與 KWIC 程式
執行基本計算，請參見表 9.5（與補充資料 9.2）。

圖 9.5 父母描述孩子的範例

ID-009（父親談論兒子）：有愛心。聽話。維持自我認同。喜歡待在家。獨立。很期待去加州的學校讀書。
ID-016（父親談論兒子）：聰明。有活力。高傲。依賴。狡猾。悲觀。沒有想像力。喜歡大城市生活。
ID-124（母親談論女兒）：好孩子。願意與父母溝通。傾聽。在課業上會自動自發。在家裡會幫忙。健康。主動。很多朋友。做事謹慎小心。

資料來源：Ryan, G. W., and Weisner, T. (1996, June). Analyzing words in brief descriptions: Fathers and mothers describe their children. *Cultural Anthropology Methods Journal*, 8(2), 13-16. Copyright ©1996 Sage Publications.

表 9.5 Ryan 與 Weisner 的文本統計資料

	母親 （$n = 82$）	父親 （$n = 82$）	總數 （$N = 164$）
1. 字母數	9748	7625	17373
2. 字數	1692	1346	3038
3. 每字平均字母數	5.76	5.66	5.72
4. 句子數	528	411	939
5. 每人平均句子數	6.44	5.01	5.72
6. 每句平均字數	3.20	3.27	3.24
7. 最長句字數	14	17	
8. 不重複字數	666	548	
9. 相異詞比例	0.39	0.41	

資料來源：Ryan, G. W., and Weisner, T. (1996, June). Analyzing words in brief descriptions: Fathers and mothers describe their children. *Cultural Anthropology Methods Journal*, 8(2), 13-16. Copyright ©1996 Sage Publications.

補充資料 9.2

使用文書處理程式做基本的計算

在表 9.5 中，欲計算平均每個字中的字母數，最簡單的方式就是將總字母數除以總字數。總字數與總字母數計算是文書處理程式中最基本的運算功能，像是 MS-Word、OpenOffice Writer 或 WordPerfect 都有。WordPerfect 還具備計算句子的功能，但 MS-Word 只能計算段落。如需使用 MS-Word 計算句子，必須複製文件，再將每個句點後用 return 鍵讓句子變成段落。

如果你能夠在 MS-Word 寫指令，可以使用下列指令來計算句子。

```
Sub MAIN
    StartOfDocument
    Count = 0
    While SentRight(1, 1)<> 0
        If Right$(Selection$(), 1)<>Chr$(13)Then count = count + 1
    Wend
    MsgBox "Number of sentences in document:" + Str$(count)
End Sub
```

我們使用 ANTHROPAC 計算不重複的字數，而許多 KWIC 程式以及分析文本的程式也具備這樣的功能。

表 9.5 中，將字母數除以字數得到的結果顯示母親與父親使用差不多長的字（每個字約 5.7 個字母），但是母親描述孩子的字數比父親多 26%，使用的句子數也多過 28%。整體來說，82 位母親使用 1,692 個字，其中 666 個字是不重複的字；父親們使用了 1,346 個字，其中有 548 個字是不重複的。父親與母親使用的短語中字數差不多（3.20 比 3.27），但是母親們對孩子的描述多於父親；受訪的父母親都使用同樣的社會科學問卷模式來回答問題——在一兩分鐘內寫下一連串精簡的短語或字。

　　表 9.6 中是父母親所使用的不重複字清單的截短版。母親們使用的字，像是「好」、「朋友」、「有愛心」、「外」、「人」至少有 11 次以上，而「熱心」」（母親們的描述清單上最後一個字）只有一次。父親們所使用的字，像是「好」、「學校」、「難」與「聰明」至少有 9 次以上，而「零」（父親們的描述清單上最後一個字）則只有一次。

表 9.6　父母親描述孩子的字詞清單

母親的描述		父親的描述	
排名	次數／字詞	排名	次數／字詞
1	22 好	1	23 好
2	12 朋友	2	16 學校
3	11 有愛心	3	11 難
4	11 外	4	9 聰明
5	11 人	5	8 聰穎
6	10 不	6	8 獨立
7	10 難	7	8 外
8	10 學校	8	8 很好
9	9 負責	9	7 不
10	9 感覺	10	7 缺乏
11	8 關心	11	7 有愛心
12	8 聰明	12	7 人
13	8 缺乏	13	7 細膩敏感
14	8 細膩敏感	14	7 運動
15	7 聰穎	15	7 學生
16	7 誠實	16	6 關心
17	7 其他	17	6 做

表 9.6 父母親描述孩子的字詞清單（續）

母親的描述		父親的描述	
排名	次數／字詞	排名	次數／字詞
18	7 自我	18	6 人生
19	7 時間	19	6 其他
20	7 很好	20	6 工作
21	7 工作	21	5 能力
22	6 有創意	22	5 享受
23	6 做	23	5 棒
24	6 棒	24	5 缺乏
25	6 成熟	25	5 喜歡
26	6 運動	26	5 成熟
27	5 課業上	27	5 擁有
28	5 藝術才華	28	5 感覺
29	5 關心	29	5 社交
30	5 擔憂	30	5 想要
31	5 目標	...	
32	5 去	548	1 零
33	5 幽默		
34	5 獨立		
35	5 其他		
36	5 社交		
37	5 次數		
...			
666	1 熱心		

資料來源：Ryan, G. W., and Weisner, T. (1996, June). Analyzing words in brief descriptions: Fathers and mothers describe their children. *Cultural Anthropology Methods Journal*, 8(2), 13-16. Copyright ©1996 Sage Publications.

　　母親們在 1,692 個字中有 666 個不重複字,所以整個文本的相異詞比例(type-token ratio, TTR)為 666/1692 = 0.39(39%),與父親們的 TTR 是 548/1346 = 0.41(41%)相去不遠。

　　母親們寫下描述孩子的字多於父親們有 26%(1,692 與 1,346 相比)。我們無法判定是否父親們不擅長談論他們的孩子,還是他們本來對許多話題就不擅表達;但是從 TTR 來看,父親們的單字量與母們的單字量一樣豐富。TTR 是語彙豐富度的指標之一(參見補充資料 9.3)。

補充資料 9.3

語彙豐富度測量

　　TTR 計算廣泛地被使用於以語言學為基礎的文本分析與雙語教育。例如,Tang 與 Nesi(2003)使用 TTR 檢視中國兩所中學學生的英文語彙豐富度。

　　TTR 有一個廣為人知的問題:如果計算的文本句子長度差異甚大,計算出來的結果就會不正確。假設 Ryan 與 Weisner 的母親與父親對孩子的描述使用了相似的語彙;也就是說他們用差不多同樣字數來描述孩子,較長的語句會降低 TTR。在這個研究中父親或母親所使用的句子長度相當,所以我們可以推斷母親的語彙豐富度比父親還高一些——至少在描述孩子時是如此。現行也有許多不同的文本專注度測量法,但我們在這裡不會深入探討(參見 Daller et al., 2003)。

　　當我們只檢視不重複字時,同時也失去很多的資訊。不同於 KWIC 分析,我們不知道這些字出現的上下文,也不知道受訪者是正面或負面地使用這些字,甚至不知道這些字的相互關聯性為何。但是類似 TTR 這種抽取式的分析比較不含有研究者偏誤(雖然我們必須在分析前剔除某些字),而且也可以幫助我們指認主要的概念或主題。

詳述分析

　　請看表 9.6，我們看到母親與父親用「好」（good）這個字的次數來描述他們家中的青少年比其他字都還要來得多。更深入地看，「好」的反義詞在這個清單上並沒有出現，可能是反映了家長在談及孩子時傾向於使用正向的字眼。

　　表 9.6 也反映出父親與母親專注於孩子不同的特點，從他們最常用的字詞便可見端倪。「朋友」、「有愛心」、「人」與「負責」在母親的用詞排名中高於父親的用詞排名。相反地，「學校」、「難」、「聰明」、「聰穎」與「獨立」在父親的用詞排名中高於母親的用詞排名。這樣的分析告訴我們，母親們較為注重人與人之間的情感（關係），而父親們較是成就取向與個人主義（表現）。

　　我們可以標準化父親與母親的資料來檢視這個推論。標準化的方式是計算如果父親使用的字數與母親一樣，那麼預計父親使用這個字會有多少次；結果顯示於表 9.7 中，表內有 32 個字是父親與母親都使用過至少四次的字。因為母親們使用的字比父親們多了 26%（1,692 比 1,346），所以我們將每個父親所使用過的字的次數乘以 1.26。

　　在表 9.7 最右欄中呈現的負值代表父親使用這些字的機會大於母親。呈現正值的字代表母親使用的機會大於父親。數值越接近零代表父親或母親這個字的使用次數沒有太大的差異。

　　當我們將資料標準化時，便發現父親們使用「好」這個字的次數比母親們多很多。同樣地，母親們在整個文本中使用「關心」的次數多於父親，但是當我們標準化資料時便發現父親或母親使用「關心」描述他們家中的青少年的次數差不多。父親們較傾向於使用「學校」、「好」、「缺乏」、「學生」、「享受」、「獨立」、

表 9.7 字詞頻率依標準化後的數據排列以顯示父母親用字的不同

字詞	母親	父親	父親（標準化後）	標準化後差異
學校	10	16	20.16	-10.16
好	22	23	28.98	-6.98
缺乏	2	7	8.82	-6.82
學生	2	7	8.82	-6.82
享受	1	5	6.30	-5.30
獨立	5	8	10.08	-5.08
非常	0	4	5.04	-5.04
喜歡	0	4	5.04	-5.04
能力	2	5	6.30	-4.30
擁有	2	5	6.30	-4.30
想要	2	5	6.30	-4.30
高	1	4	5.04	-4.04
感興趣	1	4	5.04	-4.04
棒	6	5	6.30	-0.30
成熟	6	5	6.30	-0.30
幽默	5	4	5.04	-0.04
次數	5	4	5.04	-0.04
態度	4	3	3.78	0.22
關心	8	6	7.56	0.44
成人	4	0	0.00	4.00
平均	4	0	0.00	4.00
困難	4	0	0.00	4.00
去	4	0	0.00	4.00
孩子	4	0	0.00	4.00
很多	4	0	0.00	4.00
尊重	4	0	0.00	4.00
天份	4	0	0.00	4.00
使用	4	0	0.00	4.00
誠實	7	2	2.52	4.48
時間	7	2	2.52	4.48
創意	6	0	0.00	6.00
朋友	12	4	5.04	6.96

資料來源：Adapted from Ryan, G. W., and Weisner, T. (1996, June). Analyzing words in brief descriptions: Fathers and mothers describe their children. *Cultural Anthropology Methods Journal, 8*(2), 13-16. Copyright ©1996 Sage Publications.

註：資料為父親或母親至少使用過四次以上的字。

「非常」、「喜歡」、「能力」、「擁有」、「想要」、「高」與「感興趣的」；母親們較傾向於使用的字則有：「朋友」、「有創意」、「時間」、「誠實」、「使用」、「有天份」、「尊重」、「很多」、「孩子」、「去」、「不同」、「平均」與「成人」。順道一提，這結果與其他研究西方社會中親子關係的性別差異的結論相近（Best et al., 1994）。

計算字數只是個開始

這些字數計算與字詞檢視技術幫助我們快速地解讀複雜的資料、發掘中心主題，並做跨組比較。當然，這些只是在進行更仔細分析前的第一步。我們仍希望檢視字詞出現的上下文，以及這些關鍵字詞彼此之間的關係。我們也想要檢測初步分析中推論出的假說。比如當我們完成字數計算並準備一頭栽進分析上下文資料時，應該對青少年與家長的性別如何影響他們的字詞使用有些想法與瞭解。當然，對於這麼簡單的字詞計算法，我們仍有很多需要學習的地方（延伸閱讀：字詞計算）。

◆ 語義網絡分析

語義網絡分析（semantic network analysis）延伸了字詞計算分析，並同時檢視許多文本中字詞間的關係。其概念相當簡而有力：文本中用字相近的，代表產生這些文本的人或團體的看法較一致；文本中相同用字少的，代表這些人或團體的想法相距較遠。

語義網絡分析從製作我們在第八章介紹過的相似度矩陣開始。首先，我們要計算所有在態勢矩陣中的行或欄的共變數。藉著以下的範例說明會更清楚。

表 9.2（p. 236）即是一態勢矩陣，其中列出這五名受訪者談

論他們最近一次感冒或流感中使用了這 37 個字的次數。表 9.8 列
出了部分的資料：12 個三位受訪者以上使用的字。

　　表 9.8 可以被轉換成相似度矩陣，只要將行或欄的共變數計算
出來即可。圖 9.6 所示的便是以簡單的百分比製作相似度矩陣的過
程，圖中一併提供了許多使用此法的研究。

　　當我們得到一小組受訪者與其資料矩陣（如表 9.8）後，第一
步就是將資料二元化，即是將所有在表 9.8 的數字轉變為 1 或 0。
在表 9.9 中的數字 1 或 0 代表的是那個字有或沒有被使用。這個步
驟讓我們能夠簡單地以百分比來比較行與欄（再往下看時，就會發
現當我們的矩陣包含的資料太多時，可以使用百分比以外的其他方
式來計算雙行或雙欄間的相似度）。

表 9.8　表 9.2 中擷取 12 個三位受訪者以上使用的字

字	受訪者 1	受訪者 2	受訪者 3	受訪者 4	受訪者 5
two 二	1	1	1	1	1
not 不	1	1	1	1	0
days 天	1	0	1	4	2
after 後	1	1	1	2	0
first 第一	0	1	1	1	0
me 我	0	1	2	1	0
feeling 感覺	1	1	1	0	0
flu 流感	0	0	3	1	1
body 身體	0	1	2	0	1
time 時、次	0	1	1	0	1
my 我的	0	3	3	5	0
last 最後	0	1	0	1	1

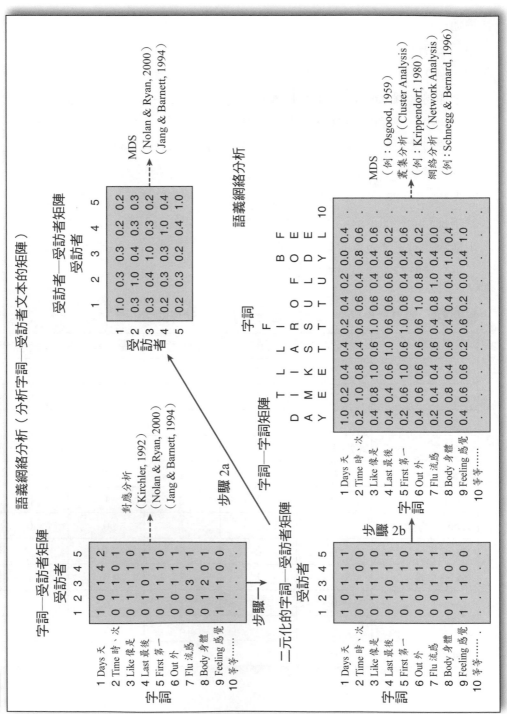

圖 9.6 將字詞—受訪者矩陣轉換為兩種相似度矩陣

表 9.9 二元化表 9.8 後的資料

字	受訪者 1	受訪者 2	受訪者 3	受訪者 4	受訪者 5
two 二	1	1	1	1	1
not 不	1	1	1	1	0
days 天	1	0	1	1	1
after 後	1	1	1	1	0
first 第一	0	1	1	1	0
me 我	0	1	1	1	0
feeling 感覺	1	1	1	0	0
flu 流感	0	0	1	1	1
body 身體	0	1	1	0	1
time 時、次	0	1	1	0	1
my 我的	0	1	1	1	0
last 最後	0	1	0	1	1

將態勢矩陣轉換為相似度矩陣

現在我們能使用百分比將表 9.9 轉換為兩個相似度矩陣，如表 9.10 與 9.11 所示（再次提醒，你可以使用 ANTHROPAC 或 UCINET 轉換）。表 9.10 格子內的數字代表兩個字之間的相似度——這兩個字在文本中共同出現次數的百分比。

舉個例子，在表 9.9 中「二」與「天」都在四個文本中出現（文本 1、3、4、5），代表五個文本中有 80% 共同出現率。0.80 出現在表 9.10 的第一行「二」與「天」的交界處。「感覺」這個字在文本 1、2、3 中出現，「流感」在 3、4、5 文本中出現，所以在「感覺」與「流感」的交界處的格子中是 0.20（20%）。在這五個文本中的 12 個字，「感覺」與「流感」有 20% 共同出現率，而「二」與「天」有 80% 的共同出現率。

表 9.10　五個文本中每組字共同出現的百分比

字	二	不	天	後	第一	我	感覺	流感	身體	時、次	我的	最後
two 二	1.00	0.80	0.80	0.80	0.60	0.60	0.60	0.60	0.60	0.60	0.60	0.60
not 不	0.80	1.00	0.60	1.00	0.80	0.80	0.80	0.40	0.40	0.40	0.80	0.40
days 天	0.80	0.60	1.00	0.60	0.40	0.40	0.40	0.80	0.40	0.40	0.40	0.40
after 後	0.80	1.00	0.60	1.00	0.80	0.80	0.80	0.40	0.40	0.40	0.80	0.40
first 第一	0.60	0.80	0.40	0.80	1.00	1.00	0.60	0.60	0.60	0.60	1.00	0.60
me 我	0.60	0.80	0.40	0.80	1.00	1.00	0.60	0.60	0.60	0.60	1.00	0.60
feeling 感覺	0.60	0.80	0.80	0.80	0.60	0.60	1.00	0.20	0.60	0.60	0.60	0.20
flu 流感	0.60	0.40	0.40	0.40	0.60	0.60	0.20	1.00	0.60	0.60	0.60	0.60
body 身體	0.60	0.40	0.40	0.40	0.60	0.60	0.60	0.60	1.00	1.00	0.60	0.60
time 時、次	0.60	0.40	0.40	0.40	0.60	0.60	0.60	0.60	1.00	1.00	0.60	0.60
my 我的	0.60	0.80	0.40	0.80	1.00	1.00	0.60	0.60	0.60	0.60	1.00	0.60
last 最後	0.60	0.40	0.40	0.40	0.60	0.60	0.20	0.60	0.60	0.60	0.60	1.00

表 9.11　表 9.9 資料轉換為 5 乘 5／受訪者─受訪者矩陣

受訪者	1	2	3	4	5
1	1.00	0.42	0.50	0.50	0.42
2	0.42	1.00	0.75	0.58	0.33
3	0.50	0.75	1.00	0.67	0.42
4	0.50	0.58	0.67	1.00	0.42
5	0.42	0.33	0.42	0.42	1.00

　　在表 9.10 中，左上至右下斜角的格子都是 1.00，代表每個字都與自己共同出現。表 9.10 是上下對稱的，斜對角 1.00 線之上與之下的數字是一樣的：第一行裡面「二」與「我」的交界格子裡的數字是 0.60，第一欄裡「我」與「二」的交界格子裡的數字也是 0.60。

　　表 9.11 是將表 9.9 中的資料轉換成 5 乘 5／受訪者─受訪者的矩陣。在矩陣中每個格子代表的是兩位受訪者使用相同的字的百分比。原則是，兩位受訪者使用越多相同的字，他們的文本內容就越相近。如果我們看表 9.9 的第一與第二欄，便會看到「二」「不」「後」與「感覺」是 1，而「流感」則是 0。

　　所以，受訪者 1 與受訪者 2 使用四個相同的字，而且同樣沒有使用一個字。這兩位受訪者的相似度為 42%（4 ＋ 1 ＝ 5，5/12 ＝ .42），稱為匹配係數（match coefficient）。如果我們只使用這兩位使用的字而沒有計算他們共同沒有使用的字，那麼他們的正匹配係數為 33%（4/12 ＝.33）。

Jang 與 Barnett 對執行長書信的研究

在建立了類似表 9.10 或是表 9.11 的相似度矩陣後，就可以使用 MDS 與叢集分析檢視資料。Ha-Yong Jang（1995）就是使用這個方法檢視美國與日本企業的執行長每年寫給股東的信中是否具有文化辨識性。他選擇了《財富》雜誌的全球 500 大企業中 18 間美國企業與 17 間日本企業，依照行業別配對。例如，福特汽車（Ford）與本田汽車（Honda）、全錄公司（Xerox）與佳能公司（Canon）等等。

所有被選入的企業都在紐約證券交易所上市，每年股東都會收到一封來自於執行長或董事長的信（在紐約證交所上市的日本企業每年會以英文寫信給在美國的股東）。Jang 下載了 1992 年給股東的信（排除 60 個常用字），並在 35 封信中選出 94 個至少出現 26 次以上的字（Jang, 1995: 49）。

Jang 建立了 94（字）-35（企業）的矩陣，以 94 個字為行，35 間企業為欄，每一個格子則是填入 0 到 25 的數字；25 是某字在一封信中出現最多的次數〔如果你很好奇的話，在同一封信中出現最多的字是「Company」（公司），是奇異公司（General Electric）寫給股東的信，一共出現了 25 次〕。

接下來，Jang 根據每間企業的信中共同出現的字，建立了 35（企業）-35（企業）的相似度矩陣，並用 MDS。圖 9.7 是 Jang 的 35-35 企業相似度矩陣 MDS 的結果（Jang & Barnett, 1994）。

圖 9.7 顯示有兩種企業寫給股東的信，一個是美國的，一個是日本的。Jang 與 Barnett（1994）發現其中有 13 個字是美國企業常使用來寫給股東的信：董事會、老闆、領導能力、董事長、長官、主要、職位、財務上、改善、好、成功、競爭的、客戶。Jang 與 Barnett 深入閱讀所有文本，加上他們對於企業文化的瞭解，於是

歸納出這 13 個字所代表的兩個主題：財務資訊與組織架構。

關於日本企業，有六個字的關聯性比較大：收入、努力、經濟、新、發展、品質。對於 Jang 與 Barnett 而言，這些字代表的是組織性的運轉與日本人著重於創造新穎有質感的產品以利於在美國的企業環境中脫穎而出。

圖 9.7 Jang 與 Barnett 的企業─企業資料的 MDS

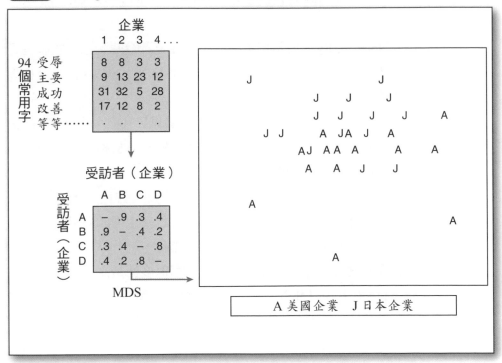

資料來源：Jang and Barnett (1994).

Nolan 與 Ryan 對恐怖片的研究

另一個例子是 Nolan 與 Ryan（2000）的研究，他們請 59 位大學生（30 位女性、29 位男性）描述他們「最難忘的恐怖片」。Nolan 與 Ryan 從中找出了 45 個最常被使用來描述恐怖片的形容詞、動詞與名詞。接下來，他們建立了一個 45（字）-59（人）的二元化矩陣，每個格子中代表的是每個學生是否至少使用過一次的字。

Nolan 與 Ryan 將這個矩陣的每個欄位計算關聯性，並產生了 59（人）-59（人）的相似度矩陣並使用 MDS。圖 9.8 便是分析後產生的結果。

雖然有些重疊部分，但是可以清楚看見男性與女性使用不同組的字來描述恐怖片。Nolan 與 Ryan 使用對應分析檢視男性與女性較傾向使用的字，結果顯示於圖 9.9。

對應分析與 MDS 一樣會產生一張圖，但是對應分析同時將態勢矩陣的行與欄排比進去，所以可以看到主要目標間的關係（態勢矩陣中的行）與描述這些目標的變項（欄）。

在對應分析圖上越靠近的事項，相似度便越高。在圖的右手邊，有一串用詞（年輕女孩、恐怖、糟糕、邪惡、魔鬼、父親、父母、宗教的、被附身、綁架）位置在女性受訪者的附近。代表女性傾向於注意到關於家庭、恐怖與超自然的主題（延伸閱讀：對應分析）。

在 Nolan 與 Ryan 研究中的男性比較常使用的字為：「不安」、「暴力」、「黑暗」、「殺手」、「死亡」、「青少年」、「荒郊野外」、「鄉下」、「鄉下人」、「屠殺」、「電鋸」、「德州」。最後三個字所指的是一部相當有名的恐怖片《德州電鋸殺人狂》（*Texas Chainsaw Massacre*）。發生於荒郊野外的恐怖片則以《激流四勇士》（*Deliverance*）為原型，事實上，許多 Nolan

圖 9.8　男性與女性描述恐怖片字詞使用的 MDS

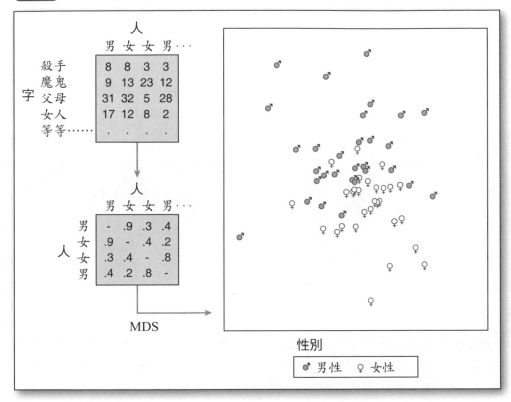

資料來源：Nolan, J. M. and G. Ryan 2000. Fear and loathing at the cineplex: Gender differences in descriptions and perceptions of slasher films. *Sex Roles 42*(1-2): 39-56.

與 Ryan 的男性受訪者將這部電影列為他們看過最恐怖血腥的恐怖片。

　　總體來說，Nolan 與 Ryan 的解讀是研究中的男性害怕鄉下人與荒郊野外的地方，女性則是害怕親密關係被背叛還有被靈異附身。注意在圖 9.9 左下角的字（像是「強暴」、「遙遠」），Nolan 與 Ryan 解讀為這是對於荒野恐懼語義上的延伸，並反映了 Clover（1992）稱之為在血腥恐怖片中的「強暴報復」動機（延伸閱讀：語義網絡分析）。

圖 9.9 對應分析男性與女性描述恐怖片的字詞使用

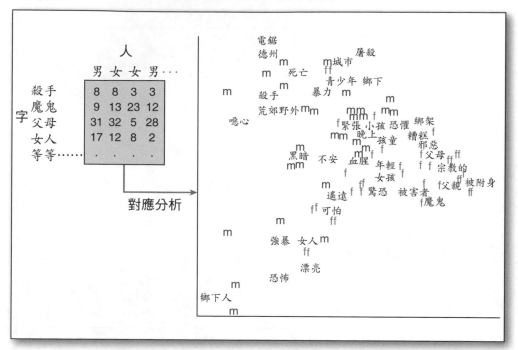

資料來源：Nolan, J. M. and G. Ryan 2000. Fear and loathing at the cineplex: Gender differences in descriptions and perceptions of slasher films. *Sex Roles 42*(1-2): 39-56.

◆ 注意事項

　　分析字與字的共同出現率與矩陣建立最吸引人的地方是完全使用電腦作業。事實上，分析的第一步只能仰賴電腦，讓人想放手都讓電腦分析即可。但是最終還是需要「人」來分析解讀這些以數字呈現的資料。

　　就舉 Jang 與 Barnett 為例，他們對資料的解讀是日本企業與美國企業截然不同，日本企業重產品創新與品質，而美國企業則是看重財務狀況與組織。Nolan 與 Ryan 對資料的解讀是美國人對於恐

懂有性別之分。這是在圖 1.1 中 B 格的工作：得到量化資料處理的結果後進入質性資料的尋找與意義呈現。無論數字處理的過程多麼複雜，任何研究都要進行這個步驟來完成分析，所以不要太早放棄。

電腦處理所產生的矩陣並不代表偏誤不存在，我們必須特別警惕。偏誤的來源之一是要選擇哪些字放進矩陣中，選擇的第一步就是排除清單。清單越長，代表你對這個分析做了更多的抉擇；而且，就我們所知，每個抉擇都有可能將偏誤帶入分析中。

另一個抉擇點是決定分析的字數。在 Jang 的研究中他選擇了94 個字。我們做了一個小小的測試，使用他的資料擷取前 100 字與前 200 字來分析；結果發現重新運算出來的結果與他的結果一樣。不過，結果也有可能會完全不同，所以為了安全起見，一定要檢視這可能的偏誤來源。

如何檢視呢？我們可以故意將偏誤帶入，看看是否能推翻先前的研究發現。如果不能，我們對研究發現的結果就比較有信心。

例如，我們從 Jang 的 94 個字的資料中剔除兩個最重要的概念字：United States（美國）與 Japan（日本）。如果圖 9.7 中呈現的明顯分野只是因為日本企業的執行長談到很多日本、美國企業的執行長談到很多美國呢？當我們將這兩個字剔除在外重新運算資料分析，結果圖表中顯示日本與美國的企業間分歧更大，只有一家企業例外：三菱汽車（Mitsubishi）的位置處於美國企業當中。難道是三菱汽車想發展得跟美國企業一樣？只有更進一步分析才能找到此問題的答案，這也是科學研究的特性。

我們發現，因為 MDS、叢集分析與對應分析都展示字或概念的聚集，這些分析對於尋找自然對話文本中的主題很有幫助。分析自然對話文本中的主題是文本分析裡最常見的方式，這也是我們的下一章要介紹的主題。

延伸閱讀

◆ 更多 KWIC 研究，參閱 E. Johnson（1996）與 Weber（1990）。

◆ 更多著作作者身分研究，參閱 Martindale 與 McKenzie（1995）及 Yule〔1968（1944）〕。

◆ 近幾十年來關於徵友啟事的研究有增長的趨勢，研究範圍包括網路徵友啟事、比較同性與雙性戀者的徵友啟示，以及不同文化種族的人的徵友啟示。參閱 Badahda 與 Tiemann（2005）、Groom 與 Pennebaker（2005）、Kauman 與 Voon Chin（2003）、Leighton Dawson 與 McIntosh（2006）、Phua（2002）、C. A. Smith 與 Stillman（2002a, 2002b），及 Yancey 與 Yancey（1997）。

◆ 使用字詞計算的研究，參閱 Arthur 等人（2007）、Basturkman（1999）、Côté-Arsenault 等人（2001）、DeRocher 等人（1973）、Doucet 與 Jehn（1997）、Pressman 與 Cohen（2007），及 Ward 與 Spennemann（2000）。

◆ 更多對應分析的研究，參閱 Greenacre（1984）、Greenacre 與 Blasius（1994）、Watts（1997），及 Weller 與 Romney（1990）。

◆ 更多語義網絡分析的例子，參閱 Danowski（1982）、Doerfel（1998）、Doerfel 與 Barnett（1999）、Kirchler（1992）、Rice 與 Danowski（1993），及 Schnegg 與 Bernard（1996）。

CHAPTER ⑩

言談分析：對話與表演

序言

超越語句的文法

對話分析

　　逐字稿

輪流發言

　　相鄰語對

陪審團中輪流發言

　　對話分析結語

表演分析

　　切努克文本

　　找尋表演的模式

　　Sherzer 對庫納族歌謠的研

　　究

使用中的語言

　　Negrón 研究在紐約情境式的

　　　族群認同

　　給予暗示與談生意

　　隱藏的意義

批判言談分析：語言與權力

　　性別與言談

　　醫病互動

　　醫病互動編碼

延伸閱讀

◆ 序言

　　言談分析是：(1) 超越語句的文法；(2) 語言的使用；(3) 權力的修辭學的研究（Schiffrin et al., 2001: 1）（延伸閱讀：言談分析評論）。

　　1.第一種研究是超越語句的文法，研究影響自然發生談話（naturally occurring speech）的規則。我們習慣將文法視為一套建造語句的規則，但是文法的意涵其實不止如此。世界

上每個語言的母語使用者也學習了超越文法的規則來對話與傳講故事。對話分析揭示了人們如何使用這一套規則以建立彼此的互動，無論這些互動是有趣的或是痛苦的。表演分析（performance analysis）揭示了人們如何組織故事架構並傳講故事，包含口說與書寫的形式。

2. 第二種研究是語言的使用，著重於人們如何在自然發生的談話中達到他們的目的。在這裡，主題的範疇包括：人們如何設法收賄（Mele & Bello, 2007）、老師如何讓學生在教室內聽話（De Fina, 1997; Morine-Deshimer, 2006）、說雙語的人在什麼時後以及如何作語言轉換（Negrón, 2007; Scotton & Ury, 1977）。

3. 第三種研究是觀察人們在複雜的社會中理解並在談話中重現社會上普遍存在的權力差異。在這個領域的研究被稱為批判言談分析（critical discourse analysis），著重於言談內容如何建立、反映或延續社會各種角色的權力差異。

以上三種分析人類言談的方法可以同時使用。例如，分析醫生與病患的單次互動，可能就包含了以上三種研究方法：探討輪流發言（超越語句的文法）、探討醫生如何讓病患聽從醫囑（語言的使用），以及探討修辭的選擇如何強化了醫生身分的權力凌駕於病患之上（批判分析）。以下會有深入探討。

◆ 超越語句的文法

這個領域的言談分析建立在語言學上。語言學家將文法分為五個層次：語音學（phonology）、構詞學（morphology）、語法（syntax）、語義學（semantics）與言談（discourse）。

語音學是研究語言的聲音與使用聲音的規則。例如，像在念Bach 的喉頭音 ch 被許多語言使用，但英文卻沒有這個音。像念

cat 時的母音 æ 是相當普遍的，但西班牙文卻沒有這個音。

　　語言中最基本的音被稱為音素（phoneme）。英文中有 42 到 44 個音素（視哪種方言而定）。不過，我們只有 26 個字母來代表所有的音，所以某些字母或是字母組合必須代表一個以上的音。例如，e 在 represented 中有三個不同的音（試著念念看，第一個 e 的發音像是 pet 裡面的 e，第二個 e 像是 street 的 ee，第三個 e 像是 doctor 裡面的 o）。

　　每個層級的文法都有自己的一套規定。習得語音規則的時間在語言學習的最初期。例如，在英文中有一個語音的規則，pt 兩個字結合的音只能在字中或字尾出現，不能在字的開頭（如：aptitude 與 inept）。然而，說希臘語的人卻沒有這樣的規則，所以他們要發 pt 在字首的音完全沒有困難：pterodactyl（翼手龍）、Ptolemy（托勒密）與 ptomaine poisoning（食物中毒）。這些字讓說英語的人念，就好像 p 的音被省略了，念成 terodactyl、tolemy 與 tomaine。

　　構詞學是使用音素造出有意義單位的規則，又稱為詞元或語素（lexeme）。有些語素必須與其他語素結合〔像是 ig-、il- 與 im-，帶有「不」（not）的意義：ignoble（出身卑賤的）、illegal（非法的）與 immoral（長生不老的）〕。但是大部分的詞素都是可以自成一字的，例如 hairy（多毛的）與 eggplant（茄子）。

　　語法指的就是語言的文法，是一套將語素串連在一起形成詞組（phrase）或句子（sentence）的規則，是讓以此語言為母語的人覺得這個句子或用法是正確使用的規則。使用已久的語言（例如英文、阿拉伯文、印度文、日文等等）已建立了語法中的文法，就像我們在小學時都會學到如何造出符合語法的句子，但是語言的語法遠比我們在學校所學的複雜。語法是每天解讀他人造的句子並造新句給別人解讀時所遵行的一切規則。

　　語義是語法的上一層，是一套規則掌管在上下文中文字與詞

組的不同意義。正因為有這些語義的規則，我們才可以大玩文字遊戲。例如，如果某人在你即將走出他們家時對你說：「It was so nice to have you here today（很高興今天有你在這）」，而你回答：「It was so nice being had（很高興被有）」。那麼，你就是在使用語義的規則開玩笑；最好還是要知道什麼時機能博君一笑、什麼時候講這笑話會變得超冷的文化規則。

最後是言談，超越語句的文法。以語言學為基礎的言談分析是研究掌管建立整個對談或敘說的規則。

◆ 對話分析

對話分析（conversation analysis）是尋找平常的言談或互動對談中的文法；是研究人們如何在平常的談話中輪流發言——誰先說（再來是誰，接下來是誰），誰插話，誰等待說話的機會。

如果你仔細聆聽地位相同的人們日常的對話，便會發現有許多的不完整句（sentence fragment）、起始用法錯誤（false start）、說話被打斷、重疊（同時說話）、還有重複說字或句子。然而，就像學習會話的學生會學到的，對話的順序在參與者回答時看起來雖混亂，但卻是有秩序的（甚至是在激烈或大聲的爭論），參與對話者也會輪流發言（Goodwin, 1981: 55f）。

輪流發言的規則，很像是組成句子的文法規則，是每個語言的母語使用者所熟知的。但是不一樣的地方是輪流發言的規則比較有彈性，能允許對話參與者即時地協調規則。然後，當我們往下一層探討時，發現每個對話都是獨特的。如果我們研究很多個交談與對話，便能發現在文化或跨文化中其實存在著普遍的規則，決定著對話如何開始、發展與結束（參見補充資料 10.1）。

補充資料 10.1

機構中輪流發言的規則

在許多機構的會議中，輪流發言的規則靠著會議主持人維持。有時這些規則也許難以察覺，像是 O'Halloran（2005: 541）描述的一個東南亞戒酒無名會（Alcoholics Anonymous）的聚會中，聚會的發言規則雖沒有明講，但大家都熟知：想發言的會員上台站在講台的麥克風後。這個簡單的動作就足以說明：輪到我發言了。

全世界的機長都知道他們之間特殊的發言規則：絕對要讓對方說完話才能開口（Nevile, 2007）。

世界上幾千個語言的使用者，無時無刻都在創造獨一無二的句子。你現在正在閱讀的句子可能從來沒有人這樣寫過，但是以中文為母語的人在讀這本翻譯書時都知道造句的規則。我們寫下的句子，你現在正在解碼。在自然語言中，有限的規則操縱著有限的字詞，卻能創造出無限個合適的句子。

這生成語法的原則是 Noam Chomsky 於 1957 年建立的。其中心理論闡述遵循規則的系統能產生無限個不重複的結果，這個論點相當重要。生命的發展根據有系統的規則，但是產生的生命形式（袋鼠、黑猩猩）卻是獨特的。每個地形地貌，像是峽谷、斷崖，都是獨特的，但我們知道它們的形成與風化過程有一定的規律。每個颶風、火山爆發或戰爭都是獨特的，雖然表面上看來相當雜亂無章。但是當我們研究颶風、火山爆發或戰爭時，便知道其中的規律性。

逐字稿

為了指認發言順序與發掘其他對話的特徵〔如相鄰語對（adjacency pairs）與修復順序，稍後介紹〕，我們需要對話的詳

實紀錄。示意要發言或修補中斷的發言順序可能只是一個字或短語，也有可能只要改變音調（聲調高低、拉長母音、重音等等），或是呼吸換氣的地方、語助詞（像是：恩、せ）、手勢、肢體語言或是眼神（R. Gardner, 2001; Goodwin, 1994）。

　　表 10.1 是 Gail Jefferson（1983, 2004）所建立的一套被廣泛使用來謄寫逐字稿（transcriptions）的系統，裡面包含許多基本的音調記號（延伸閱讀：謄錄對話）。

表 10.1 **謄錄逐字稿的符號**

符號	定義
ni::::ce	母音或子音長度，越多冒號表示音拉得越長。
>text<	在中間的字說話速度比一般快。
(text) ( )	括號內的字表示謄錄者有疑問。 括號內無文字表示謄錄者無法分辨談話內容。
(1.6) (.)	括號內的數字代表停頓，以秒數計算，並計算到小數點一位。 括號內的英文句號代替短暫的停頓，沒有計算時間。
((text))	雙括號代表研究者對於人們的姿勢、眼神等等的評語。通常使用斜體。
[ ]	左邊的方括號代表另一人插話的開始或是同時說話。右邊的方括號劃在重疊結束時。
–	連接號（en-dash）〔比連字號（hyphen）長〕指的是一個字說到一半時突然終止。
?	問號代表音調提升，不一定是說話者在問問題。
.	句號代表音調下降，但不一定是句子結束。
=	等號表示在前一個人說話結束後下一個人馬上接著說。
°text°	在度數記號中的談話指的是較小聲的談話。
TEXT	**大寫的字**代表比周遭聲音都還大聲的談話。
<u>Text</u>	加底線的字代表強調的談話。
.hh and hh	這些記號代表談話者呼吸，句號在前的代表吸氣，沒有句號的代表吐氣，常出現在自然談話中。

資料來源：Jefferson (1983).

謄錄一個小時的對話需花上 6 到 8 小時（但是如果你使用語音辨識軟體就只需不到一半的時間，參閱第二章）。但是，通常要花 20 個小時以上才能記錄這種深入分析所需的細節。

♦ 輪流發言

長久以來，我們知道對話是有規律的。亞里斯多德在所著的《詩學》第四章（*Poetics* IV）中的觀察便闡述：「對談往往使用了抑揚頓挫的音調，比其他形式的句子還來得多。」然而，Harvey Sacks 與他的同事 Emmanuel Schegloff 與 Gail Jefferson 被推崇建立起系統化研究談話順序的學者（Jefferson, 1973; Sacks et al., 1974; Schegloff, 1968; Schegloff & Sacks, 1973）。他們所發現的一些基本規則，包含現在正在說話的人會示意下一個人發言（Sacks et al., 1974: 700ff）。正在說話的人會使用問句，像是：「傑克，你覺得呢？」眼神或肢體語言示意下一個人發言（Goodwin, 1986, 1994）。如果正在說話的人沒有選擇下一個說話的人，那麼其他想說話的人就會自己接著發言。

另一種狀況是下一位發言者迫不及待地接著談話，他可能使用較為支持性的姿態，等著上一位發言者說完；也有可能採取較為強硬的姿態，打斷上一位說話者的談話或是搶走正在說話者的發言權。在真正的談話中，很少有停頓很久的狀況，因為對話者預測談話結束的能力相當好。例如：

1. A：好可愛的聲 ::: 音.

2. B：所有的 [嬰兒都 –

3. A：　　　　　　[他們才不是呢

A 先說，B 回應了 A 所說的，然後 A 說「他們才不是呢」，正好在 B 說出嬰兒的嬰之後。在 B 說完後完全沒有空檔，因為 B

的結束點對 A 而言是可以預測的。甚至當 A 與 B 的意見不一，A 打斷 B 的地方是支持性的中斷，在語法上來說，因為 A 並沒有違反任何規則，談話也因此順利地進行。

如果在交談時輪流發言的流暢度被打斷，可能因為談話內容無法預測或是談論內容被說完了，或是沒有人適時地接下去；那麼，正在說話的人就會繼續說下去（有時不一定如此）。如果正在說話的人沒有繼續、也沒有人接下去的話，談話就會中斷。如果大家都遵守對話的規則，通常中斷對話的時間不會太久。

在真實的對話情境中，通常很少人會遵守這些規則。人們常常打斷對方談話，也不等待輪到他們說話的時機。通常被打斷的人不一定想說完他們想講的話，反倒是讓給別人先說。另一方面，人們感覺得到發言順序沒有被遵守，會想辦法修補，我們稱之為修補技巧。例如：Sacks 等人（1974）指出，當兩個人的談話開始重疊，其中一人就會乾脆停下來讓另一個人先說完。這裡是我們偶然中聽到的對話：

1. A：[我們不是 –
2. B：　[有些人 –
3. B：抱歉
4. A：不，你先說
5. B：.hhhh 我只想說有些人對運動一點都不感興 [趣
6. A：　　　　　　　　　　　　　　　　　　　　[對

以上是簡單的修補技巧例子，不需花很多的內容解釋，不過有些修補技巧可能就比較複雜。上述例子修補後的順序也可能會跟現在看到的完全不同。然而，只要我們能蒐集幾百個地位一樣的人的自然對話，便能研究這些掌管對話的規則：人們如何開始與結束對話、修補錯誤（如有違反發言規則的狀況），還有如何從一個主題銜接到另一個主題。

　　在講笑話或是講故事時，輪流發言的規則便暫停。如果你問某人：「有沒有聽過……的笑話？」對方回答：「沒有，告訴我。」那麼，這個舉動便使輪流發言的規則暫停，直到你把笑話說完為止。如果對方打斷你，就是違反了談話的規則。

　　在說故事的情境中也是一樣。如果你說：「上禮拜我從底特律坐飛機回來，真的是恐怖飛行經驗。」對方回答說：「發生了什麼事？」然後你就可以將這故事從頭到尾說完。某些打斷的舉動是可以接受的；事實上，當你說得正起勁時，還會期待對方說「嗯」或其他支持性的話。但是，轉移話題則是不被允許的。

　　話題的轉移雖然不在我們的期待中，但還是會發生。當話題轉移時，有好幾種修補方法可以使用。「對不起，我把你帶離題了。然後發生了什麼呢？」是一修補句。我們都經歷過被帶離話題後回不來的痛苦。當這樣的情況發生時，我們會覺得那個讓我們離題的人太壞了，也有可能會不加以理會，端看當時狀況以及重要性而定。如果你在面試工作時，面試者讓你偏離了話題，你大概不會堅持要他讓你把故事說完。

相鄰語對

　　當對話分析學者更進一步分析對話時，最先注意到的是成對的措詞表達，像是問題句或問安句（Schegloff & Sacks, 1973）。一旦語對中第一部分出現後，第二部分也會跟著出現。

　　例如，就如 Schegloff 指出的（1968, 1979），如果你說「哈囉」而對方沉默以對，你可能會將沉默的回答視為有某種意義的回答。如果有人問你「你好嗎？」而你回答「很好」，但是卻沒有說「那你呢？」對方一定會從你的語調中尋找是否有弦外之音。你說「很好」的語調是熱情的還是嘲諷的？如果你的語調熱情，對方可能會說「很高興聽到你說很好」。反之，如果你語帶嘲諷，對方一

定會說「抱歉多問了」或以同樣嘲諷的口氣說「我不該問的」。換句話說，對方如何解讀你的回答會影響他們下一次的回應。

Sacks（1992: 3ff）注意到一間精神疾病專門醫院的緊急電話專線接線人員接起電話時會說：「你好，我是史密斯先生，有什麼需要幫忙的？」大部分接線人員都說：「你好，我是史密斯先生。」但是有一次，打電話的人說：「我聽不到你說的。」接線人員重複了一次，說：「我是史密斯」，強調他的名字，打電話的人回說：「史密斯」。

在這個狀況中，相鄰語對（adjacency pairs）的規則沒有被打破，反而是雙方在對話的當下互相協調。這位預防自殺的專業工作者史密斯先生，其實想要問出打電話來的人的名字，但是對方並不想要告訴他。

變動的談話順序

談話是機動的、不斷互相協調的。那麼，如果想要瞭解談話的規則，不能直接詢問談話的規則（例如：問安）有哪些，而是要研究真實的談話中關於問安的部分。

以下是相鄰語對的例子（問答語對），我們根據其特性分成好幾部分：

1. A：這好吃嗎？川味肉絲？
2. B：你愛吃辣的 [啊 –
3. A：　　　　　　　　 [是啊
4. B：有點，你知道的，辣·
5. A：太好了
6. B：恩，我也是·

這段對話看似簡短卻有很多意涵。A 問 B 某道菜好不好吃，是問答語對的第一個部分，目的是要得到答案。B 用另外一個問題

回答 A 的問題，形成另一個需要答案的問題。A 知道 B 的提問並在 B 說完前回答「是啊」（第三行）（B 可能要說「你愛吃辣的食物？」）。

B 還沒想要放棄她說話的機會，所以她在第四行時將剩下沒講的話說完。這樣給了 A 機會在 B 回答她的第一個問題後再次確認她喜歡吃辣的食物（她在第三行的「是啊」不只表示她知道 B 的問題）：A 在第五行所說的「太好了」，就是「是啊」的再確認。對話結束於 B 說自己也喜歡吃辣的。

這段對話看起來好像第一個相鄰語對（問川味肉絲好不好吃）沒有得到答案。但其實有，答案就是第二行插入的問句，並在第四行中重新闡述了一次。這段問答其實可以縮短成：「是，如果你喜歡吃辣的，川味肉絲好吃，不愛吃辣的話就覺得不好吃。」

如果這對話看起來很複雜，那就是因為它本來就很複雜，非常非常地複雜。然而，每個使用母語的人都能理解這樣的分析，因為：(1) 對話是有規則可循的；(2) 我們都瞭解規則；(3) 我們都瞭解對話的結果是兩造互動（A 與 B）之下產生的，當他們 (4) 聆聽對方所說的話；(5) 應用雙方都知道的約會文化與中式餐廳文化的背景知識；(6) 機動地進行談話。在這個例子中，兩個地位相同的人談話，互相配合讓整個對談順利。

如果你覺得這樣還是太複雜，試著多加幾個人進來。兩個人的對話，A 與 B 就只有兩種配對方式—— AB（以 A 的觀點）與 BA（以 B 的觀點）——試著理解對方的動機與行為，並協調雙方的互動。如果有三個人同時進行對話（A、B 與 C），就有六種配對方式進行協調（AB、BA、AC、CA、BC 與 CB）。六個人的話就有 60 種配對方式。Deborah Tannen（1984）分析六個人在感恩節晚餐時兩個小時 40 分的對話，寫成了一本 170 頁的書，還不包含好幾百頁的逐字稿。

晚餐聚會通常開始的對談都是六個或八個人同時參與，但很快

地就變成較容易的兩兩談話。所以，有些在大團體內的談話必須使用一些特殊規則才能維持大團體對談的形式，不會轉變為只有小團體的談話。

◆ 陪審團中輪流發言

美國的陪審團制度通常有六名、九名或十二名成員（視審理規則而定），他們的對話通常很特殊。陪審團中會有一位領導者（陪審團主席），以及有些努力讓大家在正式的對談中遵守文化規則的團員（這些規則雖然沒有明文規定，但是卻是人所皆知）。這些規則要確保陪審團團員的發言不會被蓋過或是不被重視，除非他們自己打破了發言的文化規則。

John Manzo（1996）研究陪審團員如何在審議會議中輪流發言。這個案子主要是審理一名男子違反了保釋期間不能持槍的規定而被起訴的案子。這場審議會議被 PBS（美國公共電視）錄影製成紀錄片。我們將探討 Manzo 在這場審議會議中發現的一條輪流發言規則。

| 圖 10.1 | 陪審團會議桌座位圖 |

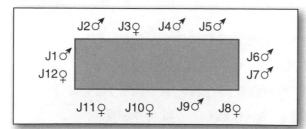

資料來源：Manzo (1996).

圖 10.1 是陪審團會議桌的座位圖，而表 10.2 則是輪流對談中的內文。在審議開始時，坐在桌子左方的陪審團主席 J1，邀請每位陪審團員談談他們對這個案子的想法。

Manzo 注意到在第 10 到 12 行中，陪審員 J2 與 J12 都同意主席 J1 要大家都來一段開場陳述的建議。在陪審員 J12 回應後，陪審員 J2 花了 2.5 秒才做出回應。但是主席 J1 選擇坐在他左手邊的陪審員 J2 開始發言，而不是選擇陪審員 J12。陪審員 J2 馬上就開始陳述，一直到 27 行。

表 10.2　陪審團審議會議節錄

行	發言者	文本
1	J1	我可以提個建議嗎？而不是 – 我知道
2		陪審團，嗯＞像 ( ) 先生提到的＜通常喜歡
3		立馬表決，而且 .hh 我想如果我們這樣<u>做</u>::
4		我們也可能到最後也要討論表決的結果，
5		所以，我想我們 :: 就先討論這個案子？
6		還有各自的看法？在每個人都講完
7		陳述之後 (.5) 我們可以 嗯.表決
8		我們所想的.如果 ::: 大家都可以接受這樣的話？
9		(1.8)
10	J12	嗯嗯
11		(2.5)
12	J2	聽起來不錯 =
13	J1	= 那 . ((轉向 J2 微笑)) 你要先開始嗎？
14	J2	嗯 好？.hh 我發現有三個重點.
15		檢察官.必須證明？他已經證明了.hh
16		被告擁有槍枝＞被告
17		也<u>知</u>道自己擁有槍枝＜.hh 而且嗯:
18		被告知道他是已被判刑的重罪罪犯
19		而且他 嗯:還持有槍 ..hh 然而 嗯::
20		因為這個案子，還有因為 嗯:(1.6)
21		因為這個被告的紀錄:: 嗯我
22		覺得很<u>難</u>決定
23		他在 嗯:那:– 有罪我還沒<u>決定</u>
24		.hhh 但是我看到<u>兩造</u> – 兩邊的說法 嗯::
25		<u>兩邊的主張兩造陳述的主張</u>.
26		且嗯:現在？我還沒下定決心
27		要怎麼投
28		(2.3) ((J2 直視 J3 然後往桌子後面看.
29		J1 對 J3 點點頭，
30		J3 頭伸出來為了與 J1 眼神相接))

表 10.2 陪審團審議會議節錄（續）

行	發言者	文本
31	J3	＞好 我覺得被告在這三個指控中是 .＜有罪的 . 嗯
32		按照法律的定義來說 . (.) 但是我想
33		我覺得我們應該也要將事實考慮
34		進去 . h 他 真 :: 的有閱讀障礙 .
35		可能也有其他的身心障礙＞我不是
36		想要博取大家的同情心或是感情 但是 .
37		.h 這是我覺得一定要考慮進去的
38		而且現在我還沒 (.) 決定是否
39		要說被告有罪或無罪
40		(3.0) ((J3 直接將身體轉向 J3，
41		並無眼神接觸))
42	J4	.hh 我覺：得 ...

資料來源：Manzo (1996).

　　仔細看接下來發生的事。在這個轉折點，陪審員 J12 仍有機會成為下一個發言者。畢竟，她在第 10 行的時候表態要發言。但是在陪審員 J2 說完話後，眼光轉向左手邊的陪審員 J3，然後往桌子後面看。陪審員 J3 轉頭看著主席，想知道他的下個動作是什麼。他向 J3 點點頭，然後她就開始發表她的陳述（一直到 39 行）。

　　主席 J1 完全地掌握了第一個開場陳述的決定權，他選擇了陪審員 J2，而非 J12。然而，第二順序的決定權卻有三個人：主席 J1、陪審員 J2 與 J3。陪審員 J2 在陳述完畢後拋向陪審員 J3 的眼神決定了下一個發言順序；陪審員 J3 轉頭看主席也是決定此次發言順序的關鍵之一；主席 J1 回看 J3 更是確認了下一個發言的人就是她。

　　陪審員 J3 完成她的陳述後（39 行），她只需將焦點帶到她的左手邊，陪審員 J4 就會接著發表陳述。此時，發言規則業已建

立。主席 J1 不需再用眼神或下指示維持發言順序。

對話分析結語

　　對話分析是以觀察為依據並高度歸納式的研究方式。但是話說回來，世上沒有百分之百的歸納方法，而且在實務上，歸納法必須與檢驗假說並行。剛開始時先從一個逐字稿下手，再閱讀之前先在心中產生幾個推論，在資料中尋找人們在談話時遵循的規則。你要找的是一些指標性的行為（眼神、短句、姿態），在你找到這些行為線索時，也可以一併看看有沒有人重複這些行為。

　　這過程其實是在一份逐字稿中檢驗假說的過程。在這過程之中，你發現了一些規則性的東西，然後再次檢驗是否為真。這過程與典型的紮根理論方式一樣，讓主題在前幾個訪談中逐漸浮現，接著再尋找這些主題是不是一直被重複（延伸閱讀：對話分析）。

◆ 表演分析

　　表演分析，或稱為民族誌詩學（ethnopoetics），目的在於發掘人們說故事的規律性，無論是在生活中（Ochs & Capps, 2001）或是在課堂上（Juzwik, 2004）。表演分析方法在民俗學與語言學研究中相當知名，並深受 Dell Hymes 研究居住於奧勒岡州與華盛頓州的切努克族（Chinook，北美印第安人）語言敘說的影響。我們將對 Hyme 的研究做某種程度的探討。因為他的研究涉及美洲印第安的語言，剛開始的描述可能會比較難理解，但請繼續看下去，這個研究對談話分析的重要性無可言喻。

切努克文本

切努克是美洲印第安語系的其中一支，包含許多相關卻互不相通的語言，例如秀爾瓦特語（Shoalwater）、卡斯樂邁語（Kathlemet）與瓦斯科—威敘蘭語（Wasco-Wishram）。這些語言之間的關係，就像西班牙語、義大利語、羅馬尼亞語、法語、葡萄牙語之間的關係一樣，都是拉丁語系的語言但互不相通。在 1890 與 1894 年間人類學家 Franz Boas 遇到一位會說流利的秀爾瓦特語與卡斯樂邁·切努克語的資訊提供者，他蒐集了這兩種語言的資料。Hymes 檢視這些文本，以及克拉克馬斯·切努克語（Clackamas Chinook）（Melville Jacobs 於 1930 與 1931 年間蒐集）、瓦斯科（威敘蘭）·切努克語（Edward Sapir 於 1905 年蒐集，Hymes 於 1950 年代蒐集，Michael Silverstein 於 1960 與 1970 年代蒐集）。

Hymes 發現，切努克語系裡三種語言的特點（秀爾瓦特語、卡斯樂邁語、克拉克馬斯）看起來是獨特的，但實際上它們的特點是「表演風格常見的架構的一種」。所以這三種語言「共享一種常用的韻文結構」，其敘說是「組織成詩行、詩句、詩節、場，以及所謂的幕」（D. Hymes, 1977: 431）。

這是相當重要的發現，對人類言談的研究來說蘊含的意義重大（我們也清楚知道美洲原住民文本對詩學與文學理論的貢獻）。Hymes 由一段文本中不斷重複的句法，發現詩句的存在。他說：「格式與意義的共變、單位組合與切努克文本中重複出現的敘說組織的共變，是最主要的關鍵」（1977: 438）。

找尋表演的模式

在一些文本中，Hymes 發現重複的語言要素使得分析容易許

多。語言學家研究美洲原住民語言的文本時，注意在這些精確記
錄語言的文本中有許多重複的語言要素，如「現在」、「那時」、
「那時的現在」，與「現在再次」會出現在句首。這些要素的功能
通常是分隔上下兩句。所以，分析的技巧在於認出這些要素；而認
定的方式是透過尋找其他使用句首助詞對的敘說者「在敘說中使用
句首助詞同時出現的抽象特點」。這種方式，就是控制的比較法
（1977: 439）。

Hymes 在他一系列的文章與書裡（1976, 1977, 1980a, 1980b,
1981）展現了大多數美洲原住民敘說表演的文本都按著詩句與詩
節，組成五三或四二的段落（追朔至早年 Franz Boas 與他的學生
蒐集的文本，以及現今美洲原住民的敘說表演都是這樣）。Boas
與他的學生將美洲原住民的敘說有系統地排列成行，而這樣的舉
動，根據 Virginia Hymes 的看法，是隱藏了「浩瀚的詩學世界，
等著被我們這些擁有一些語言知識的人釋放」（V. Hymes, 1987:
65）。

Dell Hymes 的方法，根據 Virginia Hymes，是「在內文與格式
間穿梭忖度，在敘說全文與字裡行間思想斟酌」（V. Hymes, 1987:
67-68）。漸漸地，分析者對於文本的分析浮現，反映出分析者對
於整個敘說傳統與對於這位敘說者的瞭解。

這樣的初步分析不會像奇蹟般就此產生。而是，Virginia
Hymes 提醒我們，研究者要透過緊密地研究多個敘說文本與敘說
者，才能一窺人們在某種語言中所使用的敘說手法，以及他們使用
這些手法的不同方式（V. Hymes, 1987）。

Sherzer 對庫納族歌謠的研究

Joel Sherzer（1994）將民族誌詩學的原理應用在分析他在
1970 年錄下的兩個小時 San Blas Kuna 歌謠傳統表演〔庫納族

（Kuna）是巴拿馬的原住民）。這段歌謠由 Olopinikwa 酋長表演並錄在錄音磁帶上。在表演後，Sherzer 請會說西班牙語與庫納語的助理 Alberto Campos 謄錄與翻譯錄製下的歌謠。Campos 使用左右對照頁將庫納語與西班牙語放在一起（Sherzer, 1994: 907）。

在表演進行中，另一位在觀眾席中的酋長使用「這就是」回應 Olopinikwa 酋長所唱的歌謠（很類似在基督教教會聚會講道中，信徒們常常低聲回應的「阿門」）。Sherzer 注意到 Campos 把這些回應剔除在譯文之外，但是，這些回應就是歌謠詩句的結束點。

Campos 也遺漏了許多字，像是句首的「然而」，或是敘說者放在句尾的「如是說，而我宣告」。這些短句在歌謠中也對詩行與詩句的架構有所貢獻。換句話說，Campos 編輯了歌謠的翻譯，讓 Sherzer 看到裡面比較重要的部分，但是，就是這些看起來不起眼的短句定義文化在敘說表演的能量（Sherzer, 1994: 908）（延伸閱讀：民族誌詩學與表演分析）。

◆ 使用中的語言

言談分析的另一個分支是人們如何使用語言來完成工作。此領域的研究包括互動的細部分析，與對話分析很相近，但是重點在說話者的談話內容與動機，而不只是互動的模式與架構。

例如，人們對於使用正確的語言找到婚姻伴侶相當在行（Gal, 1978），也能使用笑話揶揄被禁止的政治話題（Van Boeschoten, 2006），或是使用隱晦的語言暗示賄賂邊境官員，還一面看似不知情（Mele & Bello, 2007）……

另一個領域是情境式的族群認同（situational ethnicity），或稱為族群認同轉換（ethnic identity switching）。多年來，人們視情況而採取不同族群標誌的現象吸引著許多社會科學家想一探究竟〔Gluckman, 1958（1940）；Nagata, 1974; Okamura, 1981〕。人們

轉換族群認同的方式可能是講笑話、或是選擇特定的食物，或是隨意地說出圈內人的語言以展示其族群身分。這麼做的原因可能是想要找到好工作、殺價時拿到比較好的價格，或是在餐廳時坐到較好的位置……

Negrón 研究在紐約情境式的族群認同

Rosalyn Negrón（2007）研究波多黎各美國人與其他西班牙裔美國人在紐約的情境式族群認同。她的研究專注在說西班牙文—英文的人使用語碼轉換（兩種語言交換使用）為族群認同轉換的標誌，並且成為獲取想要東西的手段。

Negrón 有一位資訊提供者名為 Roberto，是 36 歲委內瑞拉人，在紐約裡一個住有白人、黑人、拉丁裔人的地區長大。他娶了一位波多黎各女性為妻，他的繼兄弟是海地黑人。他說一口流利的委內瑞拉西班牙文、兩種波多黎各西班牙文（標準與非標準）、非裔美人方言與紐約式英文。

Roberto 銷售街頭市集設備，像是桌子、椅子、遮雨棚等等。下面的對話中，Roberto 走進一家手機通訊行並遞給店長 James 一張廣告單介紹他的市集生意。James 跟 Roberto 一樣也是南美拉丁裔美國人，不過看起來像歐洲白人，說起英文來一點西班牙語腔調也沒有。

給予暗示與談生意

當他們開始交談時，他們都不曉得對方是拉丁裔美國人，但是他們心中各自有盤算── Roberto 要推銷他的街頭市集裝備；James 要賣手機給 Roberto。請聽他們的對話：

1 R:　　你好嗎 .
　　　　H'you doing.

2 J:　　還好 .=
　　　　Alright.=

3 R:　　= 你們會去參加街頭市集嗎？
　　　　=You guys ah participating in the street fai(-r)z?

4 (0.7)

5 J:　　會啊 .
　　　　Yeah.

6 R:　　你們會啊？（0.5）如果你們需要
　　　　You are? (0.5) 'K. Just in case you need, ah, in

7　　　　如果需要遮雨棚桌子椅子的話
　　　　case you need canopies tables and chai(-r)z,

8 (1.0)

9　　　　只要打個電話給我 .
　　　　j's gimee a call.

10 J:　　嗯 . 我不知道下一個在什麼時候
　　　　Yeah. I don't know when the next one is I

11　　　　我還沒收到 [任何 –]
　　　　haven't got [any-]

12 R:　　　　　　　　[五月二十二 .]
　　　　　　　　　　[May twenty-secon(-d).]

13 J:　　真 :. 的嗎？
　　　　Rea:.lly?

14 R:　　有一個在 Chamber 還有＜ Clearvie::wz
　　　　That's the one with the Chamber and <Clearvie::wz

15　　　　在秋 :: 天＞ .
　　　　is in deh:: fawl>.

16 (1.0)

17 J:　　嗯，我會去 Clearview 那一個，在我
　　　　Mm, well I do the Clearview one over at at my

18　　　　另一間店旁邊 .
　　　　other store.

19 R:　　啊，是哪一間店 [呢 –
　　　　Ah, which store is [that-

20   J: [(在)Johnson 大道上 .

                                [((By the), ah, Junction Boulevard.

21   R: 在 Johnson 啊？是嗎？

         On Junction?, yeah?

22   J: 是啊 .

         Yeah.

23   R: 我有遮雨棚、桌子、椅子 . 我

         Well, I got the canopies, tables and chairs. I

24   之前在 Clearview 工作過 . 在那裡做了

         used to work for Clearview. I worked for Clearview

25   八年 .

         for 8 yea(-r)z.

26   J: [° 嗯 .°]

         [°Ok.°]

27   R: [然後] 我開始自己出來開遮雨棚公司 (0.5)

         [An'] um I started a canopy company (0.5)

28   跟 (0.8) 他們有直接接觸的經驗 . 如果你

         that's (0.8) direct contact with dem, so whenever you

29   需要攤位或是桌椅，無論你

         need one or if you need tables, chai(r)z whatever

30   需要什麼 . [只要打個電話給我，讓 =

         you need,[j's give me a cawl ahead of time, let=

31   J: [°Ok.°

               [°Ok.°

32   R: = 我知道哪個活動，只要給我攤位號碼

         =me know what event, give me your spot nuhmbuh and

33   東西會在你到之前到達 .

         it will be there before you get der.

34   (1.0)

            (1.0)

35   J: Ok. =

         Ok.=

36   R: = [會架好等你 .

         =And [it'll already be set up.

37　J:　　[( ) =
　　　　　　[( )=
38　R:　　=> 好 .<
　　　　　　=>Yah.<

（Negrón, 2007: 146）

　　Roberto 在談話間到處流露出他是紐約客的口音，像是 aw 的
發音（fall 與 call 他發成 fawl 與 cawl 在 15 行與 30 行）；使用
deh、der 與 dem 來代替 the、there 與 them（15、28、33 行）；在
chairs、fairs、years 與 numbers 中省略 r 的音（3、7、25、29、32
行）。到現在為止，還看不出他們是拉丁裔美國人的跡象。不過很
快就會看到這轉變，James 看著 Roberto 給他的廣告傳單：

39　J:　　我給你些資訊 .
　　　　　　Let me give you some information.
40　　　　(5.0)
　　　　　　(5.0)
41　J:　　*Roberto*?!
　　　　　　Roberto?!
42　R:　　是 .
　　　　　　Yeah.
43　J:　　我有些客戶他們 (.)
　　　　　　I had a couple of other customers that that(.) do
44　　　　會去跑展場跟活動的 .
　　　　　　fairs and stuff.
45　R:　　O?k.
　　　　　　O?k.
46　　　　(2.0)
　　　　　　(2.0)
47　J:　　° 我給你一些資訊 °
　　　　　　°Try to give you some info.°
48　　　　(2.0)
　　　　　　(2.0)

49   ((James 翻找名片))
            ((James searches for business card))

50   J: °(Ok)°((James 拿名片給 Roberto))
            °(Ok)° ((James hands Roberto business card))

在 41 行時，James 從傳單上看到 Roberto 的名字，用標準的西
班牙語發音念出來。然後他把自己的名片遞給 Roberto。

51   (3.0)
            (3.0)

52   ((Roberto 看著名片))
            ((Roberto reads business card))

53   R: *Cuchifrito* for Thought.
            Cuchifrito for Thought.

            (「波多黎各傳統食物」)
            ('Puerto Rican soul food')

54   ((Roberto 笑了))
            ((Roberto laughs))

55   R: 我喜歡！[真辣！]
            I like that! [That's hot.]

56   ((Roberto 看著名片))
            ((Roberto looking at business card))

57   J: [嗯，我] 我開了一間網路雜誌
                    [(Yeah I),] I own an online magazine

58   叫 *Cuchifrito* for Thought, 已經有八
            called *Cuchifrito* for Thought, it's been around for 8

59   年了 .
            years.

60   R: O?k.
            O?k.

61   J: 嗯，(2.0) 我在一間公司叫
            Ahm, (2.0) I'm working with a company called

62   *Alianza Latina*? 工作
            Alianza Latina?

            (「拉丁裔美國人聯盟」)
            ('Latino/a Alliance')

63		(.5)

(.5)

64	J:	他們去年在 Flushing Meadow 公園

J: They did something really big in, ah, Flushing

65		辦了一場很大的 .

Meadow Park last year.

66	R:	*No me diga/h/.=*

No me diga/h/.=

(「真的嗎？」)

('You don't say?')

67	J:	= 是啊，而且 > 所有*拉丁裔*都來了 <[有 21 個

國家？]

=Yeah and >it's all *Latino*(-s)< and [and from 21 countries?]

68	R:	[O:h, coño, e(-s)ta (bien).]

[O:h, coño, e(-s)ta (bien).]

(「喔，讚啦，真的很好 .」)

('Oh, damn, that's good.')

69	J:	> 而且他們還用很多 [遮雨棚等等的東西 .]<=

>and they used a bunch [of canopies and stuff like that.]<=

70	R:	[° 嗯 :::, o?k.°]

[ºMm::::h, o?k.º]

（Negrón, 2007: 148-150）

隱藏的意義

在 53 行當 Roberto 大聲讀 James 的名片，他使用了標準的西班牙語發音唸 *cuchifrito* 這個字。*cuchifrito* 是切成小塊狀的炸豬肉（通常是豬尾巴、耳朵、豬肚與豬舌），是加勒比海說西班牙語人之中相當有名的食物。任何一個說西班牙語又住在紐約市波多黎各或多明尼加區的人都知道這個字，還有這個字所代表的族群意涵。在 58 行，當 James 重複說了這個字時，他也用了西班牙語發音。

他接下來告訴 Roberto 說他曾為 *Alianza Latina* 工作，從 61 行標準的英文轉換到 62 行標準的西班牙文是另一個語碼轉換的例子。

再往下看，在 66 與 68 行間，Roberto 更明確地知道了 James 的族群背景，看他用西班牙文回應 James 用英文討論在 Flushing Meadow 公園的活動就知道。而且他不是隨便用某種西班牙文，他用的是真真確確的波多黎各西班牙文。

在 Negrón 的研究中，我們再次看到研究者沉浸在某個文化中才能做出這樣有深度的分析。例如，*cuchifrito*，而且研究者還需要知道在 66 行的 *diga/h/*，最後一個送氣音是代替 s 的音，也是加勒比海地區西班牙文的特徵之一（延伸閱讀：語碼轉換與族群認同）。

♦ 批判言談分析：語言與權力

社會科學中批判的觀點源自於 Antonio Gramsci 在 1930 年代提出的文化和諧言論（1994; Forgacs, 2000）。Gramsci 觀察，現代的政府控制了大眾媒體與學校，這些都是塑造與傳遞文化的組織機構。馬克思理論預見了文化（上層結構）是有結構性的，所以下層與中產階級通常相信，甚至是擁護這根深蒂固的階級權力不平等，那讓他們比菁英份子還卑下的源頭。

在批判言談分析中，主要重點是展示恆久不衰並與時俱增的權力不平等，例如：男性與女性、醫生與病患、雇主與員工等等。

性別與言談

例如，Mattei（1998）計算在美國參議院聽證會中男性與女性參議員被打斷發言的次數。當時合議聽證會討論的是提名 David H. Souter 為最高法院大法官。這些聽證會中總共有 30 個問答時段，

而 Mattei 計算了 76 次重疊發言。其中 13 次只是請證人說大聲點，或是請參議員澄清問題重點。其他 63 次都是切斷正在發言的人並搶奪發言權。

這 63 次發言被打斷的時間點，如同我們所預料的，參議員（權力擁有者）打斷證人發言 41 次、證人打斷參議員發言 22 次。在這 41 次參議員打斷證人的發言中，有 34 次是女性證人發言，而 7 次是男性證人發言。然而，女性證人比男性更堅定她們的立論，在那 22 次證人打斷參議員發言的情況，有 17 次是女性（參見補充資料 10.2）。

補充資料 10.2

性別與打斷發言研究

　　這個領域最早的研究是 Zimmerman 與 West〔1983（1975）〕的研究，他們發現在日常對話中，男性打斷女性的次數多於女性打斷男性的談話次數。同一批學者與其他學者在之後的研究發現，打斷發言的模式相當複雜。例如，Kennedy 與 Camden（1983）發現有時候女性打斷發言的次數比男性多，但 Kendall 與 Tannen（2001: 552）闡述談話被打斷的方式並非都是一樣的：有些比較像是重疊談話，目的是要「支持談話者而非搶奪發言權」。West（1995: 116）發現，通常因為女性的回應（打斷），讓男性原本沒什麼內容的談話「值得一聽」（延伸閱讀：性別與打斷發言研究）。

醫病互動

　　許多研究建構了醫生─病患的不對等關係：醫生使用他們的醫療知識建立權威，而病患則是處於全然接受的角色。

　　Maynard（1991）分析一位醫生如何告訴一對父母他們的孩子有發展遲緩問題（特別在語言與說話方面）。這對父母告訴醫生他

們的孩子 J 好像說話的發展不太正常。醫生告訴他們 J 是語言方面的問題，他說明語言與說話能力是不一樣的。

J 的父母不瞭解兩者的差別，所以醫生說：

> 語言是 [原文如此] 實際的字。說話是這些字的發音。知道嗎？J 的說話能力還不是我們真的要擔心的。他的語言能力才是真正的問題。當語言進入他的大腦時被混淆了，所以這些字對他來說無法被理解……這跟他的大腦控制說話與語言的部分有關，因為這個部分無法正常工作。
> （Maynard, 1991: 454）

這是什麼樣的狀況？家長被教導說他們不能控制某些資訊，並且在這樣的互動中必須接受較為卑下的角色。Talcott Parsons 在他討論角色關係時也觀察到這樣的醫病互動關係（1951），但是 Maynard 想要表達的是當病患進入醫生診間時，不一定是帶著位置較低的角色，而是在他們**與醫生互動談論病情**時才漸漸形成了此卑下的角色。

醫病互動編碼

Howard Waitzkin 與同事們（Borges & Waitzkin, 1995; Waitzkin et al., 1994）分析 50 份年長病患與一般內科醫師互動的逐字稿。初步的分析要找出與研究主題有關的部分進行編碼。在這裡，研究者告訴編碼者要找出「醫生或病患的談話反映出傳遞意識形態或社會控制訊息的例證」，以及文本中非語言的要素，像是打斷談話、轉變語調，或是不回應病患問題；這些都「可以用來澄清是否有一更深層的結構隱藏在表面的言談之下」（Borges & Waitzkin, 1995: 35）。

當編碼者完成編碼後，他們製作了一個「初步結構示意圖，顯示醫療言談……處理了相關問題」（Borges & Waitzkin, 1995: 35）。然後，研究團隊在接下來的幾個月一起審視這些編碼過後的逐字稿與初步的分析圖。他們看過所有標示意識形態與社會控制訊息的談話，並選擇出描述這些主題與其他主題的文本，像是性別角色與老化問題。

在討論的時候，研究團隊對文本的解讀並不一致。在這些狀況下，他們只能這樣做結：「我們絞盡腦汁地討論並試著解決我們之間的不一致，也避免討論的結果成為一言堂」（Borges & Waitzkin, 1995: 35）。

研究團隊知道讀者可能對同一個文本也有不同的解讀，所以他們將所有的原始資料儲存在美國國際大學縮影公司（University Microfilms International, UMI）。他們呈現研究結果的方式是直接摘錄逐字稿，並分析每個摘錄的意義（延伸閱讀：醫病互動）。

結果呈現

將結論一一呈現並放進逐字稿中經典的言談，這是報告詮釋分析研究結果相當常用的方法。

例如，一位女性病患向醫生抱怨她出現好幾種症狀。醫生問診後所下的診斷是「市郊症候群」（suburban syndrome），這種疾病好發於女性，通常因為她們想要參與居家之外的活動，但同時也要承擔所有家裡的工作。醫生囑咐病人要多休息，但是病人要求醫生開鎮定劑。剛開始醫生不願意，但是後來就順著病人的意思，不但開了鎮定劑，而且還是開連續處方籤。他試著向病患保證說她沒有什麼大問題，少參加幾個活動也不會比較好。但是病患還是想要討論她的擔憂，不過醫生要她打消這個想法：

病：我想今天你可以幫我驗一下血，看看我是不是有貧血。

醫：　　　　　　　　　[為什麼？不用啦（聽不清字）

病：　　　　　　　　　　　[我有時覺得頭昏昏的

醫：我知道 .

病：而且我媽，而且我媽有貧血症狀 .

醫：不要隨便替自己診斷 . 要嘛就去買本醫藥書看看再下*好*一
　　點的診斷。好，我已經替妳寫好處方了（指鎮定劑）。妳
　　都去哪間藥局拿藥？

　　（Borges & Waitzkin, 1995: 40-41）

Borges 與 Waitzkin 對這段話的評論：

從醫生的觀點來看，尋找身體疾病之下隱含的意義是不會
有結果的。不同的病患呈現不同的身體症狀，對於一般內
科醫師的診斷與治療有著相當程度的挑戰。這位醫生認為
病患的生理症狀反映出她對社交生活的煩憂超越了病理
生理學的解釋。然而，他試著說服她卻沒有成功。病患有
大學學歷，家裡有兩個幼兒，但在問診過程中，她從沒提
到她對工作的抱負或是小孩的狀況，而醫生也沒有問。看
起來，目前以及不知道多遠的未來中，她的工作就是家
庭主婦。雖然醫生給予的診斷（市郊症候群）看來有把
她的生活情況考慮進去，但是對於病患在生活中的重要議
題不是簡短帶過（短暫提到病患的丈夫），就是完全都沒
有提到（工作志向、托育安排、社會支持網絡）。即使如
此，醫生還是建議病患以休息與服用鎮定劑來處理這些生
活難處。如果這位病人持續接受這意識形態的假設（她的
社會角色是市郊家庭主婦）對她是最好的，那麼她就會回
到以前的社會狀態，只不過現在多了醫生囑咐與藥物治療
（Borges & Waitzkin, 1995: 41）。

同一個研究中的另一個例子，是一位醫生與一位患有心臟病的
年長病患的互動片段，看診的原因是追蹤她的心臟病：

病：嗯，我應該－現在我要去買生日卡片．這禮拜一這個月我
　　有七個還是八個生日聚會．我想還是寫個卡片祝福他們生
　　日快樂．小卡片就好了，給我的孫子們．

醫：嗯嗯．

病：但我想還是別麻煩了．我真的沒有心力去做啊，醫生—

醫：這樣啊．

病：我打電話給我的女兒，她的生日才剛，今天是三號．

醫：是啊．

病：我在 Princeton 的女兒的生日是 嗯 一號，我打電話給她跟
　　她聊天．不知道花了多少時間，但話說回來，電話是我唯
　　一的奢侈．

　　（Waitzkin et al., 1994: 330）

研究者的評論：

在這次看診中，病患一次都沒有提到她的家人，醫生也
沒有問她。病患盡了最大的努力保持聯絡，即使如此，
她沒有提到在平日是否有人照顧她。除了社會支持問題
與和家人的隔離，這位病患最近還搬離住了 59 年的家
（Waitzkin et al., 1994: 330）。

最後，研究者解讀這次的談話：

這次的看診顯示了結構上的本質，隱藏於病患—醫生的交
談細節之下　影響病患的原因包括社會隔離（失去家、
失去擁有的東西、失去家人與鄰居）、缺乏資源來維持獨

立、經濟上的不安全感、身體退化、漸漸步向生命終點
在看完診後，病患又回到原先困擾著她的問題，與所有社
會中的年長者會遇到的狀況一樣。
這樣的結構特點相當令人擔憂，雖然表面的問診看似不錯
——醫生鼓勵病患廣泛地討論社會情感擔憂，並表露了他
的耐心與同理心，即是討論超出了病患的病情。然而，這
樣的討論對病患身處的狀況一點幫助都沒有。話說回來，
這也僅是醫學能力所及的範圍，不然醫療的定義就得重新
定義了（1994: 335-336）。

　　這個解讀分析是由批判觀點下手，但用的是詮釋學方法：把一
段文本放進來，加入你覺得這段文本所發生的狀況，然後再解讀結
果。

延伸閱讀

◆ 關於言談分析的評論，參閱 Fairclough（1995）、Gumperz（1982）、
　Schiffrin 等人（2001），及 Wodak 與 Reisig（1999）。

◆ 更多謄錄對話的資訊，參閱 Atkinson 與 Heritage（1984）、Psathas
　（1979），與 Sacks 等人（1974）。

◆ 更多對話分析，參閱 Drew 與 Heritage（2006）、Gafaranga（2001）、
　Goodwin 與 Heritage（1990）、Psathas（1995）、Silverman（1993,
　1998），與 Zeitlyn（2004）。

◆ 更多關於民族誌詩學與表演分析，參閱 D. Hymes（1981, 2003），
　實際使用此分析的範例，參閱 Bauman（1984, 1986）、Blommaert
　（2006）、Juzwik（2004）、Poveda（2002），及 Sammons 與 Sherzer
　（2000）。

◆ 更多語碼轉換與族群認同代表行為，參閱 De Fina（2007）、Fung
　與 Carter（2007），Gafaranga（2001），及 Wei 與 Milroy（1995）。
　其他語言使用研究（與語碼轉換無關），參見 Callahan（2005）、
　Kidwell（2005），與 Koven（2004）。

◆ 更多關於性別與打斷發言研究，參閱 Anderson 與 Leaper（1998）、Auer（2005）、Garrett（2005）、James 與 Clarke（1993）、Okamoto 等人（2002）、Smith-Lovin 與 Brody（1989）、Tannen（1984, 1994），與 ten Have（1991）。

◆ 更多醫病互動，參閱 Heath（1989）、Maynard 與 Heritage（2005）、McHoul 與 Rapley（2005）、J. D. Robinson（1998）、Robinson 與 Heritage（2005）、ten Have（1991）、West（1984），及 West 與 Zimmerman（1983）。

CHAPTER 11

敘事分析

序言
社會語言學
  Rubinstein 有關女性對母親
  死亡的回應之故事
  比較敘事：Bletzer 和 Koss
  的研究
  Bridger 及 Maines 對於傳統
  故事的研究
  Mathews 的研究

詮釋學
  Herzfeld 對於希臘民俗歌曲
  的研究
  Fernández 對於佈道的研究
現象學
進行現象學研究的步驟
  找出偏差且儘可能擱置
  從敘事中選擇引述
  Garot 對於補助住房津貼的
  篩選者之研究
延伸閱讀

◆ 序言

　　人類是自然的說故事者，而且在每一年齡的學者都深受敘事的結構所著迷，亞里斯多德說：「說起故事就是要談起過去或已消失的事件。……沒有人能『敘說』尚未發生的事。」（*Rhetoric, Book III, Chapter 16*）。他說：「一個敘說的詩人應有其單一行動的主題，完整的且完成的，不管在一開始、中間或結局」（*Poetics, Section 3, Part 23*）。敘事研究是 2,360 年前的事，但從未消逝。

　　在社會學的領域中，敘事分析有四個傳統思想：

1. 社會語言學：社會語言學的傳統思想分析聚焦於敘說的結構，尋找文化中或跨文化間人們說故事的規律。在此處，敘說本身是興趣的主體。

2. 解釋學：此傳統思想的分析在於透過詮釋內容而尋求敘說的較大意義。在此，敘說作為瞭解故事中的文化和歷史情境脈絡之橋樑。

3. 現象學：在此傳統思想的分析使用個人的敘事作為進入敘事者生活經驗的視窗，並且嘗試達到同理瞭解此經驗。在此，研究主體在於該敘事者說故事的經驗，不是故事本身。

4. 紮根理論：對於紮根理論的學派，敘事指為解釋事情如何運作所發展出的資料，將在第十二章詳細說明。

◆ 社會語言學

假如你要朋友告訴你他是怎麼遇到另一半，你就可得到一個敘事。假如你要訪問警察逮捕犯人後發生什麼事，你就獲得一個敘事。假如你問某人脊椎背部疼痛是怎麼回事，或問如何決定墮胎的，或是問如何加盟麥當勞，你就獲得一個敘事。

故事中有很多創意的空間，但這些決定不是絕對的，在每個案例裡，敘說者必須思考事件，然後決定什麼要放進故事中，並考慮放進的順序和什麼要保留（參見補充補料 11.1）。

Rubinstein 有關女性對母親死亡的回應之故事

Rubinstein 研究 103 位中產階級已婚的，年齡約 40 到 62 歲的費城婦女，瞭解他們對於守寡母親最近去世的反應。在很冗長的訪談中，Rubinstein 問到：「你能告訴我有關你母親去世的事嗎？發生什麼事？她如何去世的？」（1995: 259）

補充資料 11.1

敍事和言談

　　敍事是言談的一部分，是運用「不能打斷此回對話」規則的一種言談（請見第十章，關於對話分析）。你被期望要有支持的態度，如：穿插著「嗯嗯」和「你不必說」的情境，但原則就是要讓那個人說完，或是在適當的時機問事情，如：「所以，你有遇過他父母嗎？」

　　大多數在社會科學裡的開放—封閉式訪談能精準的探究問題，這些問題可使應答者由一個話題轉移到另一個話題。但當人正得意洋洋地講故事時，最善於做的事就是離題，然後你可分析敍事的主題及結構，如情緒如何被開展，有哪些人物在裡面等。

　　這些女人的故事有短的、有時間系列的，婦女不是沒負擔照顧母親最後生病，就是分擔很少責任，或是到長的都有。分擔較多照顧生病母親的婦女，照顧時間超過六個月，對於母親生病及死亡，有較複雜的故事情節。

　　不論故事是長是短，Rubinstein 發現很強的結構規則性。大多數提供資料的人是以 Rubinstein 所謂的「醫療的序曲」（1995: 262）及「衰退的因子」作為故事的開端（p. 263）：

> 她甚至開始注意什麼事不太對勁，她們說所有的檢查都做了，但心智能力卻沒受損。我覺得有點好笑，因為在一月時他們就說這對一個有多重器官衰退的女人而言，不算太壞。我笑著說但我想今年再回來做檢查，他們說：「好吧！明年帶她回來檢查，這樣可以看到她逐漸衰退的點在哪。」一年後，我告訴他們，她已經過世了。
> （Rubinstein, 1995: 263）

多數婦女隨著詳述她們如何趕到急診室、如何決定開刀，都在「醫療化（medicalize）她母親死亡的故事」（Rubinstein, 1995: 263）。多數的報導人也提及她們母親的人格特質：

> 所以我們並未強迫她搬來〔和我住〕。我們讓她自己做決定。五月時，我們把她的公寓退掉，事實上，後來沒有想回去，她喜歡那種方式，是的，當她可以走路的時候，她喜歡離開那裡。對於很多婦女而言，〔身體雖逐漸地衰退〕，到最終要推著輪椅出去，這對她們的尊嚴及獨立是極大的侮辱。很多人注意她不是自己了，她曾經是如此堅強的個體，非常主導、也十分獨立、話很多，對於與人交際，她的心智能力開始有點下滑，但相對的，身體狀況的衰退卻較引起關注。（Rubinstein, 1995: 263）

關注此逐字稿，作者選擇性的使用 kinda（有點），而不是用 kind of 來傳達故事的語氣，但是他在敘事中也用引號插入事件，指出事件隱含的意思，但不在敘事中說。明顯地，這裡企圖想包含各種詳細的訊息，像錯誤的開場白，和嗯、啊等替代詞，以便對話分析轉換逐字稿之用。

最後，假使婦女於母親死亡時在場，她們都會描述死亡的現場。以下有兩個對照的情境，Rubinstein 視為敘事中相似的部分：

1. 她繼續說，多數的事都來自過去，但不管過去如何，甚至當我兄弟姊妹到達那裡，我們每個人都無法承受此經歷，她的眼睛環視周圍，甚至到臨終都非常痛苦，說真的，那不是很平靜的死亡。（1995: 270）

2. 多數家人都到場，然後我母親呼吸困難，而我試著讓她靠我的手臂裡說話，再次確認我愛她，她也愛我，然後她在我的手臂裡死去，這是多麼美妙的死亡方式，就好像我母親給我

平靜的禮物，知道我們再親密不過了。（1995: 271）

Rubinstein 的分析著重在故事本身以及故事的主題，例如醫療化的死亡，因決定是否以醫療照護到最終死亡產生的兩難，女兒因發狂的母親無法找到過去的自己而產生的情緒、傷痛。Rubinstein 也著重主題如何結合，如何用可預測的方式排序這些主題（延伸閱讀：事件敘事）。

比較敘事：Bletzer 和 Koss 的研究

有系統的比較是社會科學用來分析的關鍵點，不論資料是文本或數據，Keith Bletzer 和 Mary Koss（2006）分析 62 筆敘事，這些敘事來自 62 個美國西南部貧困婦女被性侵的故事，其中有 25 個塞恩族群的婦女，24 個英裔美人，13 個墨西哥裔的美國婦女，這三群婦女平均年齡約 35 歲左右，資料分別來自於她們的社區診療所。特別是有些婦女提到曾做過「被強迫不想要的性經驗」之篩選問卷（Bletzer & Koss, 2006: 10）。

此研究採用抽樣設計，欲回答的研究問題有：不同背景的婦女如何告訴研究者有關性暴力的受害事件、特別要注意的事，研究者採用來自主流文化的對象（英裔美國人）做比較，同時值得關注的是限制墨西哥裔美國人需是至少在青少年前在墨西哥長大的才列為研究樣本。

在訪談期間，每個婦女被要求以自己的話語描述被性侵的故事。研究者以學者的角度檢視這些性暴力的故事，剛開始的反應、長期的結果、難過哀號，以及想復原的念頭。除了故事的主題，同時也在尋找故事架構的機制。

例如，英裔的美國婦女在敘事裡使用交錯的故事；墨西哥裔美國人較少用此方式；塞恩族人都不用此方式，她們典型地運用故事的階段排序，且比其他兩群體還普遍使用（Bletzer & Koss, 2006:

18）。英裔美國人同時使用敘事語氣比其他兩群體的婦女多，這些故事語氣如「所以，然後……」、「所以，無論如何……」、「然後……」等（p. 21）。

所有的婦女在被性侵後的感覺都以沾汙及骯髒作隱喻，英裔美國人偶爾運用三個一組在他們的敘述中（Bletzer & Koss, 2006: 22）。

> 「生氣、害怕、丟臉。感覺自己好像很沒價值。」（英裔）
>
> 「然後我因此懷孕，讓我覺得汙穢骯髒。」（英裔）
>
> 「我就覺得骯髒及低下，我想要躲起來，讓人家看不到我。」（英裔）
>
> 「我覺得低下，我覺得邊遢。」（塞恩族）
>
> 「我感到生病、骯髒。我想殺了自己。」（塞恩族）
>
> 「縱使我感到我很骯髒，下流的……讓我覺得真得很髒。」（塞恩族）
>
> 「極度悲傷的，非常強烈的，沮喪失望且悲傷，很痛苦的悲傷。」（以西班牙語回答）（墨西哥裔）（Bletzer & Koss, 2006: 16）

Bletzer 與 Koss 同時注意到不在敘事中被提及的：很多英裔和墨西哥裔美國人，表達對她的施暴者復仇的想法，但塞恩人沒有這種想法（Bletzer & Koss, 2006: 17），事實上，塞恩婦女幾乎從不提男人的名字；墨西哥裔女人會提和她關係不錯的男人名字；而英裔美國人會說出與她有親密關係的男性名字，也會說出與她關係不好的男性名字（p. 14）。

Bridger 及 Maines 對於傳統故事的研究

　　世界各地人們會談論他們的國家或社區的故事，Bridger（1996）稱他們為傳統敍事，這些敍事可界定及維持人們的觀點（參見補充資料 11.2）。

補充資料 11.2

傳統故事的敍事

　　例如：在以色列的 Masada 戰後，「已經形成猶太人意志抵抗壓倒性贏的一桿之象徵，而且已經壓縮變成『再也不要讓 Masada 倒下』簡單一詞的傳統遺留的敍事」（Bridger & Maines, 1998: 324），Bridger 說此敍事支持了以色列軍隊的武裝持續需求的說法。相似地，塞爾維亞人將 1389 年喪失 Ottoman Turks 的 Kosovo 戰役界定為塞爾維亞國家發展的重要因素。

　　並非只有國家才有傳統的敍事，社區也有敍事，家庭也有僅身在其中的人才理解的敍事。政治家經常發展（或鼓勵他人發展）讓他們自己被看好的傳統遺留的敍事。敍事是一個讓人產生個人認同到家庭認同，乃至族群認同，甚至國家認同的絕佳方式。

　　Bridger 與 Maines（1998）分析 1989 年在底特律發展有關計畫關閉 112 個天主教堂中的 42 個所產生的敍事。在此市中心的天主教信仰者由 1976 年的 104,380 人滑落到 1988 年的 48,804 人（p. 327），並且有些教區收不到那些逐漸貧窮的信仰成員之募捐，無法維持經營教堂的費用。

　　底特律的樞機主教 Edmund Szoka 的發表聲明導致抗議的風潮，這些抗議包含底特律兩大報的 400 篇文章、信件及社論。這些文獻資料集成有關底特律天主教社群的主題及拯救他們教堂的遺跡

敘事。

Bridger 與 Maines 分析這些文本的主體，建立三個敘事結構的主題，分別是「白色逃亡」、「組織的遺棄」以及「羅馬教廷二世」。這些主題有順序地浮現在此資料中，時間是樞機主教 Szoka 宣布關閉的 1988 年 9 月，到真正關閉的 1989 年 6 月之間。

在辯護此關閉的論戰中，Szoka 強調白色逃亡的問題，二次大戰後白人由美國市中心遷移到城郊，事實上，雖然在市中心天主教信徒人口下降，但在主教天主教的總數是成長的，由 1945 年 90 萬人到 1988 年 150 萬人，此乃由於郊區人口的成長所致（Bridger & Maines, 1998: 328）。白色逃亡有很多原因，如：由鄰近市中心逃到快速道路，房地產爆炸性產生，有校車接送等，但這是個人口統計學事實。就 Bridger 與 Maines 解釋，這個敘事顯示沒有人該為關閉教堂負責，這是沒有辦法的。

此敘事對某些白人是好的，但對於底特律很多黑人而言，團體組織的遺棄造成白色逃亡的結果，形成關閉工廠、主要商店關門和多人失業。市中心的公司為自己棄走而爭辯，他們辯稱想往消費人群所在地移動。對於留在市中心的人，教堂的關閉是公司組織棄走的敘事之另一種說法。對他們而言，教會主權被教區教徒視為「分部」，且「遺棄教會的中心及歷史任務，使教會由充滿神職人員到窮人，及老弱婦孺」（Bridger & Maines, 1998: 330）。

在此故事的最後一章，在教會真正結束前，在市區的人（含地區的神父）控訴樞機紅衣主教揚棄 1962 到 1965 年產生的第二羅馬會議的法則。羅馬教廷二世在天主教堂創造一個開放的氛圍，彌撒開始以使用地方語言舉行，不是拉丁語；流行樂在很多教區引介，且導致越來越多神父及平民階級參與地方的重要決定。樞機紅衣主教 Szoka 被評為獨裁者，拒絕這些新法則。

到最後，不是 42 座教堂被關閉，而是 31 座，並且最終的敘事是──羅馬教廷二世下令在天主教區比較民主的決定，以及此原則

在決定關閉教卻被忽略——此敘事成為解釋究竟發生什麼事的最主要依據（Bridger & Maines, 1998: 327）。

　　於此，最大的學習功課是由社區認同所界定的傳統遺留之敘事對於政治性決策有深遠的影響。當一個社區動員團起來環繞著某些敘事時，如敘事圍繞著小型企業的重要性及阻止 Wal-Mart 大型購物中心開張時，或環繞著有關需要保護環境以阻止分部的成立，或環繞著有關需要保護孩童以阻止公園被賣給營造商時，對政治決策的影響就產生了（延伸閱讀：傳統延伸敘事）。

Mathews 的研究

　　民俗傳說及神話反映出一個社群的價值，同時這些敘事的分析強調發現這些價值。但是每說一次民俗傳統故事，都是一個全新的敘事。要求五個大人講小紅帽的故事時，會立刻看到其間的差異性。在墨西哥，人們都會講一個故事，叫「哭泣的婦人」（The Weeping Woman），Holly Mathews（1992）蒐集了 60 個敘說「哭泣的婦人」的故事，有一則如下：

> La Llorona 是個壞女人，卻嫁了一個好男人。他們像一般人一樣有孩子，有天她在街上發瘋的遊走，除了她先生以外大家都知道。當他發現他打她時，她覺得很丟臉，隔天她走進河裡淹死了，現在她知道無法安息，且必須永遠在街上遊逛，在夜裡哭泣。這就是為什麼女人絕對不要離開家人去街上尋找男人的原因。假如他們不小心，最終會和 La Llorona 同樣的下場。（p. 128）

　　另一個解釋是那個丈夫變成酗酒者，失去家中所有的錢，La Llorona 自殺。又另一個版本是她的朋友告訴她，她們看到她的丈

夫和其他女人在一起，La Llorona 不信，看到她丈夫在街上報復一個女人，La Llorona 自殺了。

　　經過 60 個重複的版本，Mathews 發現男人與女人講故事的方式不同，但最後結局都是那個女人自殺了，Mathews 認為這個道德傳說成功地形塑人的行為，因為不管男人或女人分享的故事中主角的動機，都一致地順從男人和女人如何看待彼此的基本特質的這個輪廓圖（1992: 129）。

　　根據 Mathews 對墨西哥鄉下文化模式的瞭解，男人認為女人在性方面無法控制。除非她們受控制或自我控制，否則她們自然的天性一產生，他們就會像故事中所說的「走到街上」以尋求性滿足。

　　男人方面，被女人視為在性上貪得無厭。認為男性的天性像動物，為滿足自己的慾望，甚至犧牲對家庭的義務。但是，為何女性在婚姻上無法處理好時最後導致自殺的下場呢？在 Mathews 鄉下工作的人，大多數的婚姻是由父母親安排的，且是家庭之間資源的交換。Mathews 說，一旦女兒像土地般的交換，即使女兒想脫離婚姻，父母親也不能將女兒拿回，那麼，女人唯一可結束婚姻的方法就是自殺（1992: 150）。同時，Mathews 說這就是為何自殺是講述 La Llorona 故事的一部分。這個民俗傳說是一個文化器物，但此儼然成為一個寓意劇，此劇來自一個口說社群的政治經濟劇情（延伸閱讀：民俗傳說）。

◆ 詮釋學

　　詮釋學，或稱文本的詮釋性分析，有很長的歷史，取自於希臘神赫密士（Hermes），相當於羅馬神話中的麥邱里（Mercury），他的任務是為人類傳遞或詮釋其他神給的訊息。在古希臘中，詮釋（hermeneus）或翻譯解釋（interpreter），使用此字

「hermeneutics」，意指持續的解釋文本的再解釋。

在社會科學中的詮釋學是西方傳統的聖經注釋的結果。在那個傳統時代，舊約和新約全書被認為都包含永遠不變的真理，透過先知和那些教義的作者等密使被全能的創造者放在那裡。持續不斷地解釋那些文本的字義，為的是瞭解其最原始的意義以及作為現今生活的指引（參見補充資料 11.3）。

補充資料 11.3

聖經的詮釋學

拿撒勒的耶穌死後約一百年，早期的猶太法典學者發展出調停聖經矛盾的規則，例如：其中一條規則是「一節的意義可能由它的脈絡所衍生，也可能從後來相同章節的聲明中產生。」（Jacobs, 1995: 236）另一條是「當兩篇呈現矛盾時，第三篇可能發現誰可使它們一致。」（Jacobs, 1995: 236）。今日，第 13 條猶太法典的規則是用來解釋規則的，仍成為正統希臘正教猶太人早課之中的一部分。

自從奧古斯丁時代（西元 354 到 430 年），新約全書的信徒就使用詮釋的說理來決定馬太、馬可和路加三篇福音的書順序。他們稱為對觀福音書，因為他們三篇有相同的事件，可以排成一排對照與仔細比較。有些作者間有差異（如：有些事件的順序），有很多理論討論導致差異的原因，包含教義（福音）之一（或更多）來自於未知的典據（資料）。這個問題的研究持續到至今仍在進行（for a review, see Stein, 1987）。

今日，在美國，憲法是聖經詮釋的一種形式，法學家的任務就是解釋每章節憲法在近期情況下的意義。舉凡有關黑奴、墮胎、婦女投票權與政府稅收能力等法律條文方面，跨越不同時代就有完全不同的詮釋，這就是美國憲法的注釋。

雖然他們沒有影響西方的社會科學，但是在回教（Abdul-Rahman, 2003; Calder, 1993）、印度教（Timm, 1992）和其他的宗教上有很長的注釋傳統歷史。

Friedrich Schleiermacher（1738-1834）被認為是首先主張詮釋學可應用於所有的文本，不論是口語或書寫、現代或古代、神聖的或世俗的，並且主張詮釋學需植基於歷史的情境脈絡中（Forster, 2008; Schleiermacher, 1998）。畢竟，意義是短暫如曇花一現的，因此瞭解文本的意義需要紮實的抓住地區性的情況和語言，例如：想起在美國學校教導有關哥倫布航海的故事，這些故事對於納瓦霍族、印地安人和中歐北歐後裔的美國人來說，其意義有很大的差別。

在 Schliermacher 之後，詮釋學在歐洲及美洲的社會科學持續不斷的發展（延伸閱讀：現代詮釋學）。

Herzfeld 對於希臘民俗歌曲的研究

Michael Herzfeld（1997）研究了現代希臘迎接春天所唱的歌之解釋，如 khelidonisma（或燕子歌）。Herzfeld 蒐集這些歌的文本，有古代、中世紀和現代的歷史資料，並且記錄希臘幾個地方的現今解釋之文本，他的目的在於顯示文本中的不一致並非來自於「某個口頭傳統過程中公認的不合理」，而是事實上反映希臘鄉區迎接春天時典禮儀式所強調的結構性原創。

為了成立他的觀點，Herzfeld 尋找作者不詳的演奏，像一曲「三月，我的好三月」（March, my good March）比較另一曲「三月，糟糕的三月」（March, terrible March）。Herzfeld 宣稱「好」（good）這個字在希臘是諷刺地用在指焦慮的來源。

嗯，三月對於希臘鄉村居民而言是象徵焦慮嗎？ Herzfeld 說是的，我們可由到處觀察到三月中前三天（*drimata*）人們避免某些活動中判讀出來。Herzfeld 透過解析 *drimes* 此字來支持其論點分析，*drimes* 是指象徵八月的前三天，和惡毒的靈魂聯結在一起。由於三月是冬天到夏天的過渡期間，而八月是夏天到冬天的過渡期，

Herzfeld 歸納這些介於中間的月份和象徵性的危險有關。他發現二月從未被指稱為好名詞，並此現象支持他分析的論點。

　　這類深化的、詮釋學的分析需要熟悉當地語言及文化，以便在研究文化表達時象徵指示物萌發產生。假如你不瞭解那些象徵物件為何、不知道這些象徵物的意義，那麼，你就無法瞭解這些象徵物間的聯結意義和關係（延伸閱讀：民俗樂曲）。

Fernández 對於佈道的研究

　　James Fernández（1967）拍攝兩個非洲祭典儀式的領導者的佈道，且將它轉譯為逐字稿分析。這兩位分別為在非洲南部 Gabon 的 Ekang Engono 和在南非祖魯族 Sydenham 的 William Richmond，Engono 以 Make（Fang 的一種方言）講道，而 Richmond 以南非祖魯族語講道，他的佈道內容有 45 頁長，但 Engono 的講道較短。此處是它的全部：

> Ngombi 是 Fang，Ngombi 是很會照顧事情，Ngombi 是充滿汁液的水果，是你可以表現不好，可感覺不好，可能令人惱怒的且麻煩的事物。它最好應該是令人惱怒的，最好是炸開的。凡是瞭解 Fang Ngombi 的人，像在死人的土地上擁有金銀財寶般。人不可以偷鐵，因為它來自於鐵工廠，它是人的兄弟，它是人的等價物。養母的血是胎盤的食物。我們不知道精神靈魂的奇蹟。Ngombi 留此在地球上給我們。因為人不清楚 eboka 的顯著性，因此我們很不幸。我們是地球的破壞者。我們的破壞吵到上帝。奇蹟在我們的事情中發生。仔細聆聽風的話語；仔細聆聽 Fang Ngombi 的話語；仔細聆聽村民的話語，他們會對你有重大的意義的。除非她和另一個像她的人都嫁給同一個丈

夫，否則巫婆無法經由她們的閒聊而產生麻煩的。沒有巫術的人是天使，他是隻天鵝，因此祖先說窮人不是疲憊倦怠，就是沒有巫術。（1967: 57）

Fernández 詮釋佈道中每個奧秘的圖像——Ngombi、鐵、養母的血、巫婆的閒談，事情間的奇蹟，顯示 Engono 如何勸告他的群眾去保護婚姻和懷孕。舉例來說，Ngombi 是神聖的豎琴，典禮儀式中成員的聲音是豐富多產的女神的聲音，而鐵的贈品則是傳統上對於新娘的價值。

Fernández 的詮釋分析是將佈道翻譯成他的讀者的語言及世界觀點，以填補其間的裂縫，且讓不明顯的聯結變得明顯，此聯結指和讓文化中的原住民所瞭解的隱含聯結意義變得明顯。但這不僅僅是詮釋奧秘想像的一個練習而已，Fernández 在 1960 年指出，當他錄下佈道時，Fang 族人已經因道德弊病的結果，經歷 40 年來生育率劇烈地下降，且指出祭典的存在應驗了這下滑的情況。

Fernández 使用他對於 Fang 語言的親近知識及文化的知識來顯示簡短佈道的奧秘內容如何陳述社會問題。也許相似的佈道在繼驚人的死於 AIDS 之後的非洲在今日正被告誡著。我們可能可以測試看看（延伸閱讀：佈道、故事、演講、政治演說、笑話和生活歷史）。

◆ 現象學

現象學是哲學的一支，他強調現象的直接經驗決定形成事情的要素，例如：黃金一直以來被認為是一個全球的貨幣，但是在價格上的變動是歷史上的偶發事件，且此現象無法反映出它的精髓。必須和偶然之間的差異最早由亞里斯多德在他的《形上學》（*Metaphysics*）一書提出（尤其是第七冊），且深遠地影響哲學。

現象學經由 Edmund Husserl〔1964（1907），1989（1913）〕
的作品產生社會科學。Husserl 辯稱用來研究物理現象的方法不
適用於研究人類的思考和行動。Husserl 不是反實證主義者，他
說，我們所需要的是像實證主義者的取向，重視我們經由感官所
獲得的資料，但此方法十分適合用來瞭解人類如何經驗這個世界
（Spiegelberg, 1980: 210）。為達此目標，需要將偏見棄置一旁，
或將其區隔開來，我們的偏頗之處使我們不用自己的文化視野過
濾他人的經驗，也使我們可以瞭解他人的經驗（Creswell, 1998;
Giorgi, 1986; McNamara, 2005: 697; Moustakas, 1994）。

◆ 進行現象學研究的步驟

進行現象學研究有以下六個步驟：(1) 界定事情現象以及所欲
瞭解這些事情現象的精髓；(2) 界定你的偏差觀念並且儘可能地放
置一旁；(3) 由正在經驗某現象的人來蒐集現象的敘事體，並透過
詢問他們好的、開放的問題，接著探究問題以便運作；(4) 使用你
最先的機制去界定現象的要素；(5) 在撰寫引述時揭露這些要素；
(6) 重複第四、第五步驟直到你確定無法從你研究的人身上獲得資
訊。

第二步驟（找出偏差且儘可能擱置）和第五步驟（選擇能明顯
表示研究對象真正經驗的引述）這兩個步驟是最難的。

找出偏差且儘可能擱置

要退後一步避免我們的偏差是不容易做到的，但當論及偏差，
力求越少越好，所以我們做我們能做的事，Zakrzewski 與 Hector
（2004）研究七個男人的生活經驗，他們由酗酒中走出來，被詢問
相同的開放─封閉問題，像：「你曾經有酗酒的經驗嗎？如果有，

能否告訴我你的經驗。」此構想是要他們談論他們感覺的重要議題，分析逐字稿看看他們之間是否有共同的主題（p. 65）。

Zakrzewski 自己本身才從成癮中恢復，他自己知道他的經驗有正反兩面：一方面此經驗給他足夠的同情心去同情他訪談的人，另一方面他意指他帶著很多自己的偏差進入他的研究計畫中。要面對此，他經歷一個產生擱置偏差的訪談，一直問研究對象相同的問題。Zakrzewski 透過分析一起訪談的博士生的逐字稿，他能清楚自己對成癮的偏差以界定出主題，他帶著自我知覺的瞭解進入訪談的參與者中，也帶著這些到訪談資料的分析過程中。

從敘事中選擇引述

選擇引述以便清楚地顯示被研究者到底真正如何地經驗事件，此步驟也是說比做容易，因為研究者必須對所研究的現象具有同理的瞭解，Bramley 與 Eatough（2005）研究 62 歲罹患帕金森氏症的 Beth，他們向 Beth 做三次深度訪談，談論她關於整段治療的生活。對於她對未來的想法，Bramley 與 Eatough 多次讀過 Beth 所有的訪談逐字稿，對於 Beth 所重視的事情有整體的瞭解。他們記下關於「文本中任何出現趣味性或顯著重要的事情」以及 Beth 重視且「感覺到想要掌握要素」而發展出的主題（p. 226）

以下是有關 Beth 早上吃藥前的敘述：

> 然後我像隻青蛙，然後……你不能，不能直接思考，你不能呃，這是多麼恐怖的感覺，你覺得你好像不對……你知道的。這是我所能解釋的，你的大腦無法告訴你的身體該做什麼，它不能告訴你如何說話。（p. 227）

以下是 Beth 敘述如何嘗試走路：

然後就像你必須，當你用你的腳起床站立，你說「現在繼續放這隻腳在另一隻腳的前面」，然後你必須行動上要自己一次一步接著一步，你必須告訴你的身體如何做，它不只是透過思考來完成而已。（p. 228）

Garot 對於補助住房津貼的篩選者之研究

Garot（2004）研究政府員工如何篩選補助住房津貼的申請者，他觀察這些篩選的訪談內容，記下這些員工和他的個案之間的訪談互動，且每在篩選的訪談結束後，他立刻訪談那些員工關於他們和個案間互動的情形。

在這些合法申請補助住房津貼的訪談中是有許多賭注的，因可取得的資源（這些補助）有限，使得這些員工必須拒絕某些申請者。這些員工覺得很有罪惡感，特別是當被他們拒絕的申請者有情緒反應或生氣且含淚請求他們時。Garot 敘述那些員工如何處理這些事件——如何避免用「不」這個字、如何發展一種「分離的關懷」，和他們如何平撫申請者「由希望到被拒絕」（2004:744）。有一種方式就是給予被拒絕的人相似的說詞，這表示要記住這說詞。這裡有一個員工和不合法申請者的對話：

你現在沒有補助金的優先權，為了偏好，你不是要付百分之五十的收入到你的房租，靠居住補助津貼生活，就是因不付房租之外的理由被趕出去。如果不要，我們會將你的名字列在候補名單中，以便你的情形改變後我們可以通知你。（Garot, 2004: 744）

可以理解地，人們帶著希望請求且說服我們審理案件。以下對話是員工 Anna 如何讓個案 Manuel 知道他和他家人可能流落街頭的情形。

Anna：	所以我們將你們放在等候名單中，且你的收入減少或房租提高時，我們才會檢視你的案件。
Manuel：	現在這個公寓不是我們的，房子的主人不想租給我們，那我們能去哪裡呢？
Anna（安靜地）：	我不知道。
Manuel：	他比較喜歡方案八（「方案八」是政府將私人住宅租給窮人的政策）。我將離開這個地方，這就是我申請此方案的原因。
Anna：	我建議你試著找不太貴的地方。 （Manuel 和他的家人起身離開辦公室。） （Garot, 2004: 744）

此類的互動需付出代價，以下是 Anna 向 Garot 解釋他如何處理此類壓力的實例：

Anna：我這幾年經歷著緊張壓力的生活，那時我患有嚴重的偏頭痛，很難理解就因為我總是難以說不，所以有此症狀。你知道的，看見人們走進來，而且他們就像你在邊界所知的人。這樣說好了，他們的號碼牌不符合資格，但你知道他們十分需要。所以你無能為力幫助他們，你必須坐在那裡看著他們，並且跟他們說「不行」（Anna 停頓地注視著我，明顯地心裡有負擔。然後嘆口氣，她擺脫這個情結且以一個較不受威脅的神情繼續談下去）。我花了

> 很久的時間才能解決此問題，是的，我不能幫助他們，但
> 是有人比他們更具有資格且比他們更需要，此壓力花了我
> 很長的時間克服，我做到了。（Garot, 2004: 758）

　　誠如你所見的，這種方法是在於產生說服性的描述，敘述別人經驗了什麼。它可能伴隨著解釋，但最大目標是讓讀者瞭解你所研究的人的生活經驗。這樣做就像其他好研究般，像個手藝（技術）。當你越做越多時，你就越來越熟練它（進階閱讀：現象學）。

延伸閱讀

♦ 有關事件敘事，請參看 Baker-Ward 等人（2005）、Blum-Kulka（1993）、Bohenmeyer（2003）、Brenneis（1988）、Koven（2002）、Ledema 等人（2006），和 Quinn（2005a）。在研究方法上改善事件歷史的蒐集之精確性請看 Reimer 與 Mathes（2007）。

♦ 更多的傳統延伸敘事，請看 Alkon（2004）、Ashworth（2004）、Glover（2003）和 Hale（2001），傳統延伸敘事像本章所描述的，以及像 Alkon（2004）所描述的，經常能有效使政治行動化，要看 1960 年代的敘事分析，請見 Polletta（1998）。

♦ 民俗故事的科學性研究之經典作品請見 Vladimir Propp（1990），這類作品的第一版出現在 1928 年的蘇俄，主要在建立世界重要的現代民俗者在民俗故事主題的規範，包含 Alan Dundes（1965, 1980, 1989）和 Dell Hymes（1981, 2003）。在民俗故事的研究中最具體的例子請見 Burke（1998）、Doyle（2001）、Malimabe-Ramagoshi 等人（2007），和 Raby（2007）。

♦ 在現代詮釋學的主要面貌包含 Wilhelm Dilthey〔1989（1883）〕和 Dilthey 的論文集（1996）和 Paul Ricoeur（1981, 1991）。詮釋學的分析實例，請見 King（1996）、Mann（2007），和 Yakali-Camoglu（2007）。

◆ 民俗樂曲的系統研究創始於 Alan Lomax（1968, 2003）。社會科學中研究民俗樂曲和流行音樂的更多實例，請詳見 Ascher（2001）、Cachia（2006）、Harris（2005）、Hoffman（2002）、Messner 等人（2007），和 Stewart 與 Strathern（2002）。

◆ 敘事分析的實例應用於儀式與故事上，請見 Hamlet（1994）、Moss（1994），和 White（2006）。在演說上的分析，請見 Javidi、Long（1989）和 Nikitina（2003）。敘說分析政治演說的實例請見 Elahi 與 Cos（2005）、Guthrie（2007）、Murphy 與 Stuckey（2002），和 Tan（2007）。

◆ 笑話是世界文化的一種敘事形式，此類笑話的敘說分析之實例，請見 Davies（2006）、Holmes（2006）、Lampert 與 Ervin-Trip（2006）、Norrick（2001），和 Tsang 與 Wong（2004）。

◆ 參見 Angrosino（1989）和 Cole 與 Knowles（2001），可進一步看到他討論生命史的研究，也可由 Hatch 與 Wisniewski（1995）在生命史的敘說分析之論文集。在歷史故事的敘說分析實例，請見 Behar（1990）、Hinck（2004）、Hoggett 等人（2006）、Presser（2004）、Rich（2005），和 Roy（2006）等人。以及生命歷史的敘說分析可見《敘說探究》（*Narrative Inquiry*）期刊（創刊於 1991 年）。

◆ 有關現象學請見 Giorgi（2006）、Moran（2000）、Sokolowski（2000），和 van Manen（1990），有關社會科學運用現象學研究的例子，請見 Bondas 與 Eriksson（2001）、Howard（1994），和 W. K. Taylor 等人（2001）。

CHAPTER ⑫

紮根理論

序言

歸納法與演繹法

紮根理論的概要

紮根理論的資料從何而來？

　　編碼與理論建立

　　寫下備忘錄與理論化

　　建立與精煉理論

紮根理論研究：Schlau 關於成

　　人耳聲之調適研究

視覺化紮根理論

　　檢證模式

延伸閱讀

◆ 序言

　　本章與下一章為二種差異相當大的內文編碼：紮根理論與內容分析法。這二種分法反映出對於所有研究來說，良好的認識論方法：歸納法與演繹法。

　　真正的研究從來不是僅為歸納法或是演繹法，不過對一些研究問題來說，卻需要多數用歸納法或多數用演繹法。歸納法研究在任何一個研究的探究階段是必要的，不論是文字的資料或數量的資料；演繹法則是不論資料為質性的或是量化的，在任何研究的確認階段都是必要的。

　　整體而言，若是我們越不瞭解研究問題，就更應該採取歸納法來暫時接受我們已先入為主的概念，且讓研究觀察成為我們的指導方向。當我們針對研究問題瞭解越深時，採取演繹法的研究方式就變得越重要。

◆ 歸納法與演繹法

再深入一點地說，歸納法包含尋找觀察模式以及對於解釋的發展——理論——藉由一系列對於此模式的假設。這些假設用來測試新的結果以及修正以測試更多結果，直到這些結果被稱為理論，新的結果才會停止修正。

理想上，演繹研究起始於理論（這些理論由常識、觀察或是文獻所衍生），再依理論產生假設，接著進行觀察，以證實假設或不證實這些假設。

假設我們想瞭解為何青少年會想要加入幫派，我們必須先觀察有加入幫派以及未加入幫派的青少年，並且在這些青少年的行為中尋求一種模式，當我們找出行為模式後，我們也找了研究假設。在社區中有一種現象，在親生父母家庭成長的幼兒比起在單一親生父母家中成長的幼兒來說，不易加入幫派，在親生父母家庭中成長的幼兒也比單親家庭或寄養家庭的幼兒不易踏入幫派；最終，我們也想要實驗測試我們的概念（亦可稱為假設）是否與新發現相悖。

這些建構知識的範例——持續合併歸納法與演繹法研究——被學者用來超越人文學科跟科學間相似處，數千年以來，已被多數學者證實了。如果我們瞭解為何恆星爆炸，愛滋病毒如何轉變，為何女性進入勞工市場時，就會降低生育力。

人類經驗（人類真正經驗過的事件）是無止盡的有趣，因為這些事件亦是無止盡的獨特；就某一方面來說，關於人類經驗研究經常為深究的，且經常是被歸納式地研究。另一方面來說，我們也知道人類經驗是被模仿的；一個從墨西哥移民到美國邊界的移民者，可能帶著獨特的經驗與故事，但 20 個一樣的故事就會揭露出其中的共通性了（延伸閱讀：社會科學的歸納法與演繹法）。

◆ 紮根理論的概要

　　另一類似的例子為一位住在波士頓的女人、一位住在拉哥斯靠雙手奮鬥生命的男人、一位住在雪梨與肺癌搏鬥的女人，以及一位住在北京與前列腺癌搏鬥的男人。這些人都有著獨特的人生經驗，也有不一樣的人生故事，然而，累積這些獨特的故事後，從中依然會顯示出相似性，欲發現人類經驗的模式需要獨特例子的歸納法檢驗加上演繹推理的應用。

　　對於社會過程也一樣，因犯罪而在監獄中的人、感染 AIDS 的人、出國唸書一年的人，不論是誰，在許多階段、許多長遠決定，都必須經歷一段很長的過程；而且在這些例子中，過程對於每一個人來說都是獨特的。然而，這些例子亦為一種模式，有著同樣從一個階段帶領至另一階段的舞台。發現社會化過程的模式同樣需要貼近這些過程，歸納法則需要對於獨特情形做檢視再加上演繹法解釋的運用。

　　此為紮根理論（grounded theory）產生的原由，此研究方法由兩個社會學家 Barney Glaser 與 Anslem Strauss 的著作 *The Discovery of Grounded Theory: Strategies for Qualitative Research*（1967）發展出來。誠如書名所示，此書書名意為發現理論——因果解釋——紮根於以觀察經驗為依據的資料、觀察事物如何運作。

　　Glaser 與 Strauss 並非首位體悟到質性資料對於發展出關於社會過程理論以及人類經驗之價值，他們的這本書在現今就像在 1967 年時般的重要，是第一本有系統且具彈性方法分析的書。Glaser 和 Strauss 不僅說明質性資料的用處，他們也展現出如何將質性資料作為科學演繹有關的社會與心理學歷程知識的來源之一。

◆ 紮根理論的資料從何而來？

　　紮根理論的資料來源是從對於人類經驗以及社會化過程的深度訪談，所有關於訪談的內容誠如第二章中呈現。你需要對於事物抱持高知覺，像是敬意，那麼人們就會告訴你，你想要聽到的；你必須學習如何有效率的探究，以便促使人們說，然後讓他們說下去。你需要學習發問一些可能是威脅性的問題，像是濫用毒品、性行為等，但你必須學習問此類問題時是自在的。

　　紮根理論的訪談可以是民族誌的，著重於文化，但許多紮根理論偏向於 Levy 與 Hollan（1998）以人為中心的訪談方式。在民族誌取向的訪談中，訪問者可能會說：「請告訴我，在生物化學領域的人如何被訓練來進行科學？」而以人為中心的訪談取向則會問：「請告訴我，你是如何被訓練來進行科學？」

　　Kathy Charmaz 使用深度訪談「來探索，而非質問」（2002: 679）。圖 12.1 顯示出 Charmaz 用紮根理論訪談時各式各樣的問題，這些相同種類的問題以生命故事訪談為特徵（R. Atkinson 1998, 2002），或者是 Kvale 稱之為生命世界的訪談（1996: 5）。

圖 12.1 　紮根理論訪談的問題範例

初始開放性問題
1. 請告訴我你發生了什麼事（或是你如何達成 ＿＿＿＿）？
2. 什麼時候是你第一次經驗 ＿＿＿＿（或是注意到 ＿＿＿＿）？
3. （如果是這樣，）那麼這讓你感受如何？你如何思考這些經驗？你如何發生 ＿＿＿＿？是誰影響了你的行為？請告訴我，她／他如何影響你？
4. 請你描述這件事情？（或在 ＿＿＿＿ 之前）？
5. 什麼促成了 ＿＿＿＿？

圖 12.1 紮根理論訪談的問題範例（續）

6. 當時你的生活發生了什麼事情？你如何描述你當時如何發現 ＿＿＿ 在 ＿＿＿ 之前發生？你的觀點如何跟著 ＿＿＿ 改變？

7. 你如何形容當時的那個人呢？

中介問題

1. 你知道任何有關 ＿＿＿ 的事情嗎？

2. 請告訴我，當你知道 ＿＿＿ 時，你有何感受？

3. 接下來發生什麼？

4. 若有這個人的話，是誰會被包涵在內？

5. 請告訴我你如何學習處理 ＿＿＿ ？

6. 請問自從 ＿＿＿ ，你如何讓你對於 ＿＿＿ 的想法及感覺改變呢？

7. 自從 ＿＿＿ 之後，有什麼正面改變發生在你的生活中（或 ＿＿＿ ）嗎？

8. 若有的話，自從 ＿＿＿ 之後，有什麼負面改變發生在你的生活中（或 ＿＿＿ ）嗎？

9. 請告訴我你如何做 ＿＿＿ 嗎？你做了什麼？

10. 你能夠描述出當你是 ＿＿＿ 時，典型的一天是如何過的呢？（針對不同時間點訪問。）

    現在請告訴我當你是 ＿＿＿ 時，典型的一天又是如何過的呢？

11. 請描述你現在的身分，什麼是身為此身分的最大的改變（或延續）呢？

12. 當你回顧 ＿＿＿ 時，是否有任何事件在你心中是特別讓你印象深刻的？請你描述讓你印象深刻的事件（每一個事件），這些事件影響什麼事情發生呢？你又是如何回應 ＿＿＿ （事件或是結果情形）？

13. 請你描述出在你對 ＿＿＿ 經驗裡，你認為學習過關於 ＿＿＿ 最重要的課程？

14. 在這二年（五年、十年，或是其他合適時間）裡，你在哪裡看見你自己？請描述出當時你希望自己成為什麼樣的人。你如何比較出自己希望成為的樣子與你現在自己的差異為何？

15. 什麼幫助你處理 ＿＿＿ ？你可能克服了哪些問題？請告訴我這些問題的來源。

16. 誰是在這段時間內幫助你最多？他／她又是如何幫助你的呢？

圖 12.1　紮根理論訪談的問題範例（續）

結尾問題

1. 你認為對於 ＿＿＿＿＿ 來說，什麼方式是最重要的？你是如何發現（或創造）它們？你在 ＿＿＿＿＿ 反映出你如何處理 ＿＿＿＿＿ 之前，你的經驗是如何呢？

2. 請告訴我，自從你有 ＿＿＿＿＿ 之後，你的觀點（和／或視主題而定的行為以及在此之前的回應）是否會改變？

3. 自從 ＿＿＿＿＿，你如何自我成長？請告訴我，自從 ＿＿＿＿＿ 之後，你發現或是發展出哪些優勢？你認為自己最有價值之處是什麼？那麼，別人認為你最有價值之處是什麼？

4. 在擁有這些經驗後，在他／她發現 ＿＿＿＿＿ 時，你會給予他／她什麼意見呢？

5. 是否有任何事情是你在這訪談之前不會想到的？

6. 你是否有任何問題想要問我？

資料來源：Charmaz, K. (2002). Qualitative interviewing and grounded theory analysis. In. J. F. Gubrium and J. A. Holstein (Eds.), *Handbook of interview research* (pp. 675-694). Thousand Oaks, CA: Sage. Copyright © 2002 Sage Publications.

　　紮根理論在近幾年發展跟改變，並非一形式或另一種形式，而是橫跨社會科學中最被廣泛運用的方法，用以蒐集跟編碼關於人類奇特經驗以及生活中無趣與迷人的瞬間。近來一些例子顯示出：助產士如何幫助母親在懷孕過程中，做出有根據的選擇（Levy, 1999）；日本學生跟商人的妻子如何在美國生活中暫時與日本文化做分隔（Toyokawa, 2006）（參見補充資料 12.1）（延伸閱讀：紮根理論）。

　　無論你偏好哪種認識論（epistemological）的立場，客觀的或是建構的，只要你擁有資料，所有的紮根理論編碼都包含著一些基本的步驟：(1) 編碼文字以及統整資料；(2) 寫備忘錄與理論化；(3) 合併、修正和撰寫理論。請注意，理論都是根據這三個步驟而成。紮根理論是非常反覆的過程，到研究結束之前，你都必須保持著建構跟測試理論的態度，反覆地使用此三個重要步驟。

補充資料 12.1

1967 年以來，紮根理論的改變

今天，紮根理論中存在著一些無法同時接受的學派，Glaser 與 A. Strauss 用不一樣的方法發展出紮根理論中無法重拾並存的學派。Glaser 已經確立更多歸納式的研究方法（1992, 2002）；Strauss（起初在 1987 年用自己的方式進行，之後在 1990 年與 1998 年時，與 Julie Corbin 合作）則是更相信演繹法的方式。A. Strauss 與 Corbin（1998: 48-52）提倡閱讀文獻作為紮根理論的基礎；而 Glaser 在 1998 年則對 Strauss 與 Corbin 提出相反的看法。Strauss 與 Corbin 較贊成演繹法，而 Glaser 則較不贊同演繹法。

對 Glaser（1992）來說，原始用來編碼紮根理論的方法已經足夠，也就是先將概念變成片段的文字，接著再將這些文字以大理論分類來整理，Strauss 與 Corbin（1998）增加了第三種方式：主軸編碼，在此方法裡，研究者需編碼這些概念間的關係。

對於 Glaser 來說（順便一提，以及對我們來說），傳統的紮根方法適用於任何一種形式的社會研究及任一種類的資料（Glaser, 1978, 2001, 2002）；而對其他人來說，傳統紮根方法過於客觀。在一系列有影響力的書本及文章中，Kathy Charmaz 已經發展出一種替代紮根的方法，稱為建構主義者的紮根理論（Charmaz, 1995, 2000, 2002）。傳統上來說，客觀的紮根理論者 Charmaz 說道：「接受對於實證主義的假設，認為外部是可以被描述、解釋跟預測；也就是說，客觀主義者的紮根理論，就像是情況可以改變」（2000: 524）。相反地，對建構主義者來說，提供消息者跟研究者是一起創造資料，在訪談過程中彼此相互交織出資料。Charmaz 對於紮根理論的看法在於強調意義的方式，像傳統的方式，詮釋社會科學。

在原始紮根理論的規劃中，其中一個重要因素即為理論取樣，決定了哪些例子是根據發展理論的內涵而成（Glaser, 1978: 36, Glaser & Strauss, 1967: 45-77; Strauss & Corbin, 1998: 143-161），如此一來，這些實例、編碼跟理論就能一起發展建構了。

理論取樣保留了方法的核心，即使對於像 Charmaz 此類詮釋學派者（2000: 519）。然而，回顧數百件研究中，研究者宣稱做紮根

理論，顯示出方法中最重要的要素並無法被廣泛接受；反而，現今
許多以紮根理論方式進行的研究，以已蒐集的訪談文本之分析為
主。在這些研究中，學者能夠從一半資料中發展出理論，接著用另
一半資料來確認此理論，此舉也增加了研究方法的真實性。

這些證明應該被稱為紮根理論嗎？無疑地，此點有賴於你詢問
的對象是誰，然而我們認為這是應該的；對於我們而言，結果中最
重要的即是產生出有效用與能被測試的理論（對於紮根理論歷史的
回顧以及連結與多樣標記的細微差別，請參見 Dey, 1999）。

編碼與理論建立

在紮根理論中，尋求理論開始於你編碼資料的第一步，如何
開始呢？利用一部分文字，再逐行地編碼，確認潛在的有利概念。
Sandelowski（1995a: 373）建議標記出重要的句子，她說道：「因
為這些句子提供了剛開始的感覺。」

命名概念，在換到另一段文字之前，再做一次命名概念，一而
再、再而三的做，此為 Strauss 和 Corbin（1998: 101-121）稱之為
開放性編碼，而 Charmaz（2002）則稱之為初始編碼；不論你要如
何稱呼這個編碼方式，此方式皆為將零碎的資料成為概念成分的過
程。

下一個步驟涵蓋更多理論建立，但現在正在重組這些文字，
當你在編碼資料時，將所有概念中的例子放在一起，且思考這些概
念可能更相關、包涵更多概念，此即為紮根理論中的「分類」，讓
你可以在文字中尋找出來。這也包括了持續漸進比較法（Glaser &
Struass, 1967: 101-115; A. Strauss & Corbin, 1988: 78-85, 93-99），
持續在紮根理論過程中進行，在完整的理論中發展。為分類而編
碼，可稱之為焦點編碼（Charmaz, 2002: 686）或是理論編碼、主

軸編碼（Strauss & Corbin, 1988: 123-142）。

　　Milica Markovic（2006）在 30 名澳洲女性的研究中使用此方法，17 名移民者跟 13 名本地人，這些人被診斷患有婦科癌症（與卵巢、子宮頸、子宮相關的癌症）。Markovic 研究目的在於瞭解為何許多在澳洲的女性在有明顯癌症病徵的情況下，依舊延遲就醫，表 12.1 顯示出 Markovic 首次與 Tipani（一位 59 歲的移民者）的訪談。

　　注意到 Markovic 文字紀錄中的黑體字（表 12.1 右欄），Markovic 一次閱讀一行文字，用黑體字標示並且進行編碼，也就是命名這些黑體字。儘管現今多數研究者皆選擇文字處理程式，你仍可嘗試這個文字製造者的方式（斜體字、畫底線、標示、各種字體）或者手寫，利用不同顏色的筆來標記。

　　最重要的是將你印象深刻的概念記錄下來，並命名這些概念，此舉動能幫助你為接下來的訪談規劃出藍圖；舉例來說，Tipani 起初將自己的身體症狀視為是正向的──「壞血流出」，Markovic 將此解釋為類似的經驗（意指月經與更年期），Tipani 把類似的情況套用在不尋常的情境中，普遍來說，就誠如「女性對於健康問題的認知」此例（參見補充資料 12.2）。

　　Markovic 在編碼每一段文字時，使用固定的對照，思考每一個主題之前是否出現過，或是未出現過的主題，Markovic 下一個研究對象是 Betty，她述說出自己的尿急：「這是女性的通病，永遠存在。」Markovic 將此標示為「提出健康問題的理解」。當這些概念漸漸浮現時，紮根理論者開始於接續的訪談中尋找概念（延伸閱讀：持續比較法）。

表 12.1 Markovic 訪談的開放性編碼

開放性編碼	與 Tipani 之訪談
身體症狀 提出對於症狀的理解 使用相似的隱喻來解釋不同的事件 缺乏理解成為延誤就醫的理由 尋找關於健康的非正式意見 開始尋求健康服務者意見之理由 健康領域專家的意見 出血期間症狀猛烈 之後尋求就醫的原因 藉由醫學檢查檢驗病因	當我不得不去時，我已經**出血近三個月**了，我年近 59 歲，月經已經結束，我想大概是在 54 到 55 歲之間結束的。而又開始出血時，讓我有點意外，而且我想：喔，不，這又沒什麼，**流出的血都是不好的血**，不管怎樣，不用過於擔心，也不用去看醫生，我只是覺得這很平常，沒什麼。**當我對另一個女性朋友說此情況時**，兩個年齡約 **60 歲的女性**，其中一位女性**對我說她也是有出血情形**，而另一個女性則說她的月經已經完全停止了。接著我開始思考我還有月經這件事情，真的不會困擾到我，但是當我因為高血壓藥而**去看醫生**時，我告訴醫生我的情況：「我已經出血將近兩個月了。」醫生目瞪口呆地說：「什麼？」然後，我再次重複我的話語，醫生接著說：「嗯，你的年紀不該再出血了，一定是身體某部分出了狀況，我希望你能**回來做抹片檢查**，五天後，我開藥讓你的月經出血狀況停止，然後你回來做檢查。」然而，**停止出血狀況並未發生**，因為出血狀況卻從未停止……兩個月來，我依然**大量的出血**……有一天晚上，我發現**我站在一個像充滿血的游泳池裡**……我必須去掛急診（在教學醫院），醫院的人告訴我，**身體必定是哪裡出狀況**，接著醫院告訴我隔天必須用**刮匙採組織做檢查**……一星期後，醫生告訴我，他們發現了一些癌症病徵。（Markovic, 2006: 417）

資料來源：Adapted from Markovic, M. 2006. Analyzing qualitative data: Health care experiences of women with gynecological cancer. *Field Methods* 18: 413-429.

補充資料 12.2

命名概念與分類

　　回顧 Markovic 在表 12.1 中的概念分類：「身體症狀」、「提出對於症狀的理解」、「尋找關於健康的非正式意見」、「提出對健康問題的理解」等，此為 Markovic 針對訪談提出的建構想法，她利用這些受訪者使用詞彙，像是「女性的通病」，此亦為紮根理論裡的實境編碼（vivo coding）。

　　Richard Addison（1992）在成為家庭醫師的三年實習期間，當他與住院醫師的訪談時，Addison 將這些單字另取別稱，像是下賭注（當你絕望地在尋找問題答案時，假裝對問題已經有解答了）、卑微的（年輕醫師被資深醫師質問關於藥品裡的細微之處）、拋棄（將病患從私人醫院轉至公立醫院）。

　　Addison 說道：這些單字都是住院醫師從前使用的，而這些單字對他來說格外重要，被他用於與住院醫師之間的討論。

　　從受訪者的資料中利用這些詞彙命名概念是一個很好的方式，當你遇到部分字詞，像是 Addison 由文件中編碼一樣，這對於你的報導人而言，此為清楚重要的概念。

　　然而，多數編碼並非實境編碼，而是研究者從分析中得到的初步分析，假設你在訪談中聽到：「當我還是個孩子時，出外旅行的時候，我們沒有汽車座椅，但旅行中，我們在車子後座玩得很開心。今天聽到人們的談話，你可應該驚訝，在我這個年代的人們，是如何生存的。」假設你將此編碼為「在單純年代的懷舊之情。」

　　不像卑微的跟拋棄一樣的容易記憶，但此舉顯示出你已經在資料分析上做得不錯了，也顯示出概念並不會無原因的從文字當中出乎意料地浮現，這也與 Lincoln 與 Guba 指出的一樣。察覺與命名要付出許多「努力、巧妙手法跟創造力」（1985: 340）。

　　Markovic 與用持續比較法來區隔與精製主題，而你可以使用方法來刺激主題的成果，藉由應用這些句子（句子 1 與句子 2 有何相似或相異之處？）、文章段落、訪談、回應以及所有的例子。持續比較法強迫你去思考自己發展出的每一個主題，我如何在文本中

早一點利用？這些文字有相似性嗎？如果沒有，我應該要發展出一個新的主題嗎？如果有，我應該要回顧或是重新分析先前的部分來反映出我自己的新理解嗎（參見補充資料 12.3）？

補充資料 12.3

編碼員間信度

　　許多紮根理論計畫較小型——只能被一位研究者進行。在團隊研究中，會有許多編碼員，研究設計通常需要用各種方式檢驗編碼員間的信度，以確認每一位編碼員在閱讀一段文字時，每位編碼員都是觀察相同的事件。

　　編碼員間信度的正式檢驗都是內容分析法的一種代表，我們將在下一章討論，但是在任何一段文字中的分析至少要二位編碼員都比只有一位編碼員來的好。如果（因為缺乏時間與金錢）你必須自己做所有的編碼，那你必須至少有一位幫手編碼幾段文本以確認你的編碼並非獨特性的。

寫下備忘錄與理論化

　　保留每一個概念的隨手筆記，包含對於這些相關概念的假設，這就是備忘錄（Charmaz, 2002: 687-689; Glaser, 1978: 283-292, 116-127; Strauss & Corbin, 1998: 217-223）。備忘錄比註解還要多，備忘錄能夠在紙張上移動，寫下你自己的概念，就像一位理論家一樣，在紙張上展開觀察、直覺、洞察力；備忘錄開始於第一個概念，且持續地在文本中使用，進而建立理論。

　　Kathy Charmaz 說道：「備忘錄寫作在分析跟完成分析草稿之間是第一個步驟」（2000: 517）。在一系列有效用的工作中，Charmaz（1987, 1991, 1995）針對慢性病患如何生活來做研究，表12.2 顯示出 Charmaz 對於 Christine（一位 43 歲，患有狼瘡疾病的

婦女）的訪談，進行逐行逐字地解碼分析，Christine 已經住院治療八次，目前返回職場工作。

在表 12.2 被標記的項目是 Charmaz 所關注的編碼，這些編碼一次又一次的出現，然後變成分類的標籤，或是較低層次的編碼（最終，紮根理論的分析就像一個整合所有焦點編碼的故事；然而，你必須精雕細琢，方能達成焦點編碼之標準）。Charmaz 在表 12.2 的被標記的編碼即表示忍受道德標準之苦，圖 12.2 呈現出 Charmaz 此觀點之部分備忘錄。

仔細閱讀圖 12.2 的文字，注意到 Charmaz 如何進行文字遊戲（「worth less」跟「worthless」）以及她如何放入多餘的單字（「seen known」）來確保她所有的想法都在備忘錄中；此外，她是如何將這些訪談直接解釋在備忘錄上，她說道：她發現這樣做是有效用的（2002: 689），但是你可能會覺得將備忘錄連結到原始資料中比較方便。這些都是方法的形式，不論其他人如何不同意紮根理論，但 Glaser 與 Strauss 同意早一點以及必須記錄出備忘錄跟假設（Glaser, 1978: 58; Struass, 1987: 127）。

建立與精煉理論

當編碼分類出現時，下一步驟即為將其與理論連結，圍繞出一個能將所有資料牽在一起的中心分類（Glaser & Strauss, 1967: 40; Strauss & Corbin, 1998: 146-148）。

一樣地，持續漸進比較法再次應用於反證實例分析——尋找無法證實你的理論模式之例子（Lincoln & Guba, 1985: 309-313）。此過程非常簡易與清楚：先從首次訪談中，產生出有關你研究工作的模式，然後你看看是否此模式會與你後來更多的訪談分析有所相悖。這就是 Markovic 在研究分析 30 位有婦科方面癌症的澳洲婦女之訪談資料所採取的步驟，根據表 12.1 與 Tipani 的訪談範例。

表 12.2 Charmaz 的訪談之開放性編碼

開放性編碼	與 Chirstine 的訪談
重新計算事件 做出與醫生建議相悖的決定 被告知公司的規定已改變 受道德地位所苦 占用合法的休息時間 區別「自由」與工作時間 受到專制的要求 做出道德聲明 尋找休息的地方；心照不宣的看法 因生理上的苦難，只能擁有貶值的道德 　地位 採取行動 學習事實 讓權力合法 嘗試建立應得的權力 在休息區見面 比較自身與他人之間的不同 看見不公平 為個人的道德權力做出聲明	接著我在 3 月 1 日回到職場，儘管我不應該這樣做，然而，當我回到工作場所後，他們開了一個很久的會議，並且對我說，我不能在工作時休息，我唯一能休息的時間是午餐時間，那才是我的時間，我們便停止對話了。然後我的主管說，我不能再這樣做了，而我回她：「這是我的時間，你不能告訴我說，我不能躺下。」接著，他們說：「嗯，你不能躺在沙發上，你會打擾到這個職員的休息。」所以我四處走動，而且我跟在休息的職員說，而那裡的職員說：「不，我們沒有那樣說，我們從未提起。」所以我走回去，然後我說：「你知道的，我剛剛跟休息中的職員談過話，似乎所有人都沒有問題，就你有問題。」我接著說：「你甚至在午餐時間都不能在這裡。」但是他們仍然繼續把東西放在沙發上，讓我再也不能做，之後二位職員開始在午餐時間躺下，然後我對他們說：「你知道的，這一點都不公平，她根本沒有任何身體缺陷，但她卻躺在那邊。」所以我只好開始這樣做。

圖 12.2 Charmaz 關於把苦難作為道德狀態的概念備忘錄

苦難是一種深深的道德狀態以及身體上的經驗，苦難故事反應及重新定義道德狀態，隨著苦難隨之而來的是道德權力和給予權力以及道德定義——當苦難被視為合法；因此，能夠做出特定道德聲明且擁有把握的道德判斷的人，賦予在他／她的身上。

應得的
依賴的
需要的

苦難會帶給一個人崇高的道德狀態，這裡，苦難則呈現一種不可冒犯的狀態，這是一個人已經處在不可冒犯的狀態，知道（seen known）什麼為普通百姓沒有的。他們的故事充滿敬畏的驚奇。自我也有抬高的狀態。

儘管苦難可能會先帶來道德狀態的提高、觀點改變，但由苦難而來的道德主張會縮小範圍和權力。重要意義的圓圈會萎縮，這些故事本身帶有的道德宣稱可能會在那個圓圈縮小到最重要的他人。恍惚和歡樂一段時間——除非有人具有相當的影響力與權力。

苦難的道德宣布可能僅能取替健康和全部的危機及後續餘波；此外，這種人是很少的。價值少（WORTH LESS）是二個單字——現在分開來講可能會隨著疾病改變且老化伴隨著死亡，他們可能最終成為「無價值的」（worthless），Christine 的陳述反映出她在為了維持自己的價值與聲音而在工作上的掙扎。

接著我在 3 月 1 日回到職場，儘管我不應該這樣做，然而，當我回到工作場所後，他們開了一個很長的會議，並且對我說，我不能在工作時休息，我唯一能休息的時間是午餐時間，那才是我的時間，我們便停止對話了。然後我的主管說，我不能再這樣做了，而我回她：「這是我的時間，你不能告訴我說，我不能躺下。」接著，他們說：「嗯，你不能躺在沙發上，你會打擾到這個職員的休息。」所以我四處走動，而且我跟在休息的職員說，而那裡的職員說：「不，我們沒有那樣說，我們從未提起。」所以我走回去，然後我說：「你知道的，我剛剛跟休息中的職員談過話，似乎所有人都沒有問題，就你有問題。」我接著說：「你甚至在午餐時間都不能在這裡。」但是他們仍然繼續把東西放在沙發上，讓我再也不能做，之後二位職員開始在午餐時間躺下，然後我對他們說：「你知道的，這一點都不公平，她根本沒有任何身體缺陷，但她卻躺在那邊。」所以我只好開始這樣做。

Christine 做出道德宣示，不僅僅適合於這些苦難，也是適合於**個人特質**，他這一個應該被聽見聲音的人，在醫療場所跟工作場合中，擁有公平的權力跟對待。

資料來源：Charmaz, K. (2002). Qualitative interviewing and grounded theory analysis. In J. F. Gubrium and J. A. Holstein (Eds.), *Handbook of interview research* (pp. 675-694). Thousand Oaks, CA: Sage. Copyright © 2002 Sage Publications.

在此非尋常症狀的呈現中，女性（更具體地說，移民女性）會從同伴當中尋求建議，如果他們（或是那些尋求建議的人）用先前的生活經驗來解釋病症，以及認為這些病症是常態，在對專業醫師報告癌症病徵之前，女性會等到下一個定期門診時才檢查目前的健康問題。另一方面，如果女性在每天生活中經歷著崩潰（也就是說病徵並非常態），這將會影響著女性早一點告知專業醫師的決定。（Markovic, 2006: 418）

Markovic 第二個研究對象 Betty，產生出一些新的主題，但綜觀而言，Betty 的故事證實了初步的假設，Betty 的病症與 Tipani 不同，唯一與 Tipani 一樣之處，就是 Betty 也用一樣的理由把自己的病徵合理化：儘管病症已經影響到日常生活了，依然還是在診斷上有所延遲。

Markovic 第三個研究對象 Tulip，被描述出她在覺得自己身體有些不對勁的當下就去看醫生，根據 Tulip 的經驗，她第一位醫師將她轉給第二位醫生，而第二位醫生又將她轉給第三位醫生，而第三位醫生又將她轉到醫院做檢驗，而檢驗結果證實了 Tulip 罹患卵巢癌；Markovic 為了符合此反面例證而修改自己的研究假設。

非尋常的病症不能被解釋為正常的，女性被給予的生活環境影響著她能否即時地尋求專業醫師的建議；然而，健康專家可能會針對診斷檢驗而提供參考的意見或是轉診給其他醫師，而非引薦婦科醫師，此舉可能導致延誤診斷。（Markovic, 2006: 420）

下一個 Markovic 的研究對象 Barbara，被送去做超音波檢查，

檢驗報告都是不好的，醫生告訴 Barbara，她的肝臟腫大都是因為喝酒過多，Barbara 對醫生大聲駁斥：

> 聽著，如果酒吧必須依賴我買酒，不然他們會破產……那我該告訴他：「你們難道不會覺得很煩要疲於將我送去超音波檢查嗎？」然後他會說：「聽著，我會把你送去（一間女性醫院）去看看他們怎麼說。」（2006: 420）

利用每一個她編碼的新訪談內容，Markovic 將所有研究事件彼此比較，她再次使用持續漸進比較法，並且發現許多女性曾經經驗過不正確的診斷，也被診所給打發走過。Markovic 再次調整了自己的研究假設：「容納醫療人員對於女性苦惱之事回應不足，以及女性察覺此負擔在身上以致持續不斷尋求專業的醫療建議此二部份」（Markovic, 2006: 421）。

研究結果發現 Markovic 訪談過的 30 位女性中，就有 19 位女性經歷過延誤診斷，此亦成為分析中的重要分類。在這 19 位延誤就醫的對象中，14 位並沒有忽視自己的病徵，也有告訴醫生這些症狀是破壞性的；14 位女性當中的七位女性則是在初次就醫時被誤診，而這七位女性當中有六位為移民者。

圖 12.3 顯示出 Markovic 絮根理論的結果或範例，用以說明這 30 個研究案例。

圖 12.3 Markovic 對於澳洲女性癌症延遲就醫的紮根理論

---

1. 如果女性在日常生活中對於自己的病徵視為正常或視為女性正常的徵兆，那麼她們很有可能會延緩尋求專業的醫療建議而延誤就醫。30 位案例中僅有五位為此情形，占 17%。

2. 當病徵越來越嚴重時，這些女性終究會尋求專業醫療建議，研究結果建議關於婦科癌症的衛教為解決此問題的合適方法之一。

3. 25 位在病徵出現立即就醫的女性當中，14 位女性提到她們看診的醫師誤判了癌症（像是忽略病徵，認為病徵是正常現象）或是建議她們進行不合適的檢驗或引薦到不適合的專科看病。這些檢驗無法發現任何病理，反而會延遲正確的醫療檢查。

4. 多數女性說自己曾經在公共醫療系統中遭遇久候就醫的情形（他們被放在等候就醫的名單上），但多數女性超過一兩個星期左右未出現在名單上。

5. 11 位即時就醫女性之共同經驗：定期身體檢查以及子宮頸抹片檢查（用來檢查子宮頸的癌症）、與女性生活圈中友人之病徵不同（外陰部腫塊、年輕女性陰道出血）、意外地在定期檢查中發現婦科癌症、臨床醫師具有診斷疾病之敏銳性。

資料來源：Markovic, M. (2006). Analyzing qualitative data: Health care experiences of women with gynecological cancer. *Field Methods 18*, 413-429.

◆ 紮根理論研究：Schlau 關於成人耳聾之調適研究

再多從一份研究來瞭解紮根理論，Jane Schlau（2004）在她的博士研究中使用紮根理論方法研究已耳聾成人——其耳聾之研究對象是在學習用聽力與人溝通後才變成耳聾，Schlau 利用電子郵件（此方式對耳聾的人來說，是最佳的溝通媒介）方式面試 24 個人，瞭解這 24 位耳聾對象的經驗，並將其集結成 246 頁的資料。Schlau 並沒有使用理論範例，完全是她自己的論點，她逐行逐字地編碼，就像是紮根理論典型的方式，她集結了許多編碼，有 128 個編碼，誠如表 12.3 所示。

表 12.3 Schlau 對於耳聾的人研究之 128 種開放性編碼列表

接受度	死亡	團體	與他人見面	自己
適應	否定	犯罪	心理健康	自我接受度
ADA	依賴	「Hearies」	心理疾病	自我概念
適應／改變	沮喪	再次聽見	金錢	符號
調整	缺陷	助聽器	音樂	睡覺
提倡	公開	聽見小狗	注意	社會
猶豫	發現	幫助他人	其他缺陷	讀唇法
尋求幫助	為他人做	假日	其他人	恥辱
態度	夢想	幽默	電話	壓力
避免	開車	身分	同情	替代品
警覺	藥物	對生活的影響	正面	自殺
聽力喪失之前	教育他人	融合	先入為主的態度	支持
偏見／選擇	教育	介入	假裝	放棄
虛張聲勢	影響他人	性行為	過程	與他人說
不能做	情緒	孤立	心理學	討論
職業	受僱	瞭解他人	閱讀／研究	科技
改變	逃跑	知識	現實	時間
選擇	排除在外	Kübler-Ross	領悟	寬容
CI	存在主義	學習	硬	旅行
溝通	期待	生活	後悔	治療
溝通需求／自信	家庭	限制	宗教	信任
確證	疲勞	讀唇	代替物	復職
控制	最後註解	失去	憤怒	聲音
對話	朋友	遺失的單字	責任	等待聽力恢復
勇氣	放棄	婚姻	冒險	
聾的	悲傷	醫療人員	安全	

資料來源：Schlau (2004:71).

接著，Schlau 在這些回應中，比較與建構所有的初始編碼，尋找相似與差異處，減少編碼的數量，她合併了一些編碼，像是將猶豫、否定、沮喪等合併到情緒反應的分類中；將虛張聲勢、讀唇法，以及部分開放性編碼合併到溝通裡。Schlau 把 128 個編碼減少為 44 個編碼，如表 12.4 所示，然後將編碼數量減少為七個主要編碼：起初、反應／恥辱、病徵、討論、確定時刻、達成協議／新的事情、學習（Schlau, 2004: 73-74）。

Schlau 將這七種編碼視為核心主題之一，耳聾成人的適應。當 Schlau 在分析中達成此部分時，她會回顧此部分的文字資料，接著她進入選擇性編碼盡可能地從 24 位耳聾的人之適應研究的訪談資

表 12.4 Schlau 第二階段編碼中的 44 種開放性編碼

接受度	開車	性行為	自我／身分
調適	教育	孤立	符號語言
提倡	影響／從其他恥辱	K-R ／死亡	社會
避免／逃避	情緒	醫療	壓力
無法做／限制	家庭	音樂	替代物
職業／僱用	疲累	電話	精神病學
改變／調適／行為	最後意見	正面	與家人／他人／公開討論耳聾
CI	資金支援	閱讀／研究	科技
溝通	助聽器	事實	旅行
控制 vs. 不控制	生活影響／失去	反應	復職
依賴	中介物／支持／LDAs	宗教	聲音

資料來源：Schlau (2004: 73).

料中，進行深度學習。每一位研究對象都會適應，但並非用相同方式來適應，24 位研究對象的資料中，顯示出喪失聽力時的相似經驗，這即為初始編碼，且在所有的資料中說明確定的時刻（像是研究對象首次認知到他們無法講電話）。

Schlau 利用紮根理論來研究耳聾的人的適應情形顯示於圖12.4。

◆ 視覺化紮根理論

許多紮根理論研究者發現，視覺化那些一個或多個模式萌發的理論（在第六章敘述），協助他們整合事情如何運作的模式。

Margaret Kearney 跟她的同事（1995）訪談了 60 位在懷孕期間每週使用一次古柯鹼的女性，利用半結構化訪談至少進行一到三個小時，瞭解這些受訪者的童年、人際關係、生活情境、先前的懷孕史，還有在現在的懷孕過程中使用哪些藥物、胎兒與自己的照顧情形等。

Kearney 等人將這些訪談內容編碼以及分析，當新的主題出現時，研究者會在其後的訪談中詢問這些新的主題。利用此方式，研究者連結資料蒐集與資料分析並且同時進行；當研究者確定分類後，研究者開始確定這些分類是否與其他資料一一比對，分析資料與分類是否相關。研究者在備忘錄上記錄他們的想法與互動過程中印象深刻之處，並且利用研究者發現的關係來形成初步的模型。

從往後每一次的轉譯內容中，研究者會尋找負向的例子跟資料來挑戰他們先前統整的分類，並且修改分類成為能涵蓋所有轉譯資料中的資料。

圖 12.4　Schlau 利用紮根理論來探討對於耳聾成人之適應研究

紮根理論的發現說明了每一位研究對象初期喪失聽力的相似經驗，所有喪失聽力的研究對象都曾經尋求醫療協助。當他們被證實為聽力喪失時，他們都有強烈的情緒反應，這些情緒反應也記錄在我的前導研究當中；當這些喪失聽力的研究對象開始接受醫學治療，也經歷了無數的情緒反應，他們也開始利用助聽器，幫助他們減緩聽力喪失的影響。

有了這些幫助，研究過程的參與者開始因人而異；改變原因像是個性、雙親的影響跟教養，都是影響個人調適的因素。然而，所有研究對象都經歷了生理性耳聾──開始變成耳聾的病徵，他們討論在生活上的改變，喪失聽力後對於溝通能力的影響，誠如 Goffman（1959, 1967）所說的，溝通是每天生活中的互動；當這個最基本的溝通能力損失後，根據喪失聽力的人們表示，他們無法與人溝通、現實也開始改變了。當現實生活開始改變、當他們開始經歷喪失聽力後的病徵與影響，他們都有一些關鍵性時刻出現，那是了解到需要改變了的「衝擊」（hit）；對於參與對象而言，失去使用能力或是無法參與活動，曾經讓他們一度無法思考，像是無法看電視或是使用電話，這些都是研究對象的現實生活中遇到的事情，這也讓研究對象開始接受喪失聽力的事實。

在研究對象中也存在著一些清楚的差異，這些「接受」耳聾事實的研究對象，他們背後都有家人支持、具備手語能力、對於耳聾抱有正向態度、願意承認自己耳聾、也願意學習當一個耳聾的人；然而，那些「對抗」耳聾事實的人，他們幾乎得不到家人支持、不會手語、沒有同樣都失去聽力的朋友、他們不是選擇性告訴一些同為耳聾的朋友就是隱藏自己耳聾的事情，最終，他們沒有經歷雙迴路學習，以及他們不願意在現實生活中接受此項改變。

這些對於耳聾「認命」的人，擁有較少的家人支持，對於手語學習不感興趣，找不到對於喪失聽力的正向觀點，選擇性地與一些同為耳聾的朋友說話，僅有少數幾位正常聽力的朋友；他們被孤立，他們也不會藉由反思來經歷雙迴路學習，然而，他們多數都經歷過一些反思，且能察覺到自己的改變，但是不會接受內化這些改變。

資料來源：Schlau (2004: 161-162).

Kearney 等人（1995）在分析的最後尾聲確定了五種分類：「價值」、「希望」、「風險」、「減少傷害」、「汙名處理」。女性重視自己的懷孕，在生活中已將一些與寶寶相關的事情列為

優先考量（重視）；女性表達出許多種希望，希望她們的孕期可以平安順利，也希望自己能成為一位好的母親（希望）；她們意識到使用古柯鹼會危害到胎兒，但是她們對於此部分的風險覺知是有差異的（風險）；女性會嘗試許多方式來降低對胎兒的傷害（減少傷害）；她們會利用許多策略來減少社會排擠跟嘲笑（汙名處理）。

　　Kearney 等人在編碼分析 20 份訪談的尾聲時，發現減少傷害與汙名處理都是由許多因素形成的基礎分類，Kearney 將其標示為「逃避傷害」，而重視、希望跟風險的分類則標示為「面對情況」。

　　在 30 份訪談分析編碼後，他們界定與命名這個心理學歷程，她們稱之為「挽救自己」，其中含五種主要分類名稱，即為此理論中的核心分類。Kearney 等人（1995）在做完 40 份訪談後，她們覺得已經達到理論飽和──無法再發現新分類或與分類相關的資料；為了確保正確性，她們另外進行 20 份訪談來證實理論飽和。

　　圖 12.5 顯示的圖解模式是 Kearney 等人製作，呈現出她們的研究過程如何運作的說明，注意到每一個獨立的主題在圖表中是如何簡潔地從回應者身上界定出來（延伸閱讀：視覺化模式）。

檢證模式

　　只要建立一種理論，Kearney 等人下一步即進行 Lincoln 與 Guba（1985: 314-316）所說的同儕校正（member check），她們將自己的模式實例帶回給研究中的利害關係人──研究計畫中僱用的人員，對此領域熟悉的健康與社會服務專家，以及 10 位未參與研究且有使用藥物的懷孕女性──詢問她們是否這個模式內容正確。

圖 12.5　Kearney 進行懷孕女性使用古柯鹼研究的紮根理論之主要分類發展

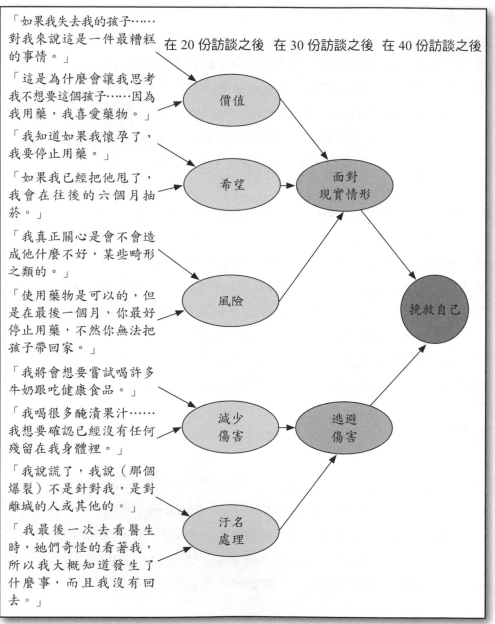

資料來源：Adapted from Kearney, M. et al. 1995: 210. Salvaging self: A grounded theory of pregnancy on crack cocaine. *Nursing Research 44*(4) July/August: 208-213.

　　確認後，Kearney 接著研究嘗試讓未懷孕的女性戒除藥物和酒精，這些女性說她們也是嘗試過每一種讓自己不要粗暴地虐待自己的方式（Kearney, personal communication; see also Kearney 1996, 1998）。

延伸閱讀

◆ 關於歸納法與演繹法，可以參閱 Kaplan（1964），此篇為社會科學研究之典範；Scott（1991）在社會科學裡回顧哲學議題，二位與歸納法跟演繹法相關的哲學家為 David Hume 與 John Steward Mill；請參閱 P. Jones（1996）的 Hume 一文中和 Harrison（1996）的 Mill 一文中。

◆ 除了在此文本中提到的紮根理論重要部分外，可以參閱 Bryant 與 Charmaz（2007）、Dey（1999）部分。更多紮根理論範例可以參閱 Brudenell（1996）、Churchill 等人（2007）、Ekins（1997）、Hebert 與 Papadiuk（2008）、Schraw 等人（2008），以及 Van Vliet（2008）。許多關於紮根理論的研究被標示為缺乏一種或不像是 Glaser 與 Strauss（1967）、Glaser（1992）、Strauss 與 Corbin（1997）等研究一樣。亦可參閱 Cutliffe（2005）、Greckhamer 與 Koro-Ljungberg（2005）對於此現象的討論。

◆ 對於持續比較法，可以延伸參閱 Boeije（2002）、Glaser（1965）。亦可參閱 Conrad（1978）、Hedley（2002）、Scott 等人（2007）對此研究法的運用。

◆ 對於更多視覺化模式與理論，可以參閱第六章。而關於近來紮根理論圖解呈現的實例，請參閱 Churchill 等人（2007）、Weaver 與 Coleman（2005）、Witavaara 等人（2007）使用圖解在科學上的重要作品是 Tufte（1997）。

CHAPTER ⓲

內容分析法

序言

內容分析法的歷史

做內容分析

    Cunningham 的媒體偏見研究

    Hirschman 的「人是商品」

    研究

編碼者間信度

    調整機率

    編碼者一致性多少才夠呢？

使用 kappa 統計量的實例：Carey

    等人的研究

    多少編碼者才夠呢？

自動化內容分析：內容辭典

    好用的內容辭典不必太大

跨文化內容分析：人類關係地

    區檔案

    做跨文化純文字的研究

延伸閱讀

◆ 序言

　　內容分析法是一組有系統地編碼和分析質性資料的方法。這些方法為社會科學界及人文學界所使用，用來探討文字中明確的和隱藏的意義──也叫做明顯的和潛在的內容──用來測試文字的假設。不論研究工作是探性研究或是驗證性研究，內容分析法通常是量化分析。這一點讓內容分析法和紮根理論有所區別。

　　但內容分析法和紮根理論最大的不同在於認識論血統：紮根理論是由仔細研究文字來產生瞭解。紮根理論來自於歸納科學的偉大傳統。內容分析法涉及在文本或其他有編碼的加工物，這些編碼來自理論或已知知識，然後分析編碼的分布，通常是統計上的分布。

內容分析法源自於演繹科學的偉大傳統。

談論這兩個傳統哪一個比較好是沒有意義的。若你用他們來回答適當的問題，兩者都很好（更多的歸納法和演繹法請見第十二章的開頭及延伸閱讀）。

◆ 內容分析法的歷史

內容分析法有很深的根基。Wilcox（1900）研究 1898 年 6 月和 9 月及 1899 年 9 月在美國 21 個人口最多城市的 147 份報紙的內容。他找到 18 個內容類別，包括戰爭新聞（那一年西班牙裔美國人是大新聞）、外國新聞、商業新聞、體育新聞、社會新聞、邪惡犯罪新聞、社論、求才廣告、商家廣告等等，估計每份報紙中每一類別欄位的大小尺寸。

當時報紙被批評太強調聳動的故事，特別是邪惡犯罪新聞（陳腔濫調「如果流血，就是頭條」，當時是如此現在也一樣）。Wilcox 發現最差勁的報社用了報紙 19％的版面來報導邪惡犯罪新聞，平均起來，在 1898 年則只有 3％的美國總報紙版面是用來報導邪惡犯罪新聞（1900: 67, 70）。在 Krippendorff（2004a: 5）的註記中，Wilcox 批評有些報社因貪婪而把焦點放在聳動新聞上。

Wilcox 的方法是粗糙的。他沒有告訴我們他如何找到 18 個類別、他自己如何做有關編碼報紙的決定，但當時 Wilcox 的研究是前鋒。當然自那之後，在取樣和測量上有很大的進步，內容分析成為社會科學界一個很重要的研究方法。

有系統地應用科學方法來分析文本因為研究政治文宣而大大提升，特別是在第二次世界大戰之前及期間〔請見 Krippendorff（2004a: 6-12）及 Neuendorf（2002:23-45）有很棒的評論〕（參見補充資料 13.1）。

> **補充資料 13.1**
>
> **內容分析的證據如何為法庭所採用**
>
> 　　當納粹在 1930 年代握權，美國聯邦傳播委員會開始監聽德國短波電台廣播。分析學者在納粹媒體找到 14 個重大的文宣主題。在 1942 年美國司法部控告 William Dudley Pelley 煽動叛亂，聲稱當美國與德國戰爭時，Pelley 在美國出版親納粹文宣。
>
> 　　在法庭上，司法部依賴獨立編碼者的工作，請這些編碼者把 Pelley 的出版品分類成 1,240 項，看是否屬於納粹 14 個文宣主題。Harold Lasswell 是政治科學家及文宣分析專家，他作證說 1,195 項（96.4%）「和德國文宣主題相同且從德國文宣主題複製」（*United States v. Pelley*, 1942）。Pelley 被判罪，是在美國巡迴上訴法院所裁決，依據這個簡單的內容分析方法的證據為法庭所採用（Goldsen, 1947; Lasswell, 1949: 49）。

　　1955 年，社會科學研究委員會中的語言學及心理學委員會舉辦了一場內容分析的研討會，社會科學界的專家學者齊聚一堂。他們的貢獻集結在一本劃時代的書，由 de Sola Pool（1959）所編輯。自此，每 10 年左右都出版許多評論（延伸閱讀：評論內容分析法）。

◆ 做內容分析

　　內容分析有七大步驟，以及許多小的步驟：

1. 根據已存在的理論或之前的研究，制定研究問題或假設。
2. 選一組文本來測試問題或假設。
3. 建立一組研究問題或假設的碼號（變數、主題）。
4. 用一些選出的文本預試變數。修補任何出現有關碼號或編碼的問題，這樣才能在編碼時讓碼號保持一致。
5. 剩下的文本使用同樣的碼號。

6. 由文本及碼號中，造出一個以變數為個案（case-by-variable）
的矩陣。

7. 使用任一適合的層級來分析矩陣。

我們會用兩個研究輪流來看內容分析法──一個是 George Cunningham 及同事（2004）的研究，另一個是 Elizabeth Hirschman（1987）的研究。Cunningham 等人的研究測試研究問題；Hirschman 的研究測試正式的假設。

Cunningham 的媒體偏見研究

自 Wilcox 的年代開始，對於媒體偏見的興趣從來就沒有減退。Cunningham 等人（2004）研究在《美國大學生體育協會會報》（*NCAA News*）上女性運動員的報導，是否反應女性大專院校運動員大體上的地位。依循上面列出的七個步驟，以下是他們如何做這個研究：

1. **根據已存在的理論或之前的研究，制定研究問題或假設。**1972 年，在美國通過一條法律，確保大專院校讓男性及女性可以平等地就讀所有的學術及體育科系。自此之後，越來越多的女性就讀大專院校體育科系，但在媒體上對於女性體育的報導並沒有跟上腳步。許多研究記錄了這個事實，在報紙、雜誌、電台及電視，有關男性體育的報導還是較多。

這些媒體是營利組織，可能回應他們認為顧客所想要的回應。但 Schifflett 與 Revelle（1994）發現，從 1988 到 1991 年，連全國大學生體育協會的成員所發行的《美國大學生體育協會會報》，對女性運動員的報導都有所偏見。

Cunningham 等人（2004）開始測試在 Schifflett 與 Revelle 研究的 10 年後，在《美國大學生體育協會會報》上的事情是否有會所改變。Cunningham 等人沒有任何的假設，但他們有兩個實際的

研究問題：

研究問題一：從 1999 到 2001 年間，《美國大學生體育協會會報》上，男性運動員和女性運動員是否有相同比重的報導？

研究問題二：自 Schifflett 與 Revelle（1994）研究後，《美國大學生體育協會會報》對女性運動員的報導是否有所改善？

2. 選一組文本來測試問題或假設。 在制定研究問題後，第一件要做的事是決定分析的單位——也就是什麼樣的文本片段或其他質性資料要編碼和分析。在內容分析法中這就是所知的單位化（Krippendorff, 2004a: 98; Neuendorf, 2002: 71-74）。

在 1999 到 2001 年，《美國大學生體育協會會報》每月出版二次，所以全部樣本是 48 期。Cunningham 等人（2004）任意選出會報在 1999 到 2001 年每個月二期的其中一期，而不是任意抓出一期。全部樣本是是 48 期，其中 24 期被選出（1999 年每個月一本，2001 年每個月一本）。

這樣的取樣程序確保任何 Cunningham 等人發現的模式可以有信心地通則化到 1999 至 2001 年剩下的其他期數的會報。在後面的分析中，他們會測試在 1999 到 2001 年所發現的模式，像是男性運動員照片與女性運動員的照片在版面比例是否在統計上有所不同。如果在統計上無法區辨，那麼他們可以很有信心地把這樣的發現通則化到 1999 到 2001 年三年期間，而不只是 1999 年或 2001 年。

接下來，Cunningham 等人（2004）翻閱他們所選出的 24 期，並在所有有關運動員、教練及球隊文章上做記號，而不是學校、設備、行政人員等等。這就是 Schifflett 與 Revelle（1994）在他們早期研究《美國大學生體育協會會報》所做的方式。這也是

Cunningham 等人所做的方式，為了讓他們的分析可以和 Schifflett 與 Revelle 的研究做比較。做了記號的文章包含 5,745 個段落和 1,086 張照片需要閱讀及編碼。在 Cunningham 等人研究中，段落及照片便是分析的單位。

3. 建立一組研究問題或假設的碼號（變數、主題）。跟 Schifflett 與 Revelle 所做的完全一樣，Cunningham 等人在性別上（也就說，文章是否主要專注於男性、主要專注於女性、專注於兩性或只有其中一性）、位置上（文章出現在哪一期的哪裡）、長度上（出現多大篇幅）及在內容上。段落內容編碼為：(1) 有關運動員事實的資訊；(2) 無關運動員事實的資訊；(3) 有關運動員個人資訊；(4) 無關運動員個人資訊（Cunningham et al., 2004: 863）。

照片編碼為六個主題：(1) 比賽中運動員；(2) 運動員與比賽相關但不在比賽中；(3) 運動員或教練的頭像；(4) 不是運動員或教練的其他人頭像（如行政人員）；(5) 沒有運動員或教練的團體照（如委員會成員）；(6) 其他（Cunningham et al., 2004: 863）。

在位置上，Cunningham 等人其編碼文章和照片出現在：(1) 首頁；(2) 後頁；或在會報裡面；(3) 一頁的上面；(4) 一頁的其他位置。

在 5,745 個段落中，2,342 個段落是關於男性運動員，1,723 個段落是關於女性運動員，總共有 4,065 個可以編碼的段落。其他段落既不是關於性別，也不是關於兩性，沒有編碼。

4. 用一些所選的文字預試變數。修補任何出現有關碼號或編碼的問題，這樣才能在編碼時讓碼號保持一致。在段落上，Cunningham 等人（2004）先行測試三期不在樣本中的《美國大學生體育協會會報》。在照片上，從一期《美國大學生體育協會會報》中所選出的 50 張照片中，他們發現幾乎跟內容編碼和長度完全相符。

5. 剩下的文本使用同樣的碼號。持續檢查編碼者間信度。

Cunningham 等人標記段落時用隱性編碼。在顯性編碼上，只有文字中的單字或片語算作主題指標。換句話說，意義是明示在語言本身。相反地，隱性編碼包括解釋——讀取意義、考慮上下文及辨認構造或主題的出現。在內容分析法的早期，有些研究者執意堅守顯性編碼來確保信度（see Berelson, 1952: 18, for example），但經過這些年隨著信度的統計測驗發展，隱性編碼成為正規。

顯性編碼有很高的信度。你只需要訓練編碼者或電腦，讀一張單字和片語清單以確保高信度。在尋找脈絡中的主題時，提供了直接的線索，即使上下文中沒有出現重要的關鍵字。事實上，這是為什麼我們要告訴民族誌學者每天去編碼他們的現場紀錄。例如，你可以參加一場婚禮，在那一晚對你的觀察寫出五張單行間距的紀錄，卻不用到「婚姻」這兩個字。當六個月後，你回頭去看你的紀錄，用電腦來搜尋任何有關婚姻，有關婚禮的五頁紀錄甚至不會跳出來。

Cunningham 等人（2004）藉由閱讀隨機從上下文挑選的段落來檢查，持續檢查他們編碼者們的工作。所有這些注意細節得到回報：他們全部主題的 Cohen's kappa，一個普遍用來測量編碼者間的信度值（後面有更多有關如何計算 kappa 統計量）都非常高。當編碼階段結束，研究者互相討論及解決任何編碼不一致之處。

Cunningham 等人發現，從二期隨機選出的會報上針對 100 張照片編碼，具有 100% 的一致性。在一個大量樣本的研究中有這樣等級的一致性，便不需要再做一次完整的編碼者間信度檢查。

6. 由文本及碼號中，造出一個以變數為個案（case-by-variable）的矩陣。在 Cunningham 等人研究中有兩個資料矩陣——一個是段落，一個是照片。段落的矩陣有 4,065 行及六欄，看起來會像表 13.1 一樣。

表 13.1　Cunningham 等人（2004）研究的資料矩陣概要

段落	年份	性別	位置	長度	內容
1					
2					
3					
4					
5					
•					
•					
•					
•					
•					
4065					

　　第一欄是獨特的識別碼，只是從 1 到 4,065 之間的數字。這代表有關男性運動員的 2,342 個段落及有關女性運動員的 1,723 個段落。第二欄是 1999 年或是 2001 年，但會只有一個數字 1 或 2 來區辨每一段落是出於哪一年。只要標記二個性別，第三欄會有一個數字 1 或 2，但也可以只編碼為一個數字 0 或 1。有四個可能的位置（首頁、後頁等等），所以第四欄會有一個數字 1 到 4。長度在第五欄，會包含一個數字，像是 3.4 或 4.1，代表段落占有的平方英寸。最後，因為研究者編碼四個可能內容主題，第六欄包含一個數字 1 到 4。

　　Cunningham 等人（2004）首先測試對女性球隊新聞報導的數量，以報導那些球隊的段落百分比來測量，這二年是否不同。在

1999 年，女性球隊的報導有 41%，和 2001 年比起來，女性球隊的
報導有 44%。這表示 Cunningham 等人可以把這二年的其他剩餘資
料結合來分析。

　　7. 使用任一適合的層級來分析矩陣。回想第一個研究問題：從
1999 到 2001 年間，《美國大學生體育協會會報》上，男性運動員
和女性運動員是否有同等的報導？取決於你計算什麼及如何計算。
在那二年，女性在大專院校運動員中占 42%，而在《美國大學生
體育協會會報》上有 42.4% 的報導（及有 39.7% 的照片報導）。
同時，對於男性及女性的段落報導的平均長度是一樣的（2.25 平方
英寸），以及有關女性及女性球隊的段落跟有關男性及男性球隊的
段落包含相等有關運動員的資訊（而不是個人資訊）。從這樣的測
量來看，對女性報導和對男性報導是相等的。

　　不過，有關女性及女性球隊的段落，比有關男性及男性球隊的
段落，有較多可能性出現在突出的位置（前頁或後頁或中間頁數的
上面）。從這個的測量來看，女性比男性還要好。另一方面，在那
些年中 51% 的所有校際運動球隊是女性球隊，所以 42.4% 對女性
的報導多少還是少於對於男性的報導。

　　那麼研究問題二：自 Schifflett 與 Revelle（1994）研究後，
《美國大學生體育協會會報》對女性運動員的報導是否有改善？在
1990 到 1991 年，所有學生運動員中，女性占 33%，而女性球隊在
校際比賽中占 46%。Schifflett 與 Revelle 發現女性在《美國大學生
體育協會會報》上有 26.5% 的報導。從 Cunningham 等人（2004）
研究中顯示，在 1999 到 2001 年，《美國大學生體育協會會報》
對個別女性運動員的報導跟對男性運動員報導的差距減低，使得
對女性球隊的報導差距從 19.5%（46% 和 26.5% 之間的不同）減
低到 8.6%（51% 和 42.4% 之間的不同）（延伸閱讀：媒體內容分
析）。

Hirschman 的「人是商品」研究

1. 根據已存在的理論或之前的研究制定研究問題或假設。根據社會交易理論和人類擇偶研究，Elizabeth Hirschman（1987）分析徵友廣告內容。在社會交易理論中，人類互動被視為一系列的物品及服務交易。物品可以是物質，但他們也可以是非物質——像美麗、聲望、公認、愛、尊重等等（see Blau, 1964; Donnenworth & Foa, 1974; Homans, 1961）。人類擇偶研究者表示，女性往往比較喜歡有較高社經地位的男性，而男性往往比較喜歡有較佳形體美的女性（see Buss, 1985; Dunbar & Barrett, 2007; Pawlowski & Jasienska, 2008; Sefcek et al., 2007）。

從交易理論的文獻中，Hirschman 認為男性和女性會提供及尋求徵友廣告的十種資料：身體特徵、經濟狀況、教育程度、職業地位、智力程度、愛情、休閒活動及有關個人背景的資訊（年齡、婚姻狀況、居住地）、種族、個性。從人類擇偶的文獻中，Hirschman 預期發現徵友一個提供及尋求徵友廣告資料的一個模式，如表 13.2 所示。

表 13.2　徵友廣告資源交換的預期模式

女性被期待會提供及男性會尋求的資料	男性被期待會提供及女性會尋求的資料
・形體吸引力 ・愛 ・娛樂 ・有關個人背景的資訊（年齡、婚姻狀況、住處） ・種族 ・個性	・經濟狀況 ・教育程度 ・智力程度 ・職業地位

資料來源：Hirschman (1987: 103).

表 13.2 是一系列假設的概要。例如兩個假設是：(1) 在徵友廣告中，男性尋求形體美和愛情比女性多；反過來，(2) 女性提供形體吸引力和愛情比男性多。為了測試她的假設，Hirschman 需要一個徵友廣告資料庫……帶領我們進入第二個步驟。

2. 選一組文字來測試問題或假設。Hirschman 從 1983 年 5 月至 1984 年 4 月，在《紐約雜誌》和《華盛頓人雜誌》中，100 個女性刊登的廣告和 100 個男性刊登的廣告隨意取樣。

由隨意取樣，Hirschman 確定她在資料庫分析中所發現的任何結果都可以通則化到這二家雜誌所有的廣告內容。當然，不可能通則化到在紐約或華盛頓地區的所有雜誌，更不用說任何其他城市的雜誌。

例如，在紐約另一個地區的雜誌《村聲》（*The Village Voice*），在 1980 年代，明確的性特徵及服務在徵友廣告已經很普遍。在《紐約雜誌》和《華盛頓人雜誌》中，性特徵及服務在 1983 到 1984 年間所有提供及尋求資源中少於 1%，所以 Hirschman 把這些排除在她的分析之外。若今天你想要複製 Hirschman 的研究——任何地方的任何雜誌或個人廣告網站——你會抽樣到沒有明確的性服務或性特徵的廣告。

3. 造一組研究問題或假設的碼號（變數、主題）。在這個情況下，變數或主題，是 Hirschman 假定會在廣告中的 10 種資源。這裡真正的工作是建立一個編碼概要——決定如何編碼在廣告中的文字。譬如，「紐約大學畢業」或「法國現代文學碩士」會屬於「教育程度」。「高」、「瘦」、「身材勻稱」、「好看」、「帥」等等會屬於「身體特徵」。有關個性的資訊可能是單字或片語像「害羞」、「愛玩」、「赤子之心」、「好動」等等。有關種族的資訊可能是像「黑人」、「白人」、「西班牙裔」、「亞裔」等等，而「小鎮女孩」會編碼為個人背景資訊（住處）。

4. 用一些所選的文字先行測試變數。修改任何出現有關碼號

或編碼的問題，這樣子才能在編碼時讓碼號保持一致。Hirschman 給 10 位男性及 11 位女性從 20 個其他廣告中的 10 種資源類別的清單及一個 100 種資源項目的清單。她請這 21 位回應者把 100 種資源項目與看起來最適合的資源類別做配對。在這個情況下，Hirschman 沒有先行測試她真正的編碼者。不過，這 21 個先行測試的回應者對 Hirschman 發展的變數提供了強而有力的支持。回應者可以分類所有 100 個測試項目。

5. 剩下的文字使用同樣的碼號。Hirschman 給一位男性和一位女性編碼者整組的 405 個廣告（她最後會有 405 個廣告而不是 400 個，因為她算錯了樣本而決定保留多出來的 5 個廣告。在任何像這種研究，很容易犯這樣的人為錯誤）。在 405 個廣告中，總共有 3,782 個提供或尋求的資源。這二位編碼者分開工作，並不知道 Hirschman 正在測試的假設。他們編碼 3,782 個資源為 10 個資源類別，花了三個星期，這不是份簡單的工作。

然後 Hirschman 檢查問題。在 3,782 個編碼項目中，編碼者在 636 個項目（16.8%）分類上有所不同，而在另外 480 個項目（12.7%）分類上，有一位編碼者忘了分類一個另一位編碼者有標記的項目。Hirschman 解決 636 個項目的編碼差異——也就是說，她決定哪一位編碼者是對的。對於 480 個項目編碼省略，Hirschman 檢查廣告，確定資源項目由那一位有看到的編碼者正確地編碼。若這種情況發生（很明顯地，常常是這樣），資源和廣告配對是由二位編碼者一起。

6. 由文字及碼號中，造出一個以變數為個案的矩陣。在這個情況下，資料矩陣會看起來像表 13.3。

表 13.3 的第一欄是廣告的號碼，從 1 到 405 之間。這是個案或這個資料組的分析單位。第二欄是雜誌的名字，只有兩個雜誌，第二欄輸入的會是數字 1 或 0，1 可能代表《紐約雜誌》和 0 可能代表《華盛頓人雜誌》。第四欄的格子會有一個數字 1 或 0 來代表

表 13.3 Hirschman 徵友廣告研究的資料矩陣

廣告	雜誌	女性刊登	提供身體特徵	尋求身體特徵	提供經濟狀況	尋求經濟狀況	提供教育程度	尋求教育程度	提供職業地位	尋求職業地位	等等
1											
2											
3											
4											
•											
•											
•											
•											
•											
405											

廣告是由一位男性或一位女性所刊登。接下來的 20 欄，是每一種資源類別各兩欄。這些欄會代表每一個所提供或尋求的資源類別有多少個廣告。

7. 使用任一適合的層級來分析矩陣。Hirschman 統計上分析她的資料。她主要的考量是測試性別上的不同。女性刊登廣告和男性刊登廣告的內容不一樣嗎？做這件事之前，她測試在城市上內容是否不一樣。若刊登在華盛頓的廣告內容真的跟在紐約刊登的不一樣，那她必須分開分析兩組資料（一組是華盛頓和一組是紐約）來看性別的影響。Hirschman 跑變異數分析 ANOVA，發現不論廣告內容在性別上有所不同，這些不同不受來源城市影響。Hirschman 可以把從兩個城市的所有資料結合一起來做剩下的分析。

為了測試性別的影響，Hirschman 計算每一個廣告所提供或尋求十種資源中每一種資源的次數。因為廣告有不同的長度（有些人包括三或四種資源；有些包括六或七種……或甚至十種；有些重複一種資源兩次或更多次），Hirschman 把一個廣告的資源計算次數轉換為百分比。若一個廣告列出六種資源，而其中兩個是有關身體特徵（高、捲髮），那在那個廣告身體特徵算作 2/6 或 33%。現在 Hirschman 有一組百分比，像表 13.4 一樣。

我們只要看表 13.4 的資料便可以知道許多。例如，男性在提供廣告的 5.9% 提到經濟狀況（想想單字或片語像「穩定收入」和「高薪工作」），而女性在提供廣告的 1.8% 提到有關經濟狀況。女性尋求經濟狀況資源比男性多（8% 比 1%）。女性提供有關身體特性（想想單字或片語像「高」、「筆挺」、「合身」、「豐

表 13.4 Hirschman 徵友廣告研究的資料

資源	女性提供平均	女性尋求平均	男性提供平均	男性尋求平均
身體特徵	0.221	0.090	0.151	0.223
經濟狀況	0.018	0.080	0.059	0.010
教育程度	0.013	0.008	0.013	0.009
職業地位	0.067	0.032	0.086	0.011
智力程度	0.048	0.050	0.030	0.059
愛情	0.061	0.168	0.063	0.158
娛樂服務	0.107	0.071	0.080	0.103
背景資料	0.217	0.219	0.283	0.195
種族資訊	0.091	0.007	0.090	0.053
個性資訊	0.144	0.200	0.131	0.150

資料來源：Hirschman (1987: 104-105).

滿」）比男性多（22.1% 比 15.1%），而男性尋求身體特徵比女性
多（22.3% 比 9%）。這些統計數字和由以前這種主題研究所預期
的一樣。男性和女性的尋求和提供在其餘的資源上——包括愛情
——或多或少百分比相同。

我們說「或多或少」是因為那就是我們讀這個表格時，數字看
起來的樣子。幸運地，有一個簡單的測試來知道，像在表 13.4 中
的一對比例是否在統計上不同——也就是說，若相異夠大表示它們
可能不是偶然發生。結果呈現在表 13.5（我們在這本書不談如何
計算出這個統計數字。合適的測驗在所有標準統計教科書中都涵
蓋）。

表 13.5 Hirschman 研究結果的摘要

資源	假設		證實	
	男性	女性	男性	女性
身體特徵	尋求	提供	尋求	提供
經濟狀況	提供	尋求	提供	尋求
教育程度	提供	尋求	ns	ns
職業地位	提供	尋求	ns	ns
智力程度	提供	尋求	ns	ns
愛情	尋求	提供	ns	ns
娛樂	尋求	提供	ns	ns
個人背景資料	尋求	提供	ns	ns
種族資料	尋求	提供	ns	ns
個性資料	尋求	提供	ns	ns

資料來源：Hirschman (1987: 104).

註：ns = 沒有顯著差異。

四個 Hirschman 的假設被證實：(1) 男性尋求形體吸引力比女性多；(2) 女性提供形體吸引力比男性多；(3) 女性尋求經濟狀況比男性多；(4) 男性提供經濟狀況比女性多。所有其他的比較在統計上沒有顯著差異。

華盛頓特區和紐約市應該是時髦的城市，但在 1983 到 1984 年，男性和女性書寫徵友廣告的方式，符合傳統性別角色的期望。自此之後事情有所改變嗎？男性和女性如何向對方行銷自己的刻板印象，和現今非常不同嗎？

這是一個發展中的研究領域（延伸閱讀：徵友廣告內容分析）。

◆ 編碼者間信度

編碼的信度長久以來一直是內容分析者的顧慮（Woodward & Franzen, 1948），而信度的測量在所有研究領域評論中是重大的主題（Berelson, 1952: 171-195; Holsti, 1969: 127-149; Krippendorff, 1980: 129-168, 2004a: 144-166; Neuendorf, 2002: 211-256; Weber, 1990: 17-24）。用兩位或兩位以上的編碼者，我們可以測試人們是否認為同樣的構造適用於同樣的文本區塊。這個好處是當我們統計任何特定主題在文本中所提到的次數，我們可以更加確定我們所做的計算。反過來，可靠的計算意指增加測量主題間關聯的信賴區間。

看看下面兩個句子：

在我們研究中的 12 位男性說他們被逮捕他們的警察虐待，而十位中有九位（90% 或是在我們樣本中所有男性的 75%），描敘在發生事情的時候和警察爭執。在抗議遊行時被逮捕的 16 位女性說他們被虐待，而五位中有一位（20%，或是在我們樣本中所有女性的 6%），描敘在

發生事情的時候和警察有爭執。

在這兩個句子中的計算和關聯性會更可信，若兩個或兩個以上的編碼者標記所分析的文本，建立於對每一主題的出現彼此意見相同之基礎上（被虐待的報告、和警察爭執的報告）。

有一種明顯且簡單的方法來測量一對編碼者的一致性：排列他們的編碼，而且計算一致性的百分比。在表 13.6 呈現兩位編碼者，他們使用二進位代碼，1 或 0，來編碼一個主題的十個文本——也就是說，他們編碼文本來看主題有沒有出現，而不是看主題是一點點或是很多或是都沒有。

二位編碼者對文本 1、文本 4、文本 5、文本 7 標記為 0，而且二位編碼者對文本 2 標記為 1。這二位編碼者十次有六次意見相同——有五次裡主題沒有出現在文本中，有一次主題出現文本中。十個文本中有四個文本編碼者意見不同。例如在文本 9，編碼者 1 在文本中看到主題，但編碼者 2 沒有看到。總之，二位編碼者 60% 的次數意見相同。

調整機率

整體的被觀察一致性是一種受歡迎的測量信度方法，但早已認清編碼者可以對一個主題的出現或沒有出現意見相同，只不過是機

表 13.6 測量二位編碼者在同一主題上的簡單一致性

編碼者	分析單位（文件／觀察）									
	1	2	3	4	5	6	7	8	9	10
1	0	1	0	0	0	0	0	0	1	0
2	0	1	1	0	0	1	0	1	0	0

率而已。許多統計方法已被發展出來調整機率，而且有大量的文獻是有關在不同情況下哪一種測量是最好的〔請見 Lombard 等人（2005）評論〕。

譬如，主題可能是二進位——出現或沒出現——或者他們可能是有兩個以上屬性的名義變項（男性、女性、男同志、女同志、變性；或者新教徒、天主教徒、猶太教徒、回教徒、其他等等）。他們可能是次序變項，像態度（快樂、既不快樂也不悲傷、悲傷），或等距變項，像年齡或收入。一般來說，一個變項有越多的屬性，編碼者便越難意見相同。不同的一致性測量可以把這點列入考慮。

許多研究者對名義變項使用一種統計法叫做 Cohen's kappa（Cohen, 1960），或 k，或一個由 Fleiss（1971）發展出來的變體，可以用在二位以上編碼者（越多的編碼者，越難達成完美的一致性）。kappa 是測量兩個編碼者關於出現或沒出現（是／不是）二元文本的主題的一致性，且測量比機率好多少。以下為公式：

$$k = \frac{\text{觀察} - \text{機率}}{1 - \text{機率}}$$

當 k 是 1.0 時，編碼者間有完美的一致性。當 k 是 0 時，一致性可能靠機率。當 k 是負值時，觀察的一致性比你所預期機率還要少。而當 k 是正值時，觀察的一致性比你所預期機率還要多。

表 13.7 呈現表 13.6 的資料重新安排，我們才能計算 kappa。編碼者 1 和編碼者 2 二者間觀察的一致性是：

$$\frac{(a+d)}{n}$$

| 表 13.7 | 表 13.6 資料依編碼者一致性的矩陣 |

		編碼者 2		編碼者 1 總和
		是	不是	
編碼者 1	是	1 (*a*)	1 (*b*)	2
	不是	3 (*c*)	5 (*d*)	8
編碼者 2 總和		4	6	10 (*n*)

在這裡，編碼者 1 和編碼者 2 同意文字中主題出現一次（格子 *a*），而他們同意主題沒有出現五次（格子 *c*），總共六次，或十個文本中的 60%。

編碼者 1 和編碼者 2 同意機率的可能性是：

$$\frac{(a+b)}{n} \cdot \frac{(a+c)}{n} + \frac{(c+d)}{n} \cdot \frac{(b+d)}{n}$$

在這裡，編碼者 1 和編碼者 2 同意機率的可能性是 0.08 + 0.48 = 0.56。使用公式，我們計算 kappa 值：

$$k = \frac{6 - .56}{1 - .56} = 0.909$$

換句話說，對表 13.6 資料二個編碼者的 60% 觀察一致性只有比我們預期機率好 9%。當二位編碼者標記 10 個文本的整體一致性是 70%，kappa 值增加到 0.348，或比機率好 35%。在 80% 原始一致性時，二位編碼者標記 10 個文本的 kappa 值是 0.60。不過，二位編碼者標記 20 個文字而不只是 10 個文字時，80% 原始一致性有 0.58 kappa 值。編碼越多分析單位，越難得到高的 kappa 值（參見補充資料 13.2）。

補充資料 13.2

測量信度的問題

　　這些和其他統計上有關 kappa 議題是文獻中討論有關什麼是可接受的信度的來源（see Krippendorf, 2004b）。

　　最通用的信度測量是 Krippendorff 的 alpha（2004a: 221ff）。它可以用於名義變項、次序變項和等距變項；它可以用於任何人數的編碼者；它修正錯失的資料（發生在當編碼者重複標記，但完全一樣的一組文字）。

　　Krippendorff 建議分析者只依賴 alpha 係數 0.80 或更高的變數，但在「初步結論」允許使用係數 0.667 到 0.800 的變數（2004a: 241）。Krippendorff 的 alpha 並不如 Cohen's kappa 廣泛使用，可能因為最普遍的統計套裝軟體並不包含它。不過，計算 Krippendorff 的 alpha 的巨集在期刊文章（for example Kang et al., 1993）和網路上發表。

編碼者一致性多少才夠呢？

　　這是一個好問題，但答案部分取決於什麼樣的危機。X 光片畢竟是文本。若一群醫師正在決定是否因一個特徵表示應該要動手術，我們想要很高的編碼者間一致性。對分析文字，標準還在演變，而對於多少編碼者才足夠還沒有任何真正的一致性。

　　Landis 與 Koch（1977: 165）根據 kappa 實證檢驗發展出一組一致性的指標。他們對 kappa 的建議是：

<0.00　　　很差

0.00-0.20　稍微差

0.21-0.40　普通

0.41-0.60　中等

0.61-0.80　　優秀

0.81-1.00　　幾乎完美

　　今天大多數研究者會接受 $k = 0.80$ 或更高為強烈的一致性或高信度，而 $k = 0.70 - 0.79$ 為適當，但這些標準是特設的，仍在演變。

◆ 使用 kappa 統計量的實例：Carey 等人的研究

　　Carey 等人（1996）請 51 位在紐約州的越南難民回答有關肺結核的開放性問題。問題包括關肺結核症狀和病因的常識及看法，也包括有關肺結核感染性的看法、感染肺結核者的預後、皮膚測試過程及預防和治療方法。研究者讀過回答，並只根據他們自己的判斷，建立一個碼號清單。初步的編碼簿包含 171 碼號。

　　接著 Carey 等人把文本分成 1,632 個片段。每一片段是 51 位回應者其中一位，對回答 32 個問題的其中一個問題的回答。二位編碼者分別編碼 320 個片段，盡可能標記出許多他們認為在一個片段出現的主題。若一位編碼漏掉一個碼號或增加一個額外的碼號，則視為編碼的不一致。

　　在他們第一次嘗試時，二位編碼者對 320 個回答，只有 144（45%）個回應意見相同。編碼者討論他們意見的不一致，發現 171 碼號中有些是多餘的，有些定義模糊，而且有些是不是互相獨立的。在有些情況下，編碼者只是對一個碼號的意思有不同的見解。當這些問題解決後，一個新的、精簡的、只有 152 個主題編碼簿出現，而編碼者重新標記資料。這一次他們一致性的次數有 88.1%。

　　想看看這麼明顯強烈的一致性是否只是僥倖，Carey 等人用 kappa 測試編碼者間信度。對於用在 320 個片段樣本的 152 個碼

號，只有 126 個碼號，編碼者完全意見相同（*k*=1.0）。只有 17 個
碼號（11.2%）的最後 *k* 值≥ 0.89。身為資深的研究者，Carey 自己
解決其餘任何編碼者之間的差異（Carey et al., 1996）。

多少編碼者才夠呢？

這個問題的答案取決於：(1) 辨認主題所需推論的層級；(2) 主
題的普遍性。

1. 若你有單親母親關於她們努力兼顧家庭和工作的文本，要編
   碼為主題「全職工作」比編碼為主題「享受工作」簡單。需
   要高度推論的主題比低度推論的主題應該預期會遇到更多編
   碼者不一致性。這意思是說需要更多的訓練來使編碼者意見
   相同，而這也代表更多的時間和金錢。
2. 高度普遍性的主題比罕見的主題更容易辨識。只因為編碼者
   經常看到普遍性的主題。對罕見的主題，我們預期比普遍的
   主題較多意見不一致，而這也代表更多的編碼者訓練。

若一個主題經常出現，任何編碼者比較有可能至少發現一個例
子，甚至連編碼者對於推論式的編碼不太擅長。若一個主題不常出
現，發現一個例子的可能性則降低，而若編碼者不太普長時甚至降
到更低。研究者經常願意錯失一些經常出現主題的例子，但他們負
擔不起錯失不常出現主題的例子。因此，它是有道理的，一個主題
越是不常出現，發現它所有的出現越是重要，你越是需要更多的編
碼者來尋找它（延伸閱讀：編碼者間信度）。

◆ 自動化內容分析：內容辭典

電腦化辭典為自動化內容分析所使用。為了建立這些辭典，人
類的編碼者依一組規則，一次一個單字分配到一個或一個以上的類

別或主題。這些規則是電腦軟體的一部分,這個電腦軟體可以解析新文字並分配單字到類別。經過一段時間後,研究者可以分配新的單字到其中一個類別或增加新的類別。當辭典越來越大時,就會變得越來越複雜,讓自動化內容分析更加強大。當你聽到「這通電話為了確保品質的因素而被監聽」,有可能通話內容會轉成文字,送到電腦做內容分析。

自動化內容分析由 1960 年代一個系統叫做「一般查詢」(Kelly & Stone, 1975; Stone et al., 1966)開始,一直持續到今天(http://www.wjh.harvard.edu/~inquirer/)。早期版本用在測試 66 個自殺遺言—— 33 個是由真的結束他們自己生命的男性所寫,和 33 個被要求製造模擬自殺遺言的男性所寫。控制組的男性和真的寫自殺遺言的男性,在年齡、職業、宗教信仰、種族上做配對。「一般查詢」電腦軟體解析文字並有 91% 比例的次數找出真正的自殺遺言(Ogilvie et al., 1966)。

這個系統的最新版本辭典是《哈佛心理社會辭典》(*Harvard Psychosocial Dictionary*),第四版,或簡稱《哈佛第四版》(*Harvard IV-4*)(Kelly & Stone, 1975)。它和《拉斯威爾價值辭典》(*Lasswell Value Dictionary*)合併(Namenwith & Weber, 1987),可以分辨單字「broke」意思是「破裂」,或「破產」,或「不能使用」,或——和「out」一起面對時——「逃避」(Rosenberg et al., 1990: 303)。

Rosenberg 等人(1990)使用這個系統分析 71 個發言樣本,由被診斷得到三種心理疾病其中之一種的病人(身心症,$n=17$;偏執狂 $n=25$;憂鬱症 $n=12$),或被診斷得到肺癌或乳癌病人($n=17$)所說。這是訪談員對病人所說的話:

我們對去看醫生的人如何感覺事情和如何表達自己感到興趣。我們想花五分鐘和你談談任何你喜歡的事。請說任何

事──可以是和你家人在家裡的事，或是工作，或是學校，或是書、過去、現在、未來，或任何事。我們不會管你說多少，但會對你所用的字詞有興趣。（Rosenberg et al., 1990: 302）

錄音譯稿由人類研究者依 Gottschalk 與 Gleser（1969）發展的 12 級別評分，包括測量死亡焦慮、分離焦慮、內在敵意、公開敵意等此類的級別。

接著用「一般查詢」系統來分析錄逐字稿，專家解析了三位先前已被確診為心理疾病的病人，在 71 個案例中成功，其分析成功率為 62%。使用《哈佛第四版》，電腦正確地分類出 85% 的案例，在統計上有顯著差異。在此同時，人類研究者使用 Gottschalk-Gleser 編碼，辨認出 94% 癌症病人，「一般查詢」分析軟體和《哈佛第四版》則分辨出 77% 癌症病人。在統計上沒有顯著差異（Rosenberg et al., 1990: 307）。

好用的內容辭典不必太大

美國納瓦霍族印地安人和美國祖尼族印第安人回應主題統覺測驗的研究，Colby（1966: 379）初步印象是，美國納瓦霍族印地安人把他們的家當作避難所和放鬆的地方，而美國祖尼族印第安人描繪他們的家是不和與緊張。為了測試這個想法，Colby 創作了一個特別目的的辭典，包含了他和他同事在查看資料前所發展的兩個單字群組。

一個單字群組是「放鬆」組，包含協助、舒服、簡易、喜愛、快樂、玩耍的單字。另一個群組是「緊張」組，包含破壞、不舒服、困難、不喜歡、悲傷、鬥爭、生氣的單字。Colby 審查包含了「家」這個單字及兩個單字群組其中一個群組單字的 35 個句子。

美國納瓦霍族印地安人當講到有關家，可能使用放鬆群組的單字比使用緊張群組的單字多兩倍多。美國祖尼族印第安人可能使用緊張群組的單字比使用放鬆群組的單字多幾乎兩倍。

Colby（1966: 378）也發現美國納瓦霍族印地安人比較多的可能去使用和曝露有關聯的單字，如暴風雨、寒冷、冰冷、熾熱、熱氣、颱風。Colby 對結果並不感到意外，註記美國納瓦霍族印地安人是牧羊人，關心從這些要素來保護他們的羊，而美國祖尼族印第安人是種植穀物的人，顧慮他們種植玉米需要的水。令人意外的是文本是由跟羊或穀物無關的照片所產生。

內容辭典吸引人的地方是因為他們可以信任。把規則放入電腦軟體，每次用同樣的方法分析文本。不過仍有許多案例，只有人類可以解析反應在上下文中的細微意義（Shapiro, 1997; Viney, 1983）。當然我們還沒到讓電腦接手所有文本分析的地步。以辭典為依據的文字標記，隨著時間前進依然產生越來越好的結果。隨著科技的進步，我們不意外會見到電腦以我們現在無法想像的方式來做文本分析（延伸閱讀：自動化內容辭典）。

◆ 跨文化內容分析：人類關係地區檔案

最後，我們想要指向一個內容分析的特殊用處：民族誌的內容編碼及跨文化假設的測試。在耶魯大學的人類關係地區檔案（Human Relations Area Files, HRAF）是世界最大的民族誌資料庫。自 1940 年代起，專業的編碼者主題編碼全世界的文化民族誌。今天，資料庫從 8,000 本書及期刊文章拿出有關 400 個文化群體的大約 100 萬頁的文本。資料庫繼續以每年四萬頁擴增，大約 40% 的資料可以透過圖書館由網路訂閱（http://www.yale.edu/hraf/）。

在人類關係地區檔案工作的編碼者遵循由 Murdock 和其他人

〔2004（1961）〕發展出來的編碼簿。例如，個人背景資料、家庭、娛樂、社會分層、戰爭、衛生和福利、生病、性、宗教等等的碼號。在每一個重大的主題內還分次主題，跟其他分析文本的編碼簿一樣。例如，在個人背景資料下，有一個死亡的次碼號，另一個是向外移民的次碼號等等。在家庭碼號下，有婚姻、婚禮、結束婚姻的次碼號等等。

做跨文化純文字的研究

從事人類關係地區檔案研究有五個步驟（Otterbein, 1969）：

1. 提出一個需要跨文化資料的假設。
2. 找出世界文化的代表性樣本。
3. 在樣本中找到適合文化資料大綱（outline of cultural materials）的代碼。
4. 根據在形成假設時你所發展的任一概念架構來編碼變數。
5. 進行適合的統計測試看看你的假設是否證實。

譬如，Barber（1998）發現男性同性戀的頻率在打獵及畜牧社會降低，在複雜農業生產會增加。男性同性戀的民族誌報告，在女性不控制他們自己性慾的社會可能比較多——眾所皆知，和對複雜農業的依賴增加有相關。

Landauer 與 Whiting（1964）編碼 65 個對男嬰實施身體壓力的社會——像是穿孔（嘴唇、鼻子、疤痕紋身、割包皮），或裝飾手臂或腿或頭。在有這種做法的社會成年男性比沒有這種做法的社會成年人明顯高大（大約高二英寸或三英寸）。研究者控制並排除陽光的變數（因此在身體產生維他命 D），及群體遺傳變數——二個眾所皆知造成身高變數的因素。

但他們不可能排除這種可能性，讓他們嬰兒經歷這種壓力的父母給這些小孩較多的食物或較好的醫療照顧，支持他們的成長，

或是在嬰兒期受到壓力的男孩變得比較有攻擊性而只有最高者存活。誠如這些研究者自己承認，相關聯不代表原因（Landauer & Whiting, 1964: 1018）（延伸閱讀：跨文化民族誌文字研究）。

延伸閱讀

- 內容分析法評論，請看 Gerbner 等人（1969）、Holsti（1969）、Krippendorf（1980, 2004a），Neuendorf（2002）、Roberts（1997）和 Weber（1990）。

- 更多的媒體內容分析，請看 Christopherson et al.（2002）、Dardis（2006）、de Vreese 與 Boomgaarden（2006）、Murray 與 Murray（1996）、Riffe 等人（2005）和 Shanahan 等人（2008）。政治廣告分析，請看 Parmelee 等人（2007）。

- 更多的美國徵友廣告內容分析，請看 Butler-Smith 等人（1998）、Cameron 與 Collins（1998）、Goode（1996），Wiederman（1993）和 Willis 與 Carlson（1993）。巴西徵友廣告內容分析，請看 de Sousa Campos 等人（2002）；美國、印度和中國徵友廣告分析，請看 Parekh 與 Berisin（2001）；美國回教徒刊登的徵友廣告，請看 Badahdah 與 Tiemann（2005）；在美國尋求異族關係的徵友廣告分析，請看 Yancey 與 Yancey（1997）；男同志和女同志徵友廣告，請看 Groom 與 Pennebaker（2005）、Gudelunas（2005）、A. Smith（2000）和 C. A. Smith 與 Stillman（2002a, 2002b）；Stalp 與 Grant（2001）呈現如何使用徵友廣告教大學生有關編碼的內容。

- 更多的編碼者間信度，請看 Krippendorff（2004b）、Kurasaki（2000）、Lombard 等人（2004）和 Muñoz Leiva 等人（2006）。測量編碼間信度的問題在所有觀察的研究是很重要的。請看 Hruschka 等人（2004）和 Thompson 等人（2004）。

- 更多的自動化內容辭典，請看 Carley（1988）、Fan 與 Shaffer（1990）、Ford 等人（2000）、Gottschalk 與 Bechtel（2005）、Hart 與 Childers（2005）和 Schonhardt-Bailey（2008）。

- 更多跨文化民族誌文本研究，請看 Dickson 等人（2005）、Ember 等人（2005）和 Otterbein（1986）。

CHAPTER ⑭

基模分析法

序言
基模分析法歷史
心智模式
　簡略
基模類型
　普遍性、個別化和文化基模

研究基模方法
　實驗
　訪談：由文本而來的基模
　分析隱喻
理論：Kempton 家中定溫器的研究
　究
延伸閱讀

◆ 序言

　　本章談論有關文化基模，也稱為文化模式。辨認文化基模的方法來自於心理學、語言學、人類學及社會學，而基模分析，在某種或另一種形式上來說，現今為上述這些領域使用。

　　基模分析是根據這個概念，人必須簡化認知，以對持續不斷接受的複雜資訊建構意義（Casson, 1983: 430）。基模讓具有文化技能的人填補事件的細節（Schank & Abelson, 1977）。而基模，如Wodak（1992: 525）所說，引導我們來解讀蒙娜麗莎的微笑為她是困惑或絕望的證據。

◆ 基模分析法歷史

　　基模分析法源自於 Frederick Bartlett〔1964（1932）〕在記憶和意義的開創性實驗。在現代心理學的早期，有關記憶可以是最有影響力研究者是 Hermann Ebbinghaus。Ebbinghaus 說，散文包含了片語，依次是好笑的或悲傷的，柔和的或嚴苛的。所有這種變數無法控制，所以 Ebbinghaus 發展了 2,300 個無意義的音節，有系統地把母音放在一對子音中間……bok、gub、tiv 等等（1913: 22-23）。這個主意是為了不要用雜亂的意義來測試人的記憶。

　　Bartlett 認為意義構成記憶的要素，因此尋找不同的實驗技巧，但此舉能讓他將記憶與意義共同進行研究。他想到一個主意，請研究對象——康橋大學的學生，回憶並複述對他們而言是文化上奇異的民間故事（有意義的散文）。1916 年左右，Bartlett 開始請人閱讀並回述北美 Kathlamet 印地安人的民間故事，叫做「鬼魂的戰爭」。這個故事為 Franz Boas 在華盛頓州的 Bay Center 所蒐集到，並翻譯為英文（Boas, 1901: 5; D. Hymes, 1985: 392）。故事如下：

　　有一個晚上，二位來自 Egulac 的年輕人順河流而下去獵海豹，當他們到達那裡，便開始起霧和變得安靜。然後他們聽到戰爭吶喊聲，他們想：「這可能是一場戰爭。」他們逃到岸上，並躲在一塊木頭的後面。此刻獨木舟過來，他們聽到划槳的噪聲，看到一艘獨木舟朝他們過來。有五個人在獨木舟上，而他們說：「你們覺得如何？我們希望帶你們一起去。我們要逆河流而上，和人開戰。」其中一位年輕人說：「我沒有弓箭。」他們說：「獨木舟上有弓箭。」他說：「我不會跟你們一起去。我可能會被殺死。

我的親戚不知道我去哪裡了。但是你，」頭轉向另一位年
輕人：「可以跟他們去。」

所以其中一位年輕人便去了，另一位則回家。戰士們逆
河流而上到 Kalama 另一邊的一個城鎮。有人跑下河裡
來，他們開始打仗，許多人被殺。但年輕人隨即聽到其
中一位戰士說：「快點，讓我們回家：那印地安人被打
中了。」他想：「唉！他們是鬼。」他並沒有覺得不舒
服，但他們說他被射中了。所以獨木舟回到 Egulac，這
位年輕人上岸回到家並升火。他告訴每個人說：「你看
我和鬼作伴，我們去打仗，許多同伴被殺，而許多攻擊
我們的人也被殺。他們說我被射中了，我並沒有覺得不
舒服。」他說了所有的事，然後他變得沉默。當太陽升
起，他倒下了。有黑色的東西從他的嘴巴出來，他的臉
也跟著扭曲。有人跳了起來並哭喊他已經死了〔Bartlett,
F., 1964 (1932). *Remembering: A Study in Experimental and
Social Psychology*. Cambridge: Cambridge University Press.
Cambridge University Press 許可轉戴〕。

在 Bartlett 的一些實驗中，人們讀這個故事二遍，有些被要求
在幾分鐘後回述，有些則是許多年後回述。這是早在有錄音機之
前，所以 Bartlett 詳細記錄關於有人回述了什麼和沒有回述什麼。
經過一段時間，Bartlett 在人們回述故事的方式中看到一些模式出
現。

一個重要的發現是 W. F. Brewer（2000: 72）所稱的轉變到熟
悉——在第一世界大戰前的一個英國人，他不重複說「有黑色的東
西從他的嘴巴出來」，而可能會說：「他嘴邊有泡沫」或「他的靈
魂從嘴出來」（p. 73）。有人漏掉與他們無關的事——像是這個年
輕人回到他家後升火。Brewer（p. 72）說，這個事件在情節中不是

關鍵，所以當研究對象重複故事時便忘記了。但這個細節對 1899
年的任何 Kathlamet 印地安人是完全合理的：他可能會說，當你回
家的第一件事是升火（延伸閱讀：基模分析）。

◆ 心智模式

　　Bartlett 尋找一個理論來解釋複述故事時產生系統性的曲解和
時間下的轉變。在他的研究之前，眾所周知人類每天處理成千上萬
有關真實物體和事件的資訊。Bartlett 認為我們真實的經驗以圖像
來處理太過複雜。一定有一些潛在的架構，一些簡化的架構，來幫
助我們瞭解我們所接觸的資訊（Casson, 1983）。

　　這些相關的簡化架構，或是基模，就是 Rumelhart（1980）有
名的建構塊狀的認知（the building blocks of cognition）。他們是從
我們以前的經驗類化而包含「規則……經驗的強加命令」（Rice,
1980: 153）。基模分析乃是尋找這些規則和他們是如何連結在一
起成為心智模式。

　　跟飛機或 DNA 分子的物理模式一樣──心智模式是複雜真實
的減少、簡化版本，但他們存在我們的腦中，像是行為的文法而不
是文字的文法。當我們遇到新的情境──一個物體、一個人、一個
互動──我們把它跟已儲存在記憶中的基模做比較──而不是跟多
年來我們所經驗的每一個獨立物體、人或互動做比較（D'Andrade,
1991）。

　　例如，當我們買一部車時，我們會期望砍價，但當我們在餐
廳點餐，我們預期會付菜單上的價錢。我們本能地知道不用在速食
店櫃台留下小費，但這個規則可以寬鬆（如在星巴克），若我們在
付帳的櫃台看到一個大罐子貼著「小費」。當有一位我們幾乎不認
識的人說：「你好，最近如何？」我們知道他們不會期望我們停下
來對他們完整概述最近我們的生活過得如何。若我們真的停下來對

我們的生活高談闊論，像是在普遍的基模外的行為，如 Golffman
（1974）所說的打破框架，讓別人非常不舒服（延伸閱讀：心智模
式及文化模式）。

簡略

在一本很有影響力的書中，Schank 與 Abelson（1977）假設基
模，或是他們所稱的腳本，讓具有文化技能的人，填補故事的細
節。

想想看這個似乎不複雜的發言：「上星期愛麗絲必須去洛杉
磯，處理客戶的自我。」想一想所有你需要瞭解這句話的資訊，包
括暗示。譬如，當你聽到這句話時，若你在紐約，你知道愛麗絲搭
飛機旅行。你知道上星期是少於七天前。甚至如果你不知道洛杉磯
距離紐約 2,753 英里，你也知道對愛麗絲來說，在有限的時間內，
開車來回洛杉磯或搭火車實在太遠。你也知道儘管愛麗絲寧可她不
用去，她認為還是值得花一些時間和金錢來讓客戶開心。

這裡是另一個句子：「弗雷德遺失他的學期報告因為他忘記儲
存他的作業。」這是一個因果陳述句（A 發生是因為 B）。我們知
道弗雷德忘記存檔並不是真的造成他遺失學期報告。在因果鏈中的
許多連結被省略。具有背景資訊的聽者很容易填補這些連結：弗雷
德繼續快樂地把他的學期報告打進電腦裡面。當他多年來一定被提
醒許多次要這樣做，他還是忽略了定期儲存他的作業。沒有任何的
警告，不可預期的事發生——像是弗雷德的硬碟完全當機——而結
果是弗雷德必須重頭再打一遍他的學期報告。再一次想一想所有的
資訊——有關電腦當機和遺失資料的慘劇，更不用說重打學期報告
——你需要填補和瞭解這個句子。

跟許多種的文本分析一樣，基模分析最重要的方法技能是真正
地沉浸於你研究的人們所用的語言和文化中。

◆ 基模類型

有些基模，什麼配什麼的基模，是物件：在中文菜中什麼樣的食物配一起？什麼樣的衣服配件適合新娘？什麼樣的動物你會在動物園中看到？對美國人一個很重要的基模是，一個好婚姻的要素如何配組在一起（Quinn, 1997）。稍後會提到更多。

有些基模，什麼東西在什麼時候發生的基模，是有關平時出現的行為如何演出且具共同文化的腳本。

其中一個著名的腳本為 Schank 與 Abelson（1970）一同創作，描述外出至餐廳的過程，其中涵蓋四個主要的內容：進入餐廳 ENTERING、點餐 ORDERING、進食 EATING 和離開餐廳 EXITING〔大寫傳統上用於代表這些潛在的──也就是說，沒有說出的，或許甚至無意識的──與 Rumelhart（1980）所談及的「建構塊狀的認知」之概念相同〕。

每一個主要的成分包含了一個或一個以上額外的腳本。譬如，點餐 ORDERING 的腳本包括了查看 EXAMINING 菜單、挑選 CHOOSING 食物、召喚 SUMMONING 待者或女待者（Casson, 1983: 448; Schank & Abelson, 1977: 42-43）。離開 EXITING 的腳本有付帳 PAYING THE BILL、給小費 TIPPPING、離開 LEAVING。

這些依序的基模一起告訴你什麼時候點餐（在進入餐廳和坐下後）；什麼時候付帳（在吃完之後）；及什麼時候給小費（在付帳之後）。Schank 請他的女兒漢娜告訴他去餐廳吃飯是什麼樣子。在她不到三歲四個月大開始，她已經發展出這個活動的複雜腳本。在她四歲二個月大時，漢娜把付帳整合放入用餐後的腳本。

有在醫師辦公室等候看病的適合行為的文化共享腳本，在上課開始後如何進入和離開教室的文化共享腳本。

還有些基模，事情如何運作的基模，是民間理論。在墨西哥

有人們如何得到糖尿病的文化基模（Daniulaityte, 2004），在大溪地人們如何感染愛滋病的文化基模（Farmer, 1994）。在冬天時為何你在戶外看到呼出的白煙的文化共享基模（Collins & Gentner, 1987），及定溫器如何運作來使你的房子溫暖的文化共享基模（Kempton, 1987）。在本章的最後，將讓讀者理解此兩種隱喻：「將定溫器當作活門」與「將定溫器當作反饋」兩者間的不同。

普遍性、個別化和文化基模

有些基模可能是普遍的，反映出有些經驗對所有人類來說是很普通的事實。譬如，Lévi-Strauss（1963）觀察到所有人類體驗到這個世界是一組二元類別，像男─女、神聖─低俗，以及生─熟。全世界親屬關係系統非常清楚區辨，許多是二元──像直系親屬和旁系親屬、男性親屬和女性親屬、血親親屬和姻親親屬等等（D. Jones, 2003, 2004: 215）。

每個人一出生就進入一個父母是強而有力而嬰兒是無助的系統。Govrin（2006: 629）辯證提出這個世界上每個人共通的經驗，產生一個普遍性的「受害者基模」──對被壓迫者同情的傾向。

另一方面，因為每一個人在一組獨特經驗中成長，有些基模是獨特的──我們每一個人都有獨特角度看部分事情。在紐約市的營業稅是 8.38%。一個紐約地區性的文化規則是：「小費由餐廳帳單營業稅的二倍算出」。但有些人無論如何就是用一條規則，餐廳帳單的 20% 整來給小費。所以，如果帳單是 34.28 美元，小費（另外用一條四捨五入到最接近貨幣的規則）會是 6.86 美元。其他人可能用一條 15% 的規則，其他人可能會用複雜的算法，考慮餐廳類型、所知紅酒溢價率（是的，是真的；我們認識有人這樣做）及評判服務的品質。

在普遍性基模和獨特性基模之間是文化基模：透過經驗發

展出來，但為母體所持有（Rice, 1980: 154）。例如，Blair-Loy（2003）描述一些行政主管級女性對現代美國文化中兩個廣泛而競爭基模感到衝突：「投入家庭」和「投入工作」。

◆ 研究基模方法

三個廣泛被使用的研究基模方法：(1) 實驗；(2) 訪談；(3) 分析隱喻。

實驗

依據 Bartlett 開創性的研究，Rice（1980）用愛斯基摩民間故事操作了一些實驗。首先，她跟隨了 Rumelhart（1975），Rice 發展出她所稱的講故事的美國文化基模：有一個「主角」，他有一個「問題」或一連串的問題；主角在問題中「評估狀況」並「採取行動」；而這個行動有一些「決心」，依解決主角問題而論，可以是正面或是負面。

在一個實驗中，Rice 把一些愛斯基摩故事造出二個版本。一個版本是愛斯基摩完整英文版本，另一個是改編後以符合美國故事基模，一個主角、一個問題、一個行動及一個決心。實驗參與者讀完這個故事，然後回想把它寫出來。他們也在一個星期後回來，再一次回述故事。

Rice 的結果強烈支持 Bartlett 早期的發現：有人把美國基模架構加到所缺乏的故事中（1980: 163）。例如在故事中，主角是一位男孩，因沒有打獵而被責罵，儘管他年紀已經大到可以去打獵。男孩不回應，結果什麼事都沒有發生。這違反了在故事中問題的結果被預期是一種或另一種的美國故事基模——好、壞，或無關緊要。Rice 說：「在一個星期後回述。」

十二位研究對象中的八位修改這個順序,為了修補這個
洞,這有兩種技巧。五位研究對象在男孩的部分提供某種
回應:「但他並不想」或「他寧可乞討」。另外三位完全
省略這個訓誡,一種有效率的解決。(1980: 166)

當這個片段符合美國故事基模時(就如在美國版本的故事片段
一樣),人們認同有關他們記得的事件,而且人們從美國化故事版
本比愛斯基摩版本回述更多精確的字詞。因此,跟 Bartlett 在他早
期研究的發現一樣,有人在回述時扭曲故事,以符合他們對故事應
該像怎樣的文化期望(他們的基模)。

訪談:由文本而來的基模

Naomi Quinn 和她的學生們蒐集並轉錄 11 對北美洲夫妻有關
婚姻的訪談,有些夫妻最近才結婚,其他的結婚很久了。夫妻來
自國家的不同地區且代表不同職業、教育程度,及種族和宗教團
體。22 個人中的每一個人分開訪談 15 至 16 小時,訪談轉錄為逐
字稿。

在一系列的文章中,Quinn(1982, 1987, 1992, 1996, 1997,
2005b)分析這一組的文本來發現及記載美國婚姻潛在的概念,以
及呈現這些概念如何綁在一起——如何形成一個文化模式、一群不
同背景的人共享有關構成婚姻成功與失敗的因素的基模。

Quinn 的方法是「利用人們在一般言談中他們共享認知的線索
——來蒐集人們為了說出他們所做的事內心想法」(1997: 140)。
她開始看說話的模式和重複的關鍵字詞,特別注意資訊提供者所用
的隱喻和他們據理地說及婚姻的共通性(參見補充資料 14.1)。

補充資料 14.1

連鎖及語言能力

　　基模分析需要深入瞭解資訊提供者談及婚姻或晚宴或能源花費，或小聯盟……所用的隱喻，這是指這種分析需要母語或接近母語的能力。做基模分析時，語言能力占了方法的十分之九。

　　D'Andrade 注意到「或許在自然交談中，最簡單、最直接的基模組織的指標是相關的連結之重覆」（1991: 294）。他說：「事實上，任何人聽長篇大論，不管說的人是朋友、配偶、同事、資訊提供者、或病人，都知道人們經常繞著同樣的想法網絡打轉」（p. 287）。

　　在美國羅德島藍領工人的研究中，Claudia Strauss（1992）提到這些主意為「個人語意網絡」。一讀再讀她和其中一位工人的密集訪談，Strauss 發現他重複提到的想法，和貪婪、金錢、生意人、兄弟姊妹及「不同」有關聯。Strauss 呈現這些想法間的關係，在一張紙上寫出概念，並用線條和說明來連接想法。

　　這跟紮根理論學者所用的方法一樣。事實上，許多文字管理軟體的後期模式的其中一個關鍵特性是，有能力在電腦螢幕上建造出代表潛在基模的主題網絡。

　　舉例而言，Quinn 其中一位資訊提供者 Nan，使用一個通俗的隱喻：「婚姻是製造出來的產品」──一個有財產的東西，像力量和續航力，需要工作來生產。有些婚姻是「很好地放在一起」，其他是「四分五裂」，像許多的汽車或玩具或洗衣機（Quinn, 1987: 174）。

　　有時 Quinn 的資訊提供者會談及他們對婚姻的解體感到意外，他們會說他們認為夫妻的婚姻「像是直布羅陀海峽的岩石」，或他們認為婚姻「釘在水泥上」。有人用這些隱喻，因為他們假設他們的聽眾知道水泥和直布羅陀海峽的岩石是天長地久的東西（1997: 145-146）。

　　Quinn 下結論說，在她的文字文集中，只需要八個主題便可分類出數百句用來形容婚姻的隱喻：

　　(1) 永久的隱喻，比如「非常好地黏在一起」或「那種彼此有信心的感覺讓我們走下去」；(2) 分享的隱喻，比如「我感覺婚姻是合作關係」或「我們是一體」；(3) 互利的隱喻，比如「我們從婚姻中真的得到某些東西」或「我們的婚姻對我們二人都是非常好的東西」；(4) 合適的隱喻，比如「比爾最棒的事是他非常適合我」或「我們二人的缺點另一個人可以填補」；(5) 困難的隱喻，比如「難以克服的障礙之一」或「我們結婚的第一年真的是考驗」；(6) 努力的隱喻，比如「在我們的婚姻中她做得比我還辛苦」或「我們必須殺出一條血路回到一開始」；(7) 成功或失敗的隱喻，比如「我們知道可行的」或反過來「這個婚姻完蛋了」；及 (8) 風險的隱喻，比如「對婚姻有許多不利」或「婚姻陷入困境」（1997: 142）。

　　Quinn 主張這八個隱喻分類代表潛在的概念，這個概念在一個基模中連接在一起，引導一般美國人談論婚姻：

　　理想的婚姻是永久、共享和互利。不共享的婚姻不會是互利，而這些不互利的婚姻也不會持久。利益關乎實踐。配偶必須為了填補彼此的情緒需要而相容，他們的婚姻才會實履行且自此有利。更精確地說，履行和它所需的包容，是很難理解，但這樣的困難可以克服，相容和完成需要努力達成。在困難已被努力所克服的持久婚姻，才被視為成功的婚姻。若不克服、不相互包容、缺乏利益及導致婚姻困難等，將置婚姻於失敗的危機中（Quinn, 1997: 164）。

資訊提供者使用相似的隱喻和重複相似的字詞來表示人們如何分享他們的理由有共通性。換句話說，跟在任何集合文本中搜尋主題一樣，搜尋文化模式包括了警覺談話的模式及重複的關鍵用字。

分析隱喻

Quinn 的研究要感謝 Lakoff 與 Johnson〔2003（1980）〕開創性的隱喻研究。文學的學者永遠知道隱喻在修辭學上的重要性。Lakoff 與 Johnson 研究日常生活交談中的隱喻，分辨有關世界如何運作的概念性隱喻——深植微笑，像愛情是戰爭 LOVE IS WAR ——和在語言中只代表表面的概念性隱喻。Lakoff 與 Johnson 主張：「我們思考的方式、我們的經驗，及我們每天做的事，很多都是隱喻」（p. 3）。

仔細聽完日常生活的交談，Lakoff 與 Johnson 的洞察力變得清楚。若有人說，「他被債務淹死」，一個人溺斃的影像不是字面上的意義，但隱喻作為「僅供參考」（字面上，用文字造成的影像），因為英語是母語的人共享一些基本概念。譬如，我們瞭解當有人說「債務可以淹死你」，或「債務可以埋沒你」，或「當他抵押貸款時，掉進一個相當大的洞」。潛在的概念——概念性隱喻——是債務是掙扎 DEBT IS STRUGGLE，但反映在許多的語言隱喻。

得到隱喻清單的一種方法是在一個特定的主題上蒐集大量的文本而梳理文字，如 Quinn 所做。不過，在現今許多語言中，有隱喻和成語彙編——短詞或諺語概括一個民族的文化智慧。這些檔案資源提供基模分析的機會。

譬如，Lakoff 與 Kövecses（1987）研究美式英文中慣用的表達，專注在憤怒的概念上。他們在 Roget 的《大學詞庫》（*University Thesaurus*）中發現 300 個左右有關「憤怒」的條目，

包括像：

> 他失去了冷靜。
> He lost his cool.

> 他引導他的憤怒變成建設性的東西。
> He channeled his anger into something constructive.

> 他跟他的憤怒摔跤。
> He's wrestling with his anger.

> 你開始惹到我了。
> You're beginning to get to me.

> 小心！他正在短的保險絲上。
> Watch out! He's on a short fuse.

> 當我告訴我媽，她有一條牛。
> When I told my mother, she had a cow.

Lakoff 與 Kövecses 認為，不僅表面的解釋帶有憤怒的情緒，彼此之間應另有解釋，例如：生氣的其中一個解釋為：生氣誠如容器中充滿炙熱的體。Lakoff 與 Kövecses 於下例的隱喻中發現：

> 用文火熬濃！
> Simmer down!

> 你讓我的血液沸騰。
> You make my blood boil.

> 讓他燉湯。
> Let him stew.

所提出的基模，被當憤怒變成太激烈，有人爆炸（1987: 199）的延伸所證實，比如在：

> 她對我爆發。
> She blew up at me.

我們不再忍受你的任何情緒爆發。

We won't tolerate any more of your outbursts.

當我告訴他，他就爆炸。

When I told him, he just exploded.

他吹了一個墊圈

He blew a gasket.

她噴出。

She erupted.

她在短的保險絲上。

She's on a short fuse.

那真的讓我燃放。

That really set me off.

Lakoff 與 Kövecses 辯論說憤怒的潛在隱喻是憤怒是熱氣 ANGER IS HEAT（1987: 197），但這附屬於一個更普遍的隱喻，身體是情緒的容器 BODY AS A CONTAINER FOR THE EMOTIONS（「不能容下她的喜悅；他充滿憤怒；她溢著怒氣」）。因此，憤怒是一個容器內的熱流體 HEAT OF A FLUID IN A CONTAINER（「你讓我的血液沸騰；讓他燉湯；用文火熬濃」）（p. 198）（延伸閱讀：隱喻分析）。

◆ 理論：Kempton 家中定溫器的研究

民間理論，或是民間模式，是日常生活中有關事物如何運作及存在的理論：為何那麼少的女性進入物理界？為何美國汽車廠商遭到日本和歐洲廠商的漠視？肥胖和全身健康有何相關？為了瞭解這些理論，我們需要研究「野生的認知」（Hutchins, 1995）。

Kempton（1987）在密西根訪談 12 個人，談論有關在冬天時他們如何控制家裡的暖氣。他由訪談推論，人們應用二個有關暖氣

控制可能理論的其中一個——「定溫器是回饋理論」或「定溫器是活門理論」。有關他們的暖氣系統如何運作有「定溫器是回饋理論」的人，我們可以稱為回饋基模，相信當定溫器感應到溫度降低到某個程度時，電爐就會啟動。若定溫器定在華氏 72 度，當溫度降到低於華氏 72 度，電爐啟動並灌入暖氣，直到房子溫度回升到華氏 72 度，然後電爐會關閉。

換句話說，是定溫器和電爐間的「回饋」。在這個理論，定溫器在電爐啟用的一定時間內調節溫度，但當電爐在運作時，認為電爐以固定的速度和強度在跑。如 Kempton 所指出，這個參與觀察的瞭解電爐如何運作，暖氣工程師認為太過簡化，但基本上是正確的（1987: 228）。

「定溫器是活門理論」的人看待定溫器類似於汽車上的油門踏板。當汽車跑的越快，你要踩更多的油門踏板，所以電爐越努力工作，且放出更多暖氣，定溫器設定越高。如 Kempton 所發現，這個廣泛所持的基模解釋成低效能能量的行為。若他們在寒冷天走進他們的房子，房子是在華氏 50 度，他們可能把定溫器調高到華氏 90 度，估計房子會比他們把定溫器定在 70 度時加熱更快。他們估計當房子的溫度到達那個標記時，他們可以把定溫器再調低到 70 度。不過，許多時候，他們錯過了標記，當房子的溫度到達 80 度而且他們注意到太熱了，他們才被提醒要調低定溫器。

Kempton 提出假設，在研究家裡暖氣控制的初期，有關定溫器如何運作，人們不是有回饋理論就是活門理論。他後來再回頭瀏覽所有 12 位資訊提供者的文本文集，想要看看他的假設是否正確。他瀏覽每一個訪談，找尋指出所持理論的聲明或隱喻。有一位資訊提供者說：「你剛調高定溫器，等到溫定到達那裡（所希望的溫度）它會自動啟動」（Kempton, 1987: 228）。那位資訊提供者使用回饋理論。另一位資訊提供者說電爐像是「……電動攪拌機。你調到越高，它們跑得越快」（p. 230）。很清楚地那位資訊提供者

使用活門理論。

　　若你曾試著重複按按鈕來讓電梯跑更快，你可能有一個電梯的活門理論（延伸閱讀：民間理論）。

延伸閱讀

◆ 更多的基模理論，請看 Mandler（1984）及 Saito（2000）。性別基模理論，請看 Bem（1981, 1983, 1985）及 Hudak（1993）。研究讀寫能力的基模理論，請看 McVee 等人（2005）。

◆ 更多的心智及文化模式，請看 D'Andrade 與 C. Strauss（1992）、Gentner 與 Stevens（1983）、Halford（1993）、Johnson-Laird（1983）、Morgan 等人（2002），及 Wierzbicka（2004）。其他在文本中搜尋文化基模的例子包括 Holland（1985）研究美國人應用於人際問題推理，及 C. Strauss（1997）研究化學工廠工人和他們鄰居們有關自由企業系統的想法。

◆ 更多的隱喻分析，請看 Allan（2007）、Bialostok（2002）、Ignatow（2004）、Rees 等人（2004）、Saban 等人（2007）、Schmitt（2005）、Steger（2007），及 L. H. Turner 與 Shuter（2004）。

◆ 更多的民間理論，請看 Cho 等人（2005）、Cornell（1984）、Li（2004）、Martin 與 Parker（1995）、Reid 與 Valsiner（1986）、Slaughter（2005），及 Watts 與 Gutierres（1997）。

CHAPTER ⑮

分析歸納法和
質化比較分析法

序言
歸納法和演繹法——再敘
　　歸納法傳統
分析歸納法
　　案例：Cressey 的盜用公款
　　　者研究
　　另一案例：Manning 的墮胎
　　　研究
　　對分析歸納法的評論

質化比較分析法
　　Haworth-Hoeppner 的飲食
　　　障礙症研究
延伸閱讀

◆ 序言

　　分析歸納法是質性研究方法的一種，用於簡單解釋仔細檢視後的少數個案的現象〔see Manning（1982）for a review〕。分析歸納法在 1940 和 1950 年代間蓬勃發展，芝加哥社會學院的學者寫了一系列的書，其中強調參與觀察田野調查和實際人類問題研究，但分析歸納法有好幾個世紀不受歡迎，其中的原因我們在下面陳述。

　　1987 年 Charles Ragin 出版《比較法：超越質化研究及量化研究技巧》（*The Comparative Method. Moving Beyond Qualitative and Quantitative Strategies*），分析歸納法再度活躍。Ragin 的方法稱為

質化比較分析法（qualitative comparative analysis, QCA），是運用
布林邏輯通則的分析歸納法（後面詳細解說）。分析歸納法通常對
於依賴少數個案的研究較具吸引力，也就是說大部分這些研究是以
文本分析為主，但是因為有新的電腦軟體協助資料的管理及分析，
現代的學者比起以前任何時代更易於接近質化比較分析法（延伸閱
讀：分析歸納法的電腦軟體）。

◆ 歸納法和演繹法──再敘

我們在第十四章所提到的，歸納法是由觀察中製定規則的推
論。歸納法和演繹法相反，演繹法是由一般規則來推斷在外面應該
有什麼及可以觀察到什麼。譬如，曾如我們所知，赤貧引來絕望，
而絕望造成人們從事破壞性及自毀性行為，我們可以用這些規則來
推測，赤貧的人比不是赤貧的人會有更多虐待兒童及酗酒行為。我
們便可以蒐集資料來證明這個演繹來的假設。

相反地，若在研究初期還在找尋線索，什麼是造成這些我們有
興趣的現象，我們可以用歸納法來推理。我們可以審查許多虐待兒
童的個案，找出這些個案的共同點。若發現許多虐待兒童的個案出
現絕望，我們可以提出虐待兒童和絕望之間關係的假設，並找到方
法來證明。

事實上，無論是質化研究或是量化研究，所有的研究者都會用
到歸納法和演繹法。沒有方法可以決定歸納法或演繹法哪一個比較
好，但是社會科學中的某些支派使用其他一種推理方法比另一種方
法還要常用。譬如，在第十三章及第十四章所提到，紮根理論研究
者往往使用歸納法，而內容分析研究者偏用演繹法。

歸納法傳統

　　區辨歸納法和演繹法（「兩種找尋及發現事實的方法」）〔1864（1620）：71〕是歸於 Francis Bacon 的發現。Bacon 的歸納方法包括了製作及比較觀察明細表。一個明細表包含了想要解釋的例子，另一個明細表則也像前面的明細表，不過沒有包含了想要解釋的例子。

　　譬如，Bacon 對於熱的現象及產生熱的原因有興趣。他蒐集了許多例子，發現有些動物體溫比其他動物還要高，還有動物的體內溫度比體外溫度還要高。他也注意到動物運動過後體溫上升。從這些觀察及其他的觀察，他論斷移動是產生熱的原因。想想他是在 1620 年所寫的，這算是個不錯的推論（參見補充資料 15.1）。

補充資料 15.1

Bacon 之死

　　Bacon 是第一位因為研究而犧牲的學者。1626 年三月，Bacon 屆齡 65 歲，他開馬車經過倫敦的郊區時，想到寒冷可以延緩生理腐敗，所以停下馬車向當地居民買了一隻母雞，他殺了母雞後拿雪塞在母雞的肚子裡。Bacon 是對的，寒冷的雪防止母雞腐敗，但他自己卻因而得了支氣管炎，在一個月後病逝（Lea, 1980）。

　　Bacon 並沒有確實地告訴我們如何從明細表推論成因後果。John Stuart Mill（1898: 259）訂定了歸納邏輯的規則──「人類透過特定的觀察及經驗來探索自然法則的方法」。兩個 Mill 的規則是分析歸納法的基礎──他稱為「一致法」和「差異法」。

　　一致法是指兩個或兩個以上某觀察現象的個案（如患病），在各方面都不相同，但有一個共同點（如都吃一種特定食物），那這

個東西就是這個現象的成因或後果。差異法是指，若某觀察現象的
兩個個案（如患病），在各方面都相同，除了一件事不同（如都不
吃一種特定食物），那這件事就最不可能是這個現象的成因或後果
（Mill, 1898: 255, 256）。

◆ 分析歸納法

　　Florian Znaniecki，發覺分析歸納法特別在物理學界歷史悠
久，1934 年他所寫社會學研究方法的書中介紹了「分析歸納法」
這個用詞（pp. 235ff）。他提出分析歸納法來跟他稱為列舉或統計
歸納法做對比（pp. 221ff），自此之後，分析歸納法便成為社會科
學研究工具的一部分（參見補充資料 15.2）。

補充資料 15.2

統計歸納法

　　1920 年左右，跟隨著的相關係數及 T 檢驗的發展，統計歸納
法在社會科學界變得非常受歡迎。在分析歸納法中，若兩個東西的
分布（如年齡和體重）有相關性，你可以試著推斷成因及後果。

　　許多社會科學的研究者馬上注意到統計歸納法的缺點：日光的
時數和每日溺斃者人數有相關，並不代表其中一件事情是造成另一
件事情的原因。兩者都受到夏天、好天氣及有許多人在海灘上所影
響。換句話說，日光的時數和每日溺斃者人數的相關性是站不住腳
的。

　　若小心的使用，用於找尋掌控社會現象的規則，統計歸納法依
然是一個很好的開始。

　　分析歸納法的理念是製定社會現象成因後果的鐵定規則——不
要統計歸納法產物的空洞無物趨勢或與其有所關聯（想想看這之間
的不同：「當你看到 X 你就會看到 Y」，「當你看到 X，有 62%

的機率你會看到 Y」）。許多質性研究方法都根據分析歸納法的邏輯——包括紮根理論、基模分析、決策模型。

W. S. Robinson（1951）替分析歸納法訂下規則。以下是它的演算法：

從一個個案開始，發展出那個個案的理論。

然後，審查第二個個案，看這個理論符不符合。

若符合，繼續審查第三個個案。

繼續下去直到你遇到一個個案不適用你的理論（若你看到「負面案例分析」或「異常案例分析」，就是這是意思；見 Emigh, 1997）。

這個時候你有兩種選擇：修改你的理論或是重新界定你所試著解釋的現象。

重複這樣的過程直到你的理論穩定——就是直到你的理論可以解釋每一個新的個案（W. S. Robinson, 1951: 813）。不做解釋而宣稱每個個案都是特別的，是最簡單的解決方式，但不是分析歸納法的方式。

在宣稱勝利完成之前，你需要連續解釋多少個案？如同在任何科學，答案是你從不會在家閒著沒有事做。不管你的理論解釋多少個案，總會出現下一個個案是你的理論無法解釋的。若一個理論是依 10 至 20 個個案所歸納出來，這個理論繼續解釋了另外 10 至 20 個的獨立個案，對任何科學來說，這提供了強烈的證據，這個理論是應該被接受（參見補充資料 15.3）。

補充資料 15.3

大量的研究樣本數和少數的研究樣本數

有些研究問題需要非常大量的案例。很久以前，世界上的臨床研究證實餵母奶的母親比不餵母奶的母親不易得乳癌。但是臨床研究常常只研究少數案例，甚至研究上百個案例，還是無法檢測很小但可能很重要的效應。譬如，若餵母奶的女性比較可能避開乳癌，那餵較久的母親會有更好的機會嗎？

結果是肯定的。女性每餵一年母奶，她得乳癌的機率就降低 4.3%，每餵一位嬰兒，母親得乳癌的機率就降低 7%。在有些國家，有些女性有六個或七個嬰兒並餵母奶超過二年以上，集聚效應的結果，每 100 位女人會得威脅生命乳癌的機率從 6.3% 降低至 2.7%。但是研究者無法查察到這些效應，要等到他們把全世界的研究總共 15 萬位女性的資料集合起來才知道（Collaborative Group, 2002）。

另一方面，許多在社會科學及行為科學的研究問題，涉及非常少數的案例。Freud、Piaget、Skinner 都從仔細研究少數的案例來發展他們的理論——分別是性心理發展、認知發展及操作制約。比較三或四位精神分裂者的臨床訪談錄音稿，可以從中深度瞭解這個疾病。比較四或五個國家從獨裁統治到民主自治的歷史（如智利、台灣、烏干達及南韓），可以深度瞭解政治進程。

像這些集中式的個案研究是很重要的，因為可以深度瞭解事情如何運作——有關過程的資料，而不只是現象。一般來說他們所提出的假設，也可以用大量的人類樣本、國家樣本或是其他東西來驗證。

案例：Cressey 的盜用公款者研究

在使用分析歸納法的知名研究中，以 Donald Cressey 的盜用公款者研究最為人所熟知。Cressey（1950, 1953）訪問 133 名在喬利埃特市伊利諾州立監獄的囚犯——從雇主那邊偷錢而被定罪的人。

分析歸納法在這個部分可以定義和重新定義所想要研究的現象。
Cressey 大可以把現象簡單地定義為「從雇主那邊偷錢的人」，但
是他決定只把焦點放在那些不打算變成盜用公款者的人。為了找
出符合他研究對象的囚犯，在篩選的訪談時，Cressey 仔細聆聽，
選擇那些說他們從不打算偷錢的人──就只是剛好發生了（1950:
740）。

　　Cressey 一開始做這樣的假設：職務是金融信託的這些人，像
是會計師之類，如果他們認為在工作上從雇主那邊拿錢只是「技
術上的犯規」，並非真的違法，他們會變成盜用公款者（1950:
741）。可惜的是當 Cressey 開始訪談時，真實生活中的盜用公款
者告訴 Cressey，他們一直知道自己正在做的事是違法的。所以
Cressey 提出了第二個假設：人會盜用公款，當他們有需要時，像
是家庭意外或是賭債，這些需要可以被人解釋為緊急事件，和他們
無法感受到需求被合法的滿足。

　　當 Cressey 遇到二種負面案例時，這個假設便被摒除在外：男
人說緊急事件並不會趨使他們去偷錢，就算當他們沒有財務上的危
機時，還是會偷錢。其中一位囚犯告訴 Cressey，如果他總是請他
的老婆處理經濟上的問題，就沒有男人會去偷錢，但 Cressey 也必
須拒絕這個假設。

　　不過，Cressey 越來越接近事實。他的下一個假設是男人有盜
用公款的技能，若有任何問題（經濟或其他），他們就會去偷錢，
因為他們覺得：(1) 問題不能讓其他人知道；(2) 問題可以用取得金
錢解決。

　　有些人告訴 Cressey，他們曾經在這樣情況下但沒有盜用公款
是因為狀況不夠清楚，不足以讓他們去偷某些可以跟自己的價值相
符的東西。於是 Cressey 加上理論的最後一點：男人應該會把「他
們認為自己是值得信任的人跟所受託的資金或財產的使用者」劃上
等號（1950: 742）。

這個理論解釋了所有 Cressey 蒐集的 133 個案例。事實上，也解釋了在 1930 年代其他人所蒐集的 200 個案例（1950: 740）。

另一案例：Manning 的墮胎研究

Peter Manning 使用分析歸納法來研究 15 位嘗試墮胎和成功墮胎的女大學生（Manning, 1971）。1969 年，當 Manning 做這個研究時，墮胎在美國是非法的。墮胎需要蒐集資訊，找到一位願意執行墮胎的醫生，然後決定真的去做墮胎手術。

Manning 剛開始想到，女人和孩子的生父關係親近，孩子的生父鼓勵她去墮胎，而協助女人下墮胎的決定。但女人並不一定和孩子的生父關係親近，所以 Manning 重新制定理論為「人際關係支援系統中的人鼓勵她墮胎，而不一定只是孩子的生父」（Manning, 1982: 292）。

誠如 Cressey 在 20 年前的發現一般，Manning 研究中的對象必須針對自己的違法行為做出解釋：「發展出守法公民的自我概念，而非被排除」。這個是 Manning 研究的最後理論，從嘗試錯誤中所歸納衍生：

> 墮胎會經常發生在未婚懷孕的女性身上，當時既不想結婚，也不想養育小孩，而朋友勸她用墮胎來解決問題，以抵消自己是個違背常規的人的自我概念，最後能夠找到一位願意執行墮胎的醫生。（Manning, 1982: 286）

這個理論交待了所有的墮胎案例。若任何的情況是不符合的——例如像是女人結婚，或是沒有自我形象的問題——結果就是沒有墮胎（延伸閱讀：分析歸納法）。

對分析歸納法的評論

分析歸納法是強大的質性研究方法，但在 1950 年代社會學者馬上指出分析歸納法的缺點（W. S. Robinson, 1951; R. Turner, 1953）。最顯而易見的缺點是只能就已經蒐集的資料來分析，而無法預測個別案例。Cressey 無法預測、演繹哪一位銀行人員會違背雇主的信任，也就是說，沒有實際盜用公款因而被逮捕坐牢者的資料，Manning 無法預測、演繹哪一位懷孕的女人最後會去墮胎。不過，Cressey 的理論還是比 Manning 的理論高超。

對分析歸納法的批評，和紮根理論一樣，由分析歸納法產生的理論只能解釋已知。看起來不像是個強烈的批判。對一些個案的反省瞭解，特別是經過系統性方法蒐集資料和分析而來，讓我們可以預測未來蒐集的案例。換句話說，分析歸納法對個別案例的預測無法產生完備的知識，不過，以社會科學的標準來看，分析歸納法可以跟統計歸納法一樣，能夠預測綜合案例的結果，但是分析歸納法只需以相對少數的案例來做。

蒐集和分析現象的案例歷史，跟電訪蒐集問卷比起來是相當耗費人力的。不過，若你一開始想要也需要理論衍生的前後關係或瞭解現象的複雜性，那麼案例歷史、分析歸納法以及耐心，會產生強而有力的結果。

最後，一直以來分析歸納法為人所批評的其中一點是分析歸納法只依據簡單二進位輸入及輸出的變數。在 Manning 理論中，女人不是被說服去墮胎就是沒有被說服。在 Cressey 的理論中，男人不是把違反雇主信任合理化就是沒有合理化。像所有的研究方法一樣，分析歸納法對某些問題有用，對其他問題沒有用。分析歸納法對處理灰色地帶的問題不太在行。但對許多現象，簡單黑白分明的解釋就夠了（延伸閱讀：評判分析歸納法）。

◆ 質化比較分析法

　　無論如何，因為這些批評，分析歸納法有好幾個世紀不受歡迎。不過，自從 Charles Ragin（1987, 1994）訂定了使用布林運算的邏輯方法，分析歸納法開始蓬勃發展。布林代數包含二種情況：真或假，出現或沒出現，1 或 0。二分條件 A 和 B，有四種可能性的組合：（A 和 B），（A 和不是 B），（不是 A 和 B），（不是 A 和不是 B）。三分變數 A、B 和 C，有八種可能性的組合；四分變數，有 16 種可能性的組合；以此類推。Ragin 稱他所發展的這種方法為質化比較分析法。

　　舉例來讓質化比較分析法清楚一些。

Haworth-Hoeppner 的飲食障礙症研究

　　Susan Haworth-Hoeppner（2000）使用質化比較分析法來研究為什麼中產階級的白人女性會有飲食障礙症。她訪談了 30 位中產階級有飲食障礙症的白人女性，其中 21 位有厭食症或是貪食症，她花二個小時和每個女人訪談有關身體形象和飲食問題。她使用開放性編碼找出訪談的主題；出現四個主題是飲食障礙症發生的因素：

1. 女人在成長過程中，在家裡幾乎不管什麼事，一直被父母一方或雙方批評——體重、長相、個性、外表、表現。在之後的分析中，這種稱為 C，「批評式的家庭環境」。

2. 父母想要管控女人所做的每一件事，透過大喊大叫、毆打、訂規則的方式來管控，特別是訂食物的規則。這種稱為 R，「強制式的父母管控」。

3. 父母讓女人覺得自己不被接受或沒人愛。這種稱為 U，「沒人愛」。

4. 在家裡所有話題似乎都繞著體重或外表打轉。這種稱為 D，「體重為主要話題」。（Haworth-Hoeppner, 2000: 216）。

接下來，Haworth-Hoeppner 把 30 份訪談錄音稿依這四個概念來編碼。這個女人是住在一個總是批評外表的家庭嗎？她的父母總愛管控她嗎？她的父母不愛她嗎？她的父母總是談及體重及外表嗎？最後，Haworth-Hoeppner 找依變項來編碼：這個女人有貪食症或厭食症嗎？得到的資料顯示在表 15.1。

表 15.1 Haworth-Hoeppner 研究的資料表

案例	批評式的家庭環境	強制式的父母管控	沒有愛的親子關係	體重為主要話題	為飲食障礙症所苦
1	1	0	0	0	0
2	0	1	0	0	0
3	1	0	1	0	0
4	0	0	0	0	0
5	0	0	0	0	0
6	0	0	0	0	0
7	0	0	0	0	0
8	0	0	0	0	0
9	0	0	0	0	0
10	1	1	1	0	1
11	1	1	0	0	1
12	0	0	0	1	1
13	0	0	0	1	1
14	1	0	0	1	1
15	1	0	0	1	1
16	1	1	0	1	1

表 15.1　Haworth-Hoeppner 研究的資料表（續）

案例	批評式的家庭環境	強制式的父母管控	沒有愛的親子關係	體重為主要話題	為飲食障礙症所苦
17	1	1	0	1	1
18	1	1	0	1	1
19	1	1	0	1	1
20	1	0	1	1	1
21	1	0	1	1	1
22	1	1	1	1	1
23	1	1	1	1	1
24	1	1	1	1	1
25	1	1	1	1	1
26	1	1	1	1	1
27	1	1	1	1	1
28	1	1	1	1	1
29	1	1	1	1	1
30	1	1	1	1	1

資料來源：Susan Haworth-Hoeppner (from Haworth-Hoeppner, 2000: 218 and personal communication).

　　仔細閱讀表 15.1。表 15.1 有 30 行及五欄，每一行代表一個研究對象。四個自變項（假設的原因）的編碼（1 或 0）呈現在前四欄（在案例編號後），一個依變項，結果的編碼（1 或 0）呈現在最後一欄。來看編號 3 的案例。這個女人談話的編碼出現在 C 和 U 的主題上（她說她成長在一個嚴苛的家庭而且父母不疼愛），但並沒有出現在 R 和 D 的主題上（強制式的父母管控及體重為主要話題）。從她的談話中，並沒有證據顯示她有貪食症或厭食症，所以在最右邊一欄是一個 0。

　　事實上，30 位女人中的九位，她們的資料沒有證據顯示她們

有飲食障礙症。這九位女人中的六位，都沒有 Haworth-Hoeppner 所認定的四個因素的任何一項。你可以在表 15.1 中找到這六個案例，她們的資料是顯示四個 0 的情況。九位女人（編號 22 到 30）說她們成長在一個全部四個假設原因都出現的家庭。這九位女人中的每一位都有證據顯示——在表 15.1 中顯示四個 1 的情況——她們不是有貪食症就是有厭食症。

以真值表整理資料

接下來，Haworth-Hoeppner 把她的資料整理成所謂的布林真值表邏輯的形式。在表 15.2 中呈現。這個表格只有 16 行，而不是 30 行，因為每一行是不同情況的組合，而不是個人的檔案。四個假設原因變項，每一個原因可能出現或沒出現，有二的四次方或 16 種可能的組合，所以在表格中有 16 行（參見補充資料 15.4）。

表 15.2 Haworth-Hoeppner 研究資料的真值表

批評式的家庭環境	強制式的父母管控	沒有愛的親子關係	體重為主要話題	結果：出現飲食障礙症（案例數量）
1	0	0	0	1(0)
0	1	0	0	1(0)
0	1	0	1	X
0	0	1	0	X
1	0	1	0	1(0)
0	0	1	1	X
0	1	1	1	X
0	1	1	0	X
0	0	0	0	6(0)
1	1	1	0	1(1)
1	1	0	0	1(1)

表 15.2 Haworth-Hoeppner 研究資料的真值表（續）

批評式的 家庭環境	強制式的 父母管控	沒有愛的 親子關係	體重為 主要話題	結果：出現 飲食障礙症 （案例數量）
0	0	0	1	1(2)
1	0	0	1	1(2)
1	1	0	1	1(4)
1	0	1	1	1(2)
1	1	1	1	1(9)

資料來源：Haworth-Hoeppner (2000: 218).

註：X= 沒有觀察到情形；1 ＝觀察到情形；（ ）＝案例數量。

補充資料 15.4

合乎邏輯的但是沒出現及無效的案例

　　16 種組合中的五種，0101、0010、0011、0111 和 0110，雖然邏輯上是可能的，但是沒出現在 Haworth-Hoeppner 研究的 30 位個案身上。

　　譬如，0101 包括了：(1) 沒有批評的家庭環境；(2) 強制式的父母管控；(3) 父母的疼愛；(4) 體重為家庭主要話題。換句話説，有一個疼愛支持的家庭，其中父母強制式管控並經常談論體重。實際上，這是個不太可能出現的組合，也沒有出現在 Haworth-Hoeppner 資料裡。

　　這些沒有出現在資料裡卻合乎邏輯的情形，在表 15.2 中以 X 呈現。真值表讓我們去考慮到所有合乎邏輯的可能性，甚至有些不太可能出現在實際資料中的組合。

　　四種情形，1000、0100、1010 和 0000，出現在 Haworth-Hoeppner 研究的個案身上，但沒有造成飲食障礙症的發生。其中前三種情形每一個都只有一個案例（沒有出現飲食障礙症），而 0000 情形有六個案例都沒有出現飲食障礙症。這九個案例在表 15.2 中以括號呈現。在分析中並沒有解釋這九個案例。質化比較分析法（及分析歸納法）最適合用來解釋許多因素造成一個現象的案例（Haworth-Hoeppner, 2000: 218）。

　　不過，若是我們能夠解釋白人及中產階級女性飲食疾病存在的原因，那麼已經是很足夠了。

簡化

質化比較分析法的下一步驟是簡化真值表——刪到只剩質含項。表 15.2 的最後七行顯示造成飲食障礙症發生的配置結構：

1110

1100

0001

1001

1101

1011

1111

用文字比用 1 或 0 來得容易瞭解。Haworth-Hoeppner 用大寫的 C、R、U 及 D 來表示四個造成飲食障礙症發生因素出現的情形，用小寫的 c、r、u 及 d 來表示四個造成飲食障礙症發生因素沒有出現的情形。造成飲食障礙症發生的配置結構（表 15.2 的最後七行）呈現在表 15.3 的最上面。

使用 Ragin 的研究方法，Haworth-Hoeppner 簡化表 15.1 配置結構，她透過審查配置結構的配對及不需要的條件的方式來簡化。在第一關，她發現她可以把 21 個配置結構減少成為四個變項的八種組合，每三個一組。在表 15.3 的左下方表格中呈現（參見補充資料 15.5）。

表 15.3 Haworth-Hoeppner 研究資料

七個造成飲食障礙症發生的配置結構				
在表 15.1 造成飲食障礙症發生的配置結構	C 批評式的 家庭環境	R 強制式的 父母管控	U 沒有愛的 親子關係	D 體重為 主要話題
1	C	R	U	d
2	C	R	u	d
3	c	r	u	D
4	C	r	u	D
5	C	R	u	D
6	C	r	U	D
7	C	R	U	D

把上面七個配置結構簡化至八對				
			稱號	再簡化
1+2	CRd	1	1+7	CR
1+7	CRU	2	2+3	CR
2+5	CRu	3	5+8	CD
3+4	ruD	4	6+7	CD
4+5	CuD	5	4	ruD
4+6	CrD	6		
5+7	CRD	7		
6+7	CUD	8		

資料來源：Haworth-Hoeppner (2000: 219).

總結：飲食障礙症 ＝ CR＋CD＋ruD

補充資料 15.5

找出最簡化的組合或質含項

找出最簡化的特性組合——質含項——依變項（飲食障礙症）需要有系統地把所有造成飲食障礙症發生配置結構的配對拿來做比較。

任何東西都有 $n(n-1)/2$ 配對。用三個成分 A、B、C 為一組，有 3(2) = 6/2 = 3 配對，分別是：AB、AC、BC。用四個成分（汽車、人、國家、任何其他東西），有 4(3) = 12/2 = 6 配對。在表 15.3 上面表格的七個配置結構有 7 (6)/2 = 21 配對。

譬如，第一對和第二對是：CRUd 和 CRud

第一對和第三對是：CRUd 和 cruD

如此類推下去，到第六對和第七對是：CrUD 和 CRUD

注意到 CRUD 和 CrUD 二者皆造成同樣的結果（飲食障礙症）。這表示 R 是多餘的。另一方面，R 在 CRUd 和 CRuD 配對中是必要的，但 U 是多餘的（Haworth-Hoeppner, 2000: 219-220）。

在這裡這個方法是用來審查所有情形的配對，想看看我們是否可以把在真值表中造成結果的組合數量減少。我們想看看我們是否可以再一次減少組合數量，一直到找到在真值表中案例變項的最少數量及其組合。這個在布林邏輯稱為質含項。

Haworth-Hoeppner 給這八個配置結構新的編號，並重複同樣的過程。八個配置結構有 8(7)/2 = 28 配對，但 Haworth-Hoeppner 最後只找到三組的變項（CD、CR 及 ruD），造成她資料中的 21 個案例有飲食障礙症。這些配置結構呈現在表 15.3 的右下表格中。最後的結果——飲食障礙症質含項——用布林方程式來表示：

飲食障礙症 = CR + CD + ruD

我們可以讀作：「飲食障礙症是由同時出現 C 和 R 及同時出現 C 和 D 及沒有出現 R 和 U 的 D 所造成」（Haworth-Hoeppner, 2000:

219-220）。

注意 U 是如何完全沒有出現。在有關飲食障礙症的文獻中，Haworth-Hoeppner 希望找到不疼愛的父母是造成女性問題的質含項。但是從質性比較分析法，她學到根本不需要這一特性來解釋她樣本中的案例。這給未來的研究一個完整的議題方向。

跟傳統的內容分析和認知圖一樣，分析歸納法和布林運算化身的質性比較分析法需要人來閱讀文字、編碼文字及製作表格。不過，分析的目的不是用來呈現所有編碼間的關係，而是從造成一個依變項的概念中找出邏輯關係最少的組合。

跟在 Haworth-Hoeppner 的資料一樣，用四個二進位自變項有 16 個配置結構可以簡化。每增加一個變項，分析會變得相當困難。幸好有電腦軟體可以做這種分析（延伸閱讀：質性比較分析法）。

延伸閱讀

◆ 更多的質性比較分析法的電腦軟體及其他資源，請看 COMPASS 網站中小 n 研究的資源網站：www.compass.org。分析真值表的電腦軟體有 FS/QCA（Ragin et al., 2006）、Tosmana（Cronqvist, 2007）、fuzzy（Longest & Vaisey, 2008）、ANTHROPAC（Borgatti, 1992）。

◆ 更多的分析歸納法，請看 Crouch 與 McKenzie（2006）、B. A. Jacobs（2004）、S. I. Miller（1982）、Tacq（2007）。

◆ 評判質性比較分析法，請看 Hicks（1994）、Lieberson（1991）、Romme（1995）。

◆ 更多的質性比較分析法，請看 Cress 與 Snow（2000）、Hicks 等人（1995）、Hodson（2004）、Kilburn（2004）、Rantala 與 Hellströem（2001）、Rihoux（2003, 2006）、Rihoux 與 Ragin（2008）、Schweizer（1996）、Smilde（2005）、Stokke（2007）、Wickham-Crowley（1991）、Williams 與 Farrell（1990）。

CHAPTER ⓖ

民族誌決策模型

序言
如何建立 EDM
　　步驟一、從模型中選擇一個
　　　　行為，然後引誘出回收的
　　　　標準結論
　　步驟二、蒐集初步的模型數
　　　　據

　　步驟三、建立初步的模型
　　步驟四、測試獨立樣本的
　　　　模型
　　步驟五、評估有效的 EDM
延伸閱讀

◆ 序言

民族誌決策模型（ethnographic decision model, EDM）是預測片段行為的質性分析。任何循環的決定——買或不買電腦；進行性行為時，使用（或被要求使用）保險套；出不出席早上八點的課——都可以是使用 EDM 的模範。

與分析歸納法和質化比較分析法（第十五章）相同的是，EDM 是以邏輯為基礎。與分析歸納法和質化比較分析法不同的是，EDM 產生可能的行為結果：特定的 X、Y 及 Z 預測因特別的可能而做出特別的決定。所以 EDM 將否定的事實描述包含於預測中。

作者註：This chapter is adapted from Ryan and Bernard (2006). Used by permission, Society for Applied Anthropology.

　　EDM 是典型的建立在 20 到 60 個人的訪談上，以及被測試於相似的小樣本（只是研究者某種程度上的質性數據）。就算是使用非常小的樣本，EDM 仍可典型的預測出 80% 至 90% 的結果（參見補充資料 16.1）。

補充資料 16.1

EDM 與二元結果

　　EDM 是最簡易建立在可以回答是與否的行為問題上。舉例來說，Breslin 等人（2000）提出，EDM 的方法適用於臨床醫生指示治療藥物濫用病人的門診病患上；Beck（2000）發現，英國哥倫比亞的心理學家在報告兒童虐待可能存在的事實時，使用此方法來塑造結論。此兩種皆為是或否的決定：病患是否需被治療；是否報告當局有兒童虐待的事發生。

　　EDM 是不被限制的，然而，卻是二元的決定。Ryan 與 Martínez（1996）以在墨西哥村莊的母親帶小孩去看醫生時來仿照結論，假若是那樣的話，有四種選擇：什麼都不做；使用各種偏方；聘請當地治療者的服務；或是帶小孩去看醫生。Ryan-Martínez 的模型在原始模型中 17 件例子占了 15 件（89%），而且在他們測試原始的模型中有 20 件例子占了 17 件（84%）。

◆ 如何建立 EDM

　　Christina Gladwin（1989）使用普及的民族誌決策模型樹。這裡是其步驟：(1) 從模型中選擇一個特定的行為並從方便的樣本的受訪者中得出結論標準。(2) 進一步闡述並確認決定有目的的，異質的報導人之憑判標準。(3) 使用從步驟 1 的民族誌數據及從步驟 2 的調查數據去建立一個等級制度的結論模型。(4) 單獨測試模型，且如果可能的話，從相同的人口中得到典型的樣本。

　　我們將增加第五個步驟：(5) 隨著人們回應為何他們會這樣做而確立模型。

步驟一、從模型中選擇一個行為，然後引誘出回收的標準結論

　　在我們計畫的其中之一（Ryan & Bernard, 2006），我們設計人們是否會將他們手上鋁罐做資源回收的決策模型。我們選擇這結論是因為：(1) 它非常常見；(2) 在經濟上及生態上有很大的結果；(3) 對於此已有非常多的已知部分。我們想要知道是否基於一個小小的民族誌樣本的 EDM 會反映出長久以來都知道的，通常，關於回收大範圍的來說：當回收方便時，人們會去做；當回收不方便時，人們就不會。

　　首先，我們做了探究性的、自由放任的便利樣本訪問——一些男性、一些女性、一些老人、一些年輕人——來自於佛羅里達以及南達科塔的 21 位報導人。

　　我們詢問每位報導人三個問題：(1) 想想看你最後一次手上有汽水、果汁、水或啤酒的罐子是什麼時候？ (2) 當你喝完後你對罐子做了什麼？ (3) 為什麼你做了（沒做）回收？

　　目的是為了要引誘出各種為什麼人們會做或不會做資源回收的可能理由。在那時我們訪談了 21 位報導人，當幾乎沒有被提到新的理由時，我們便停止了。此結果在表 16.1 呈現。大部分的人聲稱當他們手上有罐子時他們有回收，所以關於有回收的理由比沒有回收的理由還多。當然，這裡有社會期望的效應，同時當他們沒有做資源回收時，我們會期待他們宣稱有做。這使得對最後結果有所影響，但不會對建立模型發生作用。

表 16.1　21 位回收或不回收的資料提供者的理由

回收的理由	不回收的理由
1. 只是丟掉它太可惜了。 2. 這個城市有回收的計畫。撿垃圾的人會把它撿走。 3. 幫忙救救環境。 4. 回收箱在便利的地方。 5. 這就是藍色回收桶啊。 6. 我的小孩與電視俱樂部做了約定，所以她現在會做回收了。 7. 我關懷環境。 8. 這對環境無害。 9. 土地不是可以再生的資源。 10. 我蒐集罐子去換錢。 11. 人們都說要回收來保持環境，所以我也要做。 12. 回收箱子到處都是。 13. 這是很有用的而且罐子還可以再利用。 14. 維持環境乾淨。 15. 因為習慣，我們通常把它放在藍色回收桶。 16. 因為我是注重環境的人。 17. 為了我的下一代要保護環境。 18. 這不是生物能分解的。 19. 對垃圾掩埋地不好。 20. 因為對回收很好。 21. 很容易做到。 22. 因為這是對的事。 23. 因為這是現在最重要的議題。 24. 因為有人告訴我要這麼做。 25. 我們不能用垃圾掩蓋大地。 26. 買很多啤酒。 27. 因為你不做就會被罰款。	1. 我在旅行而且我沒有地方可以回收。 2. 附近沒有回收箱，我也沒有回收箱。這裡沒有足夠可利用的回收箱。 3. 我住的地方沒有回收計畫。沒有都市回收方案。 4. 因為我沒有藍色回收桶。 5. 我沒想過這。 6. 我將它給小朋友去換錢。 7. 忘記了。 8. 回收對我來說沒什麼幫助。 9. 懶惰。 10. 回收箱在不是很方便的地方。 11. 因為我必須將罐子從我的垃圾裡分出來，這是個問題。 12. 缺少教育。 13. 我沒有時間。

資料來源：Ryan and Bernard (2006). Material used with permission of the Society for Applied Anthropology.

步驟二、蒐集初步的模型數據

在步驟二，我們從一個新的民族誌的報導人團體蒐集全面的數據，並且使用這些數據建立初步的行為模型。這些民族誌的資料提供者是瞭解關於有趣的行為及圍繞此行為的文化。也就是說，他們能夠有見識的回答關於他們自己行為的問題（此案例中，為消除空的飲料罐）及他們行為的理由。從這些報導人蒐集來的都是訪調資料，因為每個報導人都被詢問相同群組的問題。

我們訪問了 70 位資料提供者，37 位住佛羅里達及 33 位住南達科塔。在這裡，我們特意選擇了不同群體的資料提供者（年齡在 18 到 71 歲，受教育 1 到 23 年，48% 男性），希望我們通過廣泛範圍的人的罐子回收行為能建立健全的模型（參見補充資料 16.2）。

補充資料 16.2

EDM 的樣本大小

我們的樣本大小是以粗計算法為基礎。我們想要有足夠的例證去建立至少三層級深度且任何端點都可包括至少五個人的算式（看圖 16.1 及 16.3 的下方）。至少擁有五個例證的每個端點都給我們平凡結論標準的信心。我們計算最小值的樣本大小，算式如下：

最小值的樣本大小＝最小值情況下每個端點 $\times 2^{(\text{\# 層級})}$

在我們的例證，最小值的樣本大小是（5×2^3）＝ 40。得出這最小值的理由是我們假定在算式中例證與結論完美的相互交叉相遇後所獲得的。我們體驗此結論算式，然而，這提議很少發生，因此我們嘗試增加或減少最小值的樣本大小的倍數來確定每個端點的例證能夠收尾。因此我們用 70 個調查例證來建立模型。

我們開始以與步驟一最初相同的問題來進行訪問：「想想看你最後一次手上有汽水、果汁、水或啤酒的罐子。你有回收罐子嗎？為什麼有？（為什麼沒有？）」然後我們詢問 70 位受訪者 31 個表 16.1 的問題。這 31 個問題呈現在表 16.2。

注意，有些問題是關於一般行為（你平常在家有回收罐子嗎？）；一些事關於結構上的情況（回收箱便利嗎？）；一些關於態度（你認為你有環境意識嗎？）。也請注意，有 7 到 11 個問題是從「當你手上有罐子時你在哪裡？」這個問題擴展成二元的問題。這保證給予資料提供者相同的數據提示來建立初步的模型。

表 16.2　回收研究問題

問完關於最後的罐子以及回收的理由後，詢問下列問題：

1. 你住的城市有回收計畫嗎？
2. 在你的城市或城鎮你可以帶鋁罐回去回收嗎？
3. 你住透天或公寓？
4. 假如你住透天，你有特別的整理法來回收資源嗎（例如藍色回收桶）？
5. 你的公寓裡有特別的資源回收箱子嗎？例如？
6. 你工作的地方有回收罐子的箱子嗎？

最後一次喝鋁罐飲料時，你是？

7. 在家？
8. 在工作？
9. 開車？
10. 在室內或戶外？
11. 在別人家？
12. 在最後一次喝鋁罐飲料時你是從販賣機買來的？
13. 在最後一次喝鋁罐飲料時附近有便利的回收箱嗎？
14. 在最後一次喝鋁罐飲料時你在忙嗎？
15. 在最後一次喝鋁罐飲料時當你喝完飲料，附近有其他人在旁邊嗎？
16. 如果有，這些人通常會回收嗎？
17. 如果有，有任何人建議你回收罐子嗎？
18. 你有小孩嗎？

表 16.2 回收研究問題（續）

> 19. 你在家時習慣回收資源如罐子、報紙或塑膠嗎？
> 20. 你工作時習慣回收資源如罐子、報紙或塑膠嗎？
> 21. 你認為你自己有環境意識嗎（沒有、很少、一些、很多）？
> 22. 你覺得回收對於環境有多大的幫助（沒有、很少、一些、很多）？
> 23. 你有多關心環境（沒有、很少、一些、很多）？
> 24. 你覺得回收對於保持環境乾淨有多大的幫助（沒有、很少、一些、很多）？
> 25. 對你來說為了下一代保護環境有多重要（沒有、很少、一些、很多）？
> 26. 你覺得丟掉鋁罐浪費嗎？
> 27. 今日你覺得對於回收有很多社會壓力嗎？
> 28. 你認為罐子對於掩埋是不好的嗎？
> 29. 你認為回收鋁罐是有用的嗎？
> 30. 你有回收任何罐子以外的資源嗎？
> 31. 如果有，你回收了哪些其他資源？

步驟三、建立初步的模型

在步驟三，我們尋找在步驟一的結論標準與步驟二的行為描述中產生的模式，且建立明確的邏輯性模型來說明這些行為。

這步驟是非常困難且難以描述的，因為這包含了不斷地嘗試錯誤。雖然有正規的途徑，但我們使用 C. Gladwin（1989）介紹的分析歸納法：仔細的檢查不符合模型的例證，且修改模型直到達成準確性的理想水平，至少要 80%（參見補充資料 16.3）。

補充資料 16.3

正規途徑的結論模型

一個正規的方法是產生小插曲，而這小插曲是所有可能的重要決定因素的組合布局。

舉例來說：你〔站在巴士站〕〔在家〕〔在工作〕。你〔孤單〕〔不孤單〕且你的孩子〔在這〕〔不在這〕。你有一個〔汽水〕〔果汁〕〔啤酒〕罐在你手上。當你喝完飲料，你〔把它丟在垃圾裡〕〔把它放到回收箱〕〔把它丟在手邊，就像桌子或地上〕。

從反應小插曲來的模型就像是可以被用於產生模型結論的規則。這插曲的方法很吸引人，但是，像所有的方法一樣，它是有限制的，甚至用八個二元因素，只有 $2^8 = 256$ 個組合。在一個小研究，通常由質性研究員做的那種，每個資料提供者需要看 256 個插曲。有一個二擇一全面的方法，就是資料提供者看一個隨機的插曲範例，但是這需要大量的資料提供者。〔閱讀 Rossi 與 Noch（1982）有更多的方法。〕

另一個正規途徑包含使用人工智慧（或挖掘數據）演算來建立以及刪除結論算式（Mingers, 1989a, 1989b）。這些演算是經由確認所有可能組合的因素（及順序因素）來建立模型的半自動化程序，而這程序可產生不同的結果（就像這裡，回收與否）。有些算式刪減程式是在統計的相關程式中，就像是 SYSTAT's「分類及復原的算式分析」（SYSTAT, 2008），是可用的。

從我們 EDM 調查的佛羅里達及南達科塔 70 位資料提供者的回答中，我們設計決策過程的模型，嘗試不一樣的可變因素的組合，結果是初步的模型，呈現在圖 16.1。

我們經由在同一時間詢問表 16.2 的問題獲得第一個模型：有多少錯誤（不是模型預言出的結果）從這問題產生？要有一個找到產生最少錯誤問題的點子。這問題會成為第一個提出的模型分支。

圖 16.1　回收罐子的結論（民族誌樣本，*N*=70）

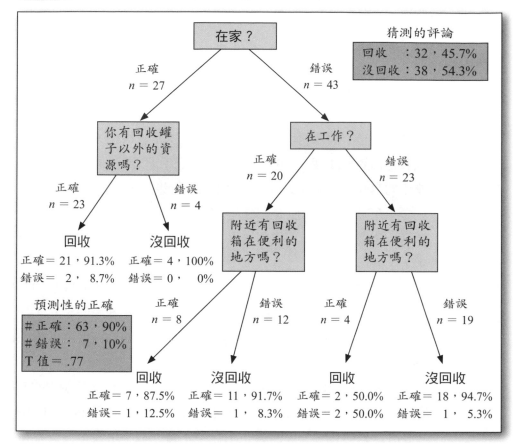

在檢查數據，「當你手上有罐子時你在家嗎？」的問題產生最少錯誤。如此一來，猜測每個人在家都會做回收且不在家時就不會做回收的結果產生 6 個錯誤（27 個例子中占 22%）在左邊的分支，然後有 11 個錯誤（43 個例子中占 26%）在右邊的分支。總共有 17 個錯誤及有 53 個在 70 例子外的準確比率，或是說 76%。

在圖 16.1 左邊分支的六個錯誤是 4 ＋ 2 ＝ 6 個當單一標準模型（在家，不在家）預言會做回收卻沒做的人。相同的，有 11 個錯誤在圖 16.1 的右手邊，包含誰說他們有回收（7 ＋ 2 ＋ 1 ＋ 1，

包含三個單獨錯誤中的二個在右手邊的圖 16.1 分支中錯誤了），
當單一標準模型預言他們不會做回收。

平衡複雜性和簡單性的優點

一個稍微複雜的模型提高了 76% 到 90% 的結果。 首先，模型
的左側分支：27 個在家的資料提供者，誰做了或誰沒有回收的最
好的預測是，問他們是否回收任何其他物品。23 個人表示他們回
收其他物品，21 個人（91.3%）回收他們手上最後一個罐子。所有
當中的四個人說他們沒有回收其他物品也沒有回收罐子。這裡的規
則是：在家有回收其他物品的人，猜想「回收罐子」，除此之外，
猜測「不回收罐子」。這個結果在 27 個例子中有兩個錯誤，或是
92.6% 正確。

在模型的右手邊分支，只是猜測沒有人回收就產生 43 個中有
32 個正確答案，或是 74.4% 正確。藉由區別當不在家時是在工作
或其他地方增加了 88.4% 正確率，然後問：「回收箱在附近方便
的地方嗎？」

首先，就像是展示在圖 16.1，當回收箱在附近時，八個中的七
個人（87.5%）回答會在工作中回收。當回收箱不在旁邊時，12 個
中的 11 個（91.7%）人回答在工作中不會回收。這模型分支獲得
20 中的 18，或是 90% 正確。其次，23 個回答者中既不在家也不
在工作，被詢問如果回收箱在附近竟產生只有三個錯誤的模型，或
是說 87% 正確。

總的來說，左右邊的分支，模型產生五個錯誤（88.4% 正
確），全部模型（左右邊的分支）的正確性是 70 個外 63 個正確，
或是 90%。77% 比隨機預期中的好（在 Klecka's T 值 77 在圖 16.1
被指出；請看 Klecka, 1980: 50-51）。

現在，圖 16.1 的模型可以簡單的瓦解兩個途徑「在工作？」
及「不在工作？」，呈現於圖 16.2。

圖 16.2 決定回收罐子——簡單的模型（民族誌樣本，$N = 70$）

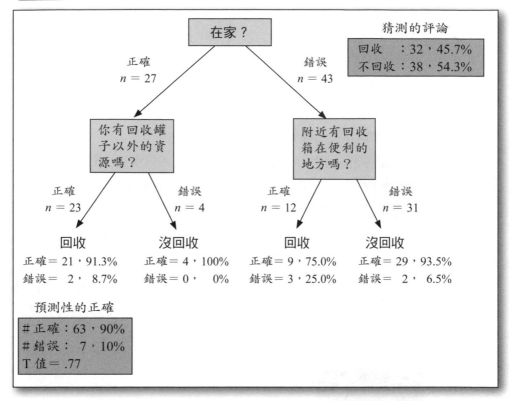

這改變對錯誤的比例沒有影響，從大部分右邊模型的斷定性力量是基於旁邊的回收箱。然而（在圖 16.1 工作—不工作） 額外的模型標準與兩個額外的途徑，展示出人們在工作時回收是比不在家也不工作的人還多—— 40%（20 個裡有 7 + 1 = 8 個），對照出 13%（23 個裡有 2+1 = 3 個）。

額外的標準因此提供了資料提供者問題的大小及地方——資料提供者建議放置沒有限制的提供回收箱。在步驟四有更多相關資訊。

步驟四、測試獨立樣本的模型

90% 的正確比例看起來很高，但是當建立的模型解釋數據時很難是個驚喜。我們在圖 16.1 生動的陳述人們告訴我們他們做了什麼，然而模型是假說，他們的正確性不是依靠他們如何取得的，而是在於他們如何建立測試於獨立樣本，且這些樣本不包含第一次建立該模型時參與的樣本。

為了瞭解我們的 EDM 如何在很大的人口中做，我們在一個具代表性上作測試，選了美國 386 個回答者的全國性樣本，其結果在圖 16.3（參見補充資料 16.4）。

假如你比較圖 16.1 和圖 16.3，你將發現填答者的分佈上有許多不同。為了民族誌模型，當進行全國調查時我們訪問了我們在各地找到的人，並且是打電話到家裡。果然如此，有 58% 全國性的回答者說當他們手上拿著飲料罐時，他們是在家裡的，且與我們民族誌的資料提供者比較下只有 39%。

補充資料 16.4

EDM 測試樣本

民族誌測試 EDMs 的樣本來自建立該模式的同一群地方人口。在此兩者間有很大的一致性，獨立衍生出的 EDM 是與反覆在研究室實驗研究的信度與內在效度是相等的。這裡有兩個告誡：

1. EDM 通常預測 80% 到 90% 的情節行為，但是幾乎經常被報導的行為，不是觀察的行為。因此，EDM 易產生和所有自陳報告行為之研究相同的問題。

2. 高信度及內在效度是不可取代外在效度的。然而一般來説，信度－推論－從小實驗產生的結果隨著重複的實驗而提升。假如你反覆小實驗於佛羅里達、南達科塔、加州及你自己的文化內涵上，會獲得一致性的，也就是可靠的結果－的信度－也就是增加他們的外在效度的信賴區間。

圖 16.3 回收罐子的結論（全國樣本，*N* = 386）

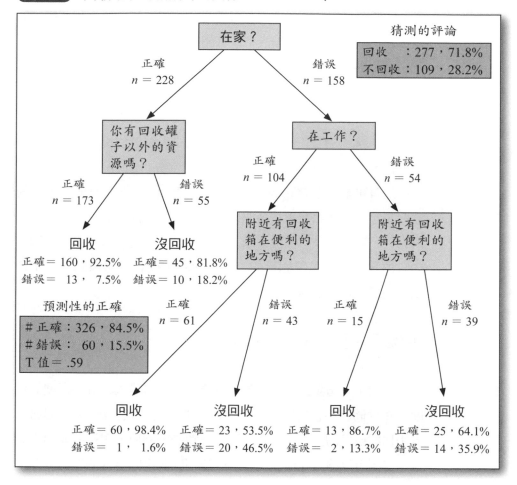

再次複雜性與簡單性

民族誌模型在全國性測驗中仍然保持良好。173 個人說當他們在家時他們會回收罐子以外的產品，160（93%）個人記得回收罐子，與民族誌樣本相比是 91%。55 個人在家報告他們沒有回收罐子以外的產品，45（82%）個人回憶沒有回收罐子，與民族誌樣本相比是 100%。在全國模型中全面正確性是 85%，與民族誌模型相比是 90%。

正如以民族誌模型，增加了關於行為在哪發生（在工作比在家）的問題是對預測功率沒有影響的。然而，假如我們想要增加回收行為，這證實與民族誌模型政策相關訊息和在哪裡放入不足的資源是有相關的。在全國樣本的 158 個人說當他們手上有飲料罐時是不在家的，假如他們也說他們在工作中有 20%（20 ＋ 1 ＝ 21 在圖 16.3 的 104 中）的人說他們沒有回收。與之對照，50%（在圖 16.3，在 54 外有 25 ＋ 2 ＝ 27）不在家的人說他們沒有回收也不是在工作。

這有可能引起之後 50% 的錯誤比率，但是不在家與不工作的情況包含了足球比賽、在高速公路上、拜訪其他人的家、或是在逛街的人。隨著很多的情況，以及放置回收箱的有限資源下，影響那 50% 的錯誤比率是很悲慘的。在短期內，很容易想像到讓雇主擺放那些回收箱的誘因。

步驟五、評估有效的 EDM

我們可以跨步進入下一步驟且將質的資料帶入以評估模型的效度。在我們有系統的詢問關於決策標準之前，我們詢問 33 個報導人用他們自己的話來告訴我們為什麼他們要回收。對這些報導人而言，我們可以檢查在他們選擇回收或不回收之間合適的理由及模型的預測。

我們循著結論算式中的個人回收案件及檢查每個算式（每個最後結論）中符合資料提供者描述的結果程度。結果呈現在表 16.3。

表 16.3 最右邊的表格包含從人們報告他們在家且回收罐子以外的其他東西中合理的事物。在家的情形是，只有一個人說這非常容易做到，然而三個人卻說這是做好的事情或是被強制的。後兩個主題都沒出現理由。

表 16.3 民族誌樣本的 33 個回收選擇的正當理由逐字稿

決策規則					選擇	正當理由逐字稿
在家？	是	回收其他物品？	是		是	◆ 我知道你可以回收而且回收箱很容易取得。 ◆ 我相信回收對環境很好。 ◆ 我覺得這是象徵努力的方式去嘗試保護環境且讓垃圾掩埋場不裝滿。 ◆ 我盡我能力去回收。 ◆ 回收是因為垃圾不會就這樣消失，假如你回收了就會減少垃圾。 ◆ 他們在星期三做分類，因為這是件好事。 ◆ 必須回收罐子。 ◆ 這是命令，且我認為回收有價值。 ◆ 這是命令。
			否		否	**正確** ◆ 我沒有回收。我沒想到且我不喜歡儲存在我家附近，因為這會引來害蟲。 ◆ 我太懶惰了。 ◆ 有時候我會保留⋯⋯恩⋯⋯為了我的兄弟，但⋯⋯我把回收物給他⋯⋯我只是這次沒回收。 **不正確** ◆ 我把它們放在有人會把鋁罐拿去換錢的地方⋯⋯嗯。 ◆ 我有做回收，⋯⋯沒有理由一定要回收。 ◆ 這非常容易且他們⋯⋯拿去了。
	否	在工作？	是	回收箱在旁邊？ 是	是	◆ 我總是回收鋁罐⋯⋯我不知道⋯⋯因為我可以，因為鋁罐是可用的。 ◆ 在工作地方有自動裝置，我們都會在那回收。 ◆ 我不用它來造成髒亂，這非常容易。 ◆ 在工作時有一個技工會蒐集它們，然後她會每周帶一個袋子來帶走它⋯⋯把它拿去回收。

表 16.3 民族誌樣本的 33 個回收選擇的正當理由逐字稿（續）

決策規則					選擇	正當理由逐字稿
在家？	否	在工作？	否	回收箱在旁邊？		
				否	否	◆ 我們在工作時不能留著罐子。 ◆ 附近沒有回收中心。 ◆ 有一位小姐在工作時會蒐集它們，所以我把它們放在袋子裡去給這位小姐。
				是	是	沒有可用的例子。
				否	否	**正確** ◆ 我覺得這不方便。 ◆ 沒有明顯的地方去放回收箱做回收。 ◆ 我不知道——我沒有容器可以丟。 ◆ 我不在家——我在鎮上某個地方。 ◆ 我在某人家裡。 ◆ 我在開車——我把它丟出窗外——它是啤酒罐——環境——我做了這件是但有太規則——我把它丟出去所以我也不可能在車裡接住它。 ◆ 我不在家——在家我會把它放在回收桶——假如放我車上是不合法的……我會把它帶回家——假如不是為了開放容器的法律，就會有更多人做回收。 **不正確** ◆ 我不知道如何做回收。 ◆ 這對環境比較好。 ◆ 我把……嗯……放進去然後……嗯……換錢。 ◆ 我想這是好事情——當你可以再利用舊的東西為什麼要用新的。

下一個表格裡展示了被報告的人在家但是**沒有**回收任何東西的基本理由。此模型正確的預測了前三位回答者沒有做回收。不像是有做回收的人，這三個人都沒有提到回收是重要或是好的，或者說

是命令。此三件被錯誤分類的案例和表格最上層的理論最類似。

　　合理事物是清楚劃分報告他們附近有方便的回收箱的回答者與沒有的回答者兩者間。附近有回收箱的人報告這有效且每個人都容易做到回收。而那些沒有回收箱的人自然地提到他們不能夠在工作中一直拿著罐子或者是沒有回收中心。

　　最後的表格呈現沒有在家或在工作但附近沒有回收箱的人的基本理由。有八個案件預測了正確的模型，一半的人自然的提到不是缺少方便就是缺乏回收箱。另一半的人明確地提到他們在哪且清楚含蓄的表示那個地方是需做那些行為的。兩個人說他們把罐子丟出車外是因為我們之前沒想到的因素——違反酒駕的法律或許會對友善環境方面的行為產生影響。

解決民族誌的錯誤

　　為什麼人們當模型預測他們不應該回收時會回收，預測應該回收時卻不回收？再一次，我們打開到報導人的逐字評論。這些人回想回收罐子不管是在家或在工作但沒有便利的回收箱位置，經由舉出他們對環境保護的信念或舉出做回收有金錢上的好處是有可能證明他們的行為。這有可能是造成積極的回收態度的結果——態度給予人們額外的刺激，當他們手邊沒有回收箱也要回收。

　　這是值得做測試的，但是注意態度（或其他工作上的）在當地樣本的回答中占不超過 10%（因為模型預測出 90% 的回答）並且在全國樣本的回答中不超過 15%（因為模型預測出 85% 的回答）。

　　我們無法擁有民族誌數據去說明被報告的人當它不在家時不管手邊有回收箱也沒有回收罐子，因為 33 個報導人一個也不是這一種類的。事實上，在全國樣本報告中 76 個人只有三個是不管手邊有回收箱也沒回收。顯然地，只有在周遭放很多回收箱才會增加回收行為。當然這在某些時候被瞭解，但是事實是，我們可以使完全

瞭解的一部分資訊是有效的，就像 EDM 的回答不明顯問題的方法給予我們信心（延伸閱讀：EDM）。

延伸閱讀

◆ 更多 EDM，請看 C. E. Hill（1998）。很多研究基於 EDM 注重在人們回答身體不適時的選擇——就像 Ryan 與 Martíne（1996）當墨西哥鄉村的母親決定帶他們的小孩去看醫生的研究（參見補充資料 16.1 上面）。為了更多關於身體不適時的決策研究，參見 Dy 等人（2005）、Mathews 與 Hill（1990）、Montbriand（1994）、Weller 等人（1997），以及 Young 與 Garro〔1994（1981）〕。

◆ 在其他領域，Bauer 與 Wright（1996）使用 EDM 來研究納瓦霍族印第安人的母親是餵母乳或是使用奶粉的決策；Heemskerk（2000）研究蘇利南莫河的男人及女人進入金礦的決策；Fairweather（1999）示範由紐西蘭的農夫使用有機肥料或常見方法來決策；以及 Morera 與 Gladwin（2006）設計宏都拉斯的農夫的決策模型以便練習水土保持。

CHAPTER ⒄

取樣

序言

二種研究樣本

　　隨機取樣數量

　　非隨機取樣數量

非隨機取樣的方法

　　配額取樣

　　立意取樣或判斷取樣

便利取樣

網絡取樣：滾雪球取樣和

　　回應者引介取樣

理論取樣

主要報導人

延伸閱讀

◆ 序言

　　所有好的研究都是從紮實的研究設計開始，意思是說解決二種問題——取樣的問題和測量的問題。決定研究什麼是測量的問題。決定在一組文本中編碼什麼主題是測量的問題。決定在訪談過程中何時提出敏感問題是測量的問題。決定提出特定問題是否合乎道德也是測量的問題。

　　取樣的問題是不同的。在大部分的研究計畫中，不可能去蒐集某一母體中每一分析單位的資料，所以我們必須在那些單位中取樣。在內容分析法中，分析單位可能是好幾年份的月刊。在紮根理論中，分析單位通常是我們想要去瞭解個人經驗的一群人——如面對失去配偶，跨越美國和墨西哥國界找工作，與 AIDS 共存。

　　測量的藝術和科學提出這個問題：你從一組人所蒐集的資料完

全代表你所研究的現象嗎？這個問題的答案，就是我們所知的內在效度問題，完全取決於你的同事是否相信你所報告的資料和結果。

另一方面，取樣的藝術和科學是針對這個問題：你可以把對於這些人（或其他的分析單位）所研究的結果普遍化到那些單位的母體嗎？這個問題的答案，就是我們所知的外在效度問題，取決於所研究的事物是否為隨機樣本的一部分。

◆ 二種研究樣本

在研究方法中有二種研究樣本：一種是根據機率理論，隨機取樣，和另一種不是根據機率理論。要用哪一種樣本取決於你的研究目的。但是要取樣的話，所有的研究者都適用同樣的三個規則，包括那些處理質性資料的研究者和那些處理量化資料的研究者。

這是第一個規則：

1. 若你的研究目的是從樣本的資料來推估較大母體的參數，那麼只要用隨機取樣即可。從一個夠大、隨機選擇、沒有偏頗的較大母體樣本來蒐集資料。

這是第二個規則：

2. 若你的研究目的需要統計上有代表性的樣本，但沒有辦法找到（因邏輯上或道德上的問題），那不要煩惱。用非隨機取樣方法，下面會談到更多，有系統地應用，在文章中讓每個人都知道你究竟做了什麼。

最後，這是第三個規則：

3. 若你的研究目的需要非隨機樣本，選一種適合的取樣方法並有系統地應用。

隨機取樣數量

在經典的取樣用詞中，參數是你所想要估計的真實數目。在任何團體中，譬如以一千人來說，真正的平均身高，身高參數，是這些人所測得身高的總和，除以 1,000。可以由一個沒有偏頗的 1,000 人的身高樣本估計這個參數。一個沒有偏頗的樣本是指隨機選擇，意指每個分析單位，在這個例子是一群人，有同樣的機會被選為樣本（參見補充資料 17.1）。

補充資料 17.1

為何樣本理論對質性研究很重要

雖然在質性研究傳統中，民族誌研究法、紮根理論鮮少採隨機取樣，但很重要的是，所有的社會科學研究者都要瞭解基本的統計取樣理論及非隨機取樣的價值。本書我們一直強調，我們認為質性研究和量化研究的大分隔是功能障礙。它讓二個傳統研究法中好的社會科學研究者看不到二個傳統研究法的成果價值。

我們在此無法談論取樣理論，但在其他研究方法的書大都會談及（延伸閱讀：社會科學取樣理論）。

以消除偏見的方式——決定權不握在你的手中——隨機取樣確保無論從樣本中發現什麼，都可以普遍化到所取樣的母體，加減所知的可能誤差。

譬如，當你讀到一位政治領導人有「41% 的滿意度，加減三個百分點」，假設民調是取樣自沒有偏頗的樣本，譬如說是 400 個人，你知道若民調是取樣自一萬倍的樣本，那有 95% 的機率，參數估計會落在 38% 和 44% 之間——也就是說 41%，加減三個百分點。

　　隨機取樣的誤差量取決於樣本的數量，而不是樣本取自母體的比例。由一萬人中隨機取樣 400 人，和由 100 萬人中隨機取樣 400 人，有相同的誤差。在問卷調查研究中決定樣本數量可能會很複雜，但在科學上仍會有已知的誤差（延伸閱讀：社會科學取樣理論）。

非隨機取樣數量

　　在民族誌研究法、紮根理論、基模分析、敘事分析及諸如此類研究法的取樣數量問題並非完全被瞭解，但已有很大的進展。越來越多的證據顯示，20 至 60 位資訊豐富的對象，便足以發掘及瞭解在任何明確定義的文化領域或生活經驗研究的核心類別。

　　我們從第八章知道，在文化範疇分析中，自由列舉的練習必須有 20 至 30 位報導人來確認一個文化領域的內容——甚至是沒有明確定義的領域像是「母親所做的事」。

　　只要你確認出資訊豐富的對象，很少位的報導人就夠了。Weller 與 Romney（1988: 77）指出只需要 10 位資訊豐富的提供者來瞭解一個文化領域的內容。也就是當報導人的平均知識只有 0.7 ——就是說，報導人在那個領域的知識測驗只會得到一個 C。若報導人的平均知識由 0.7 滑落到 0.5，報導人的人數需求要增加至 13 人。對所有研究經驗及文化知識的研究者來說，這是一個很好的消息——那種從深度訪談中取得資訊的研究者。

　　M. G. Morgan 等人（2002: 76）和四種不同樣本的人做深度訪談，談論有關不同的環境風險。研究者做一般的概念編碼，但他們也劃出在四種不同的研究中的每一個訪談所發掘新概念的數量分配圖。他們的結果呈現在圖 17.1。在每一個案例，線條的形狀是相同的：最前面一些訪談產出不少新的資料，但到 20 個訪談後，曲線變平而且幾乎沒有找到任何新的資訊。

圖 17.1 訪談中所取得新概念的數量在 20 個訪談後逐漸減少

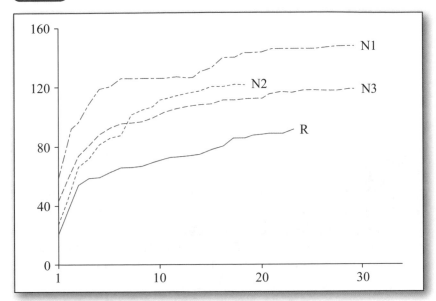

資料來源：Morgan, M. G., Fischoff, B., Bostrom, A., and Atman, C. J. (2002). *Risk communication: A mental models approach*. New York: Cambridge University Press. Reprinted with the permission of Cambridge University Press

註：N= 飛行器核能三個分組的訪談；R= 家中氫氣的訪談。

　　Guest 等人（2006）證實這個結果。這些研究者訪談 30 位在加納的性工作者及 30 位在奈及利亞的性工作者。他們編碼每六人為一批的錄音稿，完成編碼加納的所有訪談才繼續編碼奈及利亞的訪談。圖 17.2 呈現編碼中所發掘新主題數量的分配圖。在全部所確認的 114 個主題中，有 80 個主題是在前六個訪談中出現。另外 20 個主題是在第二批的六個訪談中出現。只有五個新主題加入編碼簿以包含奈及利亞的 30 個訪談。很清楚地看出，大部分的資訊是從早先的訪談中取得的。

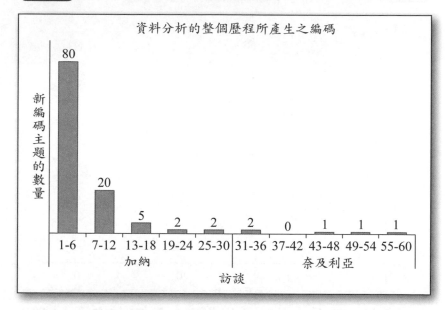

圖 17.2 60 個訪談的新主題數量分配圖

資料來源：Guest, G., Bunce, A., and Johnson, L. (2006). How many interviews are enough? An experiment with data saturation and variability. *Field Methods 18*, 59-82. Copyright © 2006 Sage Publications.

Morse（1994）建議現象學研究法最少要六個訪談，民族誌研究法及紮根理論要 30 至 50 個訪談。二個研究的資料——在圖 17.1 和 17.2 ——似乎支持 Morse 基於經驗的猜測（延伸閱讀：質性研究取樣問題）。

記住：每一個樣本代表了某些東西。一個沒有偏頗的樣本代表一個已知有誤差機率的母體。非隨機取樣缺乏這一個特性。需要非常大量對象的研究問題，這不會是個問題。

◆ 非隨機取樣的方法

最常使用的非隨機取樣的方法有：配額取樣、立意取樣（又

稱判斷取樣）、便利取樣、網絡取樣、理論取樣及訊息的關鍵提供者。

配額取樣

配額取樣包括產生一個互斥子母體的取樣格子。表 17.1 呈現一個研究 40 位全職工作者的典型取樣格子。因為研究 40 個人所需的時間和金錢，研究者決定在二個分類中各取樣五個男人和五個女人：領薪水者和自己當老闆的人、年紀較輕的人（40 歲以下）和年紀較大的人（40 歲及以上）。

表 17.1 配額取樣格子中的三個二進位自變項

變項							
領薪水者				自己當老闆的人			
≤ 39		≥ 40		≤ 39		≥ 40	
男	女	男	女	男	女	男	女
5	5	5	5	5	5	5	5

Silverman 等人的乳癌研究

Silverman 等人（2001）做了深度且長時間的訪談來瞭解「女人如何看待乳癌、他們個人得乳癌的風險及乳房 X 光檢查篩檢如何影響那個風險」（p. 231）。研究者開始隨意打電話給住在美國的女人。他們所提出的第一個問題是問女人是否得過乳癌。若答案是否定的，這個女人便合格。Silverman 等人用配額取樣來選出女人接受深度訪談。這裡是他們如何描敘他們的樣本：

用配額取樣的方式，我們接觸 191 位女人，以美國全國殘
障調查中的人口普查收入和年齡所界定的社會階級隨意選
出。98 位女性不合格因為他們不符合人種、年齡或社經
標準；52 位拒絕參加；41 位同意參加。值得注意的是，
其中的 35 位要求個人化的乳癌風險報告，全部 41 位接受
20 塊美元的報酬。（E. Silverman et al., 2001: 233）

表 17.2 呈現在 Silverman 等人的研究中關鍵取樣標準。表 17.3
呈現 Silverman 等人研究中最後 41 位報導人的各式各樣背景資
料。

表 17.2 在 Silverman 等人的研究中配額樣本的取樣格子

收入							
每年 25,000 美元				每年 25,000 美元以上			
人種							
白人	黑人		其他	白人	黑人		其他
年齡							
≤ 39	40-49	50-69	≥ 70	≤ 39	40-49	50-69	≥ 70

資料來源：Assembled from data in Silverman (2011: 232). Silverman, E., Woolshin, S., Schwartz, L. M., Byram, S. J., Welch, H. G., and Fischoff, B. (2001). Women's views on breast cancer risk and screening mammography: A qualitative interview study. Medical Decision Making 21: 231-240. Copyright © Society for Medical Decision Making c/o George Washington University.

表 17.3 在 Silverman 等人的研究中 41 位女性參加者的特點

背景資料	百分比
年齡	
40 歲以下	15
40-49	37
50-69	34
70 歲及以上	15
人種	
白人	51
黑人	24
亞裔	12
西班牙裔	7
美國原住民	5
年收入	
少於 25,000 美元	51
教育程度	
沒有完成高中	20
高中畢業	41
大專學歷	39
曾經做過乳房 X 光檢查	80
乳癌風險因素	
有乳癌家族史	12
個人乳房切片史	23

資料來源：Silverman, E., Woolshin, S., Schwartz, L. M., Byram, S. J., Welch, H. G., and Fischoff, B. (2001). Women's views on breast cancer risk and screening mammography: A qualitative interview study. *Medical Decision Making 21*: 231-240.

配額取樣比隨意取樣來得便宜且易於實施。配額取樣不是沒有偏頗，但通常接近隨機取樣的結果。

不過，不是常常。1948 年的一場有名的投票選舉中，許多民調專家依據配額取樣預測，在美國總統大選中 Thomas Dewey 會打敗 Harry Truman。《芝加哥論壇報》（Chicago Tribune）對這些預測有信心到還印製了宣布 Dewey 勝選的版本——當那些讓 Truman 當上總統的選票還在計算時。這個教訓是配額取樣不能用來估計接近 50 比 50 的比例，不過，配額取樣用來瞭解人們經驗的變異是很棒的。若你想要知道小孩的運動，像是小聯盟棒球、Pop Warner 足球、青少年足球及高中足球，如何在美國的小社區中進行，你就要去問家裡有小孩在玩這些運動的人們。為了得到文化內部的變異，和次團體中五或六位資訊豐富的人們做開放性訪談（例如像黑人、白人和西班牙裔或年輕父母和祖父母），會得到人們對這些組織的想法的相關資料（延伸閱讀：配額取樣）。

立意取樣或判斷取樣

立意取樣是配額取樣不用格子。你只要決定你要的報導人是作為什麼目的，你就可以拿你所得到的（參見補充資料 17.2）。

補充資料 17.2

其他分析單位

記住，分析單位可以是人（有機蕃茄的農夫、女性消防員、康復中的酗酒者）、團體（教室、國家、財富前五百大公司）及物體（一個城市中的非住宅建築物）。

或者甚至是時間。譬如，經驗取樣包括任意時間打電話給人們並詢問他們這個時候正在做什麼或想什麼（Hektner et al., 2007）。

　　立意取樣特別用於研究特殊及難以找到的母體。研究注射毒品者、出庭律師、巫師或奶素食者需要立意取樣。

　　Julie Barroso（1997）研究 AIDS 患者長期存活的經驗。為了她的研究目的，符合這個研究的人必須在得 AIDS 後存活至少三年、至少 18 歲、會講英文及住在佛羅里達州 Tampa 地區。為了找到參與者，Barroso 發出 3,000 份廣告文宣到提供 AIDS 患者需求的機構辦公室、衛生部門辦公室、醫生辦公室等等。她發現在訪談 12 位報導人之後，AIDS 患者故事變得多餘。不過，12 位樣本中大部分只有白人男人，所以她故意選擇女人及少數民族。最後，她找到六位女人（包括一位非裔美國人）和 14 位男人（包括一位非裔美國人）。

　　Kimberly Mahaffy（1996）有興趣瞭解女同性戀的基督徒如何面對被主流基督教會所拒絕的認知失調。Mahaffy 寄信給同性戀基督徒機構，請他們把徵求可能回應者的廣告放在通訊刊物中。她寄廣告文宣給女性書店和女同性戀支持團體，請可能回應者跟她連絡。Mahaffy 不太可能會取得沒有偏頗的女同性戀樣本，在這樣的狀況下，甚至使用配額取樣（這麼多的特定年齡、這麼多的特定職業）也要求太多了。不過，Mahaffy 從回應者所蒐集的資料中，讓她可以回答有關認知失調的研究問題。

便利取樣

　　以信度和代表性來說，便利取樣是立意取樣的下一個層級。便利取樣對樣本包容性沒有預定的標準（就如在立意取樣中一樣），沒有取樣格子（就如在配額取樣中一樣）。你只要訪談有空且同意接受訪問的人們。有時——譬如研究無家可歸的人、住院的兒童或戰鬥隊的女人——便利取樣是你所能做到最好的情況。所有樣本代表某個東西（*something*）。瞭解便利樣本代表什麼，把它變成事

後回溯的立意樣本。

　　Hatton 等人（2006）研究美國西部地方監獄囚犯對醫療照顧和醫療問題的觀感（跟囚犯母體的研究一樣，不會披露有關監獄的真正地點）。Hatton 等人開始跟曾是監獄囚犯而現住在附近社區的女性進行焦點團體訪談。有 18 位女性參與總共三個焦點團體的訪談。Hatton 等人再招募 60 位還在監獄的女性。這些女性參與總共七個焦點團體訪談，談論有關她們對監獄中醫療問題的觀感。我們不管報告不同醫療問題的女人百分比，但所報告的問題是未來研究的基礎。

網絡取樣：滾雪球取樣和回應者引介取樣

　　滾雪球取樣和回應者引介取樣（respondent-driven sampling, RDS）是二種招募難找母體或難以研究母體的方法。這些方法就是一般所知的連鎖推薦方法或網絡取樣。母體難找或難以研究有許多原因，有些母體就是稀少（想想在加拿大帶著嬰兒的寡婦）。有些像是變性人是受汙名並隱遁。有些人，譬如靜脈注射吸毒者不想被找到。精英團體的成員，像是外科醫師和職業運動員，沒有躲起來，但他們沒有時間也沒有興趣參與研究。連鎖推薦幫你找到並訪談所有這樣的人，透過他們自己網絡中所信賴的成員介紹他們到你的研究。

滾雪球取樣

　　滾雪球取樣是最原始的連鎖推薦方法。你從一或二個——起動者——跟你有關係的人開始。這個關係可以是其中可信賴的人（主要報導人）或者只是想要藉由幫你找到研究回應者來賺錢的人。請起動者列出他們所知跟他們在某些細節一樣的人（變性、外科醫生、年輕寡婦），從名單中推薦一位或二位你可能會訪談的人。你

由一位報導人交到另一位報導人的手中。取樣框架隨著每一次的訪談變得越來越大。最後，取樣框架飽和了——也就是沒有提供新的名字（參見補充資料 17.3）。

Cara Rabe-Hemp（2008）用滾雪球取樣來研究美國女性當她們變成警官所面對的阻力，和讓有些女性成功克服這些阻力的原因。Rabe-Hemp 請她認識的一些女警官列出其他女警官的名字，再請這些在名單上的人列出其他女警官的名字。有些女警很難找到，在偏鄉警察局只有 6% 的宣誓警官是女性，但 Rabe-Hemp 可以在她工作的美國西北部地區找到 26 位女警官的樣本，包括 11 位是在大警察局（超過 100 位宣誓警官）、七位在有 50 至 99 位警官的警察局、六位在少於 50 位警官的警察局。所有 26 位都已工作至少 10 年（這是 Rabe-Hemp 成功抵抗騷擾的標準）。她跟所有人的連絡，只有二位拒絕參與研究（延伸閱讀：滾雪球取樣）。

補充資料 17.3

滾雪球取樣和大母體

在大母體中，次母體為大家所知的人們有比不知名的人有較多的機會在滾雪球取樣時被提名，而有大的網絡的人們比只有小網絡的人提名較多的人。因為在這樣的情況下，並不是每一個人有相同的機會被提名，滾雪球取樣一般不是用來找到代表性的樣本。不過，Thomas Weisner 用滾雪球取樣來長期研究加州反傳統文化的女性及其家庭，他在 1974 年，建立了一個 205 位懷孕第三期女性的樣本。為了確保參與者來自全美各州並代表各種不同的家庭，任何一個來源他不用超過二位推薦者（Weisner, 2002b: 277）。

滾雪球取樣可以產生代表性樣本，不過是規模相當小且彼此保持連絡的團體，像是小城鎮中另類療法的醫師。在這樣的母體中，母體中的名單，樣本框架，很快地便飽和，在第一批的訪談後沒有新的成員出現。只要你有一個徹底的樣本框架，便可以以你的研究問題來取決立意選擇或任意選擇人們來接受訪談。

回應者引介取樣

回應者引介取樣是由 Douglas Heckathorn（1997）所發展出來，就像滾雪球取樣一樣，以一些訊息的主要報導人來開始。最開頭的報導人接受訪談，並依時間領取酬勞。然後給他們折價券，請他們招募他們網絡中的成員來參與研究。Heckathorn 在一家店門口做研究。他告訴他的報導人，若他們發給折價券的人接受訪談，他們（第一批的報導人）會獲得報酬。在那個時候，男性毒品注射者給 10 美元，女性毒品注射者給 15 美元（因為在這個母體，女性比男性難找）。接受訪談的人們依時間獲得報酬，然後再給他們折價券，繼續這樣下去。

在這裡這個方法面對許多跟滾雪球取樣一樣的問題。首先，是道德問題。在滾雪球取樣時，你會取得人們網絡中成員的名字。這些人可能不想讓你知道他們的存在，更不用說去接受你研究的訪談。使用回應者引介取樣時，報導人不會跑來接受訪談，除非他們想。而且 Heckathorn（1997, 2002）指出回應者引介取樣比傳統的滾雪球取樣較少偏頗（延伸閱讀：回應者引介取樣）。

理論取樣

理論取樣廣泛地被民族誌學者所使用。譬如 Bernard（1987）在他的民族誌研究中使用理論取樣來研究希臘海綿潛水者。當 Bernard 在 1964 年去 Kalymnos，他想要瞭解的其中一件事是，最近人造海綿大量生產市場威脅 Kalymnos 島民賴以為生的海綿事業，在島上的人們對於此如何反應。

Bernard 知道他必須訪問海綿商人、船老闆及潛水夫，希臘海綿事業的三個主要成員，但在他的第一個訪談中學到，海綿事業衰敗有一部分原因是因為在 1950 年代中期許多年輕潛水夫發現人造

海綿的威脅，他們跑到澳洲去勞力移民，這使得島上潛水人力的價格上升，也使得天然海綿比人造海綿更沒有競爭力。在 1964 年左右，有些勞力移民者累積財富後回到島上。海綿事業不再僱用這些人，但他們的故事對於瞭解海綿事業如何及為何改變是很重要的（很容易找到這些返鄉的移民者：在島上的每個人，不是有一個返鄉的移民者在他們家族中，就是認識的人當中有人是返鄉的移民者）。

換句話說，當 Bernard 開始瞭解到勞力移民在理論上的重要性時，他改變他取樣的程序。理論上的重要性，我們是指「某些事協助解釋為什麼任何你正在研究的東西如此發生」。當接受訪談的人們貢獻出和新興理論有密切關係的線索時，這個方法追著出現的線索跑，是典型的長期民族誌研究法。

理論取樣和紮根理論

理論取樣也是紮根理論原始方法的一部分。不只是編碼和建構理論會一起發展，而且當概念出現時研究者會選擇案例來研究（Glaser & Strauss, 1967: 45-77; A. Strauss & Corbin, 1998: 205-212）。

譬如，Caron 與 Bowers（2003）使用理論取樣來研究照顧年老家庭成員的人們。他們最後的樣本包括了 16 位參與者：六位男性（照顧他們的妻子）和十位女性（不是照顧他們的丈夫就是父母，或是有一位是照顧姊夫）。Caron 與 Bowers 知道他們想要比較男性和女性的照顧者，但在一些訪談之後，他們開始選擇參與者根據是否有老人失智症或其他智能障礙症；根據照顧者和被照顧者是否住在同一個屋簷下；根據照顧者是否從不同的服務獲得掃除、煮飯或交通上的協助（p. 1255）。

Wilson 等人（2002）在他們紮根理論的研究中，使用理論取樣的表格來研究舊金山灣區 HIV 陽性帶原的女人及男人。一開

始，研究目的是瞭解人們如何處理愛滋病不同階段感染的徵兆。不過，在快速編碼及分析後，研究者很快發現當他們問及徵兆時，「研究的參與者談論有關藥物治療和副作用的故事」（p. 1310）。Wilson 等人開始明確地詢問有關依賴抗逆轉病毒藥物，這個變成這個研究的主要焦點（延伸閱讀：紮根理論的理論取樣）。

主要報導人

在社會科學界，你會看到將研究參與者稱為「回應者」、「標的對象」，或是「報導人」。回應者（量化社會學者最偏愛的詞）回答問卷問題；主體（心理學者最偏愛的詞）為某些實驗或觀察的焦點；報導人（人類學者及一些質性社會學者最偏愛的詞）教你學會有關他們的文化。

訊息的主要報導人是那些因為他們自己的理由，懂很多有關於他們文化而且願意和你分享他們知識的人。當你做長期民族誌研究，你會和一些訊息的主要報導人建立密切的關係——這個關係可能會持續一輩子。你不選擇這些人，隨著時間的推移，他們和你彼此選擇（參見補充資料 17.4）。

好的主要報導人是那些能輕易地與研究者聊天談話、也能提供研究者需要的資訊，以及那些很高興給你資訊或替你取得資訊的人。Pelto 與 Pelto（1978: 72）提出訓練報導人在你研究者所使用

補充資料 17.4

特別的報導人

特別的報導人在有些文化領域有特定的能力。若你想要知道在羅馬天主教彌撒何時下跪，或什麼樣的藥草茶可治孩童拉肚子，或娼妓如何避免被抓，你需要和對這些事情知識豐富的人談。

的參照架構下概念化文化性的資訊。

　　有些案例，你可能只想要傾聽。但當你遇到一位真的很棒的報導人，沒有理由躲起來。可以教報導人學會你所發展的分析類別，並詢問他這些類別是否正確。換句話說，鼓勵報導人成為民族誌研究者。

　　自 1962 年起，Bernard 與 Jesús Salinas 一起工作。Bernard 講述下面有關他和這位主要報導人工作的故事：

> 1971 年，我正要開始寫一個有關他文化的民族誌，墨西哥中部的原住民 Ñähñu 提到對於自己來寫一個民族誌有興趣，我放下我的計畫，教他讀寫 Ñähñu 文字。接下來 15 年，Salinas 寫出四冊有關 Ñähñu 原住民的書——我翻譯這些書，並從中學到許多如果我自己來寫這個民族誌我永遠不會學到的東西。譬如，Ñähñu 男人從事押韻文的比賽，跟美國黑人的「即興說唱」很相似。我從來不會想到去問這些比賽，因為我從來沒看過（Bernard, 2006: 197; Bernard & Salinas Pedraza, 1989: 11-38）。

Doc

　　在民族誌文獻中最有名的主要報導人之一是 William Foote Whyte 所寫的《街角社會》（*Street Corner Society*）〔1981（1943）〕這本書中的 Doc。Whyte 研究「Cornerville」，一個義大利裔美國人所住的街坊，他稱為「東方城市」的地方（Cornerville 是在波士頓北端）。Whyte 詢問一些社工，他們是否知道誰可以幫忙他的研究。有一位社工請 Whyte 來她的辦公室，見一位她認為可以做這件事的人。當 Whyte 出現時，社工把他介紹給 Doc，然後離開房間。Whyte 緊張地解釋他的困境，Doc 問他：「你想要看高層的生

活或是低層的生活？」（Whyte, 1989: 72）

Whyte 不敢相信他的好運。他告訴 Doc，他想要看全部他可以看的，盡量得知在這個街坊的生活。Doc 告訴他說：

> 那麼，任何夜晚你想要看任何事，我會帶你在身邊。我可以帶你去賭窟──賭場──我可以帶你去繞街角。只是要記住你是我的朋友，他們只需要知道這個，我知道這些地方，若我告訴他們你是我的朋友，沒有人會打擾你。你只要告訴我你想要看什麼，我們會安排……當你想要某些資訊，我會幫忙詢問，你只要傾聽。當你想要找出他們生活的哲學，我會幫你爭取（Whyte, 1989: 72）。

Doc 有話直說；他告訴 Whyte 可以全靠他、問他任何事，而在 Whyte 整整三年的田野工作中，Doc 就跟他所說的一樣好。Doc 把 Whyte 介紹給角街的男孩們；Doc 和 Whyte 一起出去，而當人們問起 Whyte 的出現，Doc 替他說話。Doc 十分引人注目（參見補充資料 17.5）。

Doc 可能有名氣，但他並不獨特，他甚至不是罕見。所有成功的民族誌研究者會告訴你他們終究還是依賴他們田野工作中的一位或二位關鍵人物。Doc 罕見之處是在於 Whyte 快速且輕易和他一起合作── Whyte 在書中清楚地寫出所有的一切。

> **補充資料 17.5**
>
> **報導人有時會說謊**
>
> Boelen（1992）在 1970 至 1989 年間拜訪 Cornerville 25 次，有時候只是幾天，其他時候好幾個月。她追蹤並訪談每個她可以從《街角社會》這本書中找到的人。Doc 已於 1967 年過世，但在 1970 年她訪談了他的二個兒子（分別是十幾歲及 20 歲出頭）。她詢問他們關於 Doc 對 Whyte 所寫的書曾有什麼看法，大兒子回答說：「我父親認為那本書從頭到尾都不真實，完全是幻想」（Boelen, 1992: 29）。
>
> 當然，Whyte（1996a, 1996b）反駁 Boelen 的報告，但我們永遠都不會知道全部的事實。

真實的內情人士和邊緣原民

事實上，第一位你在田野中發展工作關係的報導人，可能多少是他們文化的異常成員。Agar（1980: 86）報告說他在印度田野工作時被印度軍隊下士或是村裡的隊長所接納。印度軍隊下士原來是世襲的角色，但他不被村人尊重且沒有主持村裡的集會。這並不是指印度軍隊下士不知道任何村裡的事務或習俗；他是 Agar 所稱的一位「真實的內情人士」，但多少是一位被驅逐者——一位「邊緣原民」，就像民族誌研究者想要成為的一個角色（Freilich, 1977）。Agar 說，若你想一想，你應該會感到好奇什麼樣的人會和民族誌研究者成為朋友。

在所有的田野工作——在海上、在墨西哥村子、希臘的島上、在偏鄉的 Cameroon、在美國的偏鄉社區及現代的美國官僚——我們經常發現最佳的報導人是那些對他們自己文化有些憤世嫉俗的。他們可能不是被驅逐者報導人事實上，他們通常是真實的內情人士，但他們覺得以對自己文化的理智及覺醒，多多少少被他們的文

化邊緣化。他們總是觀察、反省及明白地說出。換句話說，他們一直有任何民族誌研究者想要擁有的所有特質。

你有時間慢慢來

若你做長期、參與觀察的民族誌，不要太快選出主要報導人，讓你自己被資料淹沒一陣子並在田野玩一玩。當你有許多候選人，查明他們在社區中的角色及地位，確定你所選出的主要報導人不會妨礙你接近其他重要的報導人（像是別人不敢跟你談話，當他們發現你是某某人的朋友）。

當 Jeffrey Johnson 開始在北卡羅南那州的漁村做田野工作，他走到當地的海事經紀人（和農事經紀人相等）尋求協助。經紀人很高興答應，告訴 Johnson 有一位漁民他認為可以幫忙 Johnson 馬上開始。

結果那位漁民是移植的北方人；他有海軍的退休金；他是一位在民主黨社區的共和黨活躍份子；他把漁船放在離村裡海港很遠的孤立停泊處。他事實上和典型的當地漁民非常不一樣。當然經紀人是好意的（J. C. Johnson, 1990: 56）。

因為好的民族誌研究者最好是有一個很好的故事、找到值得信任的報導人並一直跟著他們，這位報導人善於觀察、自我反省及能明白說出——懂得如何說一口好故事。最後，民族誌田野工作的成敗與否，全建立在和少數報導人樣本互相支持的關係。

延伸閱讀

◆ 取樣理論的簡介，請看 Agresti 與 Franklin（2007）。抽樣設計，請看 Handwerker（2003）。

◆ 更多的質性研究取樣問題，請看 Barroso 與 Sandelowski（2003）、Curtis 等人（2000）、Fielding 與 Lee（1996: 253）、Luborsky 與 Rubinstein（1995）、Miles 與 Huberman（1994: 27-34）、Morse（2003, 2007）、Onwuegbuzie 與 Leech（2007）、Patton（2002: 230-246）。更多的質性研究取樣數量，請看 Crouch 與 Mckenzie（2005）、Kuzel（1999）、Sandelowski（1995a）、Sobal（2001）。

◆ 更多的配額取樣，請看 Sudman（1967）。重要的早期實驗，Moser 與 Stuart（1953）表示配額取樣可以產生有用的結果。T. M. F. Smith（1983）也這樣表示。

◆ 更多的滾雪球取樣，請看 Kadushin（1968）重要的早期文章。最近的文章請看 Browne（2005）。

◆ 更多不同的連鎖推薦取樣，包括回應者引介取樣方法，請看 Heckathorn 與 Jeffri（2001）、Martin 與 Dean（1993）、Penrod 等人（2003）、Salganick 與 Heckathorn（2004）、Sudman 與 Kalton（1986）。針對性取樣，請看 Carlson 等人（1994）、Martsolf 等人（2006）、Peterson 等人（2008）。

◆ 更多的紮根理論的理論取樣，請看 Draucker 等人（2007）。討論理論取樣的問題有 Coyne（1997）、Curtis 等人（2000）、Thompson（1999）。

國家圖書館出版品預行編目資料

質性研究分析：系統取向／ H. Russell Bernard,
　Gery W. Ryan 著；藍依勤，羅育齡，林聖曦譯.
　--初版. --新北市：心理，2015.09
　　面； 公分.--（社會科學研究系列；81229）
　譯自：Analyzing qualitative data: systematic
　　approaches
　ISBN 978-986-191-659-0（平裝）

1.社會科學　2.質性研究　3.研究方法

501.2　　　　　　　　　　　　　　104009930

社會科學研究系列 81229

質性研究分析：系統取向

作　　者：H. Russell Bernard、Gery W. Ryan
譯　　者：藍依勤、羅育齡、林聖曦
執行編輯：高碧嶸
總 編 輯：林敬堯
發 行 人：洪有義
出 版 者：心理出版社股份有限公司
地　　址：231 新北市新店區光明街 288 號 7 樓
電　　話：(02)29150566
傳　　真：(02)29152928
郵撥帳號：19293172　心理出版社股份有限公司
網　　址：http://www.psy.com.tw
電子信箱：psychoco@ms15.hinet.net
駐美代表：Lisa Wu（lisawu99@optonline.net）
排 版 者：臻圓打字印刷有限公司
印 刷 者：正恒實業有限公司
初版一刷：2015 年 9 月
I S B N：978-986-191-659-0
定　　價：新台幣 480 元